HISTÓRIA
9

Organizadora: Editora Moderna
Obra coletiva concebida, desenvolvida
e produzida pela Editora Moderna.

Editora Executiva:
Maria Raquel Apolinário

4ª edição

© Editora Moderna, 2014

Elaboração dos originais:

Maria Raquel Apolinário
Bacharel e licenciada em História pela Universidade de São Paulo (USP).
Professora da rede estadual e municipal de ensino em São Paulo por 12 anos.
Editora.

Daniel Aarão Reis
Doutor em História Social pela Universidade de São Paulo (USP).
Professor titular de história contemporânea da Universidade Federal Fluminense (UFF-RJ).

Wilma Antunes Maciel
Bacharel e licenciada em História pela Pontifícia Universidade Católica de São Paulo (PUC). Doutora em História Social pela Universidade de São Paulo (USP).
Professora da rede estadual de ensino em São Paulo por 13 anos.

Maria Clara Antonelli
Bacharel e licenciada em História pela Universidade de São Paulo (USP).
Professora em escolas da rede estadual de ensino em São Paulo.
Editora.

Edmar Franco
Bacharel e licenciado em História pela Universidade de São Paulo (USP).
Professor em escolas da rede particular de ensino em São Paulo por 3 anos.
Editor.

Leandro Salman Torelli
Bacharel em História pela Universidade Estadual Paulista (Unesp). Mestre em História Econômica pela Universidade Estadual de Campinas (Unicamp).
Professor das Faculdades Metropolitanas Unidas (FMU) e de escolas particulares em São Paulo.

Taís Campelo
Doutora em História Social pela Universidade Federal do Rio Grande do Sul, com estágio doutoral na École des Hautes Études en Sciences Sociales de Paris.
Professora da Pontifícia Universidade Católica do Rio Grande do Sul (PUC-RS).

Larissa Gabarra
Graduada e mestre em História pela Universidade Federal de Uberlândia (UFU-MG). Doutora em História Social pela Pontifícia Universidade Católica do Rio de Janeiro (PUC).
Professora da Universidade de Integração Internacional da Lusofonia Afro-Brasileira (Unilab – CE).

João Fábio Bertonha
Doutor em História pela Universidade Estadual de Campinas, com pós-doutorados pela Università di Roma, na Itália, e pela Universidade de São Paulo (USP).
Professor de História na Universidade Estadual de Maringá (UEM-PR).

Luiz Eduardo Catta
Doutor em História Social pela Universidade Federal Fluminense (UFF-RJ).
Professor Associado da Universidade Estadual do Oeste do Paraná (Unioeste).

Rodrigo Medina Zagni
Bacharel em História pela Universidade de São Paulo (USP). Doutor em Integração da América Latina pela Universidade de São Paulo (USP).
Professor do curso de Relações Internacionais da Universidade Federal de São Paulo (Unifesp).

Maria Lídia Vicentin Aguilar
Bacharel e licenciada em História pela Universidade de São Paulo (USP).
Professora de escolas públicas e particulares de São Paulo.
Coordenadora pedagógica de Ensino Fundamental e Ensino Médio.

Thelma de Carvalho Guimarães
Bacharel em Letras pela Universidade de São Paulo (USP).
Mestre em Linguística Aplicada pela Universidade Federal do Rio de Janeiro (UFRJ).
Editora.

Coordenação editorial: Maria Raquel Apolinário, Ana Claudia Fernandes
Edição de texto: Maria Clara Antonelli, Edmar Franco, Maria Raquel Apolinário, Sandra Ghiorzi, Cynthia Liz Yosimoto
Assistência editorial: Rosa Chadu Dalbem
Coordenação de *design* e projetos visuais: Sandra Botelho de Carvalho Homma
Projeto gráfico: Daniel Messias, Everson de Paula, Rafael Mazzari
Capa: *Criação:* Sandra Botelho de Carvalho Homma
Produção e direção de arte: Everson de Paula
Finalização: Otávio dos Santos
Foto: Símbolo de internet sem fio na construção histórica do Forte Jaisalmer, em Rajasthan, Índia. Foto de 2012.
© jeremy sutton-hibbert/Alamy/Glow Images
Coordenação de produção gráfica: André Monteiro, Maria de Lourdes Rodrigues
Coordenação de arte: Maria Lucia F. Couto, Patricia Costa, Wilson Gazzoni Agostinho
Edição de arte: Renata Susana Rechberger
Editoração eletrônica: APIS design integrado
Edição de infografia: William Taciro, Mauro César Brosso, Alexandre Santana de Paula
Ilustrações: Adilson Secco, Carlos Caminha, Nik Neves, Orly Wanders
Cartografia: Fernando José Ferreira
Coordenação de revisão: Elaine Cristina del Nero
Revisão: Adriana Bairrada, Cárita Negromonte, Rita de Cássia Sam, Sandra Brazil, Sandra Garcia Cortés, Viviane T. Mendes
Coordenação de pesquisa iconográfica: Luciano Baneza Gabarron
Pesquisa iconográfica: Vanessa Manna, Aline Chiarelli, Odete Ernestina Pereira
Coordenação de *bureau*: Américo Jesus
Tratamento de imagens: Arleth Rodrigues, Bureau São Paulo, Fabio N. Precendo, Pix Art, Rubens M. Rodrigues
Pré-impressão: Alexandre Petreca, Everton L. de Oliveira Silva, Fabio N. Precendo, Hélio P. de Souza Filho, Marcio H. Kamoto, Rubens M. Rodrigues, Vitória Sousa
Coordenação de produção industrial: Wilson Aparecido Troque
Impressão e acabamento: Gráfica Santa Marta Ltda
CNPJ: 09.098.419/0001-00

Dados Internacionais de Catalogação na Publicação (CIP)
(Câmara Brasileira do Livro, SP, Brasil)

Araribá plus : história / obra coletiva, concebida, desenvolvida e produzida pela Editora Moderna ; editora responsável Maria Raquel Apolinário. – 4. ed. – São Paulo : Moderna, 2014.

Obra em 4 v. para alunos de 6º ao 9º ano.
"Componente curricular: História"
Bibliografia.

1. História (Ensino fundamental) I. Apolinário, Maria Raquel.

14-03954   CDD-372.89

Índices para catálogo sistemático:
1. História : Ensino fundamental   372.89

ISBN 978-85-16-09371-6 (LA)
ISBN 978-85-16-09372-3 (LP)

Reprodução proibida. Art. 184 do Código Penal e Lei 9.610 de 19 de fevereiro de 1998.
Todos os direitos reservados
EDITORA MODERNA LTDA.
Rua Padre Adelino, 758 - Belenzinho
São Paulo - SP - Brasil - CEP 03303-904
Vendas e Atendimento: Tel. (0__11) 2602-5510
Fax (0__11) 2790-1501
www.moderna.com.br
2016
Impresso no Brasil

1 3 5 7 9 10 8 6 4 2

APRESENTAÇÃO

O **Projeto Araribá de História** está completando dez anos de existência. Esse projeto nasceu, cresceu e se consolidou como uma **obra coletiva**, elaborada por historiadores especialistas em cada área, professores das universidades, profissionais da atividade editorial e educadores de diferentes cidades do Brasil. Acreditamos que esse seja seu maior valor, reunir, em um trabalho colaborativo, os conhecimentos, as reflexões e as experiências de várias pessoas dedicadas ao ensino e à pesquisa em história e à produção de livros nesta área.

É para celebrar os dez anos desse projeto coletivo que apresentamos a você o **Araribá Plus – História**. Você verá, nesta nova edição, que o cuidado com a **compreensão leitora** foi mantido e aperfeiçoado com a seleção de novas estratégias para a compreensão de textos, obras de arte, gráficos, infográficos, charges e mapas, recursos presentes no seu dia a dia e que são cada vez mais utilizados nas provas do Enem.

Ao desenvolvermos a programação de conteúdos e de recursos didáticos do Araribá Plus, introduzimos o trabalho com os chamados **Hábitos da mente**. Com isso, esperamos não apenas que você assimile, problematize e elabore conhecimentos, mas que seja capaz, ao longo de sua vida, de buscar soluções inteligentes para enfrentar os desafios deste mundo tão complexo, caótico e desigual e de construir caminhos para ajudar a transformá-lo.

Um ótimo estudo!

CONHEÇA O SEU LIVRO

UM LIVRO ORGANIZADO

Este livro tem **nove unidades**. O objetivo é que o estudo de cada uma delas seja feito em um mês do calendário de aulas da sua escola.

UMA UNIDADE ORGANIZADA

As seções, as imagens, as questões e os textos que compõem cada unidade foram selecionados, criados e diagramados pensando em você, para que **compreenda**, **aprenda** e **se desenvolva** com o estudo de história.

PÁGINAS DE ABERTURA

Com imagens, textos e questões, este momento inicial da unidade mostra que o **passado** e o **presente** conversam o tempo todo.

APRENDA A FAZER: LER UMA IMAGEM

Queremos, com esta seção, que você desenvolva estratégias para a leitura de diferentes **tipos de imagem** e perceba que uma pintura, uma gravura ou uma fotografia, por mais realistas que pareçam, não podem ser vistas como uma cópia da realidade.

APRENDA A FAZER: UM TEXTO ARGUMENTATIVO

A **argumentação** está presente na nossa vida desde a infância e tende a ser mais frequente à medida que crescemos. Aqui, você terá um roteiro para ajudá-lo a produzir **textos argumentativos** coerentes, claros e consistentes, habilidade cada vez mais exigida em uma **sociedade democrática**.

DIALOGANDO COM...

Que aulas você terá hoje? Ciências, história, língua portuguesa? Embora estejam separadas na grade curricular das escolas, essas disciplinas **dialogam** entre si. Por isso, ao estudar história neste livro, você circulará também por outras disciplinas.

OS TEMAS DA UNIDADE

Os **temas** são numerados e sempre começam com uma **questão central** relacionada a eles. Exemplo de tema: O cotidiano dos civis durante a guerra.

PENSE E RESPONDA

A seção **Pense e responda** aparece ao longo das unidades. Como o próprio título recomenda, **procure refletir** sobre a situação apresentada antes de formular uma resposta.

CONTEÚDO DIGITAL

Quando você encontrar o ícone, acesse, no **livro digital**, vídeos, animações, galeria de imagens e atividades interativas. Com esses novos recursos, você irá aplicar seus conhecimentos de tecnologia digital para aprender mais.

DE OLHO NO INFOGRÁFICO

Por que as favelas tiveram um grande crescimento na cidade do Rio de Janeiro no início do século XX?

Você irá descobrir isso na seção **De olho** (no infográfico, no texto, na imagem etc.), que aborda outros acontecimentos importantes no mundo contemporâneo, como a explosão da bomba atômica em Hiroshima e a partilha da África pelas grandes potências.

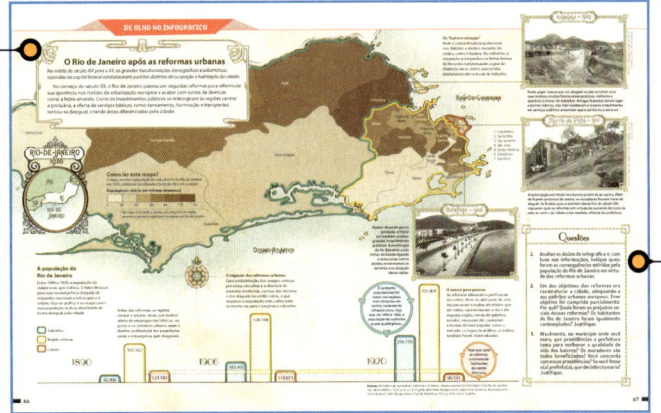

QUESTÕES

Com as atividades propostas nesta seção, você vai exercitar a habilidade de ler **textos não contínuos**, como mapas e gráficos.

AS MONOGRAFIAS EM FOCO

As monografias da seção **Em foco** aparecem ao final de três unidades do livro: 3, 6 e 8. A que foi reproduzida ao lado trata do surgimento do **rock'n'roll**. Você vai compreender por que esse estilo musical conquistou a juventude e ainda hoje segue atraindo os jovens de grande parte do mundo.

ANÁLISE DE FONTES

Qual é a importância de aprender a ler, a interpretar e a questionar as **fontes históricas**? Porque dessa forma, além de ampliar nosso conhecimento, também aprendemos a descobrir o que está oculto por trás das palavras e das imagens e a sermos críticos diante do mundo.

REVISANDO

Síntese dos principais conceitos e conteúdos da unidade.

PARA LER/ASSISTIR/ NAVEGAR

Sugestões orientadas de leituras, *sites* e filmes.

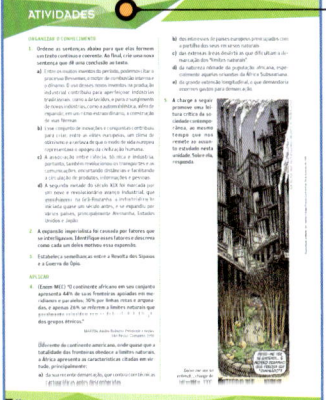

ATIVIDADES

Elas estão agrupadas em **três categorias**: *Organizar o conhecimento*, *Aplicar* e *Arte*. Com esse trabalho, você será capaz de organizar o que aprendeu, aplicar seu conhecimento na leitura de imagens, textos e mapas, além de exercitar a argumentação, a pesquisa e a produção de textos.

COMPREENDER UM TEXTO

Existem diferentes tipos e gêneros de texto. Um deles é o **ensaio**, um gênero de texto do tipo argumentativo. Nesta seção, você vai encontrar outros tipos e gêneros textuais que vão ajudá-lo a ser um leitor atento, assíduo e crítico.

HÁBITOS DA MENTE

As **atividades** do seu livro trazem uma novidade: os **Hábitos da mente**. O objetivo é prepará-lo para encontrar, na escola e fora dela, soluções inteligentes diante de pequenos e de grandes problemas.

O QUE SÃO OS HÁBITOS DA MENTE

9 atitudes muito úteis para o seu dia a dia

Os Hábitos da mente são atitudes que nos ajudam a lidar com as mais diversas situações da vida. Essas situações se apresentam em forma de problemas, de oportunidades, de escolhas, de conflitos, de responsabilidades.

- Seu trabalho de pesquisa continha dados equivocados e imprecisos. Você terá de refazê-lo; porém, desta vez, esforçando-se por apresentar dados precisos e fundamentados.

Esforçar-se por exatidão e precisão
Revise o seu trabalho. Busque exatidão, precisão e excelência em tudo o que faz.

Pensar e comunicar-se com clareza
Organize seus pensamentos e comunique-se de forma clara. Evite generalizações, distorções e omissões de dados.

- Você organizou suas ideias e buscou a forma mais clara de se comunicar com as pessoas, dando exemplos, utilizando metáforas... E todos se interessaram pelo que você tinha a dizer!

Pensar com flexibilidade
Mude de perspectiva, crie alternativas. Considere novas opções para solucionar a questão.

- Você tem boas ideias para resolver uma questão, mas seus colegas também! Será que você deve insistir na sua proposta ou pensar com flexibilidade?

- Em vez de insistir na sua ideia, você escutou com atenção as opiniões dos colegas. Com isso, fizeram uma revisão da matéria e esclareceram os pontos de discordância.

Escutar os outros com atenção e empatia
Escute as ideias de outras pessoas. Entenda o ponto de vista e as emoções do outro.

SUMÁRIO

Aprenda a fazer 12
Ler uma imagem 12
Um texto argumentativo 15

UNIDADE 1

A era do imperialismo — 18

TEMA 1 – A Segunda Revolução Industrial 20
- Um mundo em intensa transformação, 20 – A indústria e os novos inventos, 21 – A modernização na Alemanha, 22 – A industrialização nos Estados Unidos, 23 – A expansão industrial da Rússia e do Japão, 23

TEMA 2 – O trabalho e a vida nas cidades industriais 24
- As condições de trabalho durante a Segunda Revolução Industrial, 24 – A pobreza nas grandes cidades, 25 – A transformação dos centros urbanos, 26 – As migrações ultramarinas, 27

TEMA 3 – O capital financeiro e a expansão imperialista 28
- A era do capitalismo financeiro, 28 – A expansão colonial capitalista, 29

TEMA 4 – A expansão imperialista na África 30
- O Congresso de Berlim e a partilha da África, 30 – Características da colonização na África, 30 – O império colonial britânico na África, 31 – Os franceses na África, 31 – Portugueses, belgas e alemães, 31 - A resistência africana à dominação imperialista, 34
- **De olho no mapa:** A partilha da África 32

TEMA 5 – O domínio imperialista na China e na Índia 36
- O imperialismo britânico na Índia, 36 – A expansão imperialista na China, 37

TEMA 6 – A *Belle Époque* 39
- O triunfo do modo de vida burguês, 39 – A arte da vida moderna, 39 – A arte de vanguarda, 40 – O nascimento da sétima arte, 42
- **Revisando** 43
- **Atividades** 44
- **Compreender um texto narrativo:** A ciência como fonte de imaginação 46

UNIDADE 2

A república chega ao Brasil — 48

TEMA 1 – O advento da república 50
- Uma república em construção, 50 – O movimento republicano, 51 – O golpe de 15 de novembro, 53

TEMA 2 – Os primeiros anos da república 54
- A República da Espada, 54 – A República Oligárquica, 55

TEMA 3 – Os conflitos no campo 58
- Religiosidade popular, messianismo e banditismo social, 58 – Antônio Conselheiro e o arraial de Canudos, 58 – Pobreza e miséria no sul do país, 60 – O cangaço, 62

TEMA 4 – A industrialização e o crescimento das cidades 63
- A onda migratória para o Brasil, 63 – O desenvolvimento da indústria, 64 – O crescimento das cidades, 64
- **De olho no infográfico:** O Rio de Janeiro após as reformas urbanas 66

TEMA 5 – Os conflitos urbanos e o movimento operário 68
- A luta pela cidadania, 68 – O operariado e as suas mobilizações, 70

TEMA 6 – A cultura na Primeira República 71
- As mudanças culturais da Primeira República, 71 – O modernismo, 72
- **Revisando** 73
- **Atividades** 74

UNIDADE 3

A Primeira Guerra e a Revolução Russa — 76

TEMA 1 — A Primeira Guerra Mundial 78
- Tensões por trás do otimismo, 78 – A faísca no barril de pólvora, 79 – O conflito, 80
- **De olho no texto:** A vida no campo de batalha 81

TEMA 2 — A guerra a caminho do fim 82
- A Rússia deixa a guerra, 82 – A entrada dos Estados Unidos e o fim da guerra, 82 – A paz dos vencedores, 83 – O mundo após a guerra, 84 – Tecnologia da destruição, 85

TEMA 3 — O colapso da Rússia czarista 86
- O país mais extenso do mundo, 86 – Um país de contrastes, 87 – O Domingo Sangrento e a Revolução de 1905, 88 – Bolcheviques e mencheviques, 88 – A Rússia na Primeira Guerra Mundial, 89 – A Revolução de Fevereiro, 89

TEMA 4 — A Rússia socialista 90
- A Revolução de Outubro, 90 – A guerra civil e o comunismo de guerra, 91 – A Nova Política Econômica, 92 – A ditadura stalinista, 92 – A arte na União Soviética, 93
- **Revisando** 95
- **Atividades** 96
- **Em foco:** Por trás da farda: os soldados da Primeira Guerra 98

UNIDADE 4

A crise da democracia e a Segunda Guerra Mundial — 102

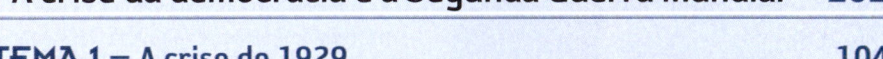

TEMA 1 — A crise de 1929 104
- A expansão econômica dos Estados Unidos, 104 – Acontecimentos que levaram à crise, 105 – A quebra da bolsa de Nova York, 106 – Os efeitos mundiais da crise, 106 – Roosevelt e a adoção do *New Deal*, 107

TEMA 2 — Os regimes autoritários avançam na Europa 108
- O fracasso da revolução mundial, 108 – A Grande Depressão repercute na Europa, 108 – Características dos regimes totalitários, 109 – A ascensão do fascismo na Itália, 109 – A República de Weimar na Alemanha, 110 – Uma "solução" extrema: o Partido Nazista, 111 – A crise de 1929 e a ascensão do nazismo, 111 – Os nazistas tomam o poder, 112

TEMA 3 — A Segunda Guerra Mundial: o avanço do Eixo 113
- Os antecedentes da guerra, 113 – O início da expansão nazista, 113 – A invasão da Polônia: o início da guerra, 114 – A conquista da Europa Ocidental, 115 – O Eixo a caminho do leste, 116

TEMA 4 — O avanço dos Aliados e o fim da guerra 117
- A Operação Barbarossa, 117 – Os Estados Unidos entram na guerra, 118 – Os Aliados tomam a ofensiva, 118 – A última fase da guerra, 119 – O fim da guerra, 119 – O mundo depois da guerra, 122
- **De olho na imagem:** A destruição de Hiroshima 120

TEMA 5 — O cotidiano dos civis durante a guerra 123
- Viver sob tensão, 123 – A disciplina imposta pela guerra, 123 – A resistência civil, 124 – A vida nos guetos, 124
- **Revisando** 125
- **Atividades** 126
- **Compreender um texto expositivo:** Os primeiros passos para os campos de extermínio 128

UNIDADE 5

A era Vargas — 130

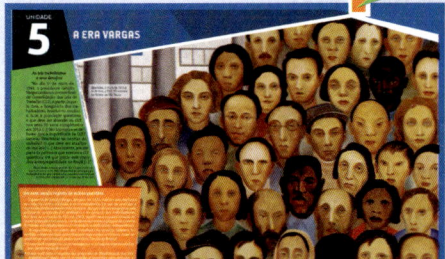

TEMA 1 — A Revolução de 1930 e o Governo Provisório 132
- O esgotamento da política do café com leite, 132 – A Revolução de 1930, 133 – O Governo Provisório e a revolta dos paulistas, 134 – Integralistas e comunistas, 136

TEMA 2 — O Estado Novo 137
- As eleições para a sucessão presidencial, 137 – O golpe que instituiu o Estado Novo, 137 – O crescimento da economia brasileira, 138 – A nacionalização do petróleo, 139 – Organização sindical e leis trabalhistas, 140 – Repressão, violência e tortura, 141

TEMA 3 – Costumes e cotidiano na era do rádio **142**
- A construção da identidade nacional, 142 – Os instrumentos de propaganda política, 143 – O cinema e a propaganda, 144 – A era do rádio, 145
- **De olho na imagem:** Arte nacionalista **146**

TEMA 4 – O Brasil na guerra e o fim do Estado Novo **147**
- O Brasil vai à guerra, 147 – O fim do Estado Novo, 148

TEMA 5 – O Brasil depois de 1945 .... **149**
- O retorno à democracia, 149 – A Constituição de 1946, 150 – O governo Dutra, 150 – O segundo governo Vargas, 151
- **Revisando** **153**
- **Atividades** **154**
- **Compreender um texto argumentativo:** Portinari, um artista controverso **156**

UNIDADE 6 — Rivalidades e conflitos da Guerra Fria — 158

TEMA 1 – A Guerra Fria **160**
- As origens do conflito, 160 – A ofensiva dos Estados Unidos, 160 – A contraofensiva soviética, 161 – O endurecimento no bloco socialista, 162 – A histeria anticomunista nos Estados Unidos, 163

TEMA 2 – Reformas e contestações na Guerra Fria **164**
- As reformas do capitalismo na Europa Ocidental, 164 – Maio de 1968: contestação no interior do bloco capitalista, 165 – 1956: revolução no bloco soviético, 165 – A luta das mulheres e dos negros, 166

TEMA 3 – Revoluções e guerras no mundo bipolar **167**
- A revolução socialista na China, 167 – A Guerra da Coreia, 168 – A independência da Indochina, 169 – A Guerra do Vietnã, 169 – A Revolução Cubana, 170
- **De olho no texto:** O embargo a Cuba **171**

TEMA 4 – A questão judaico-palestina **172**
- A imigração judaica para a Palestina, 172 – A criação do Estado de Israel, 173 – A questão palestina, 174 – Entre a guerra e a paz, 175 – Desafios para a paz na Palestina, 176
- **Revisando** **177**
- **Atividades** **178**
- **Em foco:** *Rock'n'roll* e Guerra Fria **180**

UNIDADE 7 — As independências na África e na Ásia — 184

TEMA 1 – A luta pela independência **186**
- Os processos de descolonização, 186 – Fatores que impulsionaram a luta anticolonial, 187 – A Segunda Guerra Mundial e a crise do colonialismo, 187 – O pan-africanismo: uma conquista ideológica, 188 – O movimento da negritude, 189 – Os processos de independência na África, 190

TEMA 2 – O fim do Império Português na África **192**
- Uma história em comum, 192 – As independências das colônias portuguesas, 193

TEMA 3 – Desafios após as independências **195**
- As novas fronteiras do continente africano, 195 – A Organização da Unidade Africana, 196 – A nova diáspora africana, 196

TEMA 4 – O regime do *apartheid* na África do Sul **197**
- Nelson Mandela: seu nome é liberdade, 197 – A legislação do *apartheid*, 197
- **De olho no mapa:** A nova diáspora africana **199**

TEMA 5 – Independências na Ásia **200**
- A independência da Índia, 200 – Conflitos entre hindus e muçulmanos, 201 – A independência da Indonésia, 202 – Timor Leste, 202
- **Revisando** **203**
- **Atividades** **204**
- **Compreender um texto narrativo:** Um romance da guerrilha **206**

UNIDADE 8

Democracia e ditadura no Brasil — 208

TEMA 1 — Os governos democráticos 210
- O governo JK e o desenvolvimentismo, 210 – O Plano de Metas, 211 – O breve governo de Jânio Quadros, 212 – A renúncia de Jânio e a crise sucessória, 213 – O governo Jango, 214 – O golpe civil-militar, 215

TEMA 2 — O fim das liberdades democráticas 216
- Os anos de chumbo, 216 – O governo Castello Branco, 217 – O governo Costa e Silva, 218 – O governo Médici: o auge dos governos militares, 220
- **De olho na imagem:** O humor contra a propaganda 222

TEMA 3 — Protesto e cultura no regime militar 223
- A luta dos estudantes e dos operários, 223 – Cantando a revolução, 224 – O teatro, 225 – O Cinema Novo, 225

TEMA 4 — O processo de abertura 226
- A abertura "lenta, gradual e segura", 226 – O renascimento do movimento estudantil e sindical, 227 – A Lei da Anistia, 227 – A campanha das diretas, 228 – O governo Sarney, 228
- **Revisando** 229
- **Atividades** 230
- **Em foco:** Ditaduras na Argentina e no Chile 232

UNIDADE 9

O Brasil e o mundo globalizado — 236

TEMA 1 — O fim da União Soviética e do socialismo no Leste Europeu 238
- Os fantasmas da Guerra Fria, 238 – Ascensão e queda do regime soviético, 239 – Os processos de abertura: a *glasnost* e a *perestroika*, 240 – O agravamento da crise, 240 – O fim do socialismo no Leste Europeu, 241 – A desagregação da União Soviética e da Iugoslávia, 242

TEMA 2 — Inovações e desafios do mundo globalizado 244
- Aldeia global, 244 – A internet, 245 – A ocidentalização da cultura mundial, 246 – O paradoxo da globalização, 246 – As questões ambientais, 247 – Crise, desemprego e xenofobia, 249 – A desigualdade social e a fome, 249
- **De olho no infográfico:** O desafios da alimentação no mundo globalizado 250

TEMA 3 — Os Estados Unidos no mundo contemporâneo 252
- Uma nova ordem mundial, 252 – Fundamentalismo religioso e intolerância, 253 – Globalização e terrorismo, 254 – A guerra ao terror, 254 – As guerras contra o Iraque, 255 – A Primavera Árabe, 255

TEMA 4 — O Brasil na nova ordem mundial 256
- A eleição de Fernando Collor de Mello, 256 – Itamar Franco e o Plano Real, 257 – O governo FHC, 258 – O governo Lula, 259 – O governo Dilma Rousseff, 260

TEMA 5 — Um balanço do Brasil contemporâneo 261
- Distribuição de renda, 261 – Desemprego, 261 – Educação, 262 – Saneamento básico, 262 – Os indígenas no Brasil atual, 263 – O que são políticas afirmativas?, 264
- **Revisando** 265
- **Atividades** 266
- **Compreender um texto argumentativo:** O desafio de ser idoso 268

Preparando-se para o Enem 270
Referências bibliográficas 272

 Hábitos da mente 281

APRENDA A FAZER

Ler uma imagem

Desde que nascemos, vivemos rodeados por imagens: aquelas que percebemos observando a realidade ao redor, e as que vemos em desenhos, pinturas, gravuras, fotografias, filmes e outros meios colocados ao nosso alcance, no imenso repertório visual do mundo contemporâneo.

Estamos acostumados a ver imagens, mas como aprender a interpretá-las? Como perceber na imagem algo além daquilo que somos capazes de ver?

Com este breve roteiro, você encontrará sugestões e exemplos para exercitar a leitura de imagens criadas por meios visuais.

Por quê?

Quando vemos uma imagem, observamos imediatamente os elementos que estão visíveis nessa forma de representação. Mas temos que ser capazes de ler também nas "entrelinhas", isto é, de perceber as coisas que não podem ser vistas, mas que são essenciais para compreender as mensagens ali contidas.

Os diagramas, por exemplo, são imagens que expressam, com traços simples, ideias complexas. Este aqui representa uma situação recorrente quando lemos atentamente uma imagem: nosso pensamento também transforma o que vemos! Uma figura pode mudar de posição, dependendo do modo como a observamos.

Ler uma imagem é interpretar o que se vê.

A cena épica e as figuras humanas com trajes do início do século XIX, em movimentos exprimindo vigor e emoção, presentes nessa imagem de pinceladas multicoloridas, indicam-nos que estamos diante de uma pintura histórica, gênero muito comum na época em que foi produzida (1844). O nome do artista, o tema expresso no título e a data da obra estão indicados na legenda e são informações importantes para ler essa pintura.

Proclamação da Independência, pintura de François-René Moreaux, 1844. Museu Imperial, Petrópolis (RJ).

A tela de Moreaux representa o exato momento em que o príncipe D. Pedro I proclama a independência do Brasil, em 7 de setembro de 1822, às margens do Rio Ipiranga, na cidade de São Paulo. O futuro imperador foi representado no centro da cena, no meio da gente do povo, entre mulheres e crianças agitadas que festejam, alegremente, o grande evento, enquanto militares, ao fundo, parecem imóveis e ordeiros. A pintura foi coroada de êxito ao ser apresentada para a família imperial em meados do século XIX.

Como fazer?

A leitura de uma imagem deve ser realizada passo a passo, partindo do que é central até alcançar seus elementos mais abrangentes e complexos. Assim, incorporamos em cada etapa da leitura os conhecimentos e as reflexões que ampliam a nossa compreensão dos conteúdos envolvidos.

1 Conhecer dados sobre o autor da obra.

Pesquise informações sobre o autor, o tempo e o espaço de criação da imagem, além do contexto histórico da época e outras expressões visuais comuns no período.

2 Determinar a técnica.

Procure identificar os elementos que caracterizam e distinguem uma imagem em relação a outras imagens do mundo visual. É um desenho, uma pintura, uma fotografia, um filme, uma mistura de duas ou mais técnicas?

3 Descrever o cenário.

Descreva livremente o que você é capaz de observar na imagem: figuras, formas, cores, texturas, contrastes, aparências, linhas. Esses elementos provocam algum impacto em você? Indicam alguma época ou lugar facilmente reconhecíveis?

4 Identificar os planos da imagem.

Divida a imagem em faixas imaginárias, perpendiculares à sua linha de visão. Perceba a profundidade e a distância dos elementos que compõem tais planos em uma cena ou paisagem como a que vemos aqui. Na tela de Moreaux, por exemplo, crianças e mulheres se destacam no primeiro plano, saudando o acontecimento político que se desenrola no plano central da pintura e recebe mais luz do que os demais. Nos cantos e nos segundo e terceiro planos se notam militares em seus cavalos, algumas palmeiras, nuvens e a baixa luminosidade no céu.

5 Responder a algumas questões.

Procure responder a algumas indagações que ajudam a interpretar as imagens, sejam pinturas, fotografias ou de outros tipos.

- Trata-se de uma representação imaginária ou de um registro fotográfico ou cinematográfico?
- Que elementos são destacados nos diferentes planos?
- Qual é o ponto de vista do autor da imagem diante da paisagem/cena/personagem representados? Podemos observar que na tela de Moreaux, por exemplo, não há indígenas nem negros na cena, o que nos faz deduzir a intenção do pintor: evitar a imagem de um império escravocrata e mestiço tal como, de fato, era. A tela representa o ponto de vista que a elite da capital procurava reproduzir e difundir sobre a independência e a sociedade brasileira da época.
- Quais detalhes da imagem mais sobressaem quando realizamos pequenos "recortes" imaginários?
- Quais elementos, como gestos, roupas e acessórios, sugerem a posição social dos personagens?
- Para onde olham os personagens retratados e o que podemos concluir sobre a expressão de seus olhares?
- Quando observamos a imagem, para onde se desloca o nosso olhar (da direita para a esquerda, de baixo para cima etc.)?
- Considerando a imagem como um todo, o que atrai o nosso olhar e a nossa atenção?
- Há ali contrastes, comparações, metáforas ou outros recursos de linguagem?

6 Como a imagem é vista pelo observador.

Pense no modo como a imagem foi observada por alguém, pela primeira vez, e como ela é vista hoje por você. Há diferenças? Essas diferenças dependem de quais fatores? Por quê?

7 Interpretar a imagem.

Prepare uma síntese de todas as informações e ideias reunidas, desenvolvendo sua própria interpretação para a leitura da imagem.

O que pode a câmara fotográfica?

O surgimento da fotografia no século XIX foi marcado pela ideia de exatidão e fidelidade que esse novo meio de comunicação poderia oferecer em relação aos registros visuais já existentes (pintura, desenho, gravura etc.). Entretanto, sabemos que as imagens fotográficas não são reproduções ou cópias fiéis da realidade.

A fotografia é uma construção do fotógrafo, esteja ela em que suporte estiver (uma página de jornal, um pedaço de tecido, uma tela de computador etc.) O fotógrafo, consciente ou não, realiza uma intervenção social e política ao selecionar um tema ou acontecimento e registrá-lo com sua impressão pessoal.

Além disso, nos dias atuais, o advento das novas tecnologias do mundo digital e os recursos de manipulação de imagens geram inúmeras possibilidades de intervenção social na obra fotográfica, criando, com ela, novas realidades. As fotos, portanto, já não oferecem tantas certezas e já não gozam de tanta credibilidade como antigamente.

O poder da imagem

O flagrante registrado na fotografia abaixo ocorreu em setembro de 1957, na cidade de Little Rock, no estado de Arkansas, nos Estados Unidos, e tornou-se um símbolo da intolerância racial que existia nesse país. Era o primeiro dia de aula e nove estudantes negros, incluindo Elizabeth Eckford, deveriam ser aceitos em uma escola até então exclusiva para brancos. Para cumprir a ordem judicial de inclusão racial no país, as escolas eram obrigadas a admitir alunos negros com autorização emitida pelo juiz.

A ampla divulgação de fotos mostrando a violência das manifestações racistas da população branca levou o presidente norte-americano Dwight Eisenhower a enviar tropas do exército para escoltar os jovens estudantes negros. A foto causou um impacto tão grande ao correr o mundo que os Estados Unidos temiam que a União Soviética, sua grande rival na Guerra Fria, utilizasse o episódio para denunciar a face sombria da democracia norte-americana.

Ao fazer uma interpretação minuciosa dessa imagem, deve-se, primeiramente, analisar os elementos que identificam o contexto histórico em que a foto foi produzida. Depois disso, é importante conhecer os contextos socioeconômico e político dos anos 1950, tanto nos Estados Unidos quanto em nível internacional.

- Observa-se que as roupas e o penteado das mulheres, além do chapéu usado por alguns homens, são referências da moda dos anos 1950 e do início de 1960 no Ocidente.
- Nos Estados Unidos, o ano de 1957 se situa no período histórico do movimento dos negros pelos direitos civis no país (1954-1980).
- Os anos 1950 são considerados o auge da rivalidade entre Estados Unidos e União Soviética que marcou o período da Guerra Fria.
- Nos anos da Guerra Fria, a rivalidade ideológica entre socialismo e capitalismo se manifestou nas revoluções em Cuba e nos movimentos pela independência na África e na Indochina.

Concluindo o trabalho de interpretação da imagem, pode-se investigar, por exemplo, os interesses e valores individuais e sociais das pessoas brancas que aparecem na foto hostilizando a estudante Elizabeth, a situação socioeconômica da população negra naquela região dos Estados Unidos no período e o legado desse registro fotográfico para a história da cidade e do país.

Elizabeth Eckford, a estudante de óculos, foi ameaçada ao tentar entrar em uma escola exclusiva para brancos na cidade de Little Rock, Arkansas, Estados Unidos, em 1957. Biblioteca do Congresso, Washington.

APRENDA A FAZER

Um texto argumentativo

Mesmo que você não se dê conta, a argumentação está muito presente em seu dia a dia: nas conversas com os colegas, com seus familiares, em um debate na sala de aula ou na televisão, nos julgamentos que ocorrem diariamente no país e em várias outras situações que envolvem a defesa de um ponto de vista visando convencer o ouvinte ou o leitor.

Geralmente, é mais fácil convencer os outros quando usamos argumentos racionais e coerentes para sustentar nossa opinião. A capacidade de persuadir o outro, porém, não depende apenas dos argumentos apresentados, mas também de como eles são apresentados: os gestos, as palavras, a postura, o olhar, ou seja, de recursos capazes de conquistar a simpatia ou despertar a emoção no leitor ou no ouvinte.

Muitos textos circulam na sociedade com a finalidade de convencer o outro sobre determinada posição: são os chamados textos argumentativos.

O ator norte-americano Paul Newman no papel de advogado no filme *O veredito*, de Sydney Lumet, 1982. Os textos argumentativos também podem ser orais, como os discursos de defesa e de acusação nos tribunais ou de políticos em um debate na televisão.

Veja alguns exemplos desse tipo de texto: artigos de jornais, revistas e *sites* que defendem uma opinião sobre um assunto polêmico; resenhas de um filme, um livro ou uma peça de teatro apontando aspectos positivos e negativos; cartas de leitores encaminhadas a um jornal etc.

Você lerá a seguir dois **manifestos**, um gênero de texto argumentativo que aparece com frequência na história dos movimentos sociais, políticos e artísticos. O manifesto é uma declaração pública na qual uma pessoa ou um grupo de pessoas expõe um ponto de vista, uma decisão, uma proposta etc.

Dois textos com opiniões opostas

Recentemente, foram aprovadas no Brasil duas leis relacionadas à população afrodescendente. A primeira foi o **Estatuto da Igualdade Racial**, de 2010, que prevê uma série de ações voltadas à valorização da cultura afrodescendente e à efetiva inclusão social da população negra. A segunda é a chamada **Lei de Cotas**, de 2012, que estabelece a reserva de 50% das vagas nas instituições federais de ensino superior para os candidatos que cursaram todo o ensino médio em escolas públicas, com prioridade para os autodeclarados pretos, pardos ou indígenas.

Antes de aprovadas, essas leis foram intensamente debatidas na sociedade e no Congresso Nacional. Durante esse debate, dois manifestos, assinados por intelectuais e personalidades conhecidas, circularam em alguns jornais do país: um contrário e outro favorável aos projetos de lei. Leia a seguir alguns trechos de ambos os manifestos.

Manifesto contra as leis

"O princípio da igualdade política e jurídica dos cidadãos é um fundamento essencial da república e um dos alicerces sobre o qual repousa a Constituição brasileira. Este princípio encontra-se ameaçado de extinção por diversos dispositivos dos projetos de lei de Cotas (PL 73/1999) e do Estatuto da Igualdade Racial (PL 3.198/2000) que logo serão submetidos a uma decisão final no Congresso Nacional.

O PL de Cotas torna compulsória a reserva de vagas para negros e indígenas nas instituições federais de ensino superior. O chamado Estatuto da Igualdade Racial implanta uma classificação racial oficial dos cidadãos brasileiros [...]. Se forem aprovados, a nação brasileira passará a definir os direitos das pessoas com base na tonalidade da sua pele, pela raça. [...]

Os defensores desses projetos argumentam que as cotas raciais constituem política compensatória voltada para amenizar as desigualdades sociais. O argumento é conhecido: temos um passado de escravidão que levou a população de origem africana a níveis de renda e condições de vida precárias. O preconceito e a discriminação contribuem para que esta situação pouco se altere. Em decorrência disso, haveria a necessidade de políticas sociais que compensassem os que foram prejudicados no passado, ou que herdaram situações desvantajosas. [...]

Esta análise não é realista nem sustentável [...]. Políticas dirigidas a grupos 'raciais' estanques em nome da justiça social não eliminam o racismo e podem até mesmo produzir o efeito contrário, dando respaldo legal ao conceito de raça, e possibilitando o acirramento do conflito e da intolerância. A verdade amplamente reconhecida é que o principal caminho para o combate à exclusão social é a construção de serviços públicos universais de qualidade nos setores de educação, saúde e previdência, em especial a criação de empregos. [...]

Qual Brasil queremos? Almejamos um Brasil no qual ninguém seja discriminado, de forma positiva ou negativa, pela sua cor, seu sexo, sua vida íntima e sua religião; onde todos tenham acesso a todos os serviços públicos [...]. Nosso sonho é o de Martin Luther King, que lutou para viver numa nação onde as pessoas não seriam avaliadas pela cor de sua pele, mas pela força de seu caráter.

Nos dirigimos ao Congresso Nacional, seus deputados e senadores, pedindo-lhes que recusem o PL 73/1999 (PL das Cotas) e o PL 3.198/2000 (PL do Estatuto da Igualdade Racial) em nome da república democrática.

Rio de Janeiro, 30 de maio de 2006."

[seguem assinaturas dos manifestantes]

Manifesto a favor das leis

"A desigualdade racial no Brasil tem fortes raízes históricas e esta realidade não será alterada significativamente sem a aplicação de políticas públicas específicas. A Constituição de 1891 facilitou a reprodução do racismo ao decretar uma igualdade puramente formal entre todos os cidadãos. [...] Enquanto se dizia que todos eram iguais na letra da lei, várias políticas de incentivo e apoio diferenciado, que hoje podem ser lidas como ações afirmativas, foram aplicadas para estimular a imigração de europeus para o Brasil. [...]

Uma série de dados oficiais sistematizados pelo Ipea no ano 2001 resume o padrão brasileiro de desigualdade racial: por 4 gerações ininterruptas, pretos e pardos têm contado com menos escolaridade, menos salário, menos acesso à saúde, menor índice de emprego, piores condições de moradia, quando contrastados com os brancos e asiáticos. Estudos desenvolvidos nos últimos anos por outros organismos estatais demonstram claramente que a ascensão social e econômica no país passa necessariamente pelo acesso ao ensino superior. [...]

O PL 73/99 (ou Lei de Cotas) deve ser compreendido como uma resposta coerente e responsável do Estado brasileiro aos vários instrumentos jurídicos internacionais a que aderiu, tais como a Convenção da ONU para a Eliminação de Todas as Formas de Discriminação Racial (CERD), de 1969, e, mais recentemente, ao Plano de Ação de Durban, resultante da III Conferência Mundial de Combate ao Racismo, Discriminação Racial, Xenofobia e Intolerância Correlata, ocorrida em Durban, na África do Sul, em 2001. [...]

No caminho da construção dessa igualdade étnica e racial, somente nos últimos 4 anos, mais de 30 universidades e instituições de Ensino Superior públicas, entre federais e estaduais, já implementaram cotas para estudantes negros, indígenas e alunos da rede pública nos seus vestibulares [...]. Todos os estudos de que dispomos já nos permitem afirmar com segurança que o rendimento acadêmico dos cotistas é, em geral, igual ou superior ao rendimento dos alunos que entraram pelo sistema universal. Esse dado é importante porque desmonta um preconceito muito difundido de que as cotas conduziriam a um rebaixamento da qualidade acadêmica das universidades. [...]

Conclamamos, portanto, os nossos ilustres congressistas a que aprovem, com a máxima urgência, a Lei de Cotas (PL73/1999) e o Estatuto da Igualdade Racial (PL 3.198/2000).

Brasília, 3 de julho de 2006."

[seguem assinaturas dos manifestantes]

In: *Folha de S.Paulo*, 4 jul. 2006. Disponível em www1.folha.uol.com.br/folha/educacao/ult305u18773.shtml.
Acesso em 18 mar. 2014.

Como fazer um texto argumentativo?

1 **Definir um ponto de vista.**

Antes de tomar partido em uma discussão polêmica, você precisa informar-se bastante e conhecer os argumentos de ambos os "lados". Quando tiver definido seu ponto de vista, formule-o por escrito, pois assim ele ficará claro para você e será mais fácil selecionar argumentos para defendê-lo.

2 **Reunir argumentos.**

Como já foi dito, os argumentos para a defesa de um ponto de vista devem ser objetivos e coerentes. Existem basicamente quatro tipos de argumentos:

- *Argumentos baseados em evidências*: são fatos, datas, números, estatísticas. O segundo manifesto utiliza esse tipo de argumento quando cita "uma série de dados oficiais sistematizados pelo Ipea no ano 2001" a respeito da desigualdade racial no Brasil.
- *Argumentos baseados no consenso*: são argumentos que refletem um ponto de vista supostamente predominante na sociedade. O primeiro manifesto utiliza esse tipo de argumento quando afirma que "a verdade amplamente reconhecida" é que a desigualdade não se resolve com políticas para certos grupos étnicos, e sim com a oferta de educação, saúde e emprego para todos.
- *Argumentos apoiados em autoridades*: o argumentador pode citar a opinião de uma pessoa considerada autoridade no assunto para reforçar a defesa de seu ponto de vista. Os autores do primeiro manifesto fizeram isso ao mencionar o pastor e um dos principais líderes da luta pelos direitos civis dos negros nos Estados Unidos Martin Luther King (1929-1968), uma personalidade pública com autoridade no tema.
- *Argumentos baseados no raciocínio lógico*: às vezes, o autor do texto pode apresentar um argumento como uma consequência lógica de outros fatos. Os autores do segundo manifesto recorreram a um argumento desse tipo ao lembrar que o Brasil assinou tratados internacionais de igualdade racial; sendo assim, deveria tomar medidas internas semelhantes.

Não se esqueça!

É necessário escutar com atenção e tratar com respeito quem pensa de modo diferente, mantendo a discussão em um nível elevado!

Importante!

- Estabeleça relações lógicas entre as ideias do seu texto, usando conectivos como "em decorrência disso", "portanto", "porque", "embora", "ainda que" etc.
- Use expressões que ajudem a organizar os argumentos e a "conduzir" a leitura. Por exemplo: "em primeiro lugar", "em segundo lugar", "além disso", "por fim".

3 **Estruturar a argumentação.**

De maneira geral, os textos argumentativos têm um ou dois parágrafos de **introdução**, nos quais se apresenta claramente o ponto de vista que será defendido – note que nos dois manifestos isso é feito logo no primeiro parágrafo. A introdução também pode servir para dar informações sobre o tema em debate, como ocorreu no segundo parágrafo do manifesto contra as leis.

Em seguida vêm os parágrafos de **desenvolvimento**, em que o autor do texto apresenta seus argumentos, antecipa possíveis argumentos contrários e os refuta (contra-argumentação). Por fim, na **conclusão**, o autor deve apresentar uma **proposta de ação** relacionada ao tema debatido. Nos manifestos, os autores usaram o parágrafo conclusivo para solicitar aos congressistas que votassem, respectivamente, contra e a favor dos projetos de lei.

Em um artigo opinativo, podemos concluir o texto sugerindo ao leitor que tome determinada atitude para amenizar ou resolver o problema social comentado – por exemplo, em um artigo contrário ao consumismo entre os jovens, o autor pode terminar o texto conclamando os leitores a dar menos importância às modas e a pensar duas vezes antes de trocar o celular ou outro aparelho eletrônico.

Seja qual for o tema ou o gênero do texto argumentativo que você estiver produzindo, o importante é que os argumentos sejam coerentes com a opinião defendida e conduzam naturalmente à conclusão.

Argumentar é tarefa essencial em uma sociedade plural e democrática, e os assuntos de interesse público devem ser discutidos por todos. **Não se omita**: participe você também dos debates importantes na sua escola ou na sua cidade!

GLOSSÁRIO

Estanque: rígido; inflexível.
Acirramento: intensificação.

UNIDADE 1
A ERA DO IMPERIALISMO

A *resistência à dominação*

"A conquista da África não foi tarefa simples nem rápida. Muitas vezes, os europeus sofreram reveses. Como na batalha de Isandhlwana [...], em janeiro de 1879, quando cerca de 25 mil zulus do rei Cetshwayo derrotaram as tropas britânicas. [...]

E mesmo quando não logravam vitórias espetaculares como essas, os africanos faziam os europeus pagarem caro pelo atrevimento das conquistas. Em vários lugares, estas só se efetivaram após repetidas e frustradas tentativas."

SILVA, Alberto da Costa e. *A África explicada aos meus filhos*. Rio de Janeiro: Agir, 2008. p. 103-104.

Caricatura atual satirizando a disputa por territórios ultramarinos entre as grandes potências imperialistas do final do século XIX.

Vinte anos depois

Em abril de 2014, o povo de Ruanda, na África, lembrou os vinte anos de uma guerra civil que chocou o mundo. Durante 100 dias, de abril a junho de 1994, cerca de 1 milhão de ruandeses, predominantemente da minoria tutsi, foram massacrados por ordens do governo liderado pela maioria hutu.

As rivalidades entre tutsis e hutus tiveram origem no período da colonização belga, quando os colonizadores concederam privilégios e poderes à minoria étnica tutsi. Depois da independência, em 1962, as disputas étnicas se acirraram e caminharam para a guerra civil.

Muitas rivalidades étnicas que têm devastado a África foram criadas pela dominação imperialista europeia iniciada no século XIX. Essa dominação produziu efeitos duradouros, que ainda hoje podem ser notados nas condições de vida no continente.

- O que você entende por domínio colonial imperialista?
- Que relação pode ser estabelecida entre esse domínio e a caricatura mostrada nesta abertura?
- De que forma o texto do brasileiro Alberto da Costa e Silva se relaciona com essa caricatura?

TEMA 1

A Segunda Revolução Industrial

Quais mudanças a Segunda Revolução Industrial trouxe para a economia e para a sociedade dos países industrializados?

Um mundo em intensa transformação

O século XIX foi um período de intensas inovações tecnológicas na Europa. Inventos na área dos transportes, das comunicações e da produção de energia possibilitaram encurtar as distâncias, agilizar a veiculação de notícias e criar novas indústrias. Parecia, aos olhos das elites, que a civilização europeia tinha instaurado o reino da ciência e do progresso. A crença na capacidade de a ciência explicar o mundo, dominar as forças da natureza e promover o progresso geral das sociedades humanas é o que chamamos de **cientificismo**. As teorias baseadas nessa ideia de primazia da ciência dominaram grande parte do pensamento europeu do século XIX.

O desenvolvimento científico no período foi marcado pela aliança entre ciência, técnica e indústria, criando meios para se produzir mais, em menor tempo e com menos gasto de energia e de custos. Dois exemplos dessa relação foram os conhecimentos teóricos produzidos na área do eletromagnetismo e os da termodinâmica: os primeiros, aplicados na fabricação dos motores elétricos, dos transformadores e das lâmpadas, e os segundos, utilizados na invenção dos motores a vapor.

As inovações que ocorriam nos transportes, nas comunicações e na produção industrial possibilitaram o aumento da produtividade e a geração de capitais excedentes na Europa. O interesse em obter mercados para o investimento desses capitais foi decisivo para as potências capitalistas lançarem-se em um novo tipo de colonialismo, que teve como alvo a Ásia e, principalmente, a África. A disputa por domínios coloniais definiria, em grande parte, os rumos que o século XX tomaria.

Dialogando com Ciências

Gravura mostrando as atividades da Companhia de Fundição Paterson, em Nova Jersey, Estados Unidos, c. 1880. Com o desenvolvimento do capitalismo, as pesquisas científicas foram aplicadas na invenção de máquinas visando racionalizar o trabalho e aumentar a produtividade.

A indústria e os novos inventos

Imagine por alguns instantes sua vida sem o telefone celular, o computador pessoal e a internet. Pensou? Dessa forma talvez você consiga compreender o significado que essas tecnologias tiveram para as sociedades nos anos 1990, quando os inventos que já vinham sendo utilizados por governos e algumas instituições começaram a fazer parte do cotidiano das pessoas e das empresas em todo o mundo. Os efeitos dessas inovações foram tão profundos e seu alcance tão universal que esse período tem sido chamado por estudiosos de **Terceira Revolução Industrial**.

Situação semelhante ocorreu nos países da Europa Ocidental, nos Estados Unidos e no Japão na segunda metade do século XIX. Em poucos anos, descobertas científicas e inovações técnicas, aplicadas à produção industrial, possibilitaram o aumento extraordinário da capacidade produtiva das fábricas, o surgimento de novas indústrias e uma enorme expansão do capitalismo. A industrialização atingiu os campos e possibilitou a modernização dos transportes e das comunicações, além de produzir um forte impacto nas relações humanas, na paisagem e no cotidiano das cidades.

Esse processo de mudanças ficou conhecido como **Segunda Revolução Industrial**, e o avanço técnico do período teve como marcos o desenvolvimento do processo Bessemer, a invenção do motor de combustão interna e a do dínamo.

- **Processo Bessemer**. Em 1856, o inventor inglês Henry Bessemer descobriu que a injeção de um jato de ar frio no minério de ferro em fusão permitia retirar as impurezas do minério e obter o aço. A descoberta de Bessemer, aliada a outros avanços, tornou o aço mais barato e incentivou novos investimentos na indústria siderúrgica. Em pouco tempo o produto substituiu o ferro na construção de trilhos ferroviários, edifícios e obras públicas de grande porte, como pontes e viadutos.
- **Motor de combustão interna**. A partir da década de 1870, foram inventados e aperfeiçoados os primeiros motores de combustão interna, uma máquina que transforma energia térmica em energia mecânica por meio da queima de combustíveis. Inicialmente, o gás natural era utilizado como fonte de energia para o funcionamento dos motores. Aos poucos, novos inventos permitiram o uso em larga escala da gasolina e do óleo diesel, derivados do petróleo.
- **Dínamo**. O dínamo é um dispositivo que transforma energia mecânica em energia elétrica, invento que surgiu por volta de 1870. A eletricidade gerada pelo dínamo passou a ser empregada nas fábricas, nos transportes e na iluminação pública.

Da mesma forma que o carvão e o ferro ficaram associados à industrialização inglesa do século XVIII, o aço, o petróleo e a eletricidade se transformaram em símbolos dessa nova revolução industrial, que, ao contrário da primeira, se estendeu por vários países.

No alto, jovem fala ao telefone, na Alemanha, início do século XX; acima, adolescente navega na internet com seu *tablet*. Santa Maria, Rio Grande do Sul, 2013.

Pense e responda

- A energia elétrica faz parte do nosso cotidiano. Como ela é produzida? Como seria a sua vida se um dia ela acabasse? Isso seria possível? Você conhece ou já ouviu falar de alguma comunidade nos dias de hoje que não utiliza energia elétrica? Discuta o assunto com a classe.

Pouco depois da descoberta feita pelo inglês Henry Bessemer, teve início, em 1869, a construção da primeira ponte de aço do mundo, a Ponte do Brooklin, em Nova York, nos Estados Unidos. Foto de 2012.

Os transportes e as comunicações

O uso do aço, da eletricidade e do motor de combustão interna permitiu a expansão das **estradas de ferro** e a criação de novos inventos, como o **automóvel** e o **telefone**. Eles revolucionaram os transportes e as comunicações, fortalecendo a crença na capacidade infinita da ciência e da sociedade industrial.

Em 1860, havia por volta de 50 mil quilômetros de trilhos em todo o mundo; trinta anos depois, apenas Alemanha, Estados Unidos e Grã-Bretanha, os países mais industrializados na época, somavam 250 mil quilômetros de trilhos construídos.

Em 1885, o engenheiro alemão Karl Benz produziu o primeiro veículo motorizado com fins comerciais, instalando um motor de combustão interna em uma carruagem. Anos depois, em 1908, a criação do modelo Ford T, nos Estados Unidos, popularizou o invento e revolucionou a indústria automobilística.

Nas comunicações, a invenção de um aparelho capaz de converter o som em impulsos elétricos, patenteado em 1876, marcou o nascimento do telefone.

Esses avanços técnicos facilitaram e agilizaram não só a comunicação entre os povos, mas a circulação de informações e o deslocamento de pessoas e de mercadorias.

A modernização na Alemanha

Depois do processo de unificação da Alemanha, concluído em 1871, a economia do país teve um desenvolvimento extraordinário. O governo nacional liberou recursos para a instalação de empresas e estabeleceu tarifas alfandegárias sobre as importações para proteger a indústria e a agricultura alemãs da concorrência externa.

Além desses incentivos governamentais, outro fator fundamental para a modernização da economia alemã foi a importância dada, nas escolas, ao ensino das ciências aplicadas à produção industrial. Graças ao papel da escola, as indústrias podiam dispor de uma grande oferta de técnicos, empregados com salários baixos.

Ao iniciar o século XX, a economia alemã era a mais moderna e dinâmica de toda a Europa, liderando a produção de aço, de produtos químicos e de equipamentos elétricos e científicos.

PRODUÇÃO DE CARVÃO E FERRO DA ALEMANHA E DA GRÃ-BRETANHA (1880 E 1913)

Extração de carvão (em toneladas)

Ano	Grã-Bretanha	Alemanha
1913	292.000.000	277.000.000
1880	147.000.000	59.000.000

Produção de ferro bruto (em toneladas)

Ano	Grã-Bretanha	Alemanha
1913	10.000.000	19.400.000
1880	7.780.000	5.120.000

Fonte: BEER, Max. História do socialismo e das lutas sociais. Rio de Janeiro: Laemmert, 1968. p. 532.

O carvão e o ferro serviam de indicadores do tamanho das economias dos países industrializados no período. O que podemos concluir, com base nos dados desse gráfico, sobre as economias alemã e britânica, as duas mais fortes economias europeias do período?

A industrialização nos Estados Unidos

Nos Estados Unidos, o grande salto na industrialização ocorreu após a **Guerra Civil** (1861-1865), também chamada Guerra de Secessão. O norte industrializado venceu o sul agrário e escravista e impôs seu projeto modernizador.

Leis protecionistas que amparavam a produção industrial e agrícola do país, a grande oferta de mão de obra barata, garantida pelas políticas de estímulo à imigração, a ocupação das terras do oeste e o incentivo do Estado à instalação de companhias de transportes e às comunicações são os principais fatores que explicam a transformação dos Estados Unidos em uma poderosa nação industrial e urbana.

Como se pode ver, a economia industrial do período tornou-se bem mais difusa do que na fase anterior, quando a Inglaterra se apresentava como a única potência hegemônica na produção de mercadorias.

A expansão industrial da Rússia e do Japão

No Império Russo, o desenvolvimento industrial foi, sobretudo, uma iniciativa do Estado, que contraiu empréstimos no exterior para construir estradas de ferro e instalar empresas (muitas vezes estrangeiras) de diferentes ramos, com destaque para os setores têxtil, de extração de carvão e de minério de ferro.

A modernização política e econômica japonesa iniciou-se na década de 1860, com a **Revolução Meiji**. Sob o comando do imperador Meiji, uma série de reformas transformou o Japão numa grande potência. O governo assinou tratados comerciais com países do Ocidente e realizou uma ampla reforma educacional destinada a erradicar o analfabetismo do país.

Criadas essas condições, o Japão pôde iniciar sua arrancada industrial, também promovida pela iniciativa estatal. Assim, por volta de 1910, o Japão tinha mais de 10 mil quilômetros de estradas de ferro, grandes bancos, poderosas companhias de navegação e mineração, e sua produção têxtil era uma das maiores do mundo.

Construção de estrada de ferro na costa oeste dos Estados Unidos, c. 1870. Em 1900, os Estados Unidos tinham a maior malha ferroviária do mundo e ocupavam o primeiro lugar na produção mundial de aço.

Gravura representando o mercado de Yokohama no período Meiji, 1870. Instituto Smithsonian, Washington, Estados Unidos. Observe as bandeiras estrangeiras nessa imagem. O governo japonês contratou capitais de fora do país para financiar o seu desenvolvimento industrial.

TEMA 2

O trabalho e a vida nas cidades industriais

Como o avanço da industrialização se manifestou nas principais cidades industriais europeias do período?

As condições de trabalho durante a Segunda Revolução Industrial

Durante a Segunda Revolução Industrial, as novas fábricas que surgiam, expandiam sua capacidade de produção ou diversificavam suas atividades atraíam um fluxo crescente de trabalhadores para as cidades. Contudo, mesmo com todos os avanços tecnológicos aplicados à produção industrial, que permitiram elevar a produtividade e os lucros, os operários continuavam trabalhando em condições precárias e sem nenhuma proteção legal.

Era comum a presença de crianças nas atividades fabris, trabalhando até a exaustão em jornadas que podiam chegar a dezesseis horas diárias. Alguns menores começavam a trabalhar aos seis anos de idade e recebiam cerca de um quarto do salário pago aos homens adultos. Relatos do período mostram ainda que as crianças trabalhadoras eram castigadas por dormir durante o trabalho ou por não darem conta das tarefas exigidas pela produção.

Crianças trabalham em uma fábrica de vidros no estado da Virgínia, Estados Unidos, 1908.

Mutilações e deformidades físicas causadas pelo trabalho

Depoimentos de trabalhadores revelam que as mutilações provocadas por máquinas de corte eram frequentes nas fábricas no final do século XIX e início do XX.

As deformidades físicas causadas pelo trabalho exaustivo na indústria também eram comuns. Muitos jovens, por realizarem ações repetitivas nas fábricas, apresentavam encurtamento dos membros, desvios graves na coluna, problemas de visão, ensurdecimento, entre outras deficiências relacionadas ao trabalho.

Questões

1. Quais consequências relacionadas às péssimas condições de trabalho nas fábricas são descritas no texto?

2. Realize uma pesquisa sobre o número de trabalhadores que foram vítimas de acidentes de trabalho nos últimos anos no Brasil. Levante informações sobre as causas mais comuns dos acidentes trabalhistas no país, o número de óbitos decorrentes desses acidentes e as medidas que estão sendo adotadas pelo governo visando combater o problema.

A pobreza nas grandes cidades

Na Alemanha, Grã-Bretanha e outros países da Europa, o avanço da industrialização foi acompanhado, nos campos, pela dissolução do regime de terras comunais e pela mecanização das técnicas de cultivo, processo que favoreceu os grandes proprietários rurais e uma nascente burguesia agrária, com recursos suficientes para investir na modernização capitalista.

A situação dos pequenos proprietários se agravou com a primeira grande crise econômica do capitalismo, entre 1873 e 1896, que provocou a queda generalizada dos preços dos produtos agrícolas. Repelidos da zona rural, milhões de camponeses e assalariados se dirigiram para as cidades em busca de trabalho nas fábricas e nos serviços.

O acelerado êxodo rural transformou a paisagem de muitas cidades europeias. Surgiram, nesse período, as vilas operárias. Nessas vilas, as habitações eram pequenas e padronizadas, e cada uma delas geralmente abrigava várias famílias operárias. As condições de alimentação e higiene nesses locais eram muito ruins, como mostra o texto a seguir.

> "[...] uma massa de casas de três a quatro andares, construídas sem planejamento, em ruas estreitas, sinuosas e sujas, abriga parte da população operária. Nas ruas [...] um mercado de legumes e frutas de má qualidade se espalha, reduzindo o espaço para os passantes. [...] Nas casas até os porões são usados como lugar de morar e em toda parte acumulam-se detritos e água suja."
>
> ENGELS, Friedrich. A condição da classe trabalhadora na Inglaterra. In: BRESCIANI, Maria Stella Martins. *Londres e Paris no século XIX*: o espetáculo da pobreza. 7. ed. São Paulo: Brasiliense, 1992. p. 25.

A expansão dessas vilas, em muitos casos, deu origem a bairros operários. Dessa forma, se estabelecia, nas cidades industriais, uma divisão geográfica entre a pobreza e a riqueza, entre bairros habitados pelos trabalhadores e por setores miseráveis e os destinados à aristocracia e à burguesia.

Pense e responda

- Governos de países industrializados da Europa, como Grã-Bretanha e França, executaram obras de remodelamento e modernização dos principais centros urbanos, removendo os moradores dos bairros operários do centro para áreas periféricas das cidades. Assim, grandes bolsões de pobreza se formaram nesses locais. Você tem conhecimento de alguma reforma urbana semelhante ocorrida no Brasil? Se tem, em que cidade(s) isso ocorreu?

Despejo dos moradores de uma vila operária da área central de Londres, na Inglaterra, 1901.

GLOSSÁRIO

Revitalizar: revigorar; renovar; devolver a vitalidade.
Bulevar: via de trânsito com calçadas largas e pistas onde os veículos geralmente transitam em dois sentidos (mão dupla).

A transformação dos centros urbanos

O avanço da industrialização, a modernização da agricultura e a expansão das áreas agrícolas no globo possibilitaram um grande crescimento populacional.

Nas principais capitais europeias, o acelerado processo de urbanização levou ao surgimento das primeiras **metrópoles**. Cidades como Paris e Londres passaram a ter mais de 1 milhão de habitantes.

Como você já viu, parte dessa população, principalmente a classe trabalhadora mais pobre, foi deslocada do centro para as periferias das capitais, que se transformaram em bolsões de pobreza. E o que aconteceu com as áreas centrais dessas metrópoles?

O centro de Paris, por exemplo, entre os anos 1860 e 1870, foi objeto de uma reforma radical de modernização e embelezamento urbano. Dirigido pelo então prefeito Georges-Eugène Haussmann, mais conhecido como Barão Haussmann, o projeto, além de revitalizar a cidade, visava dificultar a formação de barricadas operárias e facilitar a ação repressiva da polícia.

Para a equipe de engenheiros e arquitetos responsáveis pela reforma, o arranjo do meio urbano deveria ser racionalizado, tendo como objetivo facilitar a circulação na cidade, mesmo em prejuízo das construções históricas. Assim, cerca de 50 quilômetros de ruas da antiga cidade medieval, especialmente aquelas situadas próximas ao Rio Sena, foram demolidas.

Cidades como Londres, Viena, Berlim, Nova York e Chicago também tiveram sua região central remodelada no mesmo período. Além de ter como objetivo acomodar a população em crescimento, as reformas e o embelezamento urbanos serviam para exibir a grandeza dos países no contexto de disputa entre as principais potências capitalistas.

Foto aérea de Paris, 14 de julho de 2012. A capital francesa dos dias de hoje, das grandes avenidas ao redor do Arco do Triunfo, é uma construção do final do século XIX. Grandes monumentos, parques e bulevares formaram a nova paisagem da maioria das capitais europeias a partir desse período.

As migrações ultramarinas

O processo de industrialização e a intensa urbanização, nas condições em que ocorreram, produziram também vários efeitos negativos. A concentração populacional nas cidades industriais europeias, a redução da oferta de empregos gerada pela crescente inovação tecnológica e os baixos salários pagos aos trabalhadores tiveram como resultado o crescimento da miséria e da criminalidade. Uma das válvulas de escape para esse quadro de explosão social foi a migração.

Entre 1800 e 1930, perto de 45 milhões de pessoas, do norte, do centro, do leste e do sul da Europa, abandonaram seus países para tentar uma vida melhor nos países de além-mar. A América foi o continente que mais recebeu imigrantes europeus.

A maioria dos imigrantes eram homens jovens, com pouca experiência no trabalho industrial e que se viam atraídos pela possibilidade de constituir propriedades ou iniciar empreendimentos comerciais com o esforço de seu trabalho. O passo seguinte seria retornar enriquecidos ao seu país de origem ou retirar de lá os familiares que tinham ficado, sonho que poucos realizaram. A maior parte desses emigrados teve como destino o trabalho nas lavouras, nas minas, nas siderurgias, na construção de ferrovias, sempre em condições muito penosas.

A emigração europeia para os Estados Unidos, por exemplo, chegou a quase 35 milhões de pessoas entre 1800 e as primeiras décadas do século XX. O governo norte-americano incentivou a imigração com o objetivo de colonizar as terras do oeste, habitadas principalmente por indígenas, expandindo as fronteiras do país. Além disso, a imigração era a garantia de mão de obra abundante e barata para impulsionar a industrialização norte-americana.

Os Estados Unidos não receberam somente europeus. Em 1876, por exemplo, a população chinesa constituía 25% dos estrangeiros no estado da Califórnia, atraídos pela ideia de que estavam se dirigindo para o país das oportunidades.

Imigrantes do leste da Europa se aglomeram em uma rua de Manhattan, em Nova York, nos Estados Unidos, c. 1890.

Pense e responda

- No século XIX, o governo dos Estados Unidos incentivou a vinda de imigrantes para o país. Observe a charge ao lado. Qual é a diferença entre o tratamento recebido pelos imigrantes no século XIX e aquele que é dado a eles atualmente?

Isso mesmo, sr. Ashcroft. Uma imigrante francesa..., charge de Ben Sargent, 2001. A charge satiriza a política atual dos Estados Unidos diante da imigração para o território.

TEMA 3

O capital financeiro e a expansão imperialista

Quais são as principais características do capitalismo financeiro? Por que ele motivou a expansão imperialista das grandes potências no século XIX?

A era do capitalismo financeiro

As transformações que marcaram a Segunda Revolução Industrial também ocorreram no próprio funcionamento da economia capitalista. Até meados do século XIX, muitas empresas começavam a funcionar sem grandes recursos e se expandiam à medida que seus donos reinvestiam na própria empresa parte dos lucros obtidos com a comercialização dos produtos. Por essa razão, predominavam as pequenas empresas familiares. Como os recursos que alimentavam a produção eram obtidos pela dinâmica da própria indústria, essa fase é conhecida como a era do **capitalismo industrial**.

A partir dos anos 1870, com o avanço da Segunda Revolução Industrial, as novas atividades econômicas — empresas de exploração de petróleo, usinas elétricas e siderúrgicas — exigiam grandes investimentos, que não podiam ser obtidos apenas com recursos individuais. As instituições bancárias assumiram um papel central nesse período, financiando as produções industrial, agrícola e mineral em cada país e controlando, por meio da aquisição de ações, empresas de diferentes setores e atividades. Começava a era do **capitalismo financeiro**.

Da concorrência aos oligopólios

A partir da Segunda Revolução Industrial, um processo profundo de concentração do capital alterou o perfil das empresas nas principais economias do mundo industrializado. Essa mudança foi um dos resultados da primeira grande crise do capitalismo, iniciada em 1873. Em um contexto de grandes dificuldades, pequenas empresas foram eliminadas, enquanto as mais fortes criaram formas de associação visando combater a concorrência e aumentar os lucros. Veja ao lado os principais modelos de organização empresarial surgidos no período.

As organizações empresariais promoveram uma imensa concentração de capital nas mãos de grupos econômicos, os chamados **oligopólios**, em prejuízo das pequenas empresas e da livre concorrência. Damos o nome de oligopólio a uma situação, na economia capitalista, em que poucas empresas têm o controle da maior parte do mercado.

A intensa concentração de capitais promovida por esses grupos econômicos deu origem às chamadas **transnacionais**, grandes corporações empresariais com filiais em diversos países. Apesar de estarem presentes em várias regiões, essas empresas mantêm fortes vínculos com seu país de origem.

Modelos de organização empresarial

- **Truste**. Associação de empresas de um mesmo ramo que se fundem com o objetivo de controlar os preços, a produção e o mercado.
- **Cartel**. Agrupamento de empresas independentes que estabelecem acordos ocasionais com o propósito de dividir o mercado e combater os concorrentes.
- *Holding*. Empresa que controla uma série de outras empresas, do mesmo ramo ou de setores diferentes, mediante a posse majoritária das ações dessas empresas.

A expansão colonial capitalista

Entre 1880 e 1914, as grandes potências capitalistas dividiram entre si a maior parte das terras do planeta. Com isso, foi inaugurada uma nova fase do capitalismo, chamada **imperialismo** ou **neocolonialismo**, ou seja, novo colonialismo, para diferenciá-lo da expansão colonial iniciada no século XV, na época das grandes navegações.

Primeiramente Grã-Bretanha e França, depois Alemanha, Bélgica e Itália, foram as protagonistas desse processo de expansão colonial em terras da África e da Ásia. Também participaram dessa expansão a Rússia, em partes da Eurásia, os Estados Unidos, na América Latina e nas Filipinas, e o Japão, na China e na Coreia.

A nova fase de expansão colonial ampliou e aprofundou o processo de universalização da cultura europeia, iniciado no século XV e executado por meio da força ou da atuação de professores, missionários, exploradores e do aparato administrativo criado nas colônias. Você também se vê como parte dessa cultura europeia que se expandiu pelo mundo?

Os fatores da expansão imperialista

A expansão imperialista foi motivada por fatores econômicos, políticos, sociais e culturais, que se interligavam.

- **Fatores econômicos**. A grande concorrência entre as potências industriais as levou a ampliar os investimentos em tecnologias para diminuir os custos de produção, reduzindo, em contrapartida, a oferta de empregos. A produção de mercadorias cresceu, enquanto o mercado consumidor, afetado pelo desemprego e pelos baixos salários, não era capaz de absorvê-las. O resultado foi uma grave crise econômica entre 1873 e 1896, marcada pela falência de empresas e pela queda generalizada dos preços. A saída encontrada pelos países europeus para resolver a crise foi a conquista de novos mercados para os seus produtos industrializados e para a aplicação dos seus capitais excedentes, além de novas fontes de energia e de matérias-primas para as indústrias.

- **Fatores políticos e sociais**. Os governos europeus utilizaram a conquista de colônias como propaganda política. A expansão do poderio nacional por meio da obtenção de colônias serviu para despertar na população o orgulho patriótico e obter o apoio dela aos governos das potências imperialistas. Para isso também era necessário transferir para as áreas coloniais a mão de obra ociosa na Europa, minimizando as tensões sociais e enfraquecendo o movimento operário.

- **Fatores culturais**. No período, foi disseminada a ideia de que o homem branco deveria levar aos povos tidos como atrasados as conquistas da ciência e da indústria, ou seja, da civilização europeia. No pensamento racista e eurocêntrico da época, a colonização tinha uma missão civilizadora, resumida no conhecido poema britânico "O fardo do homem branco".

Esses fatores, interligados, motivaram e justificaram a expansão imperialista e a consolidação de uma economia global, dominada por alguns países, que fizeram das terras conquistadas uma grande fonte de lucros.

Gravura do século XIX representando a colonização britânica no Egito. Biblioteca Nacional da França, Paris. Na imagem, a postura altiva do soldado reforça a mensagem da superioridade do Império Britânico.

Os efeitos da nova civilização em Trípoli. Capa do jornal francês *Le Petit Journal*, de 1911. No pensamento racista e eurocêntrico da época, a colonização era vista como uma missão civilizadora.

TEMA 4

A expansão imperialista na África

Por que o Congresso de Berlim é considerado um marco do novo colonialismo na África? Como os povos africanos agiram diante da ocupação de suas terras pelos europeus?

O Congresso de Berlim e a partilha da África

Até meados do século XIX, a presença dos europeus no continente africano se limitava a algumas feitorias e colônias posicionadas no litoral, geralmente em locais estratégicos para o desenvolvimento do comércio. À exceção desses pontos na costa, a maior parte do continente encontrava-se sob o poder das sociedades africanas, governadas por reis, imperadores ou conselhos de anciões.

A soberania dos povos africanos desapareceu nos últimos anos do século XIX. Em pouco tempo, quase todo o continente africano (à exceção da Etiópia e da Libéria) passou para as mãos das potências europeias como parte do movimento de expansão imperialista.

A definição das regras para a partilha da África aconteceu entre os anos de 1884 e 1885, em Berlim, onde se reuniram representantes de Grã--Bretanha, Alemanha, França, Portugal, Bélgica e outros países. A partir dessa data até o final do século XIX, cada uma dessas nações construiu o seu império colonial na África, conquistando territórios por meio de expedições militares, ou fazendo tratados de amizade ou de proteção com os dirigentes africanos.

Características da colonização na África

O domínio colonial dos países europeus sobre as populações locais era, na maior parte dos casos, extremamente violento. Os colonizadores estabeleceram um sistema legal de confisco das terras férteis dos africanos e utilizaram a mão de obra nativa na agricultura, no extrativismo e na construção de obras que facilitassem o escoamento dos produtos até o litoral, para serem embarcados para a Europa.

De maneira geral, duas políticas coloniais foram aplicadas no continente: de **assimilação** e de **diferenciação**. A primeira, adotada pelos impérios português, francês e belga, baseava-se no ensino da língua da metrópole, da religião e da moral cristã e do modo de vida europeu, procurando criar, entre os nativos, uma elite de colaboradores locais, os assimilados.

Por meio da política de diferenciação, aplicada pelos impérios britânico e alemão, os colonizadores recorriam a lideranças locais para cuidar da administração colonial, aproveitando as disputas internas e a estrutura de poder que já existiam. Essas lideranças se tornavam representantes dos colonizadores e defendiam seus interesses nas áreas dominadas.

Caricatura que representa a derrota italiana na Etiópia. Capa do jornal francês *Le Petit Journal*, de 1896. A independência da Etiópia foi assegurada pela vitória do exército do rei etíope Menelik II sobre as tropas invasoras italianas, em 1896.

O império colonial britânico na África

A entrada formal da Grã-Bretanha no continente africano ocorreu em 1875 com a compra da parte egípcia do Canal de Suez, enquanto a outra permaneceu propriedade da França.

O Canal de Suez, inaugurado em 1869, tinha importância estratégica na região, pois ligava o Mar Vermelho ao Mar Mediterrâneo, facilitando a navegação e o comércio entre a África, a Ásia e a Europa. Buscando assegurar o seu domínio sobre o Canal e afastar a presença da França, os ingleses estabeleceram, em 1883, um protetorado no Egito. Em seguida, conquistaram os territórios que viriam a ser o Sudão egípcio, a Rodésia, a Nigéria e a África Oriental Inglesa.

Com a conquista da região sul do continente africano em 1902 (ver boxe ao lado), a Grã-Bretanha se consolidou como o maior império colonial na África.

A Guerra dos Bôeres

Nas terras que correspondem hoje à África do Sul, os ingleses, interessados no ouro e nas pedras preciosas abundantes da região, empreenderam uma guerra contra os bôeres, descendentes de holandeses que colonizaram a região no século XVII. A guerra entre eles teve início em 1899 e durou até 1902, quando a Grã-Bretanha, vitoriosa, anexou o território aos seus domínios.

Os franceses na África

Visando controlar a acirrada disputa entre os países participantes do Congresso de Berlim, ficou acordado que o princípio definidor da partilha seria o de áreas de influência. Isso significava que, uma vez estabelecida no litoral, a nação estrangeira teria o direito de ocupar a zona do interior.

Assim, de feitorias na costa africana como Dacar, atual Senegal, a França estendeu seu domínio sobre uma área que ia do Atlântico ao interior, acompanhando o curso do Rio Níger e criando a África Ocidental Francesa. A esses domínios somavam-se a África Equatorial Francesa (atual Gabão e parte do Congo) e as províncias francesas do norte da África, Marrocos e Tunísia.

GLOSSÁRIO

Protetorado: território ou país que tem certos atributos de um Estado independente, mas que em outras questões está subordinado à autoridade de uma potência estrangeira.

Portugueses, belgas e alemães

Portugal, a partir de suas antigas colônias de Angola e Moçambique, reclamou a soberania sobre um território mais amplo e obteve, além deste, as terras que formaram a Guiné Portuguesa, na costa ocidental africana.

Na região equatoriana, vizinha a Angola, grande parte da Bacia do Rio Congo converteu-se numa espécie de propriedade particular do rei Leopoldo II, da Bélgica, um dos principais envolvidos no Congresso de Berlim e em seus resultados.

O Estado nacional alemão formou-se tardiamente, em 1871, por isso o país entrou depois das outras potências na disputa colonial. Mesmo assim, a Alemanha obteve sua parte na divisão da África Ocidental, conquistando territórios que deram origem às colônias do Togo e de Camarões.

Pessoas mutiladas no Congo, em fotos de 1905. Museu de História Natural, Nova York. A colonização belga na região do Congo caracterizou-se pela extrema violência contra os nativos e pelo saque das riquezas naturais da região.

DE OLHO NO MAPA

A partilha da África

Você estudou que as principais potências europeias, reunidas no Congresso de Berlim, definiram as regras para a divisão do continente africano entre elas. Observe os dois mapas destas páginas. Eles representam o início e o auge do processo de partilha da África entre os países colonizadores.

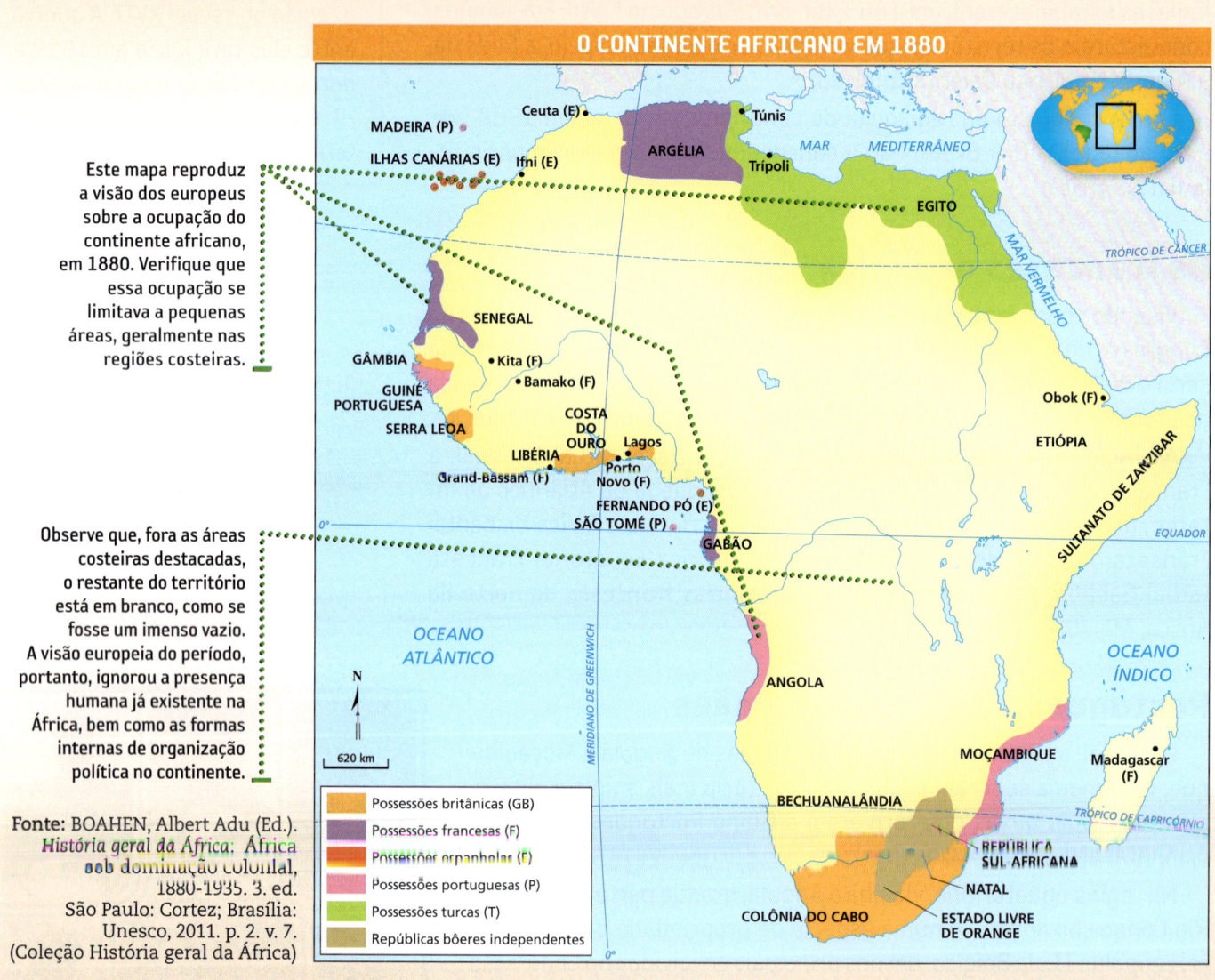

Este mapa reproduz a visão dos europeus sobre a ocupação do continente africano, em 1880. Verifique que essa ocupação se limitava a pequenas áreas, geralmente nas regiões costeiras.

Observe que, fora as áreas costeiras destacadas, o restante do território está em branco, como se fosse um imenso vazio. A visão europeia do período, portanto, ignorou a presença humana já existente na África, bem como as formas internas de organização política no continente.

Fonte: BOAHEN, Albert Adu (Ed.). *História geral da África: África sob dominação colonial, 1880-1935*. 3. ed. São Paulo: Cortez; Brasília: Unesco, 2011. p. 2. v. 7. (Coleção História geral da África)

Questões

COMPREENDER UM MAPA

1. No primeiro mapa, de 1880, se verifica a pouca presença europeia no continente africano. Em que regiões da África os europeus estavam estabelecidos nesse período? Quais países europeus tinham esses domínios? Com base em seus conhecimentos anteriores, como você explicaria a ocupação europeia dessas terras?

2. O mapa de 1880 representa a visão que os europeus tinham da África naquele período. Que visão era essa? Como seria o mapa se a representação do continente fosse feita por povos que lá viviam?

3. Compare as áreas de ocupação europeia representadas no primeiro e no segundo mapa. Que mudanças ocorreram entre um e outro momento? Que novos países ocupantes aparecem no mapa de 1914? Há algum que desaparece? Qual?

4. Observando a evolução da ocupação europeia na África entre 1880 e 1914, avalie qual teria sido o impacto da partilha do continente na vida dos africanos.

GLOSSÁRIO

Herero: povo que habitava a região das atuais Namíbia e Botsuana, no sudoeste da África, apossada pela Alemanha no século XIX.
Sevícia: maus-tratos; tortura.

A resistência africana à dominação imperialista

A expansão europeia na África a partir do Congresso de Berlim criou, no continente, duas realidades que se chocavam: de um lado, o poder tecnológico e militar das potências industrializadas indicava que sua vitória era certa; de outro, a reação dos povos africanos revelava que eles estavam determinados a resistir. As duas tendências se confirmaram: a resistência dos africanos e o triunfo dos colonizadores.

A resistência dos povos africanos à colonização era, até a década de 1970, um assunto pouco investigado pelos historiadores. Desde os últimos anos do século XX, contudo, quando os estudos africanos conquistaram um lugar de destaque na historiografia, a análise de novos documentos tem mostrado que ações de resistência ocorreram em praticamente todas as terras subjugadas pelos europeus. Ao contrário do que afirmavam os defensores do colonialismo, os africanos não viam os europeus como libertadores ou como a porta de entrada para a modernidade e a civilização.

Povos tradicionalmente rivais chegaram a se aproximar com o intuito de unir forças para derrotar o conquistador. É o que mostra esta mensagem endereçada em 1904 por Samuel Maherero, líder da resistência do povo herero, a um antigo inimigo:

> "Meu desejo é que nós, nações fracas, nos levantemos contra os alemães [...] Que a África inteira combata os alemães, e antes morrer juntos que em consequência de sevícias, de prisões ou de qualquer outra maneira".
>
> Samuel Maherero. In: BOAHEN, Albert Adu (Ed.). *História geral da África*: África sob dominação colonial, 1880-1935. 3. ed. São Paulo: Cortez; Brasília: Unesco, 2011. p. 57. v. 7. (Coleção História geral da África)

Muitos movimentos de resistência foram rapidamente derrotados pelos conquistadores. Outros, como na região dos atuais Egito, Somália e Sudão, além de expressar forte capacidade de organização, se prolongaram por vários anos. Algumas ações conseguiram deter, ainda que temporariamente, o avanço das nações industrializadas pelo continente e impor pesadas derrotas aos europeus.

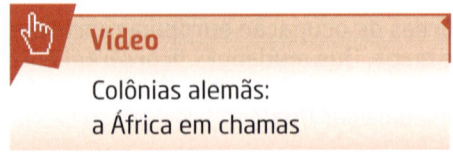

Vídeo

Colônias alemãs: a África em chamas

Batalha entre o povo herero e soldados alemães, em 1904, representada em ilustração publicada no jornal francês *Le Petit Journal*, de fevereiro de 1904.

A derrota dos ashantis pelo exército britânico comandado pelo Coronel Sutherland em 11 de julho de 1824. Gravura de Denis Dighton. Grã-Bretanha, 1825. Museu Nacional de Armas, Londres. A gravura retrata a primeira de uma série de batalhas entre o exército britânico e os ashantis, que culminou na dominação britânica do território no final do século XIX.

A Rebelião Ashanti

Uma das revoltas mais significativas contra o domínio britânico ocorreu na então Costa do Ouro, atual Gana, entre 1890 e 1900, a chamada **Rebelião Ashanti**.

A cultura do povo ashanti baseava-se em uma longa tradição de nações guerreiras e em uma história de mulheres orgulhosas e respeitadas. Os tambores, objeto importante da tradição guerreira dos ashantis, eram usados para se comunicar por grandes distâncias.

A rebelião explodiu quando autoridades britânicas, seguindo a estratégia do imperialismo de dividir para dominar, depuseram um grande número de chefes tradicionais, medida que significou para os ashantis a violação de sua cultura. Em seguida, os britânicos nomearam outros líderes locais e instituíram o pagamento de uma indenização pelas revoltas anteriores. Por fim, o governo britânico exigiu que o seu representante se sentasse no Tamborete de Ouro, uma espécie de trono destinado aos líderes sagrados ashantis.

A combinação dessas medidas levou o povo ashanti a enfrentar os ingleses em sangrentas batalhas, que culminaram, em 1900, com a prisão e a deportação de sua líder Yaa Asantewaa, rainha de Edeweso, e de vários generais ashantis. Mesmo diante da resistência africana, no final do século XIX, o poder das potências europeias no continente já era uma realidade.

Pense e responda

- A gravura acima é uma representação produzida no século XIX sobre a guerra entre o povo ashanti e o exército britânico. A obra retrata a guerra sob o ponto de vista dos ashantis ou dos britânicos? Justifique.

A guerra entre o Império Britânico e a nação zulu

A região do Transvaal, na atual África do Sul, foi invadida e colonizada pelos bôeres, ou *afrikaners*, imigrantes de origem holandesa. Eles haviam penetrado o território zulu, ocupando fazendas e se apossando do gado, e, por essa razão, viviam em conflito com os zulus. Em 1877, os britânicos anexaram essa região, apoiando os *afrikaners*. Em 11 de janeiro de 1879 o exército britânico, com cerca de 15 mil soldados, invadiu o território zulu, sendo derrotado pelo exército do rei Cetshwayo na batalha de Isandhlwana, conforme você leu na abertura desta unidade. O exército britânico voltou à batalha em 4 de julho, vencendo a guerra. A nação zulu foi então dividida, e o poder disperso entre inúmeras famílias, enfraquecendo a resistência. Depois de algumas lutas isoladas entre zulus e ingleses, o território sucumbiu definitivamente à colonização britânica em 1884.

Escultura ashanti em madeira e vidro representando uma mulher segurando uma criança, século XIX. As mulheres ocupavam um lugar de destaque na sociedade ashanti.

TEMA 5

O domínio imperialista na China e na Índia

Quais consequências a dominação britânica trouxe para a tradicional produção artesanal indiana? Por que as potências imperialistas tinham grande interesse em dominar a China?

O imperialismo britânico na Índia

Em meados do século XVIII, muitos principados indianos estavam submetidos à administração da Companhia das Índias Orientais Britânicas. Essa empresa conseguiu introduzir, com êxito, os tecidos ingleses de algodão na Índia, afetando a produção artesanal indiana. Isso porque os tecidos industrializados ingleses podiam ser vendidos a preços mais baixos. Em consequência, muitas tecelagens indianas faliram e antigos centros têxteis, como a cidade de Dacca, sofreram forte queda populacional.

No século XIX quase toda a Índia já era controlada pela companhia, que instituiu uma série de medidas, como a restrição da autonomia das lideranças locais e a cobrança de altos impostos, que oneravam a população indiana. As políticas estabelecidas pela companhia britânica desestabilizaram muitas sociedades tradicionais e causaram o empobrecimento da maior parte da população local.

A fim de garantir e proteger os seus interesses na região, a companhia possuía seu próprio exército, formado quase que inteiramente por indianos, os chamados sipaios. Em 1857, os britânicos passaram a utilizar gordura animal para impermeabilizar suas munições, prática inaceitável tanto para indianos hindus quanto para indianos muçulmanos, e os soldados se amotinaram. Esse fato, aliado aos abusos cometidos pelas autoridades inglesas, às crises de abastecimento e à fome, levou à eclosão da **Revolta dos Sipaios**, ocorrida entre 1857 e 1858.

Para reprimir a rebelião, o Parlamento inglês dissolveu a companhia e a Coroa britânica assumiu o comando da Índia. Em seguida, os britânicos conquistaram a Birmânia e a Malásia.

Pintura representando artesãos indianos descaroçando algodão, 1873. Biblioteca Britânica, Londres.

A expansão imperialista na China

A China era uma região de grande interesse para as potências imperialistas, uma vez que sua população representava um importante mercado consumidor. Além disso, era um país com enorme extensão territorial, onde podiam ser investidos capitais na indústria e nos transportes. Porém, o governo chinês era muito centralizador, o que colocava inúmeros empecilhos à invasão estrangeira.

Apesar de não exercer o domínio político sobre a China, a Companhia das Índias Orientais Britânicas comercializava em território chinês, principalmente o ópio. Estima-se que, em 1836, mais de 12 milhões de chineses consumiam ópio regularmente, o que representava um grave problema para as autoridades.

O vício destruiu indivíduos e famílias, e muitos camponeses deixaram de cultivar alimentos para plantar papoulas. Além disso, a comercialização do produto causou um grave problema financeiro para a China. Os chineses pagavam a mercadoria com moedas de prata, o que levou à fuga do metal precioso do país.

Na primeira metade do século XIX, o governo chinês tentou impedir a comercialização de ópio no país. Leia abaixo um trecho de um jornal inglês da época que mostra como essa medida do governo chinês foi recebida pelos britânicos.

> "É absolutamente inconcebível que nosso comércio e lucros, que interessam tanto à [...] Grã-Bretanha, fiquem assim à mercê de um capricho, enquanto bastariam para resolver a pendência alguns barcos de guerra ancorados ao largo da cidade e algumas descargas de morteiros... Não pode haver dúvida quanto ao desfecho de uma guerra com a China."
>
> BRUIT, Héctor H. *O imperialismo*. São Paulo: Atual; Campinas: Editora da Unicamp, 1986. p. 37. (Coleção Discutindo a história)

Ilustração da revista de humor francesa *Le Rire*, de 1899, que satiriza a comercialização do ópio chinês pelos britânicos.

Audiovisual

A partilha da China

GLOSSÁRIO

Ópio: produto extraído da papoula, planta cultivada na Ásia. Ele tem ação anestésica e narcótica e é utilizado para a produção de drogas como a heroína, que leva facilmente à dependência e pode causar a morte.

Para assegurar o seu negócio na China, a Grã-Bretanha iniciou a **Guerra do Ópio** (1839-1842). Os ingleses bombardearam algumas cidades na costa sudeste e destruíram navios chineses. Incapaz de derrotar o inimigo, a China rendeu-se e assinou, em agosto de 1842, o **Tratado de Nanjing**, que estabelecia a abertura de alguns portos chineses ao comércio com a Grã-Bretanha e transferia Hong Kong ao domínio britânico.

Entre 1879 e 1905, a China foi invadida por britânicos, franceses, russos, alemães e japoneses, que, além de se instalarem no país, ainda obtiveram alguns direitos de comércio.

A DOMINAÇÃO IMPERIALISTA NA ÁSIA E NA OCEANIA (INÍCIO DO SÉCULO XX)

Potências dominadoras:
- Grã-Bretanha (GB)
- França (FRA)
- Alemanha (ALE)
- Holanda (HOL)
- Portugal (POR)
- Japão (JAP)

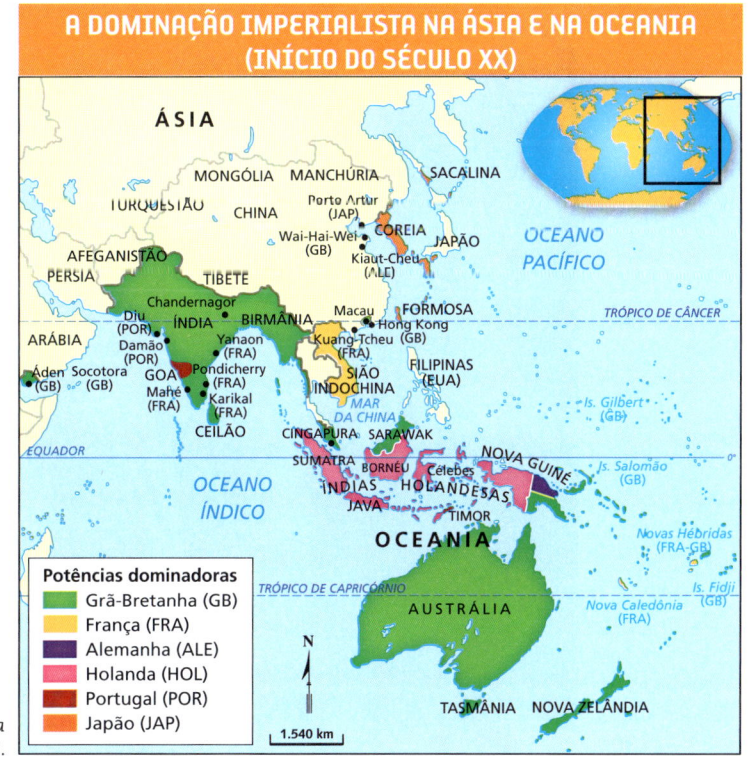

Fonte: PARKER, Geoffrey. *Atlas Verbo de história universal*. Lisboa: Verbo, 1997. p. 113.

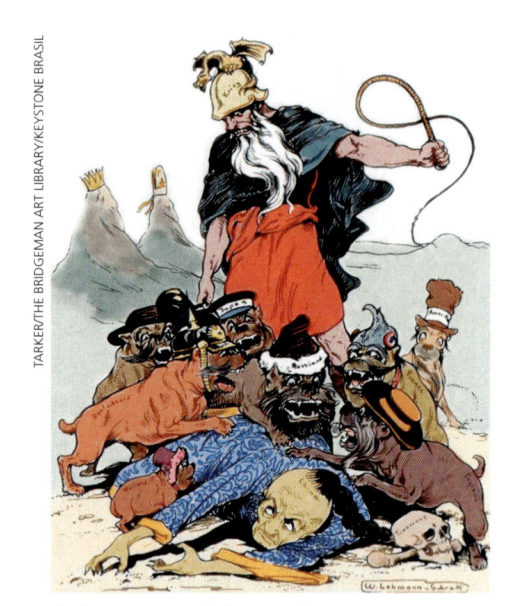

Caricatura alemã de autoria desconhecida do início do século XX que representa a China sendo atacada e disputada pelas potências imperialistas.

GLOSSÁRIO

Xamanismo: conjunto de rituais e práticas mágicas conduzido por uma pessoa escolhida pela comunidade para exercer a função sacerdotal, o *xamã*.

A resistência chinesa

Nas décadas finais do século XIX, a população camponesa da China havia empobrecido muito, e o aumento do banditismo preocupava as autoridades. Além disso, missionários alemães, com o apoio de comunidades cristianizadas, empreenderam violentas ações contra os não cristãos, o que motivou um forte sentimento antimissionário entre muitos chineses.

Para defender seus interesses políticos e econômicos, combater a ação dos bandidos e expulsar os estrangeiros do país, muitos chineses passaram a organizar sociedades secretas. Uma das mais importantes, a Sociedade dos Punhos Harmoniosos e Justiceiros, combinava duas tradições dos camponeses chineses: o boxe chinês e o xamanismo.

Os **boxers**, como ficaram conhecidos os membros dessa sociedade, ocuparam parte da cidade de Pequim em junho de 1900, incendiando diversas áreas e isolando as representações diplomáticas estrangeiras. Dias depois, o governo chinês, sob comando da imperatriz Cixi, que apoiava a revolta, declarou guerra às potências imperialistas. Grã-Bretanha, França, Japão, Rússia, Alemanha e Estados Unidos organizaram uma ação conjunta para combater a rebelião, invadindo Pequim.

Apenas em 1901, um acordo de paz foi assinado. Derrotados, os boxers foram perseguidos e várias autoridades chinesas foram fuziladas. As nações imperialistas ocidentais exigiram uma indenização de 333 milhões de dólares da China, a serem pagos em quarenta anos, com juros altíssimos. Além disso, para garantir a sua integridade territorial, a China foi forçada a fazer inúmeras concessões econômicas ao Ocidente.

Grupo de boxers chineses em Pequim, China, 1900.

TEMA 6

A *Belle Époque*

Como as transformações ocorridas nas sociedades industrializadas entre meados do século XIX e início do século XX se manifestaram na arte e na cultura europeias?

O triunfo do modo de vida burguês

Como você estudou, as transformações científicas, tecnológicas e econômicas relacionadas à Segunda Revolução Industrial criaram um clima de otimismo, de exaltação do progresso e do modo de vida das elites europeias. A certeza de uma prosperidade sem fim foi uma das principais marcas desse tempo, que posteriormente recebeu o nome de **Belle Époque**. Nesse período, a cultura francesa era a mais influente da Europa. As roupas elegantes e a vida nos cafés viraram moda e tornaram-se símbolos dessa época de festa, de culto às aparências e de crença no futuro. Na arte, foi o período da *Art Nouveau* (Arte Nova), estilo marcado por prédios e objetos de decoração cheios de ornamentos e curvas sinuosas baseadas nas formas de plantas e animais.

A arte da vida moderna

Com a industrialização nasceu o fascínio pelas máquinas e por tudo aquilo que elas podiam fazer: fabricar produtos em série, viajar a grandes velocidades, conquistar os céus. Muitos artistas passaram a criar suas obras pensando nessas novas tecnologias e nas novas possibilidades.

O surgimento das grandes metrópoles, misturando pessoas de diferentes classes sociais em meio a um movimento caótico de carros e de luzes, trouxe, para poetas e pintores, novas inspirações, novas experiências e novos temas para as suas obras.

O escritor norte-americano Edgar Allan Poe e o poeta francês Charles Baudelaire, ambos do século XIX, revelam em suas obras o impacto diante da multidão, do movimento frenético de pessoas, que se cruzam sem se olhar, apressadas e indiferentes. No trecho do conto abaixo, de Edgar Allan Poe, o narrador descreve uma rua de Londres do seu tempo.

> "Não faz muito tempo, pelo final de uma tarde de outono, sentei junto à ampla janela abaulada do café D..., em Londres [...] sondando a rua [...]. A rua em questão é uma das principais artérias da cidade, e tinha estado apinhada de gente o dia inteiro. Mas à medida que escurecia, a massa ia aumentando; e, quando os lampiões já estavam todos acesos, dois fluxos densos e contínuos de gente corriam diante da porta. Eu nunca estivera antes em situação parecida [...], e o mar tumultuoso de cabeças humanas me enchia, portanto, com uma emoção deliciosamente nova."

POE, Edgar Allan. O homem na multidão. In: *Bestiário – Revista de Contos*. Disponível em www.bestiario.com.br/12_arquivos/O%20Homem%20da%20Multidao.html. Acesso em 24 fev. 2014.

Campos de Marte: a torre vermelha, pintura de Robert Delaunay, 1919. Instituto de Arte de Chicago, Estados Unidos. O artista francês inspirou-se na vida moderna para a realização da obra.

Você é capaz de identificar o objeto da vida moderna que inspirou o artista nesta obra?

Lago repleto de lírios, pintura de Claude Monet, 1899. Museu Metropolitano de Arte, Nova York.

Dialogando com Arte

GLOSSÁRIO

Vanguardista: referente à vanguarda, grupo que está à frente de seu tempo e defende uma posição mais combativa ou inovadora.

Sugestão

Filme: *Meia-noite em Paris*
Direção: Woody Allen
País: Espanha/Estados Unidos
Ano: 2011
Duração: 100 min

Baile no Moulin de La Galette, pintura de Pierre-Auguste Renoir, 1876. Museu d'Orsay, Paris.

Renoir, um dos mestres da pintura impressionista, representa nessa obra a Paris do final do século XIX. Quais elementos presentes na imagem caracterizam a sociedade retratada como a da *Belle Époque*?

A arte de vanguarda

As cidades e as invenções trouxeram uma nova percepção da realidade, que alguns artistas passaram a interpretar. Para eles, a arte tradicional, ensinada nas escolas de arte acadêmica e voltada para a tradição e para o passado, já não interessava mais. Esses novos artistas se interessavam cada vez mais pelo presente e pelo futuro: por aquilo que era "moderno". Por essa razão ficaram conhecidos como **modernistas**.

Os modernistas queriam criar uma arte para representar o novo mundo urbano e tecnológico. Eles acreditavam que estavam à frente do processo que iria modificar toda a cultura. Por isso foram chamados de vanguardistas. Os artistas de vanguarda se orientavam por manifestos que definiam os princípios artísticos e políticos que o grupo iria seguir. Algumas dessas vanguardas ficaram muito conhecidas, com destaque para o impressionismo e o cubismo.

O impressionismo

O movimento artístico conhecido como impressionismo foi inaugurado pelo francês Claude Monet, em 1872. O pintor fazia parte de uma geração de artistas que utilizavam o jogo de luzes e alteravam as cores de acordo com a luminosidade presente no local que estavam retratando.

Os impressionistas romperam com a arte realista, transformando o modo como se produziam as obras (utilizavam geralmente ambientes externos) e a técnica utilizada (pinceladas soltas e aparentes, de cores fortes e sem contornos definidos).

Por não produzirem obras realistas clássicas, os impressionistas foram recebidos com desprezo pela crítica de arte do período, que considerava as suas obras como inacabadas.

A influência do impressionismo foi profunda e duradoura. Vários movimentos artísticos posteriores dialogaram com a arte impressionista, seja adotando-a como referência ou fazendo uma crítica a ela.

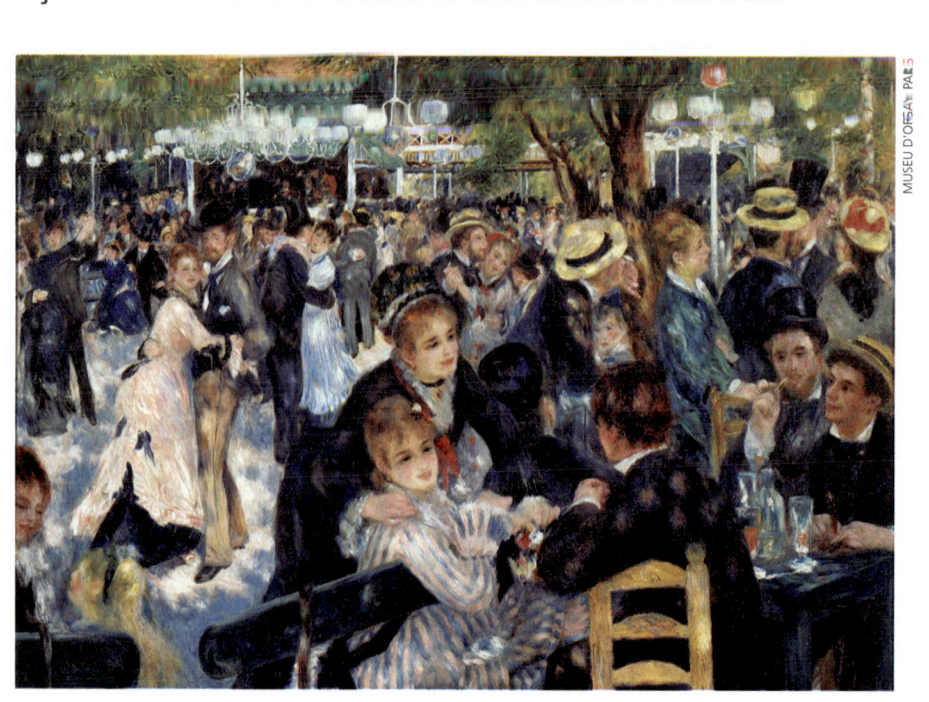

A inspiração fora da Europa

Outra fonte de inspiração para os artistas modernos não estava na Europa, mas muito longe dali, em terras e países que o imperialismo havia dominado ou conquistado. Era a arte popular e tradicional dos povos da África, da América, da Ásia e da Oceania. Para os tradicionalistas, a arte dessas regiões era a expressão de uma cultura primitiva e pouco elaborada. Para os modernistas, ao contrário, era um estímulo para novas criações estéticas.

Foi sob essas influências que o pintor espanhol Pablo Picasso realizou o quadro *Les demoiselles d'Avignon*. Nessa obra vemos que as mulheres foram representadas de forma muito diferente das mulheres reais. Os pintores modernos não queriam imitar a realidade, mas interpretá-la e libertar a sua imaginação. Percebemos também que os rostos das mulheres são reproduções de máscaras africanas que os modernistas admiravam nos museus europeus.

Les demoiselles d'Avignon, pintura de Pablo Picasso, 1907. Museu de Arte Moderna, Nova York. Picasso se inspirava tanto nas formas geométricas trazidas pelas novas máquinas quanto naquelas produzidas pelas culturas africanas.

O cubismo

O movimento cubista se desenvolveu em Paris nas primeiras décadas do século XX, liderado por Pablo Picasso e pelo pintor e escultor francês Georges Braque. O marco inaugural do movimento foi o ano de 1907, quando Pablo Picasso expôs o quadro *Les demoiselles d'Avignon*.

A arte africana exerceu grande influência sobre os cubistas. O que explicaria essa motivação fora da Europa? O mais provável é que as produções artísticas das sociedades tradicionais africanas fossem claramente distintas da visão de arte e de mundo da cultura ocidental, da qual os cubistas queriam se afastar.

Os cubistas também insistiam que a arte não deveria ser uma cópia da realidade, que era livre para interpretar, distorcer e recriar a natureza, diferenciando-se da arte realista ainda mais do que fizeram os artistas impressionistas. Utilizando o cinza, o preto e tons de cor terra, os cubistas aproveitavam figuras geométricas, como o cilindro, o círculo e o cone, para recriar, em suas obras, objetos, paisagens e corpos da realidade.

Embora o cubismo tenha sido rejeitado inicialmente pela crítica e pelo público, muitos artistas do período passaram a produzir obras cubistas. Cerca de uma década mais tarde, o pintor francês Fernand Léger transformou o cubismo ao inserir cores fortes e vibrantes na composição das obras, que pareciam mais com desenhos do que com pinturas. Essa nova vertente tornou o cubismo mais atraente ao público, popularizando o movimento.

Galeria de imagens
Conheça outras obras cubistas.

Máscara de madeira dogon produzida no Mali, final do século XIX. Note na pintura de Picasso, acima, a presença da arte africana de confecção de máscaras.

Cena do filme *Uma viagem à Lua*, de Georges Méliès, 1902. O cineasta francês Marie-Georges-Jean Méliès foi o primeiro a utilizar o cinema para contar uma história de ficção.

O nascimento da sétima arte

Em 1890, o norte-americano Thomas Edison e o escocês William Dickson criaram o cinetoscópio, aparelho que projetava em seu interior imagens encadeadas que, ao serem observadas por uma pessoa através de um furo na máquina, pareciam estar em movimento. Cinco anos depois, os irmãos franceses Auguste e Louis Lumière apresentaram o cinematógrafo, invento que projetava imagens em uma tela. O princípio básico do cinema estava criado: imagens colocadas em sequência, com um intervalo mínimo entre elas.

Diferentemente de uma peça de teatro, em que os atores precisam estar presentes diante da plateia, o filme pode ser apresentado em diferentes locais, simultaneamente, por meio das suas cópias. Até então, nenhuma outra forma de arte cênica tinha esse poder técnico de reprodução. Na sociedade capitalista, o filme é uma mercadoria tal qual uma peça de teatro, mas muito mais abrangente e lucrativa.

Nenhuma outra forma de arte representou tão bem o triunfo da técnica e a sociedade de massas como o cinema, a única, até então, que só poderia surgir na era industrial. A indústria cinematográfica é uma das invenções humanas mais populares e estáveis que existem.

O sucesso do cinema

Desde a primeira exibição pública de um filme, ocorrida em 1895, até os dias atuais, o cinema continua absorvendo um grande número de tecnologias que são desenvolvidas continuadamente pelo homem.

A redução do tamanho e do peso das câmeras, os truques fotográficos, a inserção do som e a possibilidade de cortar as tiras de celuloide e montá-las ao gosto do diretor contribuíram para que o cinema desenvolvesse uma linguagem própria e liberasse as encenações dos limites impostos pelo tempo e pelo espaço.

Em 1977, um novo elemento transformou a indústria cinematográfica: a computação gráfica. Nesse ano, o cineasta George Lucas utilizou o computador para inserir um efeito especial em uma cena do seu filme *Guerra nas estrelas*. Desde então, o uso de computadores para a adição de efeitos especiais em filmes se popularizou e a indústria cinematográfica não para de evoluir em busca do aprimoramento dos efeitos digitais, cada vez mais realistas.

Pense e responda

- Em sua opinião, atualmente o cinema pode ser considerado um veículo de propagação de valores da cultura ocidental? Discuta a sua opinião com a classe. Reflita antes de expor os seus argumentos. Procure utilizar palavras que **expressam**, de maneira **clara** e **precisa**, o seu ponto de vista.

Sessão de cinema em uma sala com tecnologia Imax no Grand Canyon, Colorado, Estados Unidos, 2014. Unindo tecnologia e investimentos em publicidade, os filmes norte-americanos atraem milhões de espectadores para as salas de cinema de todo o mundo.

REVISANDO

A SEGUNDA REVOLUÇÃO INDUSTRIAL

1. O desenvolvimento de novos processos técnicos e científicos ao longo do século XIX **impulsionou** a **industrialização** e facilitou a circulação de informações, pessoas e mercadorias.

2. A **Segunda Revolução Industrial** difundiu-se por vários países da Europa e atingiu os Estados Unidos e o Japão.

3. Mesmo com todos os avanços tecnológicos aplicados à produção industrial, os **operários** continuaram submetidos a **condições de trabalho extenuantes**, recebendo baixos salários e sem nenhum amparo legal.

4. No final do século XIX, as **instituições bancárias** passaram a financiar e a controlar, por meio da aquisição de ações, as atividades de diferentes ramos da economia capitalista, dando início ao **capitalismo financeiro**.

A EXPANSÃO COLONIAL CAPITALISTA

1. Entre 1880 e 1914, as grandes **potências capitalistas** dividiram entre si a maior parte das terras do planeta por meio de um processo conhecido como **imperialismo** ou **neocolonialismo**.

2. Na **Conferência de Berlim**, ocorrida entre 1884 e 1885, as potências europeias dividiram o **continente africano** entre si.

3. O **imperialismo** também se expandiu pela Ásia. A dominação da **China** e da **Índia** são exemplos do poderio do capital financeiro na Ásia e dos seus resultados para as populações locais.

4. Nos territórios dominados, muitas **populações locais** conseguiram **resistir**, ainda que temporariamente, ao avanço das nações industrializadas pelos seus territórios.

A SOCIEDADE DA *BELLE ÉPOQUE*

1. Na **Europa** e nos **Estados Unidos** houve, a partir de 1850, um enorme **crescimento populacional e urbano**.

2. A concentração demográfica nas cidades industriais, o desemprego e os baixos salários pagos aos trabalhadores agravaram os **problemas sociais**. Uma das soluções para conter as tensões sociais foi a **migração ultramarina**.

3. A **burguesia**, especialmente na Europa, viveu um clima de otimismo entre meados do século XIX e o início do século XX. Esse período de euforia e crença na contínua prosperidade ficou conhecido posteriormente como *Belle Époque*.

4. A **industrialização** e o surgimento das grandes **metrópoles** trouxeram novas inspirações para as artes. O **cinema** e a **arte moderna** nasceram nesse contexto.

PARA ASSISTIR

▶ **Montanhas da Lua**

Aventura
Direção: Bob Rafelson
País: Estados Unidos
Ano: 1990
Duração: 136 min

Sinopse

O filme retrata as expedições dos britânicos Richard Burton e John Speke em busca da nascente do Rio Nilo. Essas viagens, patrocinadas pela Sociedade Geográfica Real em meados do século XIX, tinham como principal objetivo mapear os recursos da África Central que poderiam ser explorados pelo Império Britânico.

A obra retrata como Burton e Speke adentraram pelo continente, enfrentando roubos e doenças, e chegaram aos lagos Tanganica e Vitória. Além dos percalços da viagem, o filme apresenta as diferenças de personalidade entre os exploradores e o modo distinto como cada um deles se relacionava com os africanos.

Cartaz de divulgação do filme *Montanhas da Lua*, dirigido por Bob Rafelson.

ATIVIDADES

ORGANIZAR O CONHECIMENTO

1. Ordene as sentenças abaixo para que elas formem um texto contínuo e coerente. Ao final, crie uma nova sentença que dê uma conclusão ao texto.

    a) Entre os muitos inventos do período, podemos citar o processo Bessemer, o motor de combustão interna e o dínamo. O uso desses novos inventos na produção industrial contribuiu para aperfeiçoar indústrias tradicionais, como a de tecidos, e para o surgimento de novas indústrias, como a automobilística, além de expandir, em um ritmo extraordinário, a construção de vias férreas.

    b) Esse conjunto de inovações e conquistas contribuiu para criar, entre as elites europeias, um clima de otimismo e a certeza de que o modo de vida europeu representava o apogeu da civilização humana.

    c) A associação entre ciência, técnica e indústria, portanto, também revolucionou os transportes e as comunicações, encurtando distâncias e facilitando a circulação de produtos, informações e pessoas.

    d) A segunda metade do século XIX foi marcada por um novo e revolucionário avanço industrial, que impulsionou, na Grã-Bretanha, a industrialização iniciada quase um século antes, e se expandiu por vários países, principalmente Alemanha, Estados Unidos e Japão.

2. A expansão imperialista foi causada por fatores que se interligavam. Identifique esses fatores e descreva como cada um deles motivou essa expansão.

3. Estabeleça semelhanças entre a Revolta dos Sipaios e a Guerra do Ópio.

APLICAR

4. (Enem-MEC) "O continente africano em seu conjunto apresenta 44% de suas fronteiras apoiadas em meridianos e paralelos; 30% por linhas retas e arqueadas, e apenas 26% se referem a limites naturais que geralmente coincidem com os de locais de habitação dos grupos étnicos."

    MARTIN, Andre Roberto. *Fronteiras e nações*. São Paulo: Contexto, 1998.

    Diferente do continente americano, onde quase que a totalidade das fronteiras obedece a limites naturais, a África apresenta as características citadas em virtude, principalmente:

    a) da sua recente demarcação, que contou com técnicas cartográficas antes desconhecidas.

    b) dos interesses de países europeus preocupados com a partilha dos seus recursos naturais.

    c) das extensas áreas desérticas que dificultam a demarcação dos "limites naturais".

    d) da natureza nômade da população africana, especialmente aquelas oriundas da África Subsaariana.

    e) da grande extensão longitudinal, o que demandaria enormes gastos para demarcação.

5. A charge a seguir promove uma leitura crítica da sociedade contemporânea, ao mesmo tempo que nos remete ao assunto estudado nesta unidade. Sobre ela, responda.

Deixe-me ver se entendi..., charge de Wiley Miller, 2009.

a) Você concorda que a crítica feita nessa charge se refere às características do processo de urbanização? Justifique sua posição com elementos da imagem.

b) Como essa crítica se relaciona com o crescimento urbano ocorrido no século XIX?

c) Na charge, a frase "*é nosso rebanho que precisa ser diminuído?*" exprime uma crítica a outro problema contemporâneo. Que problema é esse? Justifique.

d) Em grupo, elaborem propostas de solução para os problemas denunciados nessa charge. Depois, escrevam ao lado de cada uma dessas propostas a ação que teria de ser tomada para que essa solução se efetivasse. Se acharem necessário, respondam por meio de um esquema ou de um organograma. Apresentem as propostas para os demais grupos e **escutem com atenção** as sugestões que eles apresentarem. Reflitam sobre elas e avaliem se são pertinentes ou não. **Indaguem** os colegas sobre a viabilidade das propostas, **levantem problemas** relacionados à sua execução, **avaliando** os prós e os contras. Ao final, produzam um relatório sintetizando as conclusões da classe.

6. Um dos efeitos do rápido crescimento industrial, urbano e demográfico, particularmente em países da Europa e nos Estados Unidos, durante o século XIX, foi a expansão das indústrias de bens de consumo, mudança que se refletiria em toda a sociedade. Leia o texto abaixo, que trata da mesma questão nos dias atuais.

"As redes sociais digitais se tornaram espaços que, em meio à avalanche de publicações dos usuários, a exibição do consumismo se destaca. A viagem perfeita, a nova roupa, carro ou telefone, o final de semana com os amigos [...] são mensagens que fortalecem a ideia do consumo desenfreado como ideal de felicidade. Todavia, não é mais a ficção a referência de tal discurso, como nos filmes, novelas e publicidade, mas são pessoas reais, podendo causar mais marginalização, frustração e depressão a quem está excluído deste modelo. Reforça ainda mais a ideia não só do consumismo, mas também de que todos têm a obrigação de ser felizes sempre".

COSTA FILHO, Ismar Capistrano. Felicidade, consumo e internet. *Observatório da Imprensa*. Disponível em www.observatoriodaimprensa.com.br/news/view/_ed786_felicidade_consumo_e_internet. Acesso em 26 fev. 2014.

a) É possível estabelecer uma relação entre o consumismo tratado nesse texto e o processo de expansão industrial e acelerada urbanização que caracterizou a Segunda Revolução Industrial? Explique.

b) De acordo com o texto, de que maneira as redes sociais exercem influência sobre a vida das pessoas nos dias atuais?

c) Qual é o posicionamento do autor sobre a relação entre as redes sociais e o consumo? Você concorda com ele? Justifique.

Arte

A arte moderna: o primitivismo

O artista francês Paul Gauguin (1848-1903), em um gesto de rejeição à civilização ocidental, mudou-se em 1881 de Paris para o Taiti. A intenção de Gauguin era aproximar as suas obras daquilo que ele via como a pureza moral e primitiva dos nativos daquela ilha. Essa visão originou uma tendência da arte moderna chamada de primitivismo. Os representantes desse estilo artístico produziram obras de cores marcantes e com temáticas, formas e traços simples, como você pode notar na pintura abaixo.

Arearea, pintura de Paul Gauguin, 1892. Museu d'Orsay, Paris.

7. Releia o conteúdo do tema 6 referente à arte moderna. Depois disso, explique por que a obra *Arearea* de Gauguin se encaixa nesse movimento artístico.

8. Com base no que vocês estudaram na unidade, como podemos relacionar a expansão imperialista europeia com a escolha temática do artista para essa pintura?

45

COMPREENDER UM TEXTO NARRATIVO

O romance Frankenstein, *da escritora inglesa Mary Shelley, publicado em 1818, narra a história do jovem estudante de ciências Victor Frankenstein, que sonhava um dia descobrir a solução para a morte por meio de seus estudos científicos. Você acredita que a ciência pode algum dia descobrir essa solução? Como você imagina o futuro da medicina? Para você, existe algum limite moral para as pesquisas científicas, ou tudo pode ser justificado se o resultado beneficiar a sociedade?*

A ciência como fonte de imaginação

"Eu, inoculado desde cedo pelo germe da curiosidade, era um poço de ansiedade de saber, de conhecer, capaz de maior aplicação no sentido de compreender o porquê das coisas. [...] Para mim, o mundo era um segredo que eu procurava desvendar.

A insatisfação, a incessante indagação tentando penetrar as leis ocultas da natureza, o júbilo de alcançar a percepção de uma partícula dos seus inúmeros mistérios, tudo isso constituía as primeiras revelações do meu íntimo, até onde a memória alcança. [...]

Por vezes minha índole levava-me a ímpetos temperamentais e paixões impulsivas, mas, [...] tais impulsos convergiam sempre para o desejo de aprender. Não, porém, de aprender tudo, indiscriminadamente.

O mecanismo dos idiomas, por exemplo, os códigos governamentais, a política, a diplomacia, nunca exerceram qualquer atração sobre mim. Eram os segredos dos céus e da terra que me interessavam. Fossem, porém, a substância das coisas [...] ou os mistérios da alma, que absorvessem minha atenção, minhas indagações eram sempre dirigidas para as origens, para os segredos metafísicos. [...]

Imaginei-me o eleito para penetrar os segredos da natureza. A despeito das notáveis descobertas dos sábios modernos, as suas conclusões deixavam-me insatisfeito e descontente. [...]

[...] em apoio à minha briga com Isaac Newton... aqui estavam livros e homens que tinham penetrado mais fundo e sabiam mais. Aceitei irrestritamente suas assertivas e fiz-me seu discípulo. [...]

Meu pai não era cientista; sem luzes, portanto, para livrar-me da luta em que me debatia cegamente, tendo por aliada apenas a sede desenfreada de conhecimento. Sob a direção de meus novos mestres, atirei-me, nada mais nada menos, do que à descoberta da pedra filosofal e do elixir da longa vida. Entre os dois, prevaleceu este último objetivo. A riqueza era uma finalidade secundária, mas quanta glória haveria de coroar a descoberta que permitisse banir a doença do organismo humano, tornando o homem invulnerável a todas as mortes, salvo a provocada pela violência!

Meus sonhos, entretanto, iam mais longe. A evocação de espíritos ou demônios, o exorcismo, eram promessas prodigamente esbanjadas pelos meus favoritos, que eu procurava tornar realidade. Não importava que minhas bruxarias sempre fracassassem, pois eu sempre dava um jeito de atribuir o insucesso à minha inexperiência e engano, e não a uma falha da capacidade de meus instrutores..."

SHELLEY, Mary. *Frankenstein*. Rio de Janeiro: Ediouro; São Paulo: Publifolha, 1998. p. 30-34.

Dialogando com Ciências

Atividades

EXPLORAR O TEXTO

1. Em livros, revistas e jornais, quando são abordados assuntos médicos ou científicos, é comum o uso de certas palavras, como *vírus*. Quais desses termos você identifica nesse texto?

2. Em razão da utilização desses termos científicos, você concluiria que o assunto principal abordado pelo texto é uma discussão sobre a ciência?

3. Quem é o narrador desse texto? Ele defende algum ponto de vista a respeito da ciência? Qual é? Selecione um trecho que identifique o pensamento dele.

RELACIONAR

4. Em quase todas as obras de ficção científica, a ciência é responsável, de algum modo, pela transformação da realidade em algo diferente daquilo que conhecemos. Uma dessas obras é *O caçador de androides*, de Philip Dick, que mostra o planeta transformado pela existência comprovada de vida fora da Terra e de androides, robôs criados à imagem do homem. Compare o texto abaixo com o que você leu anteriormente. Que relação existe entre eles?

   "Legalmente, os fabricantes da unidade cerebral Nexus-6 operavam [...] na fábrica automática localizada em Marte. Os Nexus-6 [possuem] uma capacidade de escolha na faixa de dez milhões de possíveis combinações de atividade cerebral. [...] Os tipos androides Nexus-6 [...] superavam todas as classes de humanos especiais em termos de inteligência."

   DICK, Philip K. *O caçador de androides*. 4. ed. Rio de Janeiro: Francisco Alves, 1989. p. 37-38.

5. No meio científico e na sociedade, muito se discute acerca das pesquisas científicas. Existe um limite para elas? Levando em consideração o papel da pesquisa no progresso da ciência, você diria que todas as formas de pesquisa científica são válidas? Em grupo, **avaliem** e discutam o assunto. **Ouça** a posição dos colegas e os **questione** caso considere que seus argumentos são frágeis ou incoerentes.

GLOSSÁRIO

Inocular: introduzir ou espalhar.
Metafísica: investigação filosófica sobre a essência dos seres e do divino.

UNIDADE 2
A REPÚBLICA CHEGA AO BRASIL

A força do campo

"Dos 30,6 milhões de habitantes [censo de 1920], 9,1 milhões tinham ocupação conhecida e definida. Desses, 6,4 milhões ocupavam-se da agricultura, pecuária ou extração de minerais, ou seja, 70,2% da população empregada. Era um país de grande predominância rural [...].

Até mesmo o estado mais desenvolvido, São Paulo, era ainda predominantemente agrícola, sem falar no fato de que sua riqueza, e em boa parte a do país, provinha da economia cafeeira."

CARVALHO, José Murilo de. Os três povos da república. *Revista USP*, n. 59, set./nov. 2003. p. 100. Disponível em www.usp.br/revistausp/59/09-josemurilo.pdf. Acesso em 24 mar. 2014.

Que país é esse?

O último censo demográfico, realizado pelo IBGE em 2010, revelou que a população do nosso país somava 190,7 milhões de pessoas. Dessas, 160,2 milhões viviam nas cidades.

O texto acima apresenta um quadro demográfico bem diferente. Segundo ele, em 1920, a população brasileira atingiu 30,6 milhões de pessoas. Entre os brasileiros com alguma ocupação, 70,2% trabalhavam no campo.

Mesmo sendo muito menor que a de hoje, a população do Brasil em 1920 tinha aumentado mais de 100% em relação à do censo anterior, de 1890, quando ela era de 14,3 milhões. E a população paulista havia passado de 65 mil para 579 mil. A partir desses números, responda.

- De que maneira a imagem se relaciona com os dados do censo de 1920?
- Que diferenças se destacam entre o país retratado no censo de 1920, e descrito no texto acima, e o Brasil de 2010?
- Você imagina que, atualmente, a economia cafeeira continua tendo a mesma importância para o Brasil que tinha em 1920, conforme o texto acima nos informou? Justifique.

Rua 15 de Novembro, vista do Largo da Sé, no centro da cidade de São Paulo, 1911. Coleção João Emílio Gerodetti.

COLEÇÃO JOÃO EMILIO GERODETTI

TEMA 1

O advento da república

Que acontecimentos levaram à queda da monarquia e à instauração da república no Brasil?

Uma república em construção

Você estudou que a república, como forma de governo, nasceu na Roma antiga. Com ela, surgiu a noção de um governo visto como *res publica* ("coisa pública"), que deveria servir aos interesses dos cidadãos.

Muito tempo depois, com a Revolução Francesa, no final do século XVIII, o conceito de república se uniu ao de liberdade e democracia. A partir desse período, o ideal de república passou a ser associado aos direitos civis e políticos conquistados pelos revolucionários franceses.

No caso brasileiro, a república surgiu como resultado de uma aliança entre setores do exército e das elites econômicas e políticas do país no final do século XIX. Conforme veremos, a nossa república foi estabelecida para atender aos interesses de uma pequena elite dominante no país.

O uso da "coisa pública", ou seja, do Estado, em benefício de interesses privados, e em prejuízo da coletividade, tornou-se um dos problemas históricos da nossa república. Os escândalos de corrupção que infelizmente fazem parte do nosso cotidiano representam apenas uma parte do caráter invertido da república brasileira, reduzida de seu sentido público.

Reconhecer os vícios do regime republicano brasileiro não é suficiente para transformá-lo. Mais que isso, é necessário que os cidadãos conheçam e participem das atividades políticas. Construir um Estado efetivamente público no nosso país só é possível com a ampliação de práticas de cidadania por parte dos brasileiros, conscientes e exigentes dos seus direitos.

Pense e responda

- É possível concluir, por meio da cena mostrada nessa imagem, que a república brasileira nos dias de hoje é mais democrática do que na época de sua fundação? Reflita sobre essa questão e exponha sua opinião para os colegas. Durante o debate é importante **escutá-los com atenção** e **avaliar os argumentos** que apresentam. Caso discorde, é importante **saber formular e apresentar os seus questionamentos** para que as diferenças de opinião não gerem hostilidades e ressentimentos.

Manifestantes reunidos em Belém (PA), em 18 de junho de 2013. Os protestos populares ocorridos nas grandes cidades brasileiras em junho de 2013 se iniciaram, na maior parte dos casos, contra o aumento das passagens no transporte público, e logo se transformaram em um movimento geral por melhorias nos serviços públicos, por mais justiça social e pela ética na política.

O movimento republicano

Antes da independência do Brasil, muitos grupos sociais já defendiam a implantação de uma república. De maneira difusa, a proposta republicana apareceu, por exemplo, nas rebeliões coloniais do século XVIII, nas Conjurações Baiana e Mineira e na Revolução Pernambucana de 1817. Mas apenas no século XIX, com a expansão da lavoura cafeeira e a formação de uma rica camada de fazendeiros no Sudeste, o projeto republicano ganhou força no país.

O acontecimento que assinalou a arrancada desse movimento no Brasil foi a publicação do **Manifesto Republicano**, em 1870. Nele seus adeptos criticavam o caráter centralizador e hereditário da monarquia e defendiam o princípio federativo do regime republicano. Concluíam declarando a república como o caminho para aproximar o Brasil das demais nações americanas (leia o texto no boxe ao lado).

Havia grandes divergências entre os republicanos. O grupo dominante, liderado pelo jornalista Quintino Bocaiuva, pregava que a república deveria ser instalada sem agitações sociais que ameaçassem a ordem estabelecida. Outros, como o advogado Silva Jardim, criticavam as propostas republicanas conservadoras e defendiam uma ampla mobilização popular para derrubar a monarquia.

O movimento republicano, mesmo sendo antigo no Brasil, só se transformou em força política decisiva quando a monarquia perdeu o apoio dos grupos que tradicionalmente a sustentavam: os cafeicultores, a Igreja Católica e os militares.

> ## A América é republicana
>
> "Somos da América e queremos ser americanos. [...]
>
> A permanência dessa forma [monarquia] tem de ser forçosamente, além da origem de opressão no interior, a fonte perpétua da hostilidade e das guerras com os povos que nos rodeiam. [...]
>
> O nosso esforço dirige-se a suprimir este estado de coisas, pondo-nos em contato fraternal com todos os povos, e em solidariedade democrática com o continente de que fazemos parte."
>
> Manifesto Republicano de 1870. In: Stoa-USP. Disponível em http://disciplinas.stoa.usp.br/pluginfile.php/127547mod_resource/content/1/manifesto%20republicano%201870.pdf. Acesso em 5 abr. 2014.

Charge de Angelo Agostini publicada na *Revista Illustrada*, em 1882, representando o imperador D. Pedro II sendo derrubado do trono pelos republicanos. Fundação Casa de Rui Barbosa, Rio de Janeiro.

A família imperial na escadaria do Palácio Isabel, em Petrópolis, em 1889, antes de partir para o exílio. Instituto Moreira Salles, Rio de Janeiro. Ao centro estão o imperador D. Pedro II e sua filha, a princesa Isabel. A fotografia, a última tirada no Brasil, foi autografada por todos os membros da família a bordo do navio que os levou para a Europa.

Largo de São Bento, visto a partir da torre da antiga Igreja de São Bento. Fotografia de Militão Augusto de Azevedo, 1887. Museu da Cidade de São Paulo. A cidade de São Paulo teve seu desenvolvimento ligado ao crescimento da economia cafeeira.

O descontentamento dos cafeicultores paulistas

Na segunda metade do século XIX, o setor cafeeiro no Brasil se dividia em dois grupos principais e distintos. O mais antigo era constituído de cafeicultores do Vale do Paraíba fluminense e paulista. Eles tinham fortes vínculos com a corte imperial, que lhes facilitava a concessão de créditos por parte das praças financeiras do Rio de Janeiro.

O segundo setor, mais novo, era formado pelos cafeicultores do Oeste Paulista. Ao contrário dos cafeicultores tradicionais, os do Oeste Paulista desenvolveram uma autonomia financeira em relação às praças bancárias ligadas à corte imperial. Em busca de crédito mais barato, recorreram a empréstimos externos, principalmente ingleses, garantindo a independência financeira que lhes possibilitou afastar-se politicamente do governo imperial.

Dessa forma é possível entender a defesa do federalismo republicano por parte dos fazendeiros do Oeste Paulista. Para eles a república era a forma de assegurar mais autonomia política e financeira para as províncias e, na prática, subordinar as instituições do Estado aos interesses da economia cafeeira.

Detalhe da charge de Bordalo Pinheiro, publicada na revista *O Mosquito*, em setembro de 1875, que mostra o imperador "dando a mão à palmatória" ao papa Pio IX. Pressionado por membros da Igreja, D. Pedro II teve que anistiar os bispos presos. Fundação Biblioteca Nacional, Rio de Janeiro.

Os conflitos com a Igreja

Desde o período colonial, o poder civil e o religioso estavam unidos por meio do **padroado**, uma instituição que submetia a Igreja à Coroa portuguesa e, após a independência, à Coroa brasileira.

Ao longo do século XIX, contudo, a Igreja buscou recuperar seu poder, proibindo a admissão de eclesiásticos maçons, o que gerava um dilema, uma vez que a elite brasileira era em grande parte maçônica e católica.

O imperador deu ordens para que a medida do papa não fosse cumprida e, na década de 1870, prendeu dois bispos que se recusaram a seguir as ordens imperiais. Situações como essa caracterizaram a **Questão Religiosa**, que marcou o afastamento entre o clero católico e a monarquia.

A questão militar

Durante o governo de D. Pedro II, o exército ocupou uma posição marginal na política brasileira. Os baixos soldos, a rígida disciplina da corporação e a lentidão nas promoções desencorajavam os filhos das elites a seguir a carreira militar.

Após a vitória brasileira na Guerra do Paraguai, o exército saiu fortalecido como corporação. Muitos oficiais, apoiados nesse prestígio, passaram a expressar seu desejo de desempenhar um papel central na política brasileira.

Na década de 1880, sucessivos atritos entre o governo e oficiais do exército envolvidos em questões políticas desgastaram a relação entre o exército e a monarquia. A cada dia ficava mais evidente o projeto dos militares de assumir um novo papel na cena política brasileira.

O golpe de 15 de novembro

O isolamento da monarquia se acentuou após a abolição da escravatura, em 1888. A lei foi sancionada pelo governo sem nenhum tipo de indenização aos proprietários, decisão que desagradou profundamente a elite escravista tradicional. Depois disso, reuniões conspirativas entre os militares e republicanos civis passaram a acontecer com frequência.

Na manhã do dia 15 de novembro de 1889, o marechal Deodoro da Fonseca marchou com as tropas para o Ministério da Guerra. Há diferentes versões sobre os planos de Deodoro. É possível que ele não quisesse derrubar a monarquia, mas apenas o chefe do gabinete ministerial, o Visconde de Ouro Preto. Porém, uma vez iniciado o movimento, foi difícil reverter. A república foi proclamada, e o imperador, diante dos fatos, preferiu não resistir. O dia 15 de novembro, então, resultou de uma ação quase isolada do exército, apoiada por um pequeno grupo de republicanos civis.

A saúde do imperador

Os desentendimentos com os militares e a crise gerada pela questão escravista não eram os únicos fatores a desgastar a imagem da monarquia. A saúde do imperador, debilitado por uma diabete avançada, o obrigava a afastar-se dos assuntos políticos. Caso D. Pedro II morresse, herdaria o trono a princesa Isabel, casada com o conde d'Eu, um francês muito criticado pelos republicanos.

Proclamação da república, pintura de Benedito Calixto, 1893. Pinacoteca Municipal de São Paulo. Observe que o artista representou o acontecimento como uma parada militar.

TEMA 2

Os primeiros anos da república

De que maneira o regime federativo atendia aos interesses dos grupos oligárquicos dominantes nos estados?

A República da Espada

O papel cumprido pelo exército na proclamação da república assegurou aos militares a chefia do novo governo. Essa fase da república brasileira é conhecida como **República da Espada** (1889-1894).

O comando do Governo Provisório instaurado pela república foi entregue ao marechal Deodoro da Fonseca. Entre suas primeiras medidas, destacam-se a ordem de enviar a família real ao exílio na Europa, a naturalização de estrangeiros imigrados e a separação entre a Igreja e o Estado.

Em dezembro de 1889, foram convocadas eleições para o Congresso Nacional Constituinte. As eleições foram realizadas, em todo o Brasil, em setembro do ano seguinte. No dia 15 de novembro de 1890, primeiro aniversário da república, o Congresso iniciou os trabalhos de elaboração de uma nova Constituição para o país. Em fevereiro de 1891, foi promulgada a primeira Constituição da república brasileira.

Pense e responda

- A Constituição brasileira de 1891 pode ser considerada democrática? Justifique a sua posição com exemplos retirados do texto ao lado.

A primeira Constituição da república

Amplamente baseada nos ideais da Carta norte-americana, a Constituição de 1891 estabeleceu o regime federativo, como desejavam as oligarquias estaduais. Veja aqui alguns pontos da nova lei:

- O Brasil passou a ser uma república presidencialista, com eleições para presidente de quatro em quatro anos, sem direito à reeleição.
- O poder foi dividido em três esferas: o Executivo (o presidente e os ministros), o Legislativo (Câmara de Deputados e Senado) e o Judiciário (com a criação de um Supremo Tribunal Federal).
- Estabeleceu-se o voto direto e universal para cidadãos maiores de 21 anos. Os mendigos, analfabetos e os soldados não podiam votar. A Constituição não determinava que o voto devia ser secreto nem fazia menção às mulheres, o que, pela tradição, as excluía do direito ao voto.
- As antigas províncias transformaram-se em estados, desfrutando de relativa autonomia com base nos princípios do federalismo.
- O Estado separou-se da Igreja. A educação pública passou a ser laica, extinguiu-se a pena de morte e instituiu-se a liberdade de culto religioso e o casamento civil no país.

De acordo com a Constituição de 1891, o presidente e o vice-presidente do primeiro período republicano deveriam ser eleitos, excepcionalmente, pelo Congresso Constituinte. Assim Deodoro da Fonseca foi eleito, indiretamente, para um mandato de quatro anos na presidência da república.

O Brasão de Armas do Brasil foi desenhado pelo engenheiro Artur Zauer, por encomenda de Deodoro da Fonseca. O brasão é um dos símbolos nacionais da república, criado para transmitir o sentimento de união nacional e representar a soberania do país.

A crise econômica e o fim da República da Espada

Ainda durante o Governo Provisório, Deodoro nomeou o primeiro ministro da Fazenda da república brasileira, Rui Barbosa, que decidiu implantar uma política de incentivo ao crescimento econômico, especialmente o industrial.

Como nesse período havia escassez de moeda circulante no Brasil, o ministro determinou a emissão de mais dinheiro, que serviria para o financiamento de novas indústrias. O dinheiro, porém, foi investido em ações na bolsa de valores, até mesmo de empresas fictícias.

A política de Barbosa se mostrou um completo desastre: o surto inflacionário e o mercado de compra e venda de ações levaram a economia do Brasil ao colapso. O grande número de pessoas que se concentravam diante do prédio da bolsa de valores serviu de inspiração para batizar a crise: **Encilhamento**, termo utilizado na época para se referir ao lugar onde os cavalos ficavam presos antes de um páreo.

A grave crise econômica somou-se a dificuldades políticas quando Deodoro entrou em choque com as elites cafeicultoras de São Paulo, que dominavam o Poder Legislativo e criticavam o caráter centralizador do seu governo. Pressionado e sem apoio político, Deodoro foi levado a renunciar, em novembro de 1891.

A Constituição determinava que, em caso de renúncia do presidente, novas eleições deveriam ser convocadas. No entanto, o vice-presidente, o marechal Floriano Peixoto, conseguiu evitar um novo pleito. Com o apoio da elite cafeicultora paulista, ele governou o país até o fim do mandato. Ao final do governo de Floriano Peixoto, o governo dos militares chegou ao fim e o poder foi entregue aos grupos oligárquicos.

A República Oligárquica

Em 1894 ocorreu a primeira eleição direta para presidente da república no Brasil. Ela foi vencida por Prudente de Morais (1894-1898), um "republicano histórico", ou seja, que tinha participado da fundação do Partido Republicano e era membro da elite cafeicultora paulista.

O governo de Prudente de Morais foi muito instável politicamente, pois até aquele momento as elites dirigentes do país não tinham conseguido estabelecer as bases de funcionamento do novo regime político, o que gerava conflitos pelo poder.

O suporte político necessário para estabilizar o regime foi constituído no governo do seu sucessor, o também paulista Campos Sales (1898-1902). Durante sua gestão se consolidaram os mecanismos de poder que constituíram as bases da República Oligárquica: a criação da **Política dos Governadores** e o aprofundamento do **coronelismo**, dois instrumentos que exerceriam papel central no controle do processo eleitoral.

Movimentação em frente à Bolsa de Valores do Rio de Janeiro. Detalhe da capa do livro *O Encilhamento*, de Visconde de Taunay, de 1894.

GLOSSÁRIO

Federalismo: sistema de governo de um país em que as províncias ou estados têm autonomia administrativa em relação ao governo central, embora sujeitas às leis gerais da federação.

A questão das fronteiras

A configuração atual das fronteiras brasileiras foi construída ao longo de dezenas de anos. As últimas mudanças ocorreram na primeira década republicana e resultaram de negociações realizadas pelo Barão do Rio Branco, ministro das Relações Exteriores. De suas ações, destacam-se: a definição das fronteiras com países da América do Sul e a aquisição do Acre pelo **Tratado de Petrópolis**, em 1903, mediante o pagamento de uma indenização de 2 milhões de libras esterlinas à Bolívia.

Capa da revista *O malho*, de 4 de maio de 1907, satirizando as práticas políticas do Brasil. O texto que acompanha a imagem diz o seguinte: "[...] De gado manso [...] não pode vir grande mal... [...] muitas vezes uma ovelha má põe o rebanho a perder... É preciso muita vigilância".

A Política dos Governadores e o coronelismo

Idealizada por Campos Sales, a Política dos Governadores era um mecanismo político para evitar os choques entre os governos estaduais e a União. Por meio dele, os grupos dominantes em cada estado apoiavam o governo federal que, em troca, não reconhecia a eleição de candidatos à Câmara de oposição aos grupos dominantes em cada estado. Em palavras de hoje, esse acordo político seria o famoso "toma lá, dá cá".

Para esse mecanismo funcionar, era necessário garantir o controle dos votos em cada município e assim evitar a eleição de candidatos da oposição. Por isso, a Política dos Governadores fortaleceu o poder local dos chamados **coronéis**, em geral grandes latifundiários.

O poder desses proprietários de terra vinha desde o período colonial, mas apenas na república podemos falar de coronelismo, ou seja, da interferência desses indivíduos na política local por meio do controle do voto. Isso porque, até a república, era muito reduzido o número de eleitores, devido ao voto censitário e ao regime escravista.

Ao estabelecer o voto universal masculino e admitir o voto aberto, a Primeira República entregou aos coronéis o comando político dos municípios. Dessa maneira, muitos eleitores ficavam sujeitos às pressões e práticas de compra de votos exercidas por esses chefes políticos locais. Esse mecanismo de controle dos votos ficou conhecido como **voto de cabresto**.

Teste seu conhecimento

GLOSSÁRIO

Primeira República: nome pelo qual muitos historiadores denominam a primeira fase da república brasileira, dominada pelas oligarquias rurais, que se estendeu de 1889 até 1930.
Tribofe: trapaça, acordo desonesto.
Bestializado: estúpido, bruto; nesse contexto, pessoa que assiste aos acontecimentos, mas não os compreende.
Bilontra: que ou quem age com esperteza.

Bestializados não, espertos!

A visão de que a chamada República Oligárquica esteve marcada pelo desinteresse das camadas populares pela atividade política é um tema muito discutido na historiografia. Em geral, os estudos da década de 1970 procuravam mostrar que as fraudes eleitorais, a violência e a prática de favores empregada pelos coronéis, além da proibição do voto dos analfabetos, produziram relações de dependência, dos pobres em relação aos proprietários rurais.

Pesquisas realizadas desde a década de 1980, contudo, têm chamado a atenção para as ações realizadas pelas camadas populares, nos espaços institucionais ou fora deles, contra os mecanismos de exclusão criados ou mantidos pela república, contra suas formas de dominação e por direitos políticos e sociais:

"O povo sabia que o formal não era sério. Não havia caminhos de participação, a república não era para valer. Nessa perspectiva o bestializado era quem levasse a política a sério, era o que se prestasse à manipulação. Num sentido talvez ainda mais profundo que o dos anarquistas, a política era tribofe. Quem apenas assistia, como fazia o povo do Rio por ocasião das grandes transformações realizadas a sua revelia, estava longe de ser bestializado. Era bilontra."

CARVALHO, José Murilo de. *Os bestializados*: o Rio de Janeiro e a república que não foi. São Paulo: Companhia das Letras, 1987. p. 160.

A política do café com leite

Os cargos políticos federais mais importantes, como o de presidente da república e o de ministro da Fazenda, eram dominados pelas oligarquias paulista, mineira e gaúcha. Particularmente São Paulo e Minas Gerais, os estados mais ricos da União, conseguiam impor uma política de favorecimento dos seus interesses. A hegemonia de paulistas e mineiros na presidência da república ficou conhecida como **política do café com leite**.

É preciso, porém, relativizar o poder dessa frente oligárquica. Apesar de oito dos treze presidentes da Primeira República terem sido representantes das oligarquias paulista ou mineira, não se pode afirmar que essa aliança controlou sozinha e o tempo todo o governo da república. Em algumas ocasiões – como nas eleições de 1910, em que o gaúcho Hermes da Fonseca, apoiado por Minas Gerais, venceu Rui Barbosa, candidato de São Paulo –, esses dois estados estiveram em lados opostos.

A Primeira República não foi controlada apenas pelas oligarquias paulista e mineira. O Rio Grande do Sul também tinha poder considerável, principalmente após a aliança firmada com os deputados nordestinos no Congresso Nacional. Além dos gaúchos, outros grupos políticos oligárquicos faziam parte do jogo de alianças e determinavam, em conjunto com mineiros e paulistas, os rumos políticos e econômicos do país.

A proteção ao café

O café foi o principal item de exportação do Brasil durante o Segundo Império e a Primeira República e constituía a base econômica do país. O grande aumento da produção, a partir do final do século XIX, causou queda nos preços do café no exterior. Diante disso, o governo federal lançou sucessivos planos para reerguer os preços do produto.

A principal medida, iniciada em 1906 no **Convênio de Taubaté**, era contrair empréstimos para comprar estoques do produto e reduzir a oferta, forçando, assim, o aumento dos preços. A queda nas exportações de café foi sentida já no ano seguinte, quando as remessas para o exterior caíram de 19 mil sacas comercializadas em 1906 para cerca de 10 mil em 1907.

As práticas conhecidas como **valorização** ou **defesa do café** foram retomadas outras vezes pelo governo em 1914 e 1921. A partir de 1924, o estado de São Paulo passou a promover a chamada valorização permanente do café, política que foi abandonada apenas na década de 1930.

OS PRESIDENTES DA PRIMEIRA REPÚBLICA (1889-1930)
Deodoro da Fonseca (AL) (1889-1891)
Floriano Peixoto (AL) (1891-1894)
Prudente de Morais (SP) (1894-1898)
Campos Salles (SP) (1898-1902)
Rodrigues Alves (SP) (1902-1906)
Afonso Pena (MG) (1906-1909)
Nilo Peçanha (RJ) (1909-1910)
Hermes da Fonseca (RS) (1910-1914)
Wenceslau Braz (MG) (1914-1918)
Delfim Moreira (MG) (1918-1919)
Epitácio Pessoa (PB) (1919-1922)
Arthur Bernardes (MG) (1922-1926)
Washington Luís (SP) (1926-1930)

Colheita de café no interior paulista, em 1924, foto de Theodor Prising. Museu Paulista, São Paulo. A produção cafeeira foi a base econômica do Brasil do Segundo Império à Primeira República.

TEMA 3

Os conflitos no campo

Como as más condições de vida dos moradores do campo contribuíram para a eclosão de uma série de conflitos nos primeiros anos da república?

GLOSSÁRIO

Líder messiânico: figura dirigente de uma comunidade que teria a missão divina de guiar os homens e salvá-los das grandes tragédias.

REGIÃO DE CANUDOS

Fonte: *Saga*: a grande história do Brasil. São Paulo: Abril Cultural, 1981. p. 173.

Religiosidade popular, messianismo e banditismo social

No final do século XIX, na passagem do império para a república, ainda predominavam no Brasil características econômicas herdadas da época colonial: latifúndio, monocultura e técnicas rudimentares de produção. A abolição da escravidão, em 1888, não significou a modernização das relações de trabalho e a criação de leis de proteção ao trabalhador.

Nesse cenário de subdesenvolvimento econômico e de superexploração dos trabalhadores, agravado por um regime político e eleitoral excludente, surgiram movimentos sociais baseados na religiosidade popular e na liderança messiânica, exemplo de Canudos e do Contestado, e também nas práticas do chamado banditismo social, como no caso dos cangaceiros.

Antônio Conselheiro e o arraial de Canudos

Antônio Vicente Mendes Maciel, ou Antônio Conselheiro, nasceu provavelmente em 1830, no interior do Ceará. Quando criança e adolescente estudou para ser padre, mas, ao se tornar adulto, acabou exercendo outras profissões, como a de comerciante e advogado.

Por volta de 1871, ele iniciou suas peregrinações pelo interior de Sergipe, Pernambuco e Bahia, pregando mensagens religiosas e aconselhando os sertanejos. Antônio procurava ainda organizá-los para a realização de obras como a construção de igrejas, casas, açudes e colheitas agrícolas. Seu papel como líder comunitário cresceu continuamente. Visto como liderança religiosa e política, o beato passou a ser chamado de Antônio Conselheiro.

Em 1893, o beato e seus seguidores fundaram um povoado comunitário na antiga fazenda Canudos, às margens do Rio Vaza-Barris, na Bahia. Chamada de Belo Monte, a comunidade tinha sua organização baseada no trabalho agrícola coletivo. Canudos mantinha relações comerciais com vilas e cidades da região e chegou a reunir entre 20 mil e 30 mil moradores.

À medida que a comunidade cresceu, os fazendeiros passaram a notar a perda de mão de obra, e a Igreja, a perda de fiéis. Diante disso, o governo foi chamado a intervir contra Canudos. As autoridades procuraram justificar a ação armada alegando que as pregações de Conselheiro comprovavam sua vocação monarquista e representavam, assim, uma ameaça à ordem republicana.

A Guerra de Canudos

Em 1896, forças federais e baianas iniciaram a campanha militar para destruir Canudos. Apesar da superioridade bélica, o exército do governo foi derrotado pelos conselheiristas. O mesmo ocorreu com a segunda e a terceira expedições.

Canudos só foi destruído com a quarta expedição, quando mais de 10 mil homens fortemente armados foram enviados ao sertão baiano para atacá-lo. Após três meses de combate, o arraial foi derrotado pelas forças republicanas em 5 de outubro de 1897. A maior parte dos seus habitantes foi morta.

Relatos de civis contam que, mesmo após a queda do arraial, muitos prisioneiros foram mortos, enquanto várias crianças eram abandonadas ou entregues à adoção.

Escultura em homenagem a Antônio Conselheiro exposta no Museu Histórico de Canudos, Bahia. A imagem de Antônio Conselheiro tem sido revista pela historiografia. Identificado como louco e monarquista pela opinião pública e pelas autoridades da república na época, nos novos estudos que têm sido feitos ganha destaque sua capacidade de liderança popular e religiosa.

Os sertões: entre a história e a literatura

Um dos registros mais impressionantes sobre a Guerra de Canudos foi produzido pelo escritor Euclides da Cunha, que cobriu um período da campanha como correspondente de um jornal paulista. Seu livro *Os sertões*, publicado em 1902, é uma combinação de romance com relato histórico e jornalístico. No trecho reproduzido a seguir, Euclides descreve a fundação do arraial.

"Canudos, velha fazenda de gado à beira do Vaza-Barris, era, em 1890, uma tapera de cerca de cinquenta capuabas de pau-a-pique. [...]

Estava, porém, em plena decadência quando lá chegou aquele [Conselheiro] em 1893 [...]. Data daquele ano a sua revivescência e crescimento rápido. O aldeamento efêmero dos matutos vadios, centralizado pela igreja velha, que já existia, ia transmudar-se, ampliando-se [...].

Não surpreende que para lá convergissem, partindo de todos os pontos, turmas sucessivas de povoadores convergentes das vilas e povoados mais remotos. [...] O arraial crescia vertiginosamente, coalhando as colinas.

O povoado novo surgia, dentro de algumas semanas, já feito ruínas. Nascia velho. Visto de longe, [...] tinha o aspecto perfeito de uma cidade cujo solo houvesse sido sacudido e brutalmente dobrado por um terremoto."

CUNHA, Euclides da. *Os sertões*. Belém: Unama, s/data. p. 91-93.

GLOSSÁRIO

Tapera: local em ruínas, tomado pelo mato, de mau aspecto.
Capuaba: residência rústica, geralmente no campo; cabana, choupana.
Matuto: indivíduo que vive no campo; caipira, roceiro; ignorante.
Transmudar: alterar, transformar.

O arraial de Canudos, na Bahia, 1897. Museu da República, Rio de Janeiro.

Identifique quais elementos dessa imagem podem ser associados à descrição do arraial de Canudos feita por Euclides da Cunha no trecho acima.

Monge José Maria de Agostinho, líder do movimento messiânico do Contestado.

Pobreza e miséria no sul do país

No ano de 2012, completou-se o primeiro centenário da Guerra do Contestado (1912-1916), a maior revolta civil ocorrida no Brasil republicano. Para relembrar os 100 anos do conflito, vários artigos, exposições, reportagens, livros e outros trabalhos foram produzidos no país, incluindo entrevistas com os últimos sobreviventes da rebelião.

Essa grande rebelião que marcou a Primeira República ocorreu no sul do país, em uma região disputada judicialmente entre os estados do Paraná e Santa Catarina. Dessa disputa, originou-se o nome do conflito: **Guerra do Contestado** (1912-1916).

No início do século XX, muitos agricultores e posseiros se estabeleceram na área. Mas, ao longo dos anos, eles viram seus territórios serem ocupados por fazendeiros interessados na extração de erva-mate e madeira. A presença de grandes companhias estrangeiras envolvidas na construção de estradas de ferro também reduzia o espaço das lavouras de subsistência das famílias camponesas.

Nesse período, surgiram na região muitos movimentos messiânicos. Um dos pregadores com maior número de adeptos era o monge José Maria. Os seguidores do monge acreditavam que o fim do mundo estava próximo e que a adesão ao movimento significaria a salvação da alma.

Ao grupo de José Maria uniram-se também operários recrutados para a construção da ferrovia que tinham sido demitidos e proibidos de viver às margens da estrada. Juntos, trabalhadores desempregados, caboclos nativos e fiéis do monge José Maria formaram uma comunidade, cujo número de moradores crescia a cada dia. O anseio dessas pessoas por terra, trabalho e melhores condições de vida associou-se à religiosidade popular, tornando as tensões sociais existentes na região ainda mais explosivas.

Sugestão

Passeio virtual: Guerra do Contestado

Museu Paranaense. Disponível em www.museuparanaense.pr.gov.br/modules/conteudo/conteudo.php?conteudo=190. Acesso em 6 jun. 2014.

A GUERRA DO CONTESTADO (1912-1916)

Fonte: Os principais embates da guerra. *O Estado de S. Paulo*, 12 fev. 2012.

O início da guerra

Em 12 de outubro de 1912, a guerra eclodiu. O monge José Maria e um grupo de fiéis rumaram até a cidade de Irani, situada hoje no estado de Santa Catarina, principal centro da disputa entre os dois estados.

As autoridades paranaenses acreditavam que os caboclos tinham sido enviados pelo governo de Santa Catarina e iniciaram uma violenta repressão, que culminou com a morte de José Maria.

A crença de que o monge ressuscitaria levou ao surgimento das "cidades santas", comandadas por meninas que, segundo se acreditava, tinham visões e recebiam instruções diretamente de José Maria. Inicialmente religioso, o movimento tornou-se cada vez mais político. Os caboclos reivindicavam o direito à terra, ao trabalho e à liberdade religiosa.

Estima-se que o exército tenha enviado cerca de dois terços de seu efetivo para a região e equipado as tropas com canhões e outras armas modernas. Pela primeira vez no Brasil foram utilizados aviões com fins bélicos.

Em 1915, o cerco ao movimento intensificou-se. A truculência do exército, a falta de alimentos e doenças enfraqueceram os rebeldes e provocaram o fim do conflito, em 1916, deixando cerca de 20 mil mortos, principalmente caboclos pobres.

Rebeldes da Guerra do Contestado fazem churrasco em Canoinhas, após a rendição. Fotografia de Claro Jansson, 1912-1916.

O Contestado hoje

Boa parte dos descendentes dos rebeldes do Contestado vive hoje em comunidades espalhadas pelo interior de Santa Catarina. Em alguns municípios, como Timbó Grande, onde ocorreu a última batalha do Contestado, 44,2% da população é pobre ou indigente. Segundo o Censo 2010, 50,4% das famílias têm renda *per capita* de até 1/4 de salário mínimo.

Os moradores dessas comunidades dedicam-se, principalmente, aos cultivos de subsistência e ao trabalho temporário em grandes fazendas ou madeireiras. Com medo de perder oportunidades de trabalho, muitos evitam dizer que são parentes dos caboclos que lutaram no Contestado.

Entrada do Cemitério do Contestado, no município de Irani, Santa Catarina, 2011. No cemitério estão enterradas algumas das vítimas do conflito.

Pense e responda

- Os cangaceiros despertavam sentimentos contraditórios nos sertanejos. Alguns os consideravam algozes dos ricos proprietários de terras, outros os temiam por invadirem fazendas e cidades. Na sua opinião, o cangaço representava uma afronta ao poder dos coronéis ou uma ameaça aos moradores do sertão nordestino?

O cangaço

Além do messianismo, outra forma de expressão das tensões sociais no campo, especialmente no sertão nordestino, foi o cangaço. Esse é o nome que foi dado à ação de bandos armados que, entre os anos de 1870 e 1940, percorriam o sertão nordestino promovendo assaltos, atacando fazendas e estabelecimentos comerciais, e fugindo da polícia.

O mais conhecido dos cangaceiros foi Virgulino Ferreira da Silva, o Lampião. Ele nasceu entre 1897 e 1900, em Serra Talhada, no estado de Pernambuco, em uma família de médios proprietários rurais. Cresceu em um ambiente de violentas disputas entre famílias rivais, e o próprio pai foi morto por se envolver em desavenças opondo grupos inimigos. Motivado pelo desejo de vingança, Lampião ingressou no cangaço, formou seu próprio bando e o liderou por quase vinte anos.

Em 1938, o bando de Lampião foi localizado pela polícia na fazenda Angicos, no sertão do Sergipe. Lampião, sua companheira, Maria Bonita, e mais nove cangaceiros foram mortos e decapitados pela polícia. Suas cabeças ficaram expostas no Museu Nina Rodrigues até 1968, quando foram enterradas.

Na memória popular construiu-se uma visão romantizada de Lampião e de seu bando, que passaram a ser vistos como símbolos de um ideal de justiça social, que roubavam dos ricos para dar aos pobres. A força do mito, no imaginário coletivo, tendeu a apagar a violência e os interesses particulares que moviam o grupo. Os cangaceiros promoviam assaltos, sequestros e mortes com o objetivo de manter o grupo. As suas ações, portanto, não tinham como objetivo a busca da igualdade social.

Ao mesmo tempo, não podemos considerá-los apenas como bandidos comuns. O cangaço foi, de certa forma, expressão dos conflitos sociais, da miséria e da concentração da propriedade rural no sertão nordestino.

Lampião e seu bando, 1936. Da esquerda para a direita: Vila Nova, cangaceiro desconhecido, Luís Pedro, Amoroso, Lampião, Cacheado, Maria Bonita, Juriti, cangaceiro desconhecido e Quinta-Feira.

TEMA 4
A industrialização e o crescimento das cidades

Quais fatores impulsionaram o crescimento das cidades brasileiras nos primeiros anos da república?

Pense e responda

- Entre 2012 e 2013, o número de haitianos que entraram no Brasil chegou a quase 30 mil pessoas, das quais apenas 10 mil estavam em situação legal. Desde então, organizações não governamentais, instituições religiosas e órgãos públicos têm buscado fazer a integração social dessas pessoas. Junte-se a dois colegas e debatam os seguintes pontos: o motivo da imigração de haitianos após 2010; como tem sido a inserção social e profissional desses estrangeiros.

A onda migratória para o Brasil

Você tem ideia de quantos brasileiros vivem hoje no exterior? Segundo o Censo 2010, são 491 mil pessoas, distribuídas por 193 países. Mas, se formos incluir os que vivem em situação irregular, estima-se que esse número chegue a 2,5 milhões de pessoas. Mas o Brasil não apenas perde habitantes, ele também recebe. Após a crise internacional de 2008, a boa situação da economia brasileira se transformou em forte atrativo para imigrantes da América Latina, do Haiti, da Ásia e do sul da Europa. Em 2012, havia 1,5 milhão de imigrantes legalizados no Brasil, sendo os portugueses e os bolivianos os grupos que mais haviam crescido.

Mesmo que hoje o nosso país tenha voltado a atrair imigrantes, a quantidade de pessoas que entram não se compara à do período compreendido entre o final da monarquia e o início da república. Entre 1887 e 1930, em torno de 3,8 milhões de estrangeiros se estabeleceram no Brasil. Eram principalmente italianos, espanhóis, alemães, portugueses, sírios, libaneses e japoneses.

Você estudou na unidade anterior que os países europeus que se industrializaram na segunda metade do século XIX passaram por um processo de modernização das relações de trabalho no campo, que resultou na formação de um contingente numeroso de trabalhadores desocupados, que representava um fator de fortes tensões sociais. Assim, a política de estímulo à emigração foi uma das formas encontradas pelos países industrializados para aliviar as pressões sociais internas.

Principalmente jovens e sem qualificação, esses imigrantes dirigiram-se, em geral, às regiões cafeeiras dos atuais estados de São Paulo, Rio de Janeiro e Minas Gerais. Muitos deles, especialmente alemães e italianos, também se instalaram no sul do Brasil, onde se dedicaram ao cultivo de pequenas lavouras e à criação de animais.

A princípio, os imigrantes se dedicaram ao trabalho na lavoura, mas, descontentes com a condição de pobreza e exploração em que viviam, muitos deixaram o campo e seguiram para as cidades, onde tentaram se estabelecer trabalhando no comércio ou na indústria que surgia.

Imigrantes haitianos em Brasileia, no Acre, em 2013. No início de 2014, entre 70 e 80 haitianos entravam diariamente no Brasil pelo município de Brasileia, mais que o dobro dos que entraram no ano anterior.

INDÚSTRIAS COM MAIS DE 100 OPERÁRIOS		
Rio de Janeiro		
	Estabelecimentos	Operários
1907	64	20.056
1920	99	35.842
São Paulo		
	Estabelecimentos	Operários
1907	70	19.306
1920	147	54.123

Fonte: SILVA, Sérgio. *Expansão cafeeira e origens da indústria no Brasil.* São Paulo: Alfa-Omega, 1976. p. 84-85; 88-89.

O desenvolvimento da indústria

A expansão do café no Sudeste do Brasil não estimulou apenas a vinda de imigrantes para o país. Desde os últimos anos do império, parte dos capitais gerados pela economia cafeeira passou a ser aplicada na indústria e em outras atividades. Ou seja, os lucros do café, além de serem reinvestidos em novos cafezais e instalações necessárias à produção, também passaram a ser aplicados na atividade industrial. A relação entre lavoura cafeeira e indústria explica por que as principais regiões produtoras de café, especialmente São Paulo e Rio de Janeiro, também lideraram a expansão industrial.

Em parceria com o Estado e com investidores estrangeiros, os cafeicultores desenvolveram uma infraestrutura para o escoamento do café que incluía ferrovias, portos, companhias de navegação, estradas e produção de energia elétrica. A necessidade de crédito para financiar a produção e de serviços para facilitar as vendas do produto para o exterior também estimulou a expansão de bancos e das casas de exportação.

Essas iniciativas serviram para atrair os imigrantes em direção às cidades, onde estavam sendo criadas várias oportunidades de trabalho.

Dialogando com Geografia

O crescimento das cidades

A instalação de novas indústrias, estabelecimentos comerciais e habitações operárias impulsionou a **construção civil** e abriu espaço para a contratação de pedreiros, carpinteiros, marceneiros, serventes de obras, entre outros profissionais do setor.

Novos investimentos gerados pelas exportações de café possibilitaram a expansão e a modernização dos **portos** do país. Com isso foi possível empregar um número maior de estivadores em cidades litorâneas, como Santos, no estado de São Paulo, e Rio de Janeiro, capital do império deposto e da nascente república.

O rápido crescimento das cidades, ao mesmo tempo que foi estimulado pela indústria, também contribuiu para incrementá-la. O afluxo de pessoas para os centros urbanos criou demandas por bens de consumo não duráveis, como alimentos, tecidos, sabões, bebidas, calçados e chapéus. A produção de **bens de consumo doméstico** foi a base da nossa nascente indústria.

O avanço da urbanização no período, entretanto, não veio acompanhado de um planejamento público de uso e ocupação do solo, articulado com o sistema de transporte e saneamento. Ao contrário, o que ocorreu foi que as cidades passaram a ser ocupadas de maneira irregular, com moradias inadequadas, onde as condições de higiene eram precárias, facilitando a proliferação de epidemias.

Moradores diante de um cortiço na cidade do Rio de Janeiro, em 1904. Biblioteca Pública do Estado do Rio de Janeiro. O cortiço é um tipo de moradia urbana ocupado por famílias de baixa renda, em que os cômodos da construção são divididos e habitados por uma família, enquanto as demais instalações são de uso coletivo.

A imagem ao lado pode ser considerada exemplo de espaço urbano desordenado? Justifique a sua resposta por meio de elementos da imagem.

As reformas urbanas

O crescimento desordenado de algumas cidades brasileiras, com habitações precárias e expansão de epidemias, era especialmente notado na capital da república, a cidade do Rio de Janeiro.

Em 1902, Rodrigues Alves assumiu a presidência da república propondo a reforma e a modernização do porto do Rio de Janeiro, ponto de partida para uma renovação urbana radical da cidade. Nomeado diretamente pelo presidente, o engenheiro Francisco Pereira Passos tomou posse como prefeito do Distrito Federal no final de dezembro do mesmo ano, recebendo amplos poderes.

Pereira Passos, em parceria com o governo federal, passou a remodelar a estrutura material da cidade com o plano popularmente conhecido como "bota abaixo": demolição de prédios, abertura de avenidas, prolongamento de ruas, reforma do calçamento, arborização e ajardinamento de praças. Essa grande reforma atingiu principalmente a população pobre que morava e trabalhava no centro ou em suas redondezas.

Paralelamente, em São Paulo, os recursos gerados pela economia cafeeira permitiram a reurbanização da cidade, que se dividiu em bairros nobres, na parte alta, enquanto a várzea dos rios era destinada aos bairros operários e às fábricas.

O modelo de reurbanização do Rio de Janeiro e de São Paulo foi, em geral, seguido pelas demais capitais brasileiras da época. Dessa forma, a população pobre foi expulsa das áreas centrais e nobres das cidades e empurradas para as áreas periféricas, onde os serviços públicos praticamente não existiam.

Analisando as transformações ocorridas na cidade do Rio de Janeiro, o historiador José Murilo de Carvalho afirma que:

> "A população que se comprimia nas áreas afetadas pelo bota-abaixo de Pereira Passos teve ou de apertar-se mais no que ficou intocado, ou de subir os morros adjacentes, ou de deslocar-se para [...] os subúrbios [...]. Abriu-se espaço para o mundo elegante [...]. No Rio reformulado circulava o mundo *belle-époque* fascinado com a Europa, envergonhado do Brasil, em particular do Brasil pobre e do Brasil negro."
>
> CARVALHO, José Murilo de. *Os bestializados: o Rio de Janeiro e a república que não foi*. São Paulo: Companhia das Letras, 1987. p. 40-41.

Vídeo
Reformas urbanas no Rio de Janeiro atual

Pense e responda
- Segundo dados do Censo de 2010, o Brasil tinha naquele ano 11,5 milhões de pessoas vivendo em favelas, cortiços e outros assentamentos irregulares.
  a) O crescimento das habitações irregulares no Brasil é um fenômeno que pode ser explicado historicamente? Justifique.
  b) Na sua opinião, como esse problema poderia ser resolvido?

Vista da Avenida Afonso Pena, em Belo Horizonte, c. 1910-1930. Arquivo Público Mineiro, Belo Horizonte. Inaugurada em 1897, a cidade construída para ser a capital mineira teve, em sua construção, forte influência das reformas urbanísticas promovidas nas principais cidades europeias.

DE OLHO NO INFOGRÁFICO

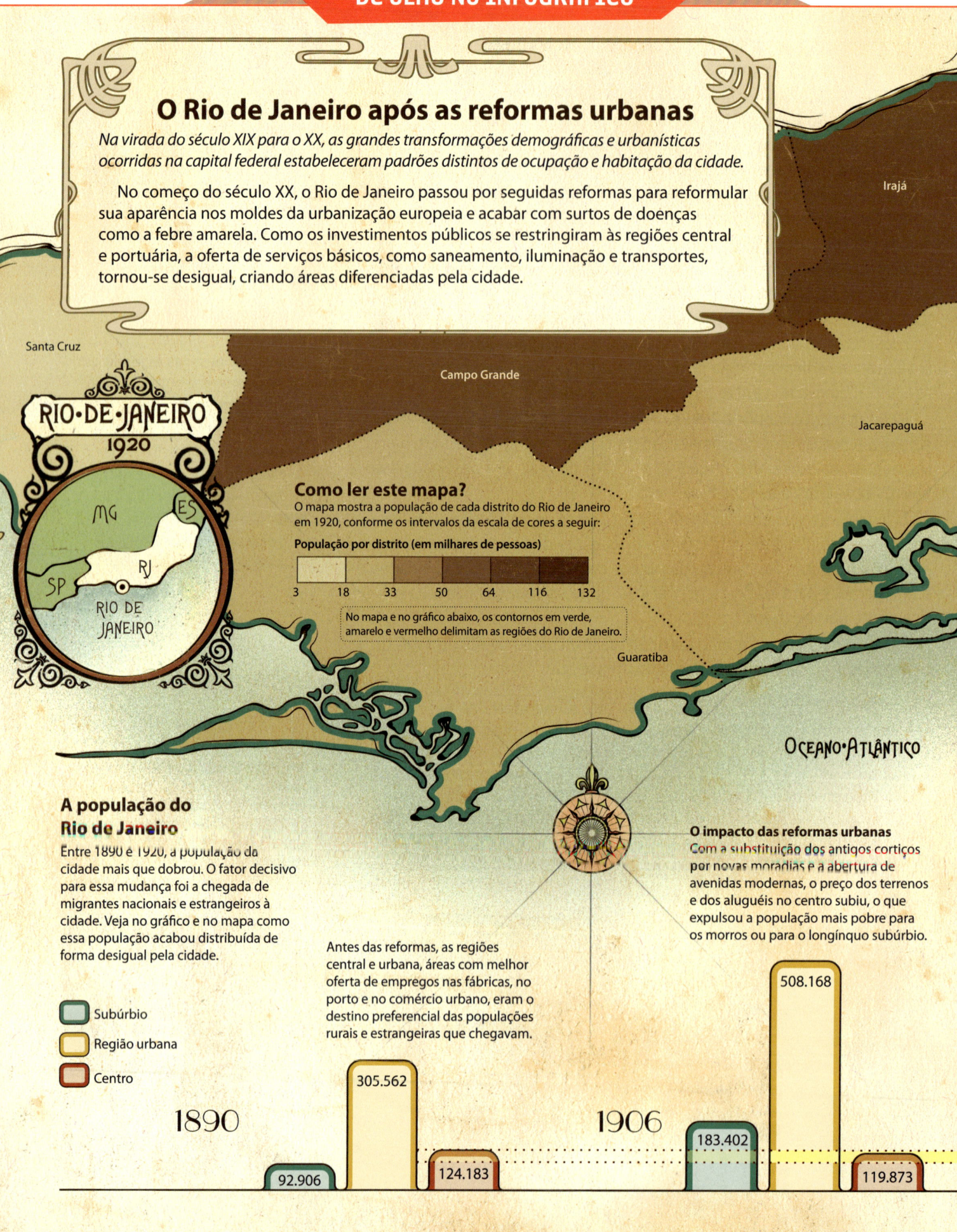

O Rio de Janeiro após as reformas urbanas

Na virada do século XIX para o XX, as grandes transformações demográficas e urbanísticas ocorridas na capital federal estabeleceram padrões distintos de ocupação e habitação da cidade.

No começo do século XX, o Rio de Janeiro passou por seguidas reformas para reformular sua aparência nos moldes da urbanização europeia e acabar com surtos de doenças como a febre amarela. Como os investimentos públicos se restringiram às regiões central e portuária, a oferta de serviços básicos, como saneamento, iluminação e transportes, tornou-se desigual, criando áreas diferenciadas pela cidade.

Santa Cruz · Campo Grande · Irajá · Jacarepaguá · Guaratiba

RIO·DE·JANEIRO 1920
MG · ES · SP · RJ · RIO DE JANEIRO

Como ler este mapa?
O mapa mostra a população de cada distrito do Rio de Janeiro em 1920, conforme os intervalos da escala de cores a seguir:

População por distrito (em milhares de pessoas)
3   18   33   50   64   116   132

No mapa e no gráfico abaixo, os contornos em verde, amarelo e vermelho delimitam as regiões do Rio de Janeiro.

OCEANO·ATLÂNTICO

A população do Rio de Janeiro
Entre 1890 e 1920, a população da cidade mais que dobrou. O fator decisivo para essa mudança foi a chegada de migrantes nacionais e estrangeiros à cidade. Veja no gráfico e no mapa como essa população acabou distribuída de forma desigual pela cidade.

- Subúrbio
- Região urbana
- Centro

Antes das reformas, as regiões central e urbana, áreas com melhor oferta de empregos nas fábricas, no porto e no comércio urbano, eram o destino preferencial das populações rurais e estrangeiras que chegavam.

O impacto das reformas urbanas
Com a substituição dos antigos cortiços por novas moradias e a abertura de avenidas modernas, o preço dos terrenos e dos aluguéis no centro subiu, o que expulsou a população mais pobre para os morros ou para o longínquo subúrbio.

1890
- 92.906
- 305.562
- 124.183

1906
- 183.402
- 508.168
- 119.873

Os "bairros-estação"

Note a concentração populacional nos distritos a oeste e noroeste do centro, como Inhaúma. No subúrbio, a ocupação acompanhou as linhas férreas. As ferrovias compensavam a grande distância até o centro, percorridas diariamente até os locais de trabalho.

BAÍA · DE · GUANABARA

1. Candelária
2. Santa Rita
3. Sacramento
4. São José
5. Santo Antônio
6. Sant'Anna
7. Gamboa

Inhaúma · 1929

ARQUIVO GERAL DA CIDADE DO RIO DE JANEIRO - AGCRJ, RIO DE JANEIRO

Poder pagar menos por um aluguel ou até construir uma casa motivou muitos funcionários públicos, militares e operários a morar no subúrbio. Antigas fazendas deram lugar a bairros inteiros, mas não receberam o mesmo investimento em serviços públicos essenciais que o centro ou a zona sul.

Morro do Pinto · 1912

ARQUIVO GERAL DA CIDADE DO RIO DE JANEIRO - AGCRJ, RIO DE JANEIRO

A outra opção era morar nos morros próximos ao centro. Além de ficarem próximos do centro, os moradores ficavam livres do aluguel. As favelas, que já existiam desde fins do século XIX, cresceram após as reformas em virtude do aumento do custo de vida no centro da cidade e das medidas elitistas da prefeitura.

Botafogo · 1906

COLEÇÃO PARTICULAR

Apesar de ainda pouco povoado, o litoral sul também recebeu grandes investimentos públicos. A construção da Av. Beiramar e das linhas de bonde ligando a zona sul ao centro acabou encarecendo os terrenos e os aluguéis dessa região.

O aumento populacional foi maior nas regiões mais distantes do centro, carentes de infraestrutura. Veja que, de 1890 a 1920, a população do subúrbio quase quadriplicou.

356.776

701.904

1920

O centro para poucos

As reformas alteraram o perfil social do centro. Além do alto custo de vida, leis passaram a multar atividades que, até então, caracterizavam o dia a dia daquela região: venda de galinhas, miúdos, vassouras etc. Costumes e formas de lazer popular, como o entrudo, os fogos de artifício, os balões, também foram criminalizados.

Veja que, após as reformas, o número de habitantes do centro diminuiu.

99.193

Fontes: Ministério da Agricultura, Indústria e Comércio. *Recenseamento Geral do Brasil 1920*. Rio de Janeiro: Typ. de Estatística, 1925. p. 4. vol. II, 3ª parte; Ministério da Agricultura, Indústria e Comércio. *Recenseamento Geral do Brasil 1920*. Rio de Janeiro: Typ. de Estatística, 1923. p. XXVI, vol. II, 1ª parte.

Questões

1. Analise os dados do infográfico e, com base nas informações, indique quais foram as consequências sofridas pela população do Rio de Janeiro em virtude das reformas urbanas.

2. Um dos objetivos das reformas era reestruturar a cidade, adequando-a aos padrões urbanos europeus. Esse objetivo foi cumprido parcialmente. Por quê? Quais foram os prejuízos sociais dessas reformas? Os habitantes do Rio de Janeiro foram igualmente contemplados? Justifique.

3. Atualmente, no município onde você mora, que providências a prefeitura toma para melhorar a qualidade de vida dos bairros? Os moradores são todos beneficiados? Você concorda com essas providências? Se você fosse o(a) prefeito(a), que decisões tomaria? Justifique.

TEMA 5
Os conflitos urbanos e o movimento operário

Que problemas sociais e políticos do Brasil os movimentos urbanos do início da república expressavam e contestavam?

A luta pela cidadania

Nas primeiras décadas do período republicano no Brasil, a participação política dos cidadãos comuns era bastante restrita. A maioria, por ser analfabeta, não votava, poucos conseguiam fazer valer os seus direitos e o poder político se concentrava nas mãos de uma pequena elite, que mantinha a maior parte da população distante dos centros decisórios do poder.

> "[...] não havia povo organizado politicamente nem sentimento nacional consolidado. A participação na política nacional, inclusive nos grandes acontecimentos, era limitada a pequenos grupos. A grande maioria do povo tinha com o governo uma relação de distância, de suspeita, quando não de aberto antagonismo. O povo não tinha lugar no sistema político [...]. Aos grandes acontecimentos políticos nacionais, ele assistia, não como bestializado, mas como curioso, desconfiado, temeroso, talvez um tanto divertido."
>
> CARVALHO, José Murilo de. *Cidadania no Brasil*: o longo caminho. Rio de Janeiro: Civilização Brasileira, 2007. p. 83.

Dessa forma, a maior parte das manifestações de luta pela cidadania nesse período era de reação contra a arbitrariedade dos governantes ou dos grandes proprietários. Por isso, as revoltas de 1904 e 1910, no Rio de Janeiro, podem ser consideradas símbolos dos protestos populares contra a opressão exercida pelos controladores do Estado.

As manifestações operárias, especialmente as greves, cresceram na medida em que avançaram a industrialização e a urbanização, especialmente no Centro-Sul do país. Os operários reivindicavam melhores condições de trabalho, aumentos salariais e redução da jornada de trabalho.

Vamos estudar esses casos, mostrando como os grupos sociais mais pobres resistiram e lutaram por seus direitos durante a Primeira República.

GLOSSÁRIO

Antagonismo: oposição; rivalidade de ideias.
Arbitrariedade: abuso de autoridade.

Os trabalhadores se organizavam para obter melhorias nas suas condições de trabalho. Na foto, operários em greve lutam pela jornada de trabalho de 8 horas diárias. São Paulo, 1906. Museu da Imagem e do Som, Rio de Janeiro.

A Revolta da Vacina

A política de remodelamento da capital federal se somava à realização de campanhas pela higienização da cidade e erradicação da febre amarela, da varíola e da peste bubônica.

Incumbido dessa tarefa, em 1903, o médico sanitarista Oswaldo Cruz, diretor-geral de Saúde Pública, criou brigadas sanitárias para eliminar o mosquito transmissor da febre amarela. No ano seguinte, foi aprovada a lei que tornava obrigatória a vacinação contra a varíola. A falta de orientação da população sobre essas decisões e os métodos violentos empregados pelos batalhões da saúde pública fizeram explodir uma rebelião popular na cidade do Rio de Janeiro, que ficou conhecida como **Revolta da Vacina**.

Durante vários dias, a população enfrentou nas ruas as forças policiais e as tropas do exército e da marinha. Em 16 de novembro de 1904, após violenta repressão aos populares, a lei da vacinação obrigatória foi revogada. O movimento refluiu até desaparecer completamente. A revolta deixou um saldo de trinta mortos e quase mil presos, dos quais 461 foram deportados para o Acre.

A Revolta dos Marinheiros

Em 23 de novembro de 1910, marinheiros dos encouraçados *Minas Gerais* e *São Paulo* tomaram posse das suas embarcações e se amotinaram exigindo o fim dos castigos físicos na marinha brasileira, especialmente as chibatadas, que eram estabelecidos pelos oficiais.

Nas Forças Armadas, principalmente na marinha, os cargos oficiais eram ocupados por membros das camadas mais ricas da sociedade. Os marinheiros, por sua vez, vinham de famílias pobres, e muitos deles eram ex-escravos ou descendentes de escravos. Para os oficiais, a disciplina só podia ser mantida com a mesma violência aplicada antes nas grandes fazendas.

Liderada pelo marinheiro João Cândido, a revolta contra os castigos se iniciou no encouraçado *Minas Gerais* e se espalhou depois por outros navios de guerra.

Inicialmente, o então presidente Hermes da Fonseca cedeu às exigências dos marinheiros, prometendo anistiar os amotinados. Porém, após a rendição, o governo prendeu e expulsou vários marinheiros da corporação.

Caricatura de Oswaldo Cruz, de Bambino, década de 1910.

A charge acima é uma crítica ou um elogio ao trabalho de Oswaldo Cruz? Justifique sua resposta por meio de elementos da imagem.

Galeria de imagens
Veja outras charges da Revolta da Vacina.

Audiovisual
A Revolta dos Marinheiros

Marinheiros do encouraçado *São Paulo* durante a Revolta da Chibata. Rio de Janeiro, 1910. Ao final da revolta, o seu principal líder, João Cândido, permaneceu preso por dezoito meses. Depois disso, ele foi internado em um hospital psiquiátrico, de onde saiu dois anos depois.

Operárias da Tecelagem Mariângela, das Indústrias Reunidas F. Matarazzo. Cidade de São Paulo, década de 1920. As fábricas têxteis empregavam um grande número de crianças e mulheres, que recebiam salários mais baixos que o dos homens adultos que desempenhavam a mesma função.

O operariado e as suas mobilizações

O crescimento da urbanização e dos recursos destinados ao setor industrial resultou na expansão do operariado no país. Em 1880, o Brasil possuía 54 mil trabalhadores nas indústrias. Em 1920, esse número havia ultrapassado a marca de 200 mil operários.

Como havia ocorrido no início da industrialização inglesa, as condições de trabalho dos operários na nascente indústria brasileira eram péssimas. A jornada de trabalho variava entre 14 e 16 horas diárias, não havia cobertura médica ou indenização por acidente de trabalho, direito a férias remuneradas, salário mínimo e qualquer proteção ao trabalho infantil ou feminino.

Os melhores salários eram pagos aos trabalhadores mais qualificados. No setor metalúrgico, por exemplo, fundidores, caldeireiros e mecânicos eram mais bem pagos. As mulheres e as crianças, por sua vez, trabalhavam principalmente no setor têxtil, onde a exigência por mão de obra qualificada era menor. Em 1920, a participação das mulheres nas indústrias de tecidos chegava a 58% do total de empregados no setor.

Grande parte dos operários das indústrias brasileiras era imigrante, com predomínio de italianos, espanhóis e portugueses. Foi por intermédio desses estrangeiros que as ideias socialistas, comunistas e anarquistas chegaram aos demais trabalhadores. Os imigrantes também tiveram papel importante na formação dos primeiros **sindicatos** operários no Brasil, no início do século XX, e na organização de greves, o principal método de luta do movimento operário organizado.

Pense e responda

- No início da industrialização no Brasil, as condições de trabalho nas fábricas eram péssimas. Em sua opinião, essas condições precárias de trabalho ainda existem no Brasil atual? Discuta com a classe. **Avalie** e **reflita** sobre todas as **possibilidades** de resposta antes de emitir a sua opinião.

A greve geral de 1917

A greve geral de 1917, na cidade de São Paulo, teve início no setor têxtil e depois se espalhou por empresas de outros ramos. A greve foi violentamente reprimida pela polícia e vários trabalhadores imigrantes, principalmente líderes sindicais, foram expulsos do país. Com a intenção de desmobilizar os trabalhadores, o Estado passou a considerar as manifestações operárias "casos de polícia".

Apesar da violenta repressão, os trabalhadores conquistaram alguns benefícios, como a construção de moradias populares e a regulamentação das condições de higiene e segurança nas fábricas.

TEMA 6

A cultura na Primeira República

Como as inovações tecnológicas e as mudanças econômicas e sociais do Brasil da Primeira República contribuíram para o surgimento de uma nova arte?

Pense e responda

- Você concorda com a afirmação de que o samba e o futebol fazem parte da identidade do povo brasileiro? Discuta a sua opinião com os seus colegas.

As mudanças culturais da Primeira República

Muitos estrangeiros, e até nós mesmos, associamos a imagem do Brasil ao samba e ao futebol. Você tem ideia de quando o futebol começou a ser jogado no país? E o samba, onde e quando você imagina que ele surgiu?

Após a abolição, muitos ex-escravos se dirigiram às cidades e passaram a viver em cortiços e em lugares que hoje são denominados favelas. Nesses locais, a mistura de diferentes histórias e experiências de vida resultou em manifestações artísticas populares novas ou renovadas.

A mais famosa dessas manifestações foi o samba moderno. Durante toda a Primeira República, esse gênero musical foi considerado uma arte menor, "de negros", acusado de favorecer a criminalidade e a vadiagem. Nesse período, outras manifestações culturais associadas aos negros, como a capoeira e o candomblé, eram proibidas por lei.

A burguesia brasileira do período, fascinada com as inovações europeias no campo da ciência, da tecnologia e do planejamento urbano, tentou criar nas grandes capitais do Brasil um mundo separado da camada mais pobre da população e de todos os aspectos da cultura brasileira que não pudessem ser associados ao modelo europeu. Assim, se as periferias, as várzeas e os morros eram os espaços da população pobre, as elites tinham seus próprios espaços de convivência social: bares e cafés, teatros, museus de arte... configurados conforme os padrões europeus.

O futebol, por exemplo, foi trazido da Europa para o Brasil no final do século XIX e, inicialmente, era jogado por brancos filhos da elite. Os clubes de futebol não admitiam atletas negros. Assim, se os brancos aprendiam a jogar futebol nas academias, os negros aprendiam nas ruas e nos campos de várzea. Apenas na década de 1920 os negros começaram a praticar o esporte em clubes do país.

No entanto, apesar do empenho da burguesia brasileira em segregar, geográfica e culturalmente, o mundo dos negros e pobres, as mudanças geradas pelo crescimento industrial e urbano contribuíram para o surgimento de novas formas artísticas, que em parte valorizavam a cultura que as elites queriam apagar. O **modernismo** representou, na arte, esse período de grandes transformações.

O Estádio do Maracanã, na cidade do Rio de Janeiro, na final da Copa das Confederações, 30 de junho de 2013. O futebol, considerado um dos símbolos da chamada "identidade brasileira", começou a ser jogado no país durante a Primeira República.

Capa produzida pelo pintor brasileiro Di Cavalcanti para o catálogo da exposição da Semana de Arte Moderna de 1922. Instituto de Estudos Brasileiros/USP, São Paulo.

O modernismo

A revolução estética ocorrida no Brasil com o movimento modernista deve ser compreendida no contexto da expansão da economia cafeeira no país. Com a expansão do café, surgiu uma nova elite social, política e econômica, que desejava também conquistar a hegemonia no campo das ideias e da cultura.

Essa burguesia se confrontava com a antiga elite do país que, já tendo perdido o seu predomínio econômico, procurava manter seu papel de líder cultural. Para essa elite, só interessava a cultura europeia tradicional, das peças francesas, da poesia parnasiana ou das óperas italianas. Essa cultura das elites estava apartada do samba, da capoeira, do teatro de revista e de outras expressões da cultura popular na época.

Foi nesse contexto que, no início da década de 1920, o Modernismo surgiu no Brasil. Os artistas e intelectuais desse movimento, principalmente paulistanos, queriam criar uma nova cultura nacional, conectada com as grandes transformações da civilização industrial. Para isso, eles pretendiam unir as vanguardas artísticas europeias, especialmente o expressionismo e o cubismo, com manifestações da cultura popular (de origem africana e indígena), desprezadas pelas elites brasileiras desde o período colonial.

A Semana de 1922

A grande efervescência cultural do movimento modernista atingiu o seu ápice com a Semana de Arte Moderna de 1922, realizada durante os dias 13, 15 e 17 de fevereiro, no Teatro Municipal de São Paulo. A Semana de 1922, como também ficou conhecida, reuniu intelectuais, pintores, como Anita Malfatti e Emiliano Di Cavalcanti, escritores, como Mário de Andrade e Oswald de Andrade, o escultor Victor Brecheret e o compositor Heitor Villa-Lobos.

A Semana de 22 foi programada para comemorar o primeiro centenário da independência do Brasil. Porém, a intenção dos organizadores era proclamar uma segunda independência do país, dessa vez cultural e moderna. Para isso, eles propunham a ruptura das manifestações artísticas brasileiras com o tradicionalismo, procurando valorizar em suas obras as raízes brasileiras.

A programação do evento incluiu a leitura de poesias e de trechos de ficção, exposição de obras de arte e de arquitetura, conferências, música e dança. As inovações artísticas apresentadas durante a semana, porém, não agradaram o público, que protestou. As vaias e o choque provocado pelas apresentações colocaram a arte moderna no centro das manifestações culturais mais ousadas que o Brasil criaria dali para a frente.

O beijo, escultura de Victor Brecheret, c. 1930. Acervo Fundação José e Paulina Nemirovsky, São Paulo.

Observe a escultura ao lado. Explique por que essa obra é considerada representante do modernismo no Brasil.

GLOSSÁRIO

Parnasiano: relativo a parnasianismo, movimento literário que valorizava, na construção da poesia, a forma, o estilo, a objetividade e a impessoalidade, em oposição às características emotivas e livres da poesia romântica.

REVISANDO

A PRIMEIRA REPÚBLICA

1. A monarquia foi derrubada no Brasil por um golpe militar apoiado por um pequeno grupo de civis. O **regime republicano** foi estabelecido no país em **15 de novembro de 1889**.

2. Os primeiros anos da república ficaram conhecidos como **República da Espada**. O governo militar convocou um Congresso Constituinte, que promulgou a primeira **Constituição do Brasil republicano** (1891).

3. Em 1894 ocorreu a primeira eleição para presidente da república no Brasil, vencida por Prudente de Morais. Era o início da chamada **República Oligárquica**.

4. A instalação da **república não alterou a estrutura** social e política do **país**, que continuou dominada pelos grupos oligárquicos.

OS CONFLITOS SOCIAIS

1. A **concentração de terras** e a **pobreza** em que vivia a maior parte da população rural alimentaram o surgimento de movimentos sociais no campo, que apresentavam fortes características de religiosidade popular: **Canudos** e **Contestado**.

2. A extrema pobreza e as **rivalidades oligárquicas** no sertão nordestino contribuíram também para o surgimento de práticas do chamado banditismo social, que teve como centro o fenômeno do **cangaço**.

3. Nas fábricas, as precárias condições de trabalho dos operários levaram à formação de **sindicatos** e à organização de **greves** e outras formas de luta.

4. A **Revolta dos Marinheiros** (1910) mostrou que a abolição da escravidão não tinha posto fim à violência que marcou as **relações escravistas** no Brasil.

SOCIEDADE E CULTURA

1. O Brasil dos últimos anos da monarquia e do início da república passou por um processo de **industrialização** e de **modernização**, que tinha como centro as áreas cafeeiras do Sudeste do país.

2. A **expansão cafeeira** e o **crescimento urbano-industrial** dos estados do Sudeste atraíram para a região milhões de **imigrantes**, que saíram de seus países, principalmente europeus, para construir uma nova vida na América.

3. O **governo** brasileiro, apoiado pelas **elites**, colocou em ação um plano de **remodelamento urbano** e saneamento da capital federal, com o objetivo de aproximar o Brasil da civilização moderna e industrial europeia. A **Revolta da Vacina** (1904) representou a reação popular aos métodos arbitrários e violentos adotados pelas autoridades na execução dessa política.

4. A Primeira República foi um período de grande efervescência cultural e inovação estética, representada pelo **modernismo**.

PARA LER

▶ **Lampião e Maria Bonita**
Autores: Rouxinol do Rinaré e Klévisson Viana
História completa de Lampião e Maria Bonita.
Fortaleza: Tupynanquim, 2002. (Série Heróis e mitos brasileiros – v. 1)

Sinopse

O cordel é um gênero literário trazido pelos portugueses durante o período colonial. Ele se fixou no Nordeste e incorporou-se à tradição popular. Os autores, chamados cordelistas, acompanham os versos com música de viola. As rimas e a música facilitam a memorização e a repetição. A linguagem utilizada é popular, muito parecida com a fala, e os temas variam bastante.

O cordel sugerido narra a vida dos cangaceiros Lampião e Maria Bonita. Por meio da leitura, podemos perceber a visão nordestina sobre o cangaço. Também notamos a imagem romantizada e idealizada da figura do cangaceiro no imaginário popular.

Capa do cordel *A história completa de Lampião e Maria Bonita*, de Rouxinol do Rinaré e Klévisson Viana.

ATIVIDADES

ORGANIZAR O CONHECIMENTO

1. **A queda da monarquia e o estabelecimento da república no Brasil resultaram de um conjunto de transformações. Sobre isso, responda.**

   a) Explique por que os militares estavam insatisfeitos com o governo imperial.

   b) Que motivos geraram o afastamento da Igreja Católica da monarquia, fato que ficou conhecido como Questão Religiosa?

   c) Explique por que os cafeicultores mais antigos, do Vale do Paraíba fluminense e paulista, eram favoráveis à monarquia.

   d) Os cafeicultores do Oeste Paulista defendiam a implantação da república e do federalismo no país. De que forma eles seriam beneficiados com tais mudanças?

   e) Com a abolição da escravidão em 1888, muitos fazendeiros de café do Vale do Paraíba, tradicionalmente aliados do imperador, também passaram a apoiar o movimento republicano. Por quê?

2. **Avalie as sentenças a seguir e assinale a alternativa correta.**

   I. A Igreja Católica, ao se afastar da monarquia e apoiar o movimento republicano, conseguiu manter-se como Igreja oficial do país no novo regime estabelecido depois de 1889.

   II. A Política dos Governadores foi um mecanismo essencial para o controle do poder político por parte das oligarquias estaduais durante a Primeira República.

   III. A primeira Constituição do Brasil republicano, promulgada em 1891, mesmo abolindo o voto censitário, manteve as camadas populares excluídas das eleições ao proibir o voto aos analfabetos.

   IV. A aliança entre as oligarquias de São Paulo e Minas Gerais (política do café com leite) lhes garantiu o monopólio do poder executivo federal de 1894 até o fim da Primeira República.

   V. O voto de cabresto é o nome que se deu ao mecanismo de controle das votações durante a Primeira República, fortemente marcado pela compra de votos e pela coação do eleitorado.

   a) Apenas as afirmativas I e V estão corretas.
   b) Apenas as afirmativas II e III estão corretas.
   c) Apenas as afirmativas II, IV e V estão corretas.
   d) Apenas as afirmativas I e IV estão incorretas.
   e) Apenas as afirmativas I e III estão incorretas.

APLICAR

3. **Analise, com um colega, a charge a seguir e respondam às questões.**

   Charge de Storni *As próximas eleições... "de cabresto"*, publicada na revista *Careta*, 1927. Fundação Biblioteca Nacional, Rio de Janeiro.

   a) Que aspecto da política brasileira do início do século XX o artista representou na imagem?

   b) Que crítica o cartunista pretendeu fazer ao eleitor e ao político daquele período?

   c) Alguns historiadores atuais, ao avaliar a charge desse cartunista, provavelmente discordariam da crítica feita por ele a esse tipo de eleitor da época. Explique por quê.

4. **Leia o texto a seguir, sobre a greve geral de 1917, e responda às questões.**

   "A escalada sufocante do custo de vida, convergindo com a ampliação dos investimentos industriais e a interrupção do fluxo migratório, reforçou a capacidade de organização, reivindicação e negociação dos operários, levando empresários e autoridades a recorrerem mais aberta e completamente à violência policial como recurso fundamental de contenção. A equação explosiva que assim se armou irrompeu num conflito urbano da mais extrema gravidade em julho de 1917, quando a polícia matou um operário grevista ao reprimir uma manifestação de têxteis por melhores salários. A passagem do cortejo fúnebre pela cidade arrebatou multidões operárias, desencadeando uma greve geral, com a adesão de mais de 45 mil trabalhadores que, premidos pela polícia, se amotinaram e assumiram o espaço público por vários dias."

   SEVCENKO, Nicolau. *Orfeu extático na metrópole*: São Paulo, sociedade e cultura nos frementes anos 20. São Paulo: Companhia das Letras, 1998. p. 142.

a) Identifique os motivos pelos quais empresários e autoridades recorreram à violência policial em 1917 para conter os movimentos dos trabalhadores.

b) Segundo o texto, que acontecimento levou multidões de operários às ruas, provocando uma greve geral?

c) Nos dias de hoje, as manifestações, greves e outras formas de luta dos trabalhadores, estudantes ou de outros setores da sociedade ainda são alvo de repressão policial? Discuta esse assunto com os colegas da classe.

Dialogando com Língua Portuguesa

5. O poeta mineiro Carlos Drummond de Andrade (1902--1987) lançou em 1928, na *Revista de antropofagia*, uma publicação modernista, um de seus poemas mais famosos: *No meio do caminho*. Na época de seu lançamento, o poema causou reações extremadas, tanto de enaltecimento quanto de repúdio. O coloquialismo, a concisão e as repetições causaram estranheza e rompiam com o rigor da métrica e das estruturas fixas dos poemas que eram feitos até então. Leia o poema para responder às questões.

"No meio do caminho tinha uma pedra
tinha uma pedra no meio do caminho
Tinha uma pedra
No meio do caminho tinha uma pedra.
Nunca me esquecerei desse acontecimento
Na vida de minhas retinas tão fatigadas.
Nunca me esquecerei que no meio do caminho
Tinha uma pedra
Tinha uma pedra no meio do caminho
No meio do caminho tinha uma pedra."

ANDRADE, Carlos Drummond de. No meio do caminho.
In: MORICONI, I. (Org.).
Os cem melhores poemas brasileiros do século.
Rio de Janeiro: Objetiva, 2001. p. 71.

a) Na sua opinião, o que a "pedra" representa no poema?

b) Por que as palavras "no meio do caminho tinha uma pedra" e "tinha uma pedra no meio do caminho" são constantemente repetidas ao longo do poema?

c) O eu lírico diz "Nunca me esquecerei desse acontecimento/Na vida de minhas retinas tão fatigadas". Para você, qual é o sentido desses versos?

d) Que relação pode ser estabelecida entre a forma e o tema do poema e as mudanças econômicas e sociais do Brasil da primeira metade do século XX?

Arte

A pintura modernista

O pintor carioca Di Cavalcanti é considerado um dos maiores representantes do modernismo brasileiro. Sua obra inspirava-se na paisagem e na cultura tipicamente brasileiras, sendo até hoje rememorada como a maior expressão artística da mestiçagem da nossa sociedade. A pintura abaixo é um exemplo da celebração feita por Di Cavalcanti à nossa cultura.

Roda de samba, pintura de Emiliano Di Cavalcanti, 1929.

6. Estabeleça as principais diferenças entre o tema e o estilo de pintura mostrados nessa obra de Di Cavalcanti e os do quadro *Proclamação da república*, de Benedito Calixto, na página 53.

7. Nesta unidade você leu a respeito da chamada "identidade brasileira". Escolha outra manifestação que usualmente é associada a essa identidade, além do samba e do futebol, abordados no tema 6. Represente, em forma de desenho, a manifestação cultural escolhida. Troque o seu trabalho com um colega e destaque as semelhanças e as diferenças entre o seu desenho e o dele.

UNIDADE 3
A PRIMEIRA GUERRA E A REVOLUÇÃO RUSSA

Os traumas da guerra

"Com a Guerra Mundial começou a tornar-se manifesto um processo que desde então segue ininterrupto. Não se notou, ao final da guerra, que os combatentes voltavam mudos do campo de batalha; não mais ricos, e sim mais pobres em experiência comunicável? E o que se derramou dez anos depois, na enxurrada de livros sobre a guerra, nada tinha em comum com uma experiência transmitida de boca em boca."

BENJAMIN, Walter. O narrador: considerações sobre a obra de Nikolai Leskov (1936). In: *Magia e técnica, arte e política*: ensaios sobre literatura e história da cultura. 8. ed. São Paulo: Brasiliense, 2012. p. 214.

Uma guerra como nunca antes se tinha visto

Quando passamos por algo que marca as nossas vidas, uma viagem, por exemplo, as pessoas nos pedem para contar alguns fatos dessa experiência, esperando com isso terem uma ideia daquilo que vivemos. Em geral, também gostamos de relatar essa experiência e de sentir o interesse das pessoas em conhecê-la. Mas, pelo jeito, não foi isso que aconteceu com os soldados que lutaram na Primeira Guerra Mundial. Segundo as palavras do filósofo alemão Walter Benjamin, eles retornaram dos campos de batalha "mais pobres em experiência comunicável".

As lembranças de uma guerra devem marcar a vida de qualquer soldado, não é mesmo? Mas, se é assim, por que os combatentes da Primeira Guerra voltaram para casa mais pobres em experiência comunicável? O que teria acontecido nas trincheiras?

• Pense sobre isso e exponha sua opinião para os colegas.

Tropas alemãs saindo de suas trincheiras e avançando em direção ao inimigo. França, 1916.

TEMA 1

A Primeira Guerra Mundial

Como a prosperidade europeia do início do século XX se transformou em um dos conflitos mais sangrentos da história da humanidade?

Tensões por trás do otimismo

Você já se imaginou vivendo em uma era de grande desenvolvimento econômico e tecnológico, que gerasse nas pessoas a sensação de que o progresso nunca teria fim? Foi esse o clima que tomou conta das burguesias europeias entre o final do século XIX e o início do XX.

O espírito de euforia que predominou na Europa durante o período que ficou conhecido como *Belle Époque* contrastou, no entanto, com o acirramento das tensões entre as potências europeias. Por que isso acontecia?

O rápido crescimento industrial da Alemanha após a formação do Estado nacional alemão, em 1871, ameaçava a supremacia econômica mundial da Grã-Bretanha e criava uma intensa **disputa imperialista** entre as nações. A França, terceira força nessa competição, nutria um sentimento de revanche por ter perdido as regiões da Alsácia-Lorena, ricas em ferro e carvão, para a Alemanha na Guerra Franco-Prussiana, em 1870. As disputas entre esses três países por territórios coloniais na África também geravam fortes tensões.

À medida que essas rivalidades se intensificaram, os países europeus aumentaram consideravelmente a sua produção de armamentos. Além disso, quase todas as nações do continente adotaram o serviço militar obrigatório, o que fez seus contingentes militares crescerem expressivamente. A Europa, portanto, passou a viver o que se convencionou chamar de **Paz Armada**.

Os nacionalismos e a política de alianças

Um fator também essencial para o acirramento das tensões na Europa foi o **nacionalismo**. Na Península Balcânica, o plano sérvio de criar a Grande Sérvia, reunindo os povos eslavos dos Bálcãs, voltava-se contra a dominação turca e austríaca na região. A Península Balcânica era ainda alvo do pan-eslavismo, movimento dirigido pela Rússia pregando a união dos eslavos da Europa Oriental sob a proteção do Estado russo. Havia também o pangermanismo, que pregava a reunião dos povos de origem germânica em um único Estado liderado pela Alemanha.

As rivalidades entre os países motivaram a criação de acordos econômicos, políticos e militares entre eles. Por meio desses acordos, dois blocos opostos foram criados: a **Tríplice Aliança**, formada pelo Império Alemão, pelo Império Austro-Húngaro e pelo Reino da Itália; e a **Tríplice Entente**, que reunia Rússia, França e Grã-Bretanha. Esse sistema de blocos, aliado a vários outros fatores, transformou o continente europeu em uma bomba-relógio prestes a explodir. A Paz Armada não tardaria a ser rompida.

Caricatura inglesa dos anos 1910 representando Grã-Bretanha, França, Rússia, Alemanha e Áustria-Hungria, principais potências europeias na época, tentando conter os conflitos na região dos Bálcãs, simbolizados pela panela borbulhante (onde se lê "problemas balcânicos").

A faísca no barril de pólvora

Com um cenário tão favorável à guerra se desenvolvendo na Europa, bastaria uma pequena faísca para que esse barril de pólvora explodisse. E essa faísca foi exatamente a crise nacionalista na região dos Bálcãs.

Até o início do século XIX, o Império Otomano dominava a maior parte da Península Balcânica. No entanto, as muitas nacionalidades reunidas no império passaram a lutar por sua independência, estimuladas principalmente pela Rússia e pela Áustria-Hungria, que tinham muitos interesses na região.

Em 1878, depois de várias rebeliões e de um confronto militar entre Rússia e Turquia, foi assinado o **Tratado de Berlim**, que estabelecia a independência da Sérvia, de Montenegro e da Romênia, e determinava que a Bósnia-Herzegovina passaria a ser administrada pelo Império Austro-Húngaro, apesar de continuar pertencendo ao Império Otomano.

A Sérvia, que buscava a união de todos os povos eslavos dos Bálcãs, ambicionava incorporar a Bósnia-Herzegovina ao seu território. No entanto, a Áustria-Hungria anexou a região em 1908, contrariando os interesses nacionalistas da Sérvia.

A tensão nos Bálcãs chegou ao auge em 28 de junho de 1914. Nesse dia, o arquiduque Francisco Ferdinando, herdeiro do trono do Império Austro-Húngaro, foi assassinado em Sarajevo, capital da Bósnia, por Gavrilo Princip, militante da organização secreta Mão Negra, que lutava pela causa bósnio-sérvia. Com o atentado, o grupo visava deflagrar uma revolta interna contra a dominação da Bósnia pela Áustria-Hungria.

A Áustria, em protesto, enviou um ultimato à Sérvia com uma lista de exigências, que não foram acatadas integralmente. A Áustria revidou declarando guerra à Sérvia. A Alemanha, líder da Tríplice Aliança, declarou seu apoio à Áustria, enquanto a Rússia, que integrava a Tríplice Entente, declarou seu apoio à Sérvia.

Aos poucos, vários outros países entraram na guerra, aderindo a um ou a outro bloco. Dessa maneira, o sistema de alianças transformou um conflito regional em uma guerra de efeito global. O entusiasmo nacionalista tomou conta de boa parte da população dos países em guerra.

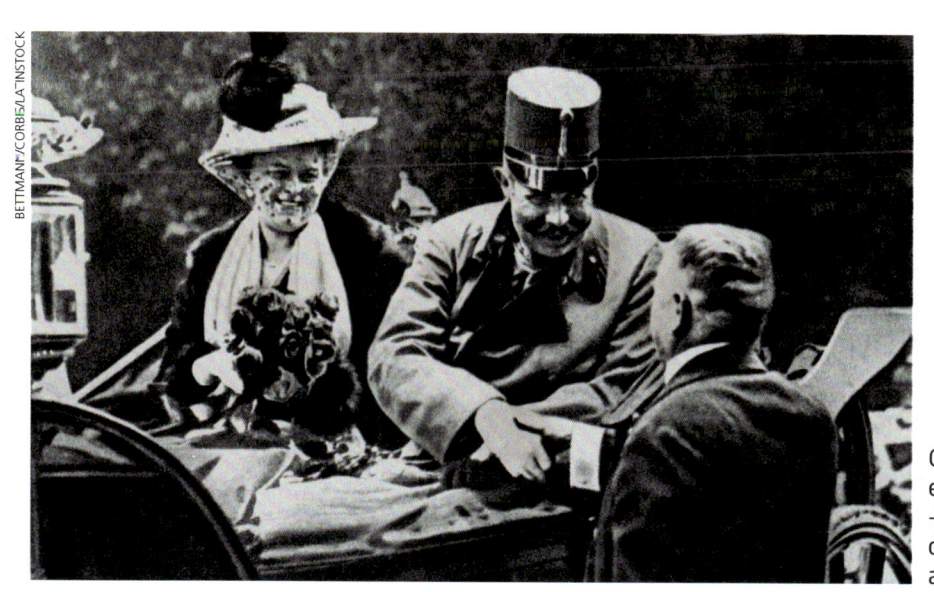

GLOSSÁRIO

Eslavo: grupo linguístico e étnico de que fazem parte diversos povos da Península Balcânica e da Europa Oriental, entre eles os russos, os polacos, os tchecos, os sérvios, os croatas e os ucranianos.

Audiovisual

A Primeira Guerra Mundial

O arquiduque Francisco Ferdinando e sua esposa deixam a prefeitura da Bósnia-Herzegovina, em Sarajevo, momentos antes do atentado que vitimou o herdeiro do trono austro-húngaro, em 28 de junho de 1914.

Pôster de 1914, de autoria de Alfred Leete, utilizado em campanha do exército britânico de recrutamento durante a Primeira Guerra. Biblioteca do Congresso, Washington. Nele vemos o Secretário de Estado da Guerra, Lord Kitchener, e a frase: "Seu país precisa de você".

O conflito

A Alemanha começou a guerra colocando em prática o Plano Schlieffen, que consistia em dominar a França o mais rápido possível, invadindo o país vizinho através da Bélgica, da Holanda e de Luxemburgo, desviando o ataque da fronteira germano-francesa e dificultando a ação das forças de defesa. No entanto, a resistência das tropas belgas retardou o avanço alemão, permitindo que a defensiva francesa se reorganizasse.

A partir desse momento, o modo como os combates se desenvolveram ficou conhecido por **guerra de trincheiras**. As trincheiras eram redes de valas cavadas no solo onde os soldados se escondiam aguardando o melhor momento para o ataque. Chegada a hora, os soldados escoravam-se nos parapeitos das barricadas de sacos de areia para atacar a trincheira inimiga. De ambos os lados, muitos eram atingidos fatalmente. Quando parecia que o inimigo tinha sido derrotado, novas levas de homens saíam da trincheira, atirando por cima do parapeito, geralmente protegido por rolos e teias de arame farpado. Os combates realizados em território francês, belga e suíço representavam a **Frente Ocidental** da guerra. Os poucos avanços ou recuos das partes envolvidas deram um caráter estático à guerra, o que marcou a primeira fase do conflito.

Na impossibilidade de vencer o inimigo por terra, foi no mar que a tecnologia bélica decidiu os rumos da guerra. Submarinos e navios alemães e ingleses buscavam afundar a carga de suprimentos destinados às populações civis para impedir que o inimigo se abastecesse.

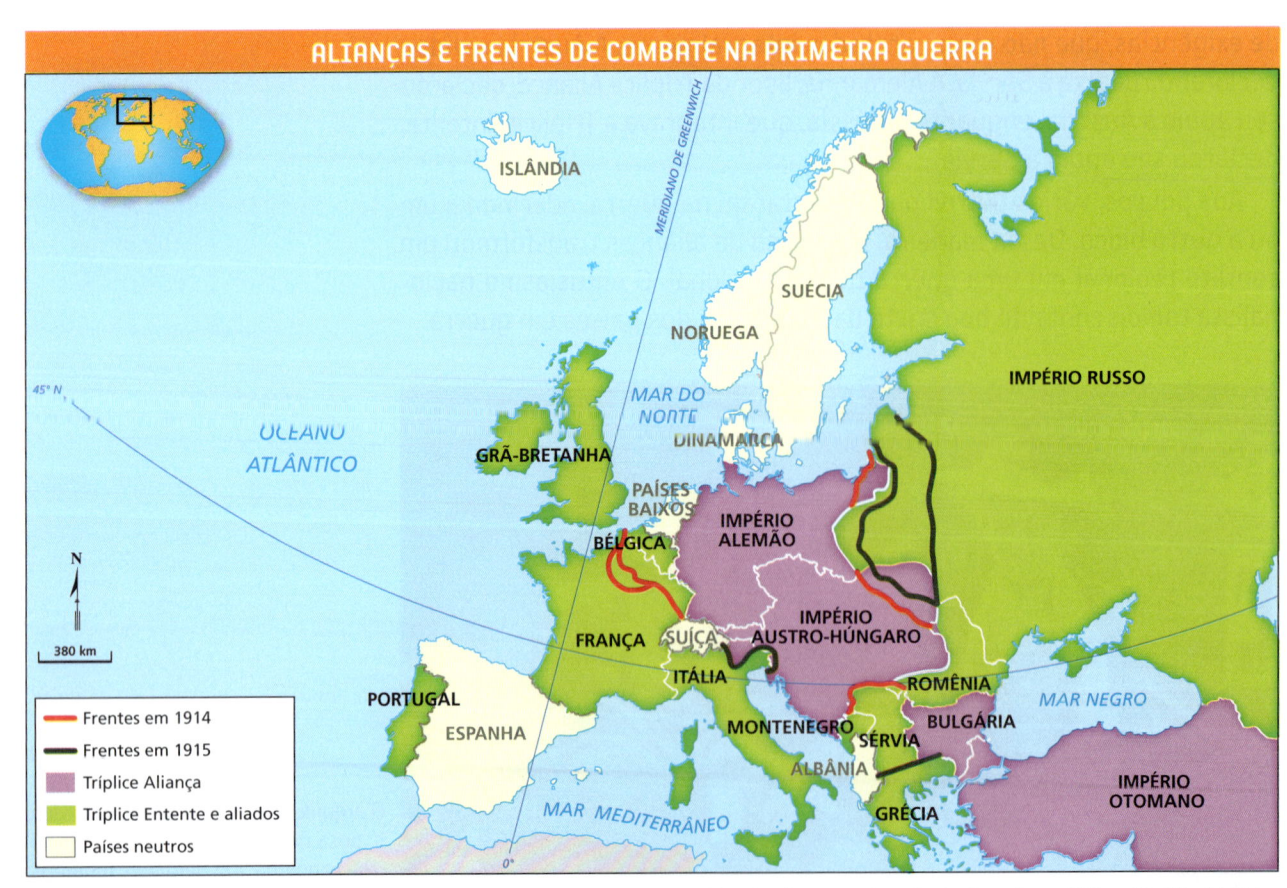

ALIANÇAS E FRENTES DE COMBATE NA PRIMEIRA GUERRA

- Frentes em 1914
- Frentes em 1915
- Tríplice Aliança
- Tríplice Entente e aliados
- Países neutros

Fontes: CHALIAND, Gérard. *Atlas strategique*. Paris: Complexe, 1988. p. 34; *Atlas histórico*. Encyclopaedia Britannica do Brasil. Barcelona: Marin, 1997. p. 178.

DE OLHO NO TEXTO

A vida no campo de batalha

Os depoimentos a seguir, escritos por soldados que lutaram na Primeira Guerra Mundial, nos permitem imaginar como eram as condições de vida dos soldados nas frentes de batalha.

Depoimento 1

"O campo de batalha é terrível. Há um cheiro azedo, pesado e penetrante de cadáveres. Homens que foram mortos no último outubro estão meio afundados no pântano e nos campos de nabo em crescimento. As pernas de um soldado inglês, ainda envoltas em polainas, irrompem de uma trincheira, o corpo está empilhado com outros; um soldado apoia seu rifle sobre eles. Um pequeno veio de água corre através da trincheira, e todo mundo usa a água para beber e se lavar; é a única água disponível. Ninguém se importa com o inglês pálido que apodrece alguns passos adiante. No cemitério de Langermak, os restos de uma matança foram empilhados e os mortos ficaram acima do nível do chão. As bombas alemãs, caindo sobre o cemitério, provocam uma horrível ressurreição. Num determinado momento, eu vi 22 cavalos mortos, ainda com os arreios. Gado e porcos jaziam em cima, meio apodrecidos. Avenidas rasgadas no solo, inúmeras crateras nas estradas e nos campos."

BINDING, Rudolf. Um fatalista na guerra. In: MARQUES, Ademar Martins e outros. *História contemporânea através de textos.* 11. ed. São Paulo: Contexto, 2008. p. 119.

Depoimento 2

"Os ratos me interrompiam. Eles eram gordos, cinzentos e atrevidos. Um deles apareceu às 3 horas da manhã, ficou olhando para mim e guinchando. Quando já não antevia nenhuma possibilidade de ir me deitar, fiquei tão enfurecido que o ataquei com uma vara, com o que espirrei tanta lama na minha cara que, depois, tive de passar uma hora a tirar uma enorme quantidade que me atingira o olho. Errei a pontaria e fiquei a imaginar o rato com uma das patas sobre o nariz a gozar com a minha cara."

Depoimento do capitão T. P. C. Wilson, 1916. In: *História do século XX: 1914-1919.* São Paulo: Abril Cultural, 1968. p. 796.

Soldados alemães em trincheira durante a Primeira Guerra Mundial (1914-1918). Foto de outubro de 1916.

Questões

IDENTIFICAR

1. Identifique os autores dos textos e faça uma síntese das situações relatadas por eles.

2. Compare os dois relatos: que impressões cada um deles provoca no leitor? Eles apresentam pontos em comum?

3. Durante o confronto, qual era o valor da vida humana? Aponte trechos dos depoimentos que justifiquem sua resposta.

CONCLUIR

4. Que consequências, na sua opinião, experiências como as que foram relatadas acima podem ter trazido para os combatentes que sobreviveram ao conflito?

5. Imagine que você e seu colega sejam alemães. O ano é 1915, e vocês decidiram ingressar em uma campanha da juventude pacifista denunciando a guerra e os interesses imperialistas que estão por trás do conflito. Escrevam um manifesto em defesa da paz. Exponham os manifestos produzidos no mural da classe.

TEMA 2

A guerra a caminho do fim

Por que as condições impostas para a paz na Europa representaram o primeiro passo para uma nova guerra?

A Rússia deixa a guerra

Enquanto a guerra estagnava na Frente Ocidental, outros combates ocorriam na **Frente Oriental**. No leste, as tropas alemãs impunham pesadas derrotas às tropas russas que, apesar de numerosas, eram compostas em sua maioria por camponeses mal treinados e mal equipados.

Em novembro de 1917, uma revolução na Rússia levou ao poder um governo socialista que, atendendo ao apelo popular, retirou o país da guerra e, em março do ano seguinte, assinou a paz com a Alemanha. A saída da Rússia possibilitou à Alemanha concentrar suas tropas na Frente Ocidental. Dessa forma, os alemães planejavam derrotar definitivamente os franceses e os britânicos na Frente Ocidental.

A entrada dos Estados Unidos e o fim da guerra

No início do conflito, os Estados Unidos adotaram uma posição de neutralidade, embora fornecessem dinheiro, armas e artigos manufaturados aos membros da Entente. Os norte-americanos temiam o acelerado crescimento industrial alemão, sendo mais interessante para eles a vitória da Grã-Bretanha.

Em abril de 1917, submarinos alemães atacaram navios norte-americanos que transportavam suprimentos aos países da Entente, o que fez com que os Estados Unidos declarassem guerra à Alemanha. Com cerca de 1,5 milhão de soldados, o exército norte-americano contribuiu para o desequilíbrio de forças a favor da Entente.

Após uma série de vitórias, os exércitos da Entente obrigaram o exército alemão a recuar. Em 9 de novembro de 1918, o imperador Guilherme II abdicou do trono alemão. Dois dias depois, uma delegação enviada a Paris pelo novo governo alemão assinou a rendição da Alemanha.

À esquerda, cartaz norte-americano, de autoria de James Flagg, convocando homens para o exército, 1917. Biblioteca do Congresso, Washington. Nele vemos Tio Sam, personificação nacional dos Estados Unidos, com a frase: "Eu quero você para o exército dos Estados Unidos". Ao lado, propaganda norte-americana celebrando a entrada dos Estados Unidos na Primeira Guerra, em 1917. Nela é possível ler: "A primeira carta dele ao papai".

Comparando os cartazes ao lado com o reproduzido na página 80, que semelhanças e diferenças você consegue apontar?

A paz dos vencedores

Em janeiro de 1919, iniciou-se a **Conferência de Paris**, com o objetivo de negociar as bases dos acordos de paz. Apesar de contar com a participação de representantes de vários países, as principais decisões foram centralizadas pelos estadistas da Grã-Bretanha, da França e dos Estados Unidos, os três grandes líderes da Entente.

Com o intuito de evitar novos conflitos, o presidente dos Estados Unidos, Woodrow Wilson, procurou estabelecer princípios para equilibrar as relações entre os países. Entre esses princípios, Wilson propôs a formação da **Sociedade** ou **Liga das Nações**, organismo que estaria encarregado de zelar pela paz mundial.

Wilson também defendia que a diplomacia internacional funcionasse de forma transparente e não mais por meio de acordos secretos. Para evitar revanchismos, previa, ainda, uma paz que preservasse os territórios dos países derrotados e os desobrigasse de pagar indenizações de guerra. "Uma paz sem anexações nem indenizações", esse era o lema dos 14 princípios propostos pelo presidente Wilson.

A Liga das Nações foi criada, e a conferência estabeleceu, também, que os tratados seriam negociados em separado com cada um dos países vencidos. No entanto, franceses e britânicos não aceitaram a proposta dos Estados Unidos de preservar os países perdedores.

Com o desmantelamento dos impérios Otomano e Austro-Húngaro, todo o ônus da guerra recaiu sobre a Alemanha. Ela não teve escolha senão aceitar as determinações do **Tratado de Versalhes**, assinado em junho de 1919. O tratado a obrigava a devolver as ricas regiões mineradoras da Alsácia-Lorena para a França, a pagar uma pesada indenização aos vencedores e a ceder seus territórios coloniais.

PERDAS HUMANAS NA PRIMEIRA GUERRA MUNDIAL

Alemanha	1.808.500
Rússia	1.700.000
França	1.385.000
Áustria-Hungria	1.200.000
Grã-Bretanha	947.000
Itália	460.000
Sérvia	360.000
Turquia	325.000
Romênia	250.000
Estados Unidos	115.000

Fonte: HILGEMANN, Werner; KINDER, Hermann. *Atlas historique*. Paris: Perrin, 1992. p. 402.

GLOSSÁRIO

Ônus: obrigação desagradável.

População de Lille, na França, festeja a libertação da cidade pelos soldados britânicos em 1918.

As mulheres na guerra

A falta de mão de obra masculina, grande parte dela mobilizada para lutar nos conflitos, levou muitas mulheres a buscar emprego, principalmente em atividades impulsionadas pela guerra, como a indústria bélica, as metalúrgicas e as atividades agrícolas. Além disso, muitas mulheres atuavam nos conflitos como cozinheiras, escriturárias e enfermeiras.

Operárias da indústria naval britânica durante a Primeira Guerra Mundial. Grã-Bretanha, 1916.

O mundo após a guerra

Além das terríveis perdas humanas e dos danos ambientais e materiais, a Primeira Guerra Mundial causou grandes mudanças em todo o mundo.

- Os países europeus passaram de credores a devedores, assumindo uma dívida de cerca de 10 bilhões de dólares com os Estados Unidos, que se tornaram, assim, a principal potência mundial, lugar ocupado até então pela Grã-Bretanha.
- Uma verdadeira onda de greves operárias varreu a Europa motivadas por um grande descontentamento social.
- A escassez de mão de obra masculina, massivamente recrutada para a guerra, permitiu que um grande número de mulheres ingressasse no mercado de trabalho (veja o boxe ao lado).
- A atuação feminina no esforço de guerra ajudou a fortalecer movimentos pela emancipação feminina, como ocorreu na Grã-Bretanha, em 1918, e que regulamentou o direito de voto para as mulheres maiores de 30 anos.
- Formaram-se governos autoritários na Europa, fortemente militarizados e caracterizados por um nacionalismo extremo.
- Com o fim dos impérios Alemão, Austro-Húngaro e Turco-Otomano, surgiram novos países na Europa: Áustria, Hungria, Tchecoslováquia e Reino dos Sérvios, Croatas e Eslovenos (Iugoslávia). Com o fim do Império Russo, formaram-se, além da Rússia soviética, Finlândia, Estônia, Letônia, Lituânia e Polônia (veja o mapa abaixo).

A economia norte-americana conheceu uma fase de prosperidade e esperança. No entanto, o entusiasmo não duraria muito: uma crise econômica arrasadora abalaria o país no final da década de 1920 e repercutiria em quase todo o mundo. A humilhação dos alemães alimentou o sentimento de revanche e o nacionalismo de seu povo, que levariam, vinte anos depois, a um novo conflito mundial.

A EUROPA APÓS A PRIMEIRA GUERRA

Fonte: CHALIAND, Gérard; RAGEAU, Jean-Pierre. *Atlas politique du XXᵉ siècle*. Paris: Seuil, 1988. p. 52.

Tecnologia da destruição

Durante a Primeira Guerra Mundial, inovações científicas e tecnológicas que marcaram a Segunda Revolução Industrial, como a invenção do motor a combustão, do avião, os novos métodos de fabricação do aço e os avanços na indústria química, foram utilizadas sistematicamente para fins bélicos.

Um dos exemplos mais terríveis da utilização da tecnologia a serviço da morte foi o uso de armas químicas contra tropas inimigas e até mesmo contra civis. As primeiras experiências com essas armas aconteceram em 1915, quando os alemães lançaram gás cloro contra um regimento franco-argelino. Em 1916, uma substância altamente letal, o gás mostarda, passou a ser utilizada na guerra. Ele atacava as vias respiratórias, provocava queimaduras e erupções na pele e causou muitas baixas durante a Primeira Guerra Mundial.

Outra tecnologia utilizada para atingir a população civil foi a aviação. Inicialmente, bombas eram lançadas por dirigíveis alemães em ataques-surpresa sobre cidades como Londres e Paris. Devido à lentidão dos dirigíveis, no entanto, eles foram abandonados e substituídos pelos aviões, mais rápidos e eficientes, tanto no combate aéreo quanto no lançamento de bombas. Além disso, toda uma nova geração de armas de artilharia – canhões, morteiros, metralhadoras e outros lançadores de projéteis – foi desenvolvida para ser usada na guerra de trincheiras.

Na guerra, o uso de tecnologia avançada também chegou aos mares. O submarino, uma embarcação que submerge e opera sob a água, foi utilizado pela primeira vez durante a Primeira Guerra. Navegando sem ser notado, era usado para atacar navios inimigos, principalmente os que transportavam suprimentos para os soldados no *front*. A Alemanha, país mais avançado nessa tecnologia, realizou vários ataques com seus submarinos.

> **Pense e responda**
>
> - Discuta com seus colegas se é correto aplicar inovações científicas e tecnológicas, muitas vezes desenvolvidas com recursos públicos, no desenvolvimento de armas.

Máscara antigases (1), um rifle (2), um avião Fokker (3), um tanque de guerra (4) e um obuseiro (5), armas utilizadas na Primeira Guerra Mundial.

TEMA 3

O colapso da Rússia czarista

Quais condições explicam a queda do czarismo na Rússia na Revolução de Fevereiro de 1917?

O país mais extenso do mundo

O que você sabe sobre a Rússia? Você já visitou esse país ou conhece alguém que tenha visitado? Várias informações podem nos vir à mente ao falar sobre o país que possui a área mais extensa do planeta. Com mais de 17 milhões de quilômetros quadrados e habitado por pouco mais de 140 milhões de pessoas, o país faz fronteira com 16 países e tem nove fusos horários diferentes.

Um dos aspectos mais importantes da Rússia atual é, sem dúvida, a sua importância econômica e geopolítica. Membro permanente do Conselho de Segurança das Nações Unidas, o país é o maior produtor de petróleo do mundo, além de possuir um dos maiores orçamentos militares do planeta.

Nos esportes, o país sediou os Jogos Olímpicos de Moscou, em 1980, e os Jogos Olímpicos de Inverno em Sóchi, em 2014. A Rússia ainda será a sede da próxima Copa do Mundo de Futebol, em 2018.

O quadro atual da Rússia nem de perto lembra o seu passado. Até o início do século XX, o país tinha a maioria de sua população vivendo no campo, em condições análogas às do feudalismo, ao mesmo tempo que passava por um acelerado processo de industrialização e urbanização. Nesse cenário contraditório eclodiu uma das revoluções mais importantes da história.

Pense e responda

- Se você observar com atenção a divisão política da Rússia atual, irá perceber que o país é composto de diversas províncias e repúblicas autônomas. No território, além do russo, a língua oficial e a mais falada no país, cerca de cem outros idiomas são falados pela população. O que esses dados indicam a respeito desse país?

Dialogando com Geografia

Em março de 2014, um referendo popular devolveu a República Autônoma da Crimeia à Rússia. O resultado, no entanto, ainda não tinha sido reconhecido pela comunidade internacional.

Fonte: FERREIRA, Graça Maria Lemos. *Atlas geográfico:* espaço mundial. São Paulo: Moderna, 2010. p. 89-97.

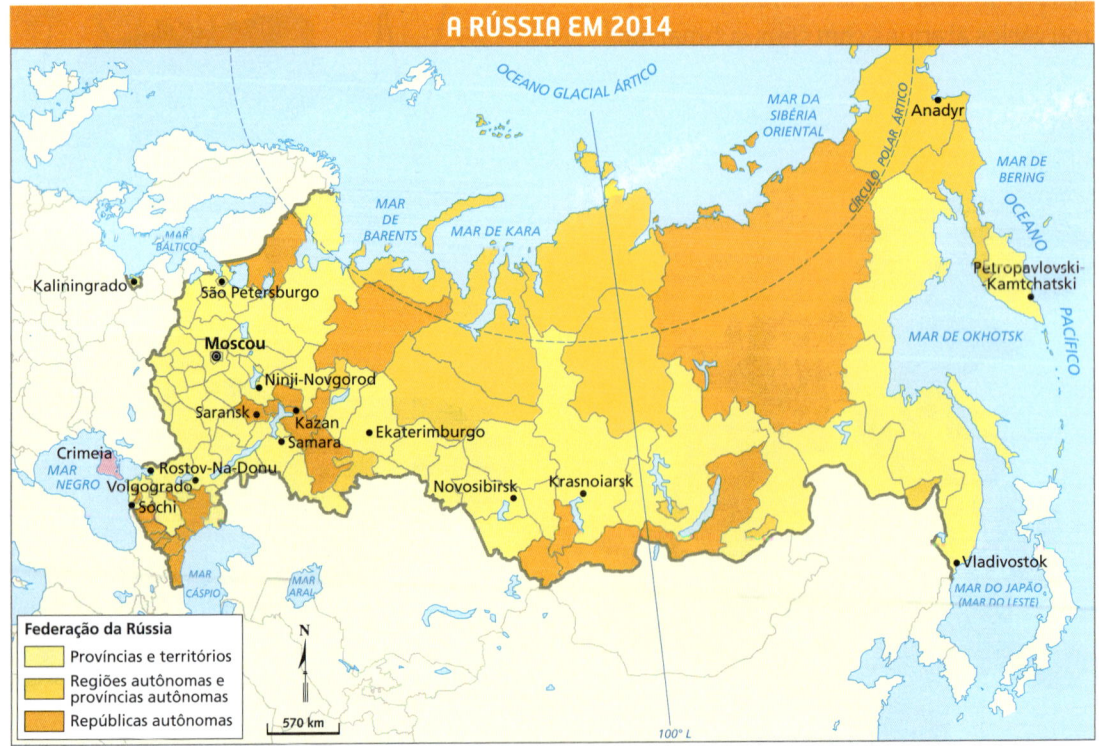

Um país de contrastes

Do século XVI a 1917, a Rússia foi uma monarquia absolutista governada por um czar, a autoridade mais importante do império. O monarca russo tinha em suas mãos todos os poderes e o apoio da Igreja Ortodoxa Russa e da nobreza proprietária de terras.

A partir da metade do século XIX, o czar Alexandre II, com a ajuda de empréstimos externos, iniciou um programa de reformas liberais com o intuito de transformar a Rússia numa nação moderna e industrial. Ele aboliu a servidão, distribuiu terras aos camponeses, incentivou as atividades industriais e a fundação de bancos, melhorou o ensino e reorganizou o exército.

As reformas iniciadas por Alexandre II transformaram a Rússia num país de grandes contrastes. De um lado a sociedade russa possuía características que lembravam o feudalismo, com cerca de 80% da sua população vivendo no campo em condições miseráveis. De outro, reformas modernizantes, impulsionadas pelo Estado czarista, permitiram que o processo de industrialização avançasse no país, com a construção de ferrovias, a instalação de indústrias siderúrgicas, o crescimento acelerado da indústria têxtil e o incremento da produção de ferro, carvão e petróleo.

O afluxo de capitais franceses, ingleses e belgas permitiu a abertura de grandes empresas, transformando Moscou e São Petersburgo nas cidades mais industrializadas da Rússia, além de Varsóvia, na Rússia polonesa. Entretanto, as outras cidades russas eram ilhas no interior de zonas rurais. Nessas cidades, misturavam-se antigas relações de trabalho com práticas capitalistas de produção.

Esmolas, c. 1870-1875. Museu Estatal de História, Moscou. A foto evidencia a condição social contrastante da população russa no período czarista.

> "[...] boa parte das cidades russas era ainda cercada pela economia e cultura agrárias, ou ainda impregnada por hábitos e costumes camponeses. A própria cidade de Moscou, a segunda maior do país, continuava imersa numa atmosfera camponesa, o casario de madeira, a presença dos mujiks no próprio interior da classe trabalhadora, voltando maciçamente aos campos na época das colheitas e das semeaduras."
>
> REIS FILHO, Daniel Aarão. *As revoluções russas e o socialismo soviético*. São Paulo: Editora Unesp, 2003. (Coleção Revoluções do século XX)

Nas fábricas, os operários eram submetidos a condições insalubres: jornadas de trabalho de 12 a 16 horas por dia, baixos salários e riscos de acidente. Além disso, não havia legislação trabalhista, direito de greve ou de organização sindical.

A extrema exploração do trabalhador industrial propiciou a organização de greves e sindicatos, e a difusão das ideias socialistas de Karl Marx e Friedrich Engels no país (leia o boxe ao lado).

O socialismo científico

O alemão Karl Marx (1818-1883) foi um dos mais importantes pensadores do século XIX. Com outro alemão, Friedrich Engels (1820-1895), escreveu o *Manifesto comunista* (1848). A obra é considerada fundadora do socialismo científico, uma teoria que parte da concepção de que os fenômenos históricos podem ser analisados e até mesmo previstos, ainda que parcialmente, com base no conhecimento das leis que governam o funcionamento da história. Por essas mesmas leis, seria possível deduzir que o capitalismo viveria sucessivas crises até ser derrubado pela luta do proletariado, organizado em um partido político que implantaria o socialismo.

GLOSSÁRIO

Mujik: maneira pela qual eram conhecidos os camponeses russos no período anterior à revolução.

Charge publicada na revista alemã *O verdadeiro Jacob*, de 1905, que mostra o czar Nicolau II tendo uma visão em frente ao espelho.

O chargista retratou, por meio da visão de Nicolau II, um acontecimento histórico muito importante. Você sabe dizer que acontecimento é esse? Explique.

O Domingo Sangrento e a Revolução de 1905

A política expansionista do czar Nicolau II, neto de Alexandre II, levou a Rússia à guerra contra o Japão pelo controle da Manchúria, no nordeste da China, em 1904. Com a derrota do exército russo, as tensões sociais aumentaram no país.

Em janeiro de 1905, operários em greve e suas famílias dirigiram-se ao palácio do czar, em São Petersburgo, com um abaixo-assinado reivindicando direito de greve, melhores condições de vida e a convocação de uma Assembleia Constituinte. A manifestação foi fortemente reprimida pela guarda imperial, resultando na morte de centenas de manifestantes. Esse dia ficou conhecido como **Domingo Sangrento**.

O acontecimento gerou uma onda de protestos e greves por toda a Rússia e impulsionou a formação dos **sovietes**, conselhos de representantes eleitos pelos operários, camponeses e soldados, que teriam um papel fundamental na história posterior da Rússia.

Bolcheviques e mencheviques

A oposição ao regime czarista tinha fortes laços com os setores rurais. Muitos dos opositores acreditavam que apenas os camponeses, com o apoio de outros setores sociais, poderiam derrubar o regime. Contudo, influenciado por correntes políticas europeias, o movimento socialista russo voltou sua atenção ao operariado. O resultado foi a criação, em 1898, do **Partido Operário Social-Democrata Russo**.

Entretanto, a divergência de ideias entre seus integrantes levou o partido a se dividir em dois grupos. Inspirados nas ideias de Marx, os **bolcheviques** (que significa "representantes da maioria") acreditavam na aliança entre os camponeses e o operariado para derrubar o czarismo e implantar o socialismo. Os **mencheviques** (que significa "representantes da minoria"), também marxistas, buscavam uma passagem gradual para o socialismo por meio de uma aliança dos operários e camponeses com a burguesia.

O rompimento entre os dois grupos ocorreu em 1912. Os bolcheviques formaram um novo partido e passaram a defender abertamente a queda do czarismo por meio de uma revolução proletária.

Morte na neve, pintura de Vladimir Egorovic Makovsky, 1905. Museu da Revolução, Moscou. A pintura representa o momento em que os manifestantes são reprimidos, a mando do czar, em frente ao Palácio Imperial, episódio que ficou conhecido como Domingo Sangrento.

A Rússia na Primeira Guerra Mundial

O principal objetivo de Nicolau II ao lançar a Rússia na Primeira Grande Guerra era dominar o acesso do Mar Negro ao Mar Mediterrâneo e afastar a influência do Império Austro-Húngaro na Península Balcânica.

No entanto, a Rússia estava despreparada para enfrentar o exército alemão: muitos soldados russos eram camponeses e combatiam o inimigo com armas tecnologicamente inferiores, além de a produção industrial e o sistema de transportes do país não atenderem às necessidades colocadas pela guerra.

Para a Rússia, a guerra trouxe consequências sérias: crescimento das rebeliões populares e das greves operárias, inflação desenfreada e redução da produção agrícola, situação que gerou revoltas de soldados que combatiam nas frentes de batalha e fome em todo o país.

> **Sugestão**
>
> **Filme:** *Reds*
> Direção: Warren Beatty
> País: Estados Unidos
> Ano: 1981
> Duração: 194 min

A Revolução de Fevereiro

Em fevereiro de 1917, rebeliões populares, greves gerais, revoltas armadas de soldados contra seus comandantes, uma grave crise de abastecimento e a atuação de sovietes no campo e na cidade criaram uma situação revolucionária na Rússia.

A grande liderança surgida nesse processo foi o soviete da cidade de Petrogrado, controlado pelos mencheviques e socialistas revolucionários. O soviete pressionou a **Duma** (Parlamento russo) para nomear um novo governo em torno de um programa liberal. Diante dos acontecimentos, o czar foi obrigado a abdicar.

A monarquia czarista foi substituída por uma república liberal, dirigida pelo socialista-revolucionário Alexander Kerensky. Porém, a decisão do novo governo em manter a Rússia na Primeira Guerra gerou violenta oposição, liderada pelos bolcheviques. A crise na república recém-instituída desencadearia um novo processo revolucionário.

> **GLOSSÁRIO**
>
> **Petrogrado:** nome que a cidade de São Petersburgo recebeu em 1914. Com a morte de Lênin, em 1924, a cidade passou a se chamar Leningrado. Após o fim da União Soviética, em 1991, a cidade voltou a se chamar São Petersburgo.

Tropas russas com suas baionetas marcham para a guerra. Frente Oriental, abril de 1917.

TEMA 4

A Rússia socialista

O que mudou na Rússia depois da Revolução Bolchevique de 1917? Quais foram as características da ditadura stalinista na União Soviética?

O calendário russo

Antes da revolução, a Rússia adotava o calendário juliano, que tinha uma diferença de cerca de quinze dias em relação ao calendário do Ocidente. O calendário ocidental (gregoriano) só foi implantado na Rússia depois de 1917, por decisão do governo bolchevique. No calendário juliano, a revolução aconteceu em outubro; no gregoriano, em novembro.

A Revolução de Outubro

A direção política da Revolução de Fevereiro coube aos socialistas-revolucionários e aos mencheviques, em aliança com setores liberais da Rússia. Na ocasião, a maior parte da liderança bolchevique estava exilada (Vladimir Lênin) ou presa na Sibéria. Leon Trotsky, líder do soviete de São Petersburgo (Petrogrado) na revolução de 1905, estava no exílio desde então, após ser preso e enviado para a Sibéria, de onde conseguiu fugir. No exílio, Trotsky acompanhou os acontecimentos da Revolução de Fevereiro e aderiu ao programa bolchevique defendido por Lênin.

Ao retornar do exílio, em abril de 1917, Lênin escreveu as *Teses de abril*, chamando os bolcheviques a derrubar a república parlamentar burguesa de Kerensky e a entregar o poder aos sovietes. As teses de Lênin foram aprovadas pelo Partido Bolchevique. Em outubro de 1917 (novembro no calendário ocidental), os bolcheviques tomaram o Palácio de Inverno, depuseram o governo de Kerensky e convocaram o II Congresso dos Sovietes. Sob a liderança de Vladimir Lênin, os sovietes assumiram o poder.

Atendendo ao apelo popular, o novo governo retirou a Rússia da guerra ainda em 1917. Em março do ano seguinte, os bolcheviques assinaram com as Potências Centrais o **Tratado de Brest-Litovsk**, que retirava o país oficialmente da guerra. O custo foi alto: a Rússia perdeu a Polônia, a Finlândia, a Bessarábia (território dividido entre as atuais Moldávia e Ucrânia) e os territórios bálticos (Letônia, Estônia e Lituânia).

Além dessa medida, o novo governo estatizou bancos, estradas de ferro e indústrias, e confiscou as terras da nobreza e da Igreja, que foram distribuídas entre os camponeses. As medidas revolucionárias do novo governo expropriaram a burguesia, a nobreza e membros da Igreja, atingindo também empresas estrangeiras com investimentos no país. A reação desses setores ao programa revolucionário bolchevique levou o país à guerra civil.

Manifestação de mulheres durante os acontecimentos que marcaram a Revolução Russa de 1917. No cartaz, está escrito: "Exigimos o aumento da ração para as famílias dos soldados".

A guerra civil e o comunismo de guerra

A guerra civil entre os bolcheviques e seus inimigos internos e externos começou em 1918. Do lado dos contrarrevolucionários formou-se o **Exército Branco**, reunindo oficiais czaristas, aristocratas e burgueses, apoiado por uma aliança de catorze potências estrangeiras, principalmente Estados Unidos, Grã-Bretanha, França e Japão. Do lado bolchevique estava o **Exército Vermelho**, comandado por Leon Trotsky.

Diante da guerra civil e das dificuldades que ela gerava, Lênin estabeleceu o **comunismo de guerra**. O programa definiu o confisco das colheitas no campo para abastecer os soldados e a população urbana; a suspensão da liberdade de imprensa, de greve e de associação; os partidos menchevique e socialista revolucionário foram proibidos; e o czar e sua família, que estavam presos, foram executados.

A guerra terminou em 1921 com a vitória do Exército Vermelho e a sobrevivência do Estado socialista. A Rússia soviética, porém, estava em colapso. A produção agrícola e industrial havia diminuído, as principais cidades tinham se esvaziado, as minas estavam abandonadas, e os transportes, desmantelados. Estima-se que a fome que devastou o país no inverno de 1921-1922 tenha causado a morte de aproximadamente 5 milhões de pessoas.

Família em situação de miséria na região do Rio Volga, área afetada pela crise de abastecimento de 1921, no contexto da guerra civil (1918-1921). Rússia soviética, foto de c. 1921.

O programa de educação da Rússia bolchevique

A guerra civil não impediu o governo bolchevique de estabelecer uma política para combater o analfabetismo no país. Por essa razão, em 1918, a jornada de trabalho dos operários foi reduzida em 2 horas, sem redução de salário, para os que estudavam; clubes, fábricas e repartições públicas foram usados para o ensino.

Para Lênin, a política e a construção do socialismo não se separavam da escola, da instrução pública, do trabalho e do desenvolvimento da ciência. Foi com essa visão que sua companheira, a militante e pedagoga Nadejda Krupskaia, elaborou o primeiro programa de educação do Partido Comunista da Rússia, aprovado pelo congresso do partido em 1919. Veja algumas de suas determinações:

> "1. Instituir a instrução gratuita e obrigatória, geral e politécnica (ensino da teoria e da prática dos principais ramos da produção), para as crianças de ambos os sexos até os 16 anos.
>
> 2. Criar uma rede de instituições pré-escolares: creches, jardins de infância, abrigos para crianças que aperfeiçoem a educação social e facilitem a emancipação da mulher. [...]
>
> 6. Garantir a todos os alunos a alimentação, os uniformes e os materiais escolares às custas do Estado. [...]
>
> 11. Desenvolver ampla propaganda das ideias comunistas e utilizar o aparelho e os meios do Estado para este fim."

In: DIETRICH, Theo. *La pédagogie socialiste*. Paris: Maspero, 1973. Citado em OYAMA, Edison Riuitiro. A perspectiva da educação socialista em Lênin e Krupskaia. Núcleo Interdisciplinar de Estudos e Pesquisas sobre Marx e o Marxismo. Universidade Federal Fluminense (UFF), set./out./ 2013. Disponível em www.uff.br/niepmarxmarxismo/MM2013/Trabalhos/Amc692.pdf. Acesso em 28 maio 2014.

Pense e responda

- Como você avalia esses itens do programa educacional do governo bolchevique na Rússia? Quais aspectos você considera positivos? Quais você considera negativos? Discuta o assunto com os colegas.

GLOSSÁRIO

União Soviética: União das Repúblicas Socialistas Soviéticas (URSS), fundada em 1922 reunindo, além da Rússia, Ucrânia, Bielorrússia e Transcaucásia. Posteriormente, outras repúblicas foram incorporadas e a Transcaucásia foi desmembrada em três.

A Nova Política Econômica

Terminada a guerra civil, em 1921, era preciso adotar medidas urgentes para reconstruir a economia russa. Para isso, o X Congresso do Partido Comunista da Rússia aprovou, no mesmo ano, a **Nova Política Econômica**, conhecida como NEP. As medidas fundamentais da NEP foram a formação de cooperativas nacionais, a autorização para pequenas e médias empresas privadas funcionarem e a permissão para os camponeses venderem seus produtos no mercado livre. As grandes indústrias, as comunicações, o sistema financeiro e os transportes continuaram controlados pelo Estado.

A ideia da NEP era desenvolver aspectos capitalistas que evitassem a falência total da economia russa e salvassem o regime socialista recém-estabelecido. Conta-se que Lênin justificou esse momento de incentivo a práticas capitalistas dizendo que era preciso dar "um passo atrás para, depois, dar dois à frente". Assim, partiu-se do pressuposto de que era necessário estimular uma produção excedente no campo para abastecer as cidades e possibilitar o crescimento industrial da Rússia soviética. Toda a riqueza produzida deveria ser, posteriormente, socializada.

Contudo, as medidas estabelecidas pela NEP não foram suficientes para impulsionar a economia russa, que apenas em 1926 atingiu os níveis de produção do período anterior à guerra. O crescimento extraordinário da economia do país se deu a partir da década de 1930, impulsionado pelos chamados planos quinquenais. Naquela década, enquanto os países capitalistas sofriam os efeitos devastadores da crise de 1929, a Rússia, renomeada de União Soviética em 1922, apresentava taxas de crescimento nunca até então alcançadas pelas economias ocidentais.

Teste seu conhecimento

A ditadura stalinista

Com a morte de Lênin, em 1924, iniciou-se uma disputa pelo poder entre Leon Trotsky e Joseph Stalin. Trotsky propunha que a União Soviética promovesse a revolução socialista mundial. Stalin, então secretário-geral do Partido Comunista, defendia que era necessário primeiro consolidar a revolução no país. Stalin venceu a disputa com Trotsky, e passou a governar a União Soviética como um ditador.

A ditadura stalinista começou de fato em 1927, com a aprovação da proposta de Stalin de coletivização forçada da agricultura. O objetivo era obrigar a classe dos camponeses prósperos, conhecidos como *kulaks*, a aderir às fazendas coletivas. Como resistiram a entregar sua produção ao governo, os *kulaks* foram vítimas de violenta repressão. Presos, executados ou deportados para regiões distantes, a classe dos *kulaks* foi eliminada da União Soviética.

A repressão também se voltou contra os que denunciavam a burocracia stalinista. Entre 1936 e 1939, o governo montou processos judiciais para punir os supostos traidores da revolução, e o terror implantou-se no país. Pessoas acusadas ou suspeitas de traição eram levadas para campos de trabalho forçado criados pelo regime. O saldo final foram 5 milhões de presos e cerca de 500 mil executados. Toda a velha guarda bolchevique, que dirigiu a Revolução de 1917, acabou eliminada.

Pela felicidade nacional!, cartaz de 1950. Um exemplar da arte de agitação e propaganda soviética. Biblioteca Estatal da Rússia, Moscou.

Cidadãos russos se reúnem para acender velas na pedra Solovetsky em memória dos milhares de presos políticos executados durante o regime de Stalin. Essa pedra (monumento) foi retirada de um campo de concentração stalinista localizado nas ilhas Solovetsky, na Rússia. Moscou, 29 de outubro de 2009.

A arte na União Soviética

Para muitos socialistas, a transformação nas artes era parte do processo de transformação da sociedade e da criação de uma nova cultura revolucionária. Esse projeto animou muitos artistas de vanguarda na Rússia pré-revolucionária, e continuou incentivando depois da Revolução Socialista de 1917.

Nos primeiros anos que se seguiram à tomada do poder pelos bolcheviques, muitos artistas que defendiam a revolução socialista, como o cineasta Sergei Eisenstein e o poeta Vladimir Maiakovski, passaram a fazer obras que buscavam retratar a vida e as lutas dos trabalhadores e ao mesmo tempo criar novas formas de expressão, diferentes e mais radicais que as tradicionais.

A preocupação do governo revolucionário com o combate ao analfabetismo também se manifestou no campo da cultura e das artes. Para isso, no ano de 1918 foi criada a Oficina de Artes Visuais (IZO), uma seção do Narkompros, o departamento criado pelo governo bolchevique para cuidar da educação e da cultura da Rússia soviética. Em torno do Narkompros, reuniram-se nomes importantes da arte de vanguarda russa, como Maiakovski, os pintores Vladimir Tatlin, Pavel Filonov, Varvara Stepanova e Ivan Kliun, entre outros. Dirigido pelo escritor Anatoli Lunatcharski, o Narkompros organizou a Primeira Mostra Livre de Artistas de Todas as Tendências, realizada no Museu Hermitage, em Petrogrado (São Petersburgo), em 1919. A proposta era estimular a livre expressão artística e despertar nos trabalhadores o interesse pela arte.

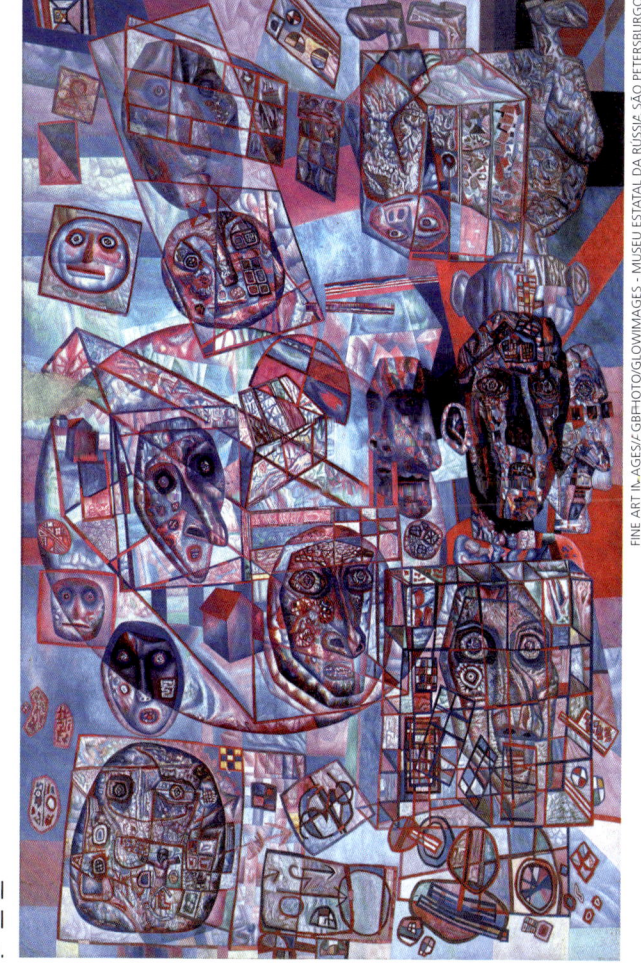

Animação

Brinquedos soviéticos (1924)

O homem no mundo, pintura de Pavel Nikolayevich Filonov, 1925. Museu Estatal da Rússia, São Petersburgo.

O realismo socialista

Com a chegada de Stalin ao poder, as manifestações das vanguardas soviéticas foram reprimidas e consideradas "burguesas" ou "decadentes". Sob o regime stalinista surgiu o **realismo socialista**: financiada e controlada pelo Estado, a arte deveria enaltecer a "pátria" soviética e representar apenas o mundo dos trabalhadores: soldados em guerra, operários e camponeses fortes e felizes, mineiros sujos de fuligem.

Com um conjunto de normas e procedimentos de produção artística previamente delimitados pelo Estado, o realismo socialista tornou-se a arte oficial da União Soviética, cumprindo um papel fundamental na preservação do regime stalinista.

No exílio, no México, o revolucionário Leon Trotsky acompanhava as notícias sobre os acontecimentos na União Soviética, principalmente a eliminação de toda a vanguarda da Revolução de Outubro e a política de estatização da arte soviética. Foi o interesse em discutir os caminhos da arte soviética e dos partidos comunistas dirigidos por Moscou que reuniu, no México, Trotsky, o escritor, poeta e dirigente do movimento surrealista, o francês André Breton, e o muralista mexicano Diego Rivera. O resultado do encontro foi a publicação, no dia 25 de julho de 1938, na Cidade do México, do *Manifesto por uma arte revolucionária independente*, assinado pelos dois artistas com a colaboração de Trotsky. Conheça aqui parte desse manifesto:

Operário e camponesa, escultura de Vera Mukhina, de 1937, localizada em Moscou. A exaltação da aliança entre operários e camponeses foi um dos temas da arte oficial soviética.

Dialogando com Arte

"Consideramos que a tarefa suprema da arte em nossa época é participar consciente e ativamente da preparação da revolução. No entanto, o artista só pode servir à luta emancipadora quando está compenetrado subjetivamente de seu conteúdo social e individual, quando faz passar por seus nervos o sentido e o drama dessa luta e quando procura livremente dar uma encarnação artística a seu mundo interior. [...]

Nenhuma autoridade, nenhum coração, nem o menor traço de comando! As diversas associações de cientistas e os grupos coletivos de artistas que trabalharão para resolver tarefas nunca antes tão grandiosas unicamente podem surgir e desenvolver um trabalho fecundo na base de uma livre amizade criadora, sem a menor coação externa. [...]"

André Breton e Diego Rivera, 25 de julho de 1938.
In: BRETON, André (1896-1966).
Por uma arte revolucionária independente.
São Paulo: Paz e Terra/Cemap, 1985. p. 43.

Da esquerda para a direita: Diego Rivera, Leon Trotsky e André Breton. Cidade do México, 1938.

REVISANDO

A PRIMEIRA GUERRA MUNDIAL

1. Vários fatores combinados conduziram as potências europeias à Primeira Guerra: o **nacionalismo**, as rivalidades e as **disputas imperialistas** entre as grandes potências, e os sistemas de alianças são alguns deles.

2. A fase mais prolongada da guerra (1915-1917) ficou conhecida como **guerra de trincheiras**, pois os soldados passavam a maior parte do tempo abrigados em valas cavadas no solo em condições extremamente insalubres.

3. O **Tratado de Versalhes**, assinado em 1919, impôs à Alemanha severas punições, alimentando o revanchismo nacional alemão.

4. **Inovações tecnológicas** do período, como o desenvolvimento de motores a combustão e os avanços da indústria química, foram utilizadas para incrementar a **indústria da guerra**.

A QUEDA DO CZARISMO NA RÚSSIA

1. As últimas décadas da **Rússia czarista** apresentavam muitas contradições: um **processo acelerado de industrialização** em um país predominantemente agrário, com condições de trabalho de extrema exploração, governado por uma **monarquia absolutista**.

2. **A Revolução de 1905**, violentamente reprimida pelas forças czaristas, deixou como legado principal a formação dos **sovietes**, conselhos de soldados, operários e camponeses.

3. Em fevereiro de 1917, uma série de greves e protestos populares culminou na **derrubada do czar** e no estabelecimento de uma república liberal.

A RÚSSIA SOCIALISTA

1. A **Revolução de Outubro**, dirigida pelos bolcheviques, derrubou o Governo Provisório de Kerensky e iniciou a **construção do socialismo** na Rússia.

2. Entre 1918 e 1921, uma **guerra civil** entre o Exército Branco e o Exército Vermelho desorganizou a economia soviética e causou a morte de milhões de pessoas. Os **bolcheviques** venceram, e o Estado socialista sobreviveu na Rússia.

3. Após a morte de Lênin, **Stalin** derrota a política defendida por Trotsky no interior do Partido Comunista da União Soviética, instaura um **regime ditatorial** baseado na repressão, na censura e na propaganda de exaltação do líder.

4. A arte na Rússia soviética teve dois momentos distintos: o primeiro, logo após a revolução, marcado pela efervescência dos **movimentos de vanguarda**; o segundo, após a ascensão de Stalin, dominado pelo **realismo socialista**, a arte oficial do Estado soviético.

PARA NAVEGAR

▶ **Kremlin de Moscou**

http://portuguese.ruvr.ru/kremlin_rus

A palavra *kremlin*, em russo, significa fortaleza. Em torno dessas construções fortificadas, presentes em várias cidades históricas russas, as cidades cresciam e se desenvolviam. A mais famosa dessas construções é o Kremlin de Moscou, local que serviu de residência para muitos czares e hoje abriga a sede do governo do país.

Ao navegar neste *site* é possível fazer uma visita virtual por algumas edificações e pela área externa do kremlin moscovita. No complexo há construções de diversos períodos da história russa, como o Palácio dos Terems, construído em 1635-1636 durante o governo do czar Miguel I, ou o Palácio Estatal do Kremlin, construído já na era soviética.

Site Rádio Voz da Rússia, que apresenta a visita virtual ao Kremlin de Moscou.

ATIVIDADES

ORGANIZAR O CONHECIMENTO

1. Complete o quadro comparativo da Revolução de Fevereiro e da Revolução de Outubro, ocorridas em 1917 na Rússia.

	Revolução de Fevereiro	Revolução de Outubro
Liderança		
Principais fatores		
Regime político que implantou		
Outros resultados		

2. Estabeleça relações entre o imperialismo e a eclosão da Primeira Guerra Mundial.

3. Explique qual foi o papel dos Estados Unidos na Primeira Guerra e os resultados, para o país, de sua participação no conflito.

4. O que foi o Tratado de Versalhes? Quais as consequências desse tratado para a Alemanha?

5. Comente as mudanças ocorridas no mapa da Europa após a Primeira Guerra Mundial.

6. As manifestações sociais de 1905 são consideradas o embrião da revolução russa de 1917. Sobre esse assunto, responda:
   a) O que provocou a marcha dos operários em São Petersburgo? Quais eram as suas reivindicações?
   b) Por que esse dia ficou conhecido como Domingo Sangrento? Quais foram suas consequências?

7. Desenvolva, em seu caderno, os seguintes conceitos.
   a) Czarismo.
   b) Menchevique.
   c) Comunismo de guerra.
   d) Sovietes.

APLICAR

8. (Cefet-SP) A Revolução Socialista Russa ocorreu no ano de 1917. O czar Nicolau II renunciou em 15 de março de 1917 (2 de março no calendário russo), construindo-se então um governo provisório a partir dessa data. Assinale a alternativa correta.
   a) No início de 1917, a Rússia estava ingovernável. Entre os dias 6 e 8 de novembro (24 e 26 de outubro no calendário russo), tropas populares, sob a liderança de Lênin e Trotsky, obrigaram o governo provisório a renunciar. Os mencheviques assumiram o poder na Rússia.
   b) Instalados no poder a partir de 1917, os bolcheviques declararam guerra à Alemanha, entrando a Rússia definitivamente na Primeira Guerra Mundial.
   c) Os bolcheviques no poder fizeram a reforma agrária com a expropriação de terras, a estatização dos bancos, fábricas e lojas e impuseram o controle das fábricas sob a responsabilidade dos comitês operários.
   d) Os mencheviques no poder marcaram um rompimento radical com o sistema capitalista assim que assumiram o poder na Rússia em 1917.
   e) Os primeiros anos após a Revolução Socialista na Rússia foram muito difíceis: os bolcheviques, aliados aos mencheviques, enfrentaram oposição interna cada vez maior, que reunia monarquistas e liberais decididos a derrubar o governo socialista.

9. A arte na Rússia pós-revolucionária apresentou dois momentos claramente distintos, um caracterizado por fecundas experimentações e tendências artísticas e outro pela adoção de um modelo oficial de expressão no campo da arte. Considerando esses dois momentos, como você analisaria o cartaz russo reproduzido abaixo? Ele representa qual momento da arte russa? Aponte elementos do cartaz para justificar sua resposta.

Morte ao monstro imperialista mundial, cartaz de Dmitry Moor, 1919.

10. O texto a seguir traz à tona o debate em torno de Gavrilo Princip, personagem sempre presente quando o assunto é a Primeira Guerra Mundial. Leia-o para responder às questões.

"Na Sérvia, Princip é reverenciado como um herói, a ponto de haver ruas com o nome dele. Em outros países ele é tido como um terrorista, um assassino, como aquele que deu início à Primeira Guerra Mundial. Às vésperas do centenário do atentado, novos livros e peças de teatro são escritos, trazendo à tona um antigo debate: Gavrilo Princip foi um herói ou um terrorista? [...]

'O terrorista de uns é o mártir pela liberdade de outros', concorda o historiador Christopher Clark, da Universidade de Cambridge [...].

Hoje o termo terrorista é usado para se referir àqueles que atacam cidadãos inocentes. 'Princip e seus cúmplices não queriam matar civis inocentes nem espalhar o terror.' [...]

Já o escritor sérvio Vladimir Kecmsnović não tem dúvidas. Para ele, os tiros de Sarajevo foram dados em nome da liberdade, o que faz de Princip um herói. 'De que outro modo posso chamar um homem que se sacrificou dessa maneira?', argumenta. [...]

Na organização Jovem Bósnia, da qual Princip fazia parte, sempre se defendeu que ele assassinou um tirano. Mas, para [o historiador alemão Holm] Sundhaussen, o príncipe Franz Ferdinand não era um tirano nem tinha a ambição de promover guerras. 'Ele era um monarca que defendia reformas', observa.

A dramaturga Biljana Srbljanović prefere não usar termos como herói ou assassino para se referir a Princip. 'Princip era, acima de tudo, um revolucionário que defendia a libertação de seu país' [...]."

RUJEVIĆ, Nemanja. Sérvios reverenciam autor do atentado que deu origem à Primeira Guerra. *Deutsche Welle*, 16 nov. 2013. Disponível em www.dw.de/sérvios-reverenciam-autor-do-atentado-que-deu-origem-à-primeira-guerra/a-17221019. Acesso em 25 fev. 2014.

a) Quem foi Gavrilo Princip? Por que ele se tornou tão conhecido? Que razões o levaram a esse ato?
b) Por que a ação de Princip levou, um mês depois, ao início do conflito?
c) Como as pessoas citadas no texto se posicionam em relação ao ato de Princip? Qual argumento apresentam para justificar sua posição?
d) Debata com seus colegas a pergunta apresentada pelo texto: na sua opinião, Gavrilo Princip foi um herói ou um terrorista? **Ouça com atenção** a resposta de seus colegas e **apresente seus argumentos** de maneira **clara** e **precisa**.

Arte

A arte dadaísta

As inovações artísticas que surgiram na Rússia revolucionária eram tão ou mais intensas no mundo ocidental. Em 1916, dois revolucionários da arte, Francis Picabia e Tristan Tzara, fundaram o dadaísmo, movimento que defendia uma arte provocativa, livre e transformadora, e não meramente contemplativa, que incomodasse e desafiasse o público e não apenas o agradasse.

Os representantes do dadaísmo, como Marcel Duchamp e George Grosz, negavam as formas tradicionais de arte e apresentavam objetos comuns como se fossem obras de arte. Um bom exemplo é a obra *Presente* (1921), de Man Ray, que consiste em um ferro de passar roupas da época acrescido de pregos pontiagudos soldados na base, que normalmente seria lisa. Marcel Duchamp dedicou uma inscrição à obra: "Use um [quadro de] Rembrandt como tábua de passar roupa".

Além de atribuir importância a coisas que normalmente eram desprezadas, os dadaístas pretendiam tirar a arte dos museus, levando-a para os espaços da vida cotidiana.

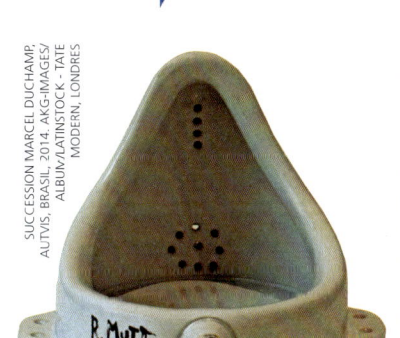

Dialogando com Arte

A fonte, obra de Marcel Duchamp, 1917. Tate Modern, Londres. Os dadaístas levaram para os museus de arte objetos do cotidiano, realizando o gesto mais radical de ressignificação da arte.

11. Descreva a imagem, destacando os elementos que mais lhe chamam a atenção.

12. Por que essa obra é considerada uma das principais representantes do movimento dadaísta?

Galeria de imagens
Conheça outras obras dadaístas.

EM FOCO

Por trás da farda: os soldados da Primeira Guerra

Os exércitos modernos

Entre os séculos XVI e XVIII, os exércitos nacionais da Europa eram compostos, em sua maioria, por mercenários, soldados pagos para lutar pelo rei e pela monarquia. No entanto, a lealdade desses soldados era garantida pelo pagamento que recebiam, o que tornava difícil exigir deles sacrifícios extremos, como o de combater até a morte.

A Revolução Francesa representou uma mudança radical nesse panorama. A partir desse evento, lutar pela pátria passou a ser obrigação de todos os cidadãos. A guerra deixou de ser feita por mercenários, com a população civil à parte, e passou a ser travada por toda a nação.

Ao longo do século XIX, o serviço militar se tornou regra para os países europeus. Enormes exércitos passaram a ser mantidos tanto em tempos de paz quanto em tempos de guerra, quando toda a massa de recrutas previamente treinados estaria pronta para o combate.

As diferenças sociais na composição do exército

A Primeira Guerra Mundial foi o apogeu desse sistema. Os países envolvidos no conflito recrutaram cerca de 65 milhões de homens para lutar em suas fileiras. A distribuição desse sacrifício, contudo, não foi feita de maneira igualitária por todas as camadas da sociedade.

Boa parte dos filhos da elite conseguiu algum tipo de isenção ou dispensa do serviço militar. Os que se alistavam como voluntários entravam em divisões menos perigosas, ou que demandavam pessoal mais qualificado. Além disso, muitos dos jovens dessa elite se tornaram oficiais no exército de seus países. Como esses jovens ocupavam posições de autoridade, a chance de morrer era muito menor do que a registrada entre soldados de patentes hierarquicamente inferiores.

Num primeiro momento, os operários também conseguiram isenção do serviço militar. O trabalho desses homens era essencial para manter o suprimento de armas e equipamentos para as tropas que se mantinham em combate. Eles passaram a compor as fileiras do exército quando o número de baixas tornou-se muito alto.

Na maioria dos países envolvidos, o fardo mais pesado da guerra recaiu sobre os camponeses. Na Rússia, na Itália e na França, foi do campo que saiu a maior parte dos soldados de infantaria que se massacravam nas trincheiras e em outras frentes de luta.

À esquerda, soldados alemães em poder dos australianos, 1916; à direita, soldados mortos em uma trincheira, 1916.

Fonte 1

Os mortos da guerra

"[...] a Frente Ocidental [...] tornou-se uma máquina de massacre provavelmente sem precedentes na história da guerra. [...] Não surpreende que na memória dos britânicos e franceses [...] esta tenha permanecido como a 'Grande Guerra', mais terrível e traumática na memória que a Segunda Guerra Mundial. Os franceses perderam mais de 20% de seus homens em idade militar [...]. Os britânicos perderam uma geração – meio milhão de homens com menos de trinta anos [...]. Um quarto dos alunos de Oxford e Cambridge com menos de 25 anos [...] foi morto."

HOBSBAWM, Eric. *Era dos extremos*: o breve século XX (1914-1991). São Paulo: Companhia das Letras, 1995. p. 33-34.

A juventude na guerra

Milhões de jovens perderam suas vidas nos combates da Primeira Guerra. No intuito de lutar por seu país, muitos deles mentiram suas idades para poderem se alistar voluntariamente antes de completar 18 anos. No entanto, com o prolongamento da guerra, homens na faixa do 40 anos também foram mantidos nas fileiras.

A vanguarda das tropas, especialmente nas unidades de infantaria, era composta por homens com idade entre 18 e 30 anos, o que explica a mortandade extremamente alta nessa faixa etária da população dos países beligerantes. Entre alemães e franceses, por exemplo, cerca de 30 a 40% dos jovens nascidos entre 1892 e 1895 estavam mortos em 1918. No mesmo ano, havia aproximadamente 630 mil viúvas da guerra na França, e 5 milhões em toda a Europa.

O desencantamento

Em muitos relatos da guerra – sejam eles verídicos, sejam ficcionais –, a descrição do cotidiano dos soldados impressiona por seu horror. Ainda hoje, é difícil não se perguntar o que levou milhões de pessoas a aceitarem todo aquele sofrimento.

Em alguns países, a causa da guerra parecia ser tão justa (a defesa da pátria ocupada por um inimigo externo, por exemplo) que era possível apelar ao nacionalismo para manter os homens lutando. Além disso, havia, no início da guerra, a perspectiva de que o conflito seria curto, e que os soldados, mobilizados em meados de 1914, estariam de volta a suas casas no fim do ano, comemorando o Natal com suas famílias.

Depois de anos de sofrimento nas trincheiras, contudo, o entusiasmo inicial se foi e a resignação tomou conta de vez. As causas nobres, como a defesa da pátria, deram lugar à luta para manter-se vivo, ou para manter vivo o companheiro.

Nas trincheiras, os soldados passavam os dias mergulhados na terra, sob chuva intensa, neve ou sol inclemente. Eles tinham de conviver não apenas com o medo constante da morte, mas também com a lama, os piolhos, os ratos e as doenças.

Ataques como o alemão em Verdun ou o britânico no Somme causavam milhares de baixas num único dia, resultando em avanços que se mediam em quilômetros ou mesmo em metros. Era difícil para os soldados não sentir a proximidade da morte quando vinha a ordem de atacar a trincheira do inimigo ou de defender a sua.

Por isso, se no início o número de voluntários foi suficiente, o prolongamento do conflito fez esse número despencar, e o alistamento obrigatório teve que ser implantado.

Fonte 2

Soldados norte-americanos, terminada a guerra, preparam-se para voltar para casa, 1918.

Homens da Alsácia-Lorena fazem fila para se alistar voluntariamente no exército e lutar na Primeira Guerra Mundial. Paris, 1914.

Desertores

Todos os exércitos dos países envolvidos no conflito foram, em maior ou menor grau, afetados pela indisciplina, pela desmoralização e por um crescente desejo de paz, especialmente nos anos finais da guerra. Para os que não queriam ou não aguentavam mais lutar, havia a saída de deixar-se aprisionar pelo inimigo, ou a da deserção. Apesar dos riscos existentes, e mesmo sendo considerada desonrosa, houve quem optasse por ela.

No entanto, ao analisar as deserções, é necessário levar em consideração outros fatores. Tentativas de fugir ao recrutamento foram comuns em todos os países, mas foram maiores em países como a Áustria-Hungria, onde o sentimento nacionalista não tinha o mesmo efeito que na França, por exemplo. Nesses casos, as pessoas viam ainda menos sentido na guerra, pois não se sentiam pertencentes à pátria pela qual eram obrigadas a lutar.

Se para alguns soldados a guerra não despertava sentimentos patrióticos, para outros a defesa da pátria era vista como um dever, algo natural que deveria ser encarado com resignação e, em alguns casos, até entusiasmo. A repressão e o controle enfrentados pelos soldados dentro das trincheiras foram fundamentais para manter os homens lutando; mas o espírito patriótico também foi essencial para isso, mesmo quando a morte parecia algo inevitável.

Fonte 3

Mortes inúteis

"Fico indignado com a enorme inutilidade de nossas perdas. Por mais que eu esteja disposto a me sacrificar, gostaria que pelo menos o desperdício das vidas e das forças se tornasse um pouco mais conhecido a cada dia, e que fosse visto e afastado o perigo que nos ameaça, o de morrer por nossa vitória."

Depoimento do capitão francês Jean Vigier, morto em Verdun em 12 de novembro de 1916. In: PROST, Antoine; VINCENT, Gérard (Orgs.). *História da vida privada*: da Primeira Guerra a nossos dias. São Paulo: Companhia das Letras, 1995. p. 203.

A vida após a guerra

Terminado o conflito, a maioria dos combatentes da Primeira Guerra retornou à vida civil, procurando retomar seus planos e projetos. Na maior parte dos países, o auxílio governamental aos que perderam pais ou maridos ou aos que ficaram inválidos foi modesto, o que fez surgir vários movimentos de veteranos. Muitos membros desses movimentos se tornaram militantes políticos.

Se no plano material os veteranos de guerra receberam menos do que esperavam, no plano simbólico o retorno foi maior. Os governos fizeram esforços para criar e manter uma memória favorável de seus combatentes, sobretudo dos que morreram em defesa da pátria. Monumentos foram construídos em praticamente todos os países envolvidos no conflito, ajudando a valorizar a memória dos que se sacrificaram por seus países.

Mas nem todos os mortos na guerra receberam a mesma homenagem. É o caso, por exemplo, de indianos, árabes, africanos e outros povos coloniais, então sob domínio europeu, convocados a lutar sob as bandeiras europeias nos campos de batalha na Ásia, no Oriente Médio, na África e até mesmo na Europa. O número deles chegou a cerca de 1,5 milhão no exército britânico, e cerca de 500 mil no exército francês, além daqueles que colaboraram na vigilância dos territórios coloniais, liberando soldados brancos para o *front*.

O racismo se manifestou tanto contra os soldados dos exércitos coloniais quanto em relação aos afrodescendentes dos Estados Unidos. Mesmo não sendo "estrangeiros", os negros norte-americanos receberam tratamento igual ou pior do que o tratamento dispensado aos povos colonizados.

Muitos comandantes não queriam negros como soldados porque acreditavam que eles nunca seriam bons soldados. Além disso, os soldados negros foram proibidos, pelo alto comando do exército dos Estados Unidos, de desfilar na grande parada da vitória, em Paris.

Se no campo de batalha os soldados não brancos receberam um tratamento pior, depois da guerra o quadro não foi mais animador – nem no campo material, nem no simbólico. Esses soldados foram extremamente importantes para os exércitos que defenderam, mas recordar isso podia ser embaraçoso e até mesmo perigoso, já que mostrava o valor bélico dos povos colonizados. Por isso, apesar de seu sacrifício, esses combatentes foram propositalmente esquecidos nas histórias oficiais da guerra escritas por historiadores europeus e norte-americanos.

Fonte 4

O vendedor de fósforos, pintura de Otto Dix, 1921. Na tela, o vendedor é um mutilado de guerra que sobrevive vendendo fósforos na rua. Galeria do Estado, Stuttgart, Alemanha.

Atividades

ORGANIZAR O CONHECIMENTO

1. Explique por que, no início da guerra, os operários foram dispensados do alistamento militar.

2. Por que o número de alistamentos voluntários foi decaindo ao longo do conflito?

3. Escreva V (verdadeiro) ou F (falso) sobre os soldados na Primeira Guerra Mundial.

    a) As relações igualitárias entre os exércitos das potências europeias, os exércitos coloniais e os soldados negros dos Estados Unidos mostram o compromisso dos países da Entente com a democracia.

    b) A propaganda nacionalista cumpriu um papel decisivo na campanha de recrutamento dos soldados, principalmente entre os países da Entente e na Alemanha.

    c) As ações de compensação aos soldados que combateram na Primeira Guerra foram principalmente simbólicas, o que explica a presença tão forte dos combatentes na memória coletiva das principais nações beligerantes.

ANALISAR AS FONTES

4. **Fonte 1** Como o historiador Eric Hobsbawm apresenta e caracteriza a Primeira Guerra Mundial?

5. **Fonte 2** A foto registra um momento esperado pelos combatentes de uma guerra. Que momento é esse? Como ele é expressado pelos soldados? Que aspecto dessa foto chama a atenção sobre o lado oculto da democracia dos Estados Unidos?

6. **Fonte 3** Analise o texto dessa fonte e responda.

    a) Quem é o seu autor? Que posição tem o autor sobre as mortes no exército francês?

    b) Que prática adotada pelas lideranças militares dos países envolvidos na guerra pode ser observada na leitura dessa fonte?

7. **Fonte 4** Observe a pintura e responda.

    a) Quem é o personagem representado na tela?

    b) Em que aspectos a tela de Otto Dix se aproxima do texto do item "A vida após a guerra"? Em que aspecto ela se diferencia?

POR UMA NOVA ATITUDE

8. Imagine que o Brasil entra em litígio com um país estrangeiro, e que eles ameaçam entrar em guerra. A princípio, você é contrário à guerra e defende que os governos tentem resolver a questão diplomaticamente. No entanto, a guerra é declarada e você é convocado a defender nosso país. Qual seria a sua atitude diante desse impasse?

UNIDADE 4
A CRISE DA DEMOCRACIA E A SEGUNDA GUERRA MUNDIAL

Sobre a identidade

"'Quero saber sobre a cerca'. [...] O que há de tão errado conosco a ponto de não podermos ir até o outro lado da cerca e brincar?' [...]
'Bruno', disse ela numa voz infantil, [...] 'a cerca não está lá para nos impedir de ir ao outro lado. É para impedi-los de virem até aqui.' Bruno avaliou a resposta, entretanto ela não melhorou seu entendimento.
'Mas por quê?', perguntou ele.
'Porque eles têm que ser mantidos juntos, [...] com a sua própria laia.'
'Como assim, sua própria laia?' [...]
'Com os outros judeus, Bruno. Não sabia disso? É por isso que precisam ficar juntos. Eles não podem se misturar com a gente.'
[...] 'E nós, somos judeus?' [...]
'Não, Bruno', disse ela. 'Nós absolutamente não somos judeus. E você não devia sequer dizer uma coisa dessas.'
'Mas por que não? O que nós somos, então?' [...]
'Somos o contrário', disse Gretel, [...]. 'Sim, é isso. Nós somos o contrário.' [...]
'Entendi. E o contrário e os judeus não se dão bem.'
'Não, Bruno', disse Gretel. [...]
'Bem, será que não dá para alguém chamá-los para conversar.'"

BOYNE, John. *O menino do pijama listrado*. São Paulo: Companhia das Letras, 2007. p. 158-160.

Cena do filme *O menino do pijama listrado*, dirigido por Mark Herman, 2008. Adaptação de uma obra literária, o filme trata da amizade entre um garoto alemão, filho de um oficial nazista, e um menino judeu, separados pela cerca de um campo de concentração na Polônia.

Iguais, no entanto diferentes

As pessoas vivem das mais diversas formas em todo o mundo. Algumas se agrupam por serem de uma mesma etnia, religião ou em razão da sua nacionalidade. Mesmo dentro de um país existem modos distintos de viver.

- O que é ser diferente?
- Você consegue imaginar pessoas vivendo de forma diferente da sua ou da sua família? O que você pensa ou sente sobre essas pessoas?
- Apesar das diferenças, quais são os pontos em comum a todos os seres humanos?

TEMA 1
A crise de 1929

Como a economia mais próspera do planeta acabou sendo o centro da maior recessão econômica mundial conhecida até hoje?

A expansão econômica dos Estados Unidos

Você ou alguém da sua família tem o costume de escutar programas de rádio? Para você, quais seriam as estações mais populares atualmente? Você sabia que as primeiras radiodifusoras regulares surgiram na década de 1920? Foi nessa época também que o cinema se tornou popular, com filmes de Hollywood sendo exibidos em locais muito parecidos com aqueles que você conhece hoje.

Nos Estados Unidos, a expansão dos meios de comunicação de massa, como o rádio e o cinema, foi beneficiada pela grande prosperidade econômica que vivia o país nos anos que se seguiram ao fim da Primeira Guerra Mundial.

Os Estados Unidos foram os grandes beneficiados com a Primeira Guerra. Como o conflito não foi travado em seu território, a economia do país não sofreu os danos decorrentes dos combates. Além disso, a guerra destruiu grande parte do potencial industrial europeu, permitindo que os Estados Unidos se tornassem o principal exportador de mercadorias do planeta, responsável por cerca de 30% da produção mundial.

Toda essa riqueza econômica foi responsável, em certa medida, por uma mudança na mentalidade norte-americana, como mostra o texto a seguir:

> **GLOSSÁRIO**
>
> **Gramofone:** aparelho, criado pelo alemão Emile Berliner em 1887, para a gravação e a reprodução de discos planos.
>
> **Marketing:** área de estudo dos processos que determinam quais produtos ou serviços podem ser interessantes aos consumidores.

"Circulavam entre as massas produtos antes restritos aos ricos – carros, luz elétrica, gramofone, rádio, cinema, aspirador de pó, geladeira e telefone –, o 'jeito americano de viver' (*american way of life*) tornou-se o *slogan* exaltado do período. [...] A nova indústria de propaganda e marketing [...] disseminou a ideia da liberdade associada ao consumo [...], possibilidades de consumo como o elemento essencial de felicidade e cidadania."

KARNAL, Leandro e outros. *História dos Estados Unidos*: das origens ao século XXI. São Paulo: Contexto, 2008. p. 198.

Moças se divertem durante um concurso de *charleston* no Clube Parody, em Nova York, 1926. A sociedade norte-americana, no início do século XX, foi marcada pela euforia do consumo e por grandes mudanças no comportamento. Os jovens puderam ousar, rejeitando costumes e restrições estabelecidos por seus antepassados.

Acontecimentos que levaram à crise

A Europa, ao contrário dos Estados Unidos, saiu da guerra economicamente abalada. O desemprego cresceu e a inflação galopante desvalorizou as moedas, especialmente o marco alemão, causando o empobrecimento da população.

Interessados em recuperar suas economias, os países europeus adotaram medidas para proteger e estimular suas indústrias, restringindo as importações. A esse problema externo se somavam, internamente, os baixos salários dos trabalhadores norte-americanos e a queda dos preços dos produtos agropecuários. A combinação entre as restrições adotadas pelos importadores e a queda do poder de compra do consumidor interno provocou problemas de **superprodução** nos Estados Unidos, que tinham a maior produção industrial do mundo.

A partir de 1925, o crescimento econômico norte-americano começou a regredir. O governo e os bancos ofereciam muito crédito para tentar estimular a produção e elevar o consumo, o que reforçou a especulação na bolsa de valores. Você tem ideia do que seja e como funcionam as bolsas de valores?

Corretores da Bolsa de Valores de Nova York na década de 1920. Na época, comprar e vender ações na bolsa de valores parecia acessível a todos os norte-americanos.

A bolsa de valores e o *boom* especulativo

Para atrair investidores, uma empresa coloca ações à venda na bolsa de valores, que é o local onde se negociam ações. Ação é um documento que representa a propriedade de uma parte do patrimônio de determinada empresa. Numa situação ideal, se a empresa tiver lucros, o preço das ações sobe, beneficiando os investidores, chamados acionistas. Caso os lucros da empresa diminuam, o preço das ações cai, prejudicando os investidores. Para reduzir os prejuízos, os acionistas procuram vender suas ações antes que os preços caiam demais.

Operações desse tipo na bolsa de valores são consideradas normais e acontecem até os dias de hoje. Porém, naquele período, com a economia superaquecida e a ausência de regulamentação governamental, investimentos feitos nos setores produtivos (que são aqueles que geram emprego) passaram a ser transferidos, em massa, para as aplicações na bolsa de valores, que parecia ser o caminho mais rápido para a riqueza.

Como resultado, a maior parte das empresas ficou muito endividada, pois produzia muito e vendia pouco, enquanto o preço das ações não parava de subir. Criou-se, assim, uma situação contraditória, que cedo ou tarde entraria em colapso: por um lado, os investimentos crescentes na bolsa faziam as ações subirem rapidamente de preço; por outro, muitas empresas que essas ações representavam estavam à beira da falência.

> **Pense e responda**
> - Milhares de operações financeiras acontecem todos os dias em bolsas de valores espalhadas pelo mundo. De quais bolsas de valores você já ouvir falar ou leu alguma notícia a respeito?

Pense e responda

- Observe a foto abaixo e responda: em que tipo de espaço você imagina que as *Hoovervilles* provavelmente surgiram? Que tipos de material devem ter sido utilizados para construí-las? Elas deviam contar com serviços de água, luz e saneamento básico?

A quebra da bolsa de Nova York

Em outubro de 1929, uma verdadeira corrida dos acionistas para vender suas ações provocou a queda acelerada no preço delas e a falência de milhares de investidores. A queda vertiginosa no preço das ações levou ao *crack* (quebra) da bolsa de Nova York, em 24 de outubro daquele ano.

Muitos especuladores aplicavam na bolsa usando créditos bancários. Após o *crack* da bolsa, eles não tinham como pagar os empréstimos contraídos nos bancos para comprar ações. Com isso, milhares de correntistas não tiveram os seus depósitos garantidos pelos bancos, provocando quebras no sistema bancário dos Estados Unidos. Ou seja, o dinheiro dos clientes que estava guardado nos bancos simplesmente desapareceu.

Acreditando que o próprio mercado colocaria as coisas nos eixos, o governo norte-americano cruzou os braços perante a crise. O mercado, porém, não conseguiu restabelecer-se por si só, e a economia capitalista entrou em uma crise que se prolongou por vários anos.

Os efeitos mundiais da crise

Os efeitos da crise se estenderam pela maior parte do mundo durante a década de 1930. Os países da Europa Ocidental foram os que mais sentiram a crise. Os Estados Unidos não só cortaram os empréstimos que faziam a alguns desses países, como também cobraram as dívidas contraídas por eles, prejudicando as suas já fragilizadas economias do pós-guerra.

Na União Soviética não havia bolsas de valores nem capital especulativo. Além disso, o país havia sido isolado pelas economias capitalistas, que temiam a expansão mundial do socialismo. Durante a grande crise capitalista, esse isolamento preservou os soviéticos dos resultados mais terríveis da depressão econômica.

Nos Estados Unidos, os trabalhadores foram os que mais sentiram os efeitos da crise. Em três anos, a população de desempregados saltou de 400 mil para 14 milhões, os quais, sem poder contar com um sistema de previdência social, foram lançados à miséria.

Vídeo

Desemprego

Moradias improvisadas proliferaram pelos Estados Unidos. Algumas delas seriam chamadas de *Hoovervilles*, as cidades de Hoover (Herbert Hoover), presidente dos Estados Unidos no auge da crise econômica. Na foto, *Hooverville* na cidade de Seattle, década de 1930.

Roosevelt e a adoção do New Deal

Em 1933, o democrata Franklin Roosevelt assumiu a presidência dos Estados Unidos, eleito com a promessa de recuperar a economia norte-americana. Eram quase 14 milhões de desempregados no país naquele momento. O novo presidente adotou um ambicioso programa de combate à crise, que ficou conhecido como New Deal (Novo Acordo).

A base do programa era o abandono do liberalismo e a adoção de uma política de intervenção direta do Estado na condução da economia, como faziam os soviéticos, mas sem suprimir a propriedade privada. Essa medida foi vista como a única saída para combater a especulação e os efeitos desastrosos da política de livre mercado adotada até então.

Roosevelt venceu quatro eleições consecutivas e permaneceu doze anos na presidência dos Estados Unidos. Em seus mandatos posteriores, aprofundou as medidas intervencionistas, centradas na recuperação econômica. A política de bem-estar social também teve grandes avanços, com a aprovação do direito de greve, da liberdade sindical e de uma legislação de seguridade social.

TAXAS DE DESEMPREGO DEPOIS DA CRISE DE 1929 (EM %)

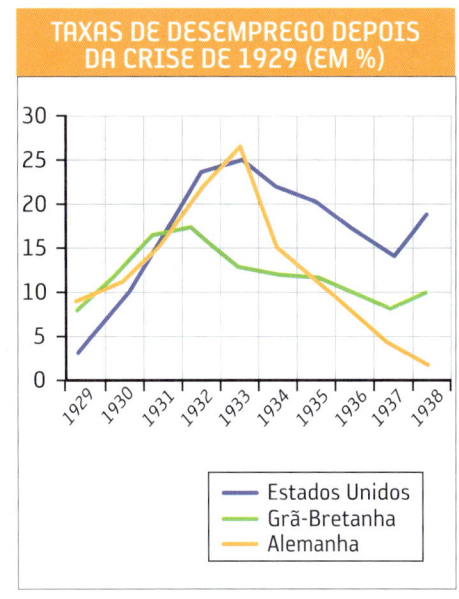

— Estados Unidos
— Grã-Bretanha
— Alemanha

Fonte: GAZIER, Bernard. *A crise de 1929*. Porto Alegre: L&PM, 2010. p. 24.

Linhas de atuação do New Deal

O programa democrata de Roosevelt seguia, em grande parte, as propostas do economista britânico John Maynard Keynes (1883-1946), que defendia o papel regulador do Estado na atividade econômica para evitar ou reduzir os efeitos das crises econômicas.

- **Agricultura.** Medidas foram tomadas para aumentar os rendimentos dos agricultores, fixando limites à produção, recuperando os preços e fornecendo incentivos às exportações.

- **Indústria.** Para ajudar na recuperação das empresas foi criado um programa de auxílio à indústria: concessão de financiamentos a juros baixos e compra de ações ou nacionalização de empresas em dificuldades ou em processo de falência.

- **Emprego.** A jornada de trabalho semanal foi reduzida; fixou-se um salário mínimo e realizou-se um programa de construção de obras públicas, como estradas, usinas hidrelétricas, escolas e hospitais, criando novos postos de trabalho.

A recuperação da economia foi financiada com dinheiro público, obtido com o aumento de impostos. A taxação dos cidadãos mais ricos foi o mecanismo escolhido pelo governo para garantir a distribuição de renda e financiar a recuperação econômica do país.

Mãe migrante. Foto de Dorothea Lange. Califórnia, Estados Unidos, 1936. Biblioteca do Congresso, Washington. A fotógrafa Lange percorreu as regiões sul e oeste dos Estados Unidos, nos anos 1930, registrando, em imagens, o impacto da grande depressão na vida dos trabalhadores rurais.

TEMA 2

Os regimes autoritários avançam na Europa

Como os regimes autoritários se estabeleceram em grande parte da Europa e ampliaram as condições para um novo conflito mundial?

O fracasso da revolução mundial

Assim que a Primeira Guerra terminou, em 1918, principalmente nos países perdedores (Alemanha e os novos Estados formados com o desmembramento da Áustria-Hungria), as dificuldades econômicas, as perdas humanas e materiais e a instabilidade política pareciam reunir as condições favoráveis para uma revolução socialista, como a que havia eclodido na Rússia em 1917. Para a grande burguesia e alguns setores da classe média, o "perigo bolchevique" estava chegando ao Ocidente.

Evidências dessa "ameaça" não faltavam: na Alemanha, em 1918, uma revolução levou à queda do império; no ano seguinte, na Hungria, nasceu a República Húngara dos Conselhos, organizada no modelo bolchevique russo. No entanto, o "perigo do comunismo" foi logo afastado. A revolução foi derrotada na Alemanha e, na Hungria, uma aliança de tropas contrarrevolucionárias, lideradas pela França e pela Romênia, depôs o governo revolucionário húngaro após 133 dias no poder.

A derrota das duas revoluções, o isolamento da União Soviética e os primeiros sinais de recuperação da economia europeia pareciam indicar que a estabilidade política e social tinha sido restabelecida e as democracias liberais europeias estavam novamente seguras.

A Grande Depressão repercute na Europa

O cenário de estabilidade, porém, mudaria completamente com a crise de 1929 e os efeitos que ela produziu na economia europeia. Os capitais norte-americanos investidos na recuperação dos países europeus afetados pela guerra foram reduzidos drasticamente. O desemprego em massa se espalhou pela Europa, e as críticas ao liberalismo político e econômico, incapaz de conter a crise, cresceram.

A crise econômica aprofundou a polarização política na Europa. De um lado, trabalhadores, ativistas políticos e intelectuais denunciavam o capitalismo como responsável pela crise e pregavam a revolução socialista. Setores da classe média e a grande burguesia, preocupados com a iminência de uma revolução, apoiaram, em vários casos, propostas autoritárias, com o objetivo de defender o capitalismo contra a ameaça comunista e recuperar valores nacionais.

Na Alemanha, esse quadro de crise econômica e radicalização política era agravado pelos ressentimentos com as condições humilhantes do Tratado de Versalhes, que, após mais de dez anos, ainda feriam o orgulho nacional. Foi nesse contexto que surgiu a liderança política de Adolf Hitler.

Cartaz de propaganda alemã da década de 1930 com os dizeres: "A Alemanha está livre!".

Características dos regimes totalitários

O **autoritarismo** e o **totalitarismo** são regimes de governo que se caracterizam pelo abuso da autoridade no exercício do poder. O totalitarismo, porém, é um regime extremo, em que a vontade do grupo governante se confunde com o direcionamento do Estado. A vida pessoal e as relações sociais são controladas pelo governo, o cotidiano é rigidamente policiado, assim como a imprensa, a cultura e o sistema educacional.

O uso da força também é outra característica importante dos regimes totalitários. Quem não concorda com o regime, tem uma posição política diferente ou não pertence ao grupo étnico dominante é considerado criminoso e é perseguido como inimigo nacional.

O **fascismo**, na Itália, o **nazismo**, na Alemanha, o **stalinismo**, na União Soviética, e o **maoismo**, na China, são os principais exemplos de regimes totalitários.

A ascensão do fascismo na Itália

Após a Primeira Guerra Mundial, a economia da Itália se deteriorou. Empresas fecharam suas portas e o desemprego cresceu. A sociedade italiana enfrentava também o drama das perdas humanas na guerra: 500 mil mortos e 400 mil mutilados.

De um lado, a crise do pós-guerra e o fortalecimento das organizações operárias fizeram avançar as propostas socialistas, influenciadas pela Revolução Russa. Do outro, desempregados, ex-combatentes e antigos socialistas fundaram o *Fasci di Combattimento*, grupo paramilitar liderado por Benito Mussolini. O movimento combatia os comunistas, a democracia liberal e as organizações operárias e socialistas.

Em outubro de 1922, os fascistas promoveram a **Marcha sobre Roma**. Pressionado, o rei convocou o líder fascista (a partir daí conhecido como o *Duce*, "o Condutor") a ocupar o cargo de primeiro-ministro.

Como chefe de governo, Mussolini extinguiu os partidos políticos de oposição, censurou a imprensa e criou uma polícia política que vigiava e punia os opositores do regime.

Fascio italiano, ornamento de latão da década de 1930. *Fascio*, que significa *feixe* em italiano, era o principal símbolo do fascismo. Referia-se ao feixe de varas usado pelos oficiais da Roma antiga responsáveis pelas execuções da justiça.

GLOSSÁRIO

Paramilitar: grupo particular formado por pessoas armadas e geralmente fardadas, que não pertencem às forças militares regulares ou oficiais.

Mussolini se dirige à multidão em Roma, 1936. A ascensão de Mussolini e do fascismo na Itália teve o apoio da grande burguesia, do rei e de setores da classe média urbana.

Observe a foto. Qual elemento mais se destaca na cena? Qual seria sua importância para os regimes totalitários?

A República de Weimar na Alemanha

A república alemã foi proclamada em novembro de 1918, durante a Primeira Guerra Mundial, e foi resultado de uma revolução conduzida por socialistas e liberais. O novo governo, conhecido como **República de Weimar**, tratou logo de pôr fim à guerra e negociar a paz com os vencedores.

Em 1919 foi assinado o **Tratado de Versalhes**, que encerrava a guerra de forma definitiva. O acordo declarava a Alemanha responsável por todos os danos causados aos países vencedores e impunha a ela uma "paz punitiva". A assinatura do documento, que estabelecia exigências pesadas, causou grande impacto na população alemã:

> "A conferência de paz iniciada em Paris, em janeiro de 1919, e sem a presença dos países derrotados, terminou por produzir um documento destinado a humilhar e arrasar a Alemanha. [...]
>
> Os aliados exigiam a entrega dos poucos territórios coloniais que a Alemanha possuía [...] e de várias fatias do próprio território alemão [...], uma saída para o mar para a nova Polônia através do chamado 'corredor de Dantzig' (hoje Gdansk), que cortava o país em duas partes [...], a redução do exército [...] em um número não superior a 100 mil homens, a redução drástica do armamento, a quase destruição da marinha [...], o direito de julgar alguns 'responsáveis pela guerra', a proibição do *Anschluss* – unificação voluntária da Alemanha e da Áustria – e, por fim, a fixação de pesadas somas a serem estabelecidas em dinheiro e matérias-primas, como reparações de guerra."

ALMEIDA, Ângela Mendes de. *A República de Weimar e a ascensão do nazismo*. 3. ed. São Paulo: Brasiliense, 1999. p. 13-14. (Coleção Tudo é história)

Pense e responda

- O Tratado de Versalhes foi imposto à Alemanha pelos países vencedores na Primeira Guerra Mundial. O que você pensa sobre a interferência externa nos assuntos internos de um país atualmente?

A fim de efetuar os pagamentos estabelecidos pelo tratado, que se prolongaram por vários anos após o conflito, o governo de Weimar assumiu enormes dívidas, principalmente com os Estados Unidos. Essa situação deixou a economia alemã extremamente frágil e dependente dos capitais estrangeiros.

Os problemas econômicos da Alemanha no início do século XX acirraram os problemas sociais: desemprego, concentração de renda, empobrecimento da classe média e das classes trabalhadoras. A república enfrentava ainda a forte reação da burguesia e das classes médias, que acusavam o governo de ser responsável pela derrota alemã e de favorecer o movimento operário e socialista.

Morador de rua revira lixo na cidade de Berlim, na Alemanha, em busca de materiais reutilizáveis e restos de comida. Foto de 1922. A crise econômica do pós-guerra na Alemanha foi marcada pela inflação, pelo desemprego e pelo aumento da pobreza.

Uma "solução" extrema: o Partido Nazista

A crise econômica e social que atingia a Alemanha durante a República de Weimar, agravada pelos ressentimentos nacionalistas, criou o cenário ideal para a fundação, em 1919, do **Partido Nacional Socialista dos Trabalhadores Alemães**, o Partido Nazista. A doutrina nazista, articulada politicamente em torno do partido, proclamava a superioridade do que eles chamavam de "raça ariana", da qual os alemães supostamente se originaram.

Os nazistas procuravam explorar o sentimento nacionalista da população alemã, abalada com os resultados da guerra. Prometendo resgatar a honra nacional, defendiam a destruição dos principais inimigos da Alemanha: externamente, as potências que impuseram o Tratado de Versalhes; internamente, os judeus, acusados de conspirar contra a Alemanha, os comunistas e o governo republicano e liberal de Weimar. Além disso, a estrutura do partido, fortemente militarizada, simbolizava a ideia de ordem num país desorganizado política, social e economicamente.

A crise de 1929 e a ascensão do nazismo

Inteiramente dependente das exportações e dos empréstimos externos, a Alemanha sofreu as consequências da crise de 1929 e da retirada dos capitais norte-americanos. Muitas indústrias fecharam suas portas, e o desemprego chegou a 44% da população economicamente ativa.

Diante da crise, os grupos socialistas ganharam força. Do outro lado, também crescia o movimento nazista, com seu discurso nacionalista, de rejeição ao Tratado de Versalhes e sua proposta de unidade nacional. As Tropas de Assalto, conhecidas como SA, ligadas ao Partido Nazista, atacavam organizações socialistas e comunistas.

Para ampliar o apoio popular, os nazistas apresentaram propostas que beneficiavam os trabalhadores do campo e das cidades: reforma agrária sem indenização, nacionalização dos grandes grupos empresariais e participação dos trabalhadores nos lucros das empresas; anulação das dívidas dos agricultores, preços melhores para as colheitas e salários dignos para os operários.

O *putsch* de Munique e o *Mein Kampf*

Em novembro de 1923, na cidade de Munique, um grupo de nazistas, liderado por Adolf Hitler, tentou dar um golpe (*putsch*) de Estado e Hitler se proclamou chefe de governo. O golpe foi reprimido, e os rebeldes, presos. Na prisão, Hitler escreveu o livro *Mein Kampf* (*Minha luta*), que pode ser sintetizado como um manifesto em defesa da batalha racial, cultural e política dos alemães contra os judeus, os marxistas e os liberais.

GLOSSÁRIO

Raça ariana: classificação surgida em meados do século XIX para identificar os indivíduos altos, loiros e fortes, especialmente os povos nórdicos e germânicos, tidos como superiores. Trata-se de uma classificação ideológica e não científica. O termo ariano, isoladamente, refere-se a um grupo linguístico indo-europeu.

Alemães tentam se aproximar de Adolf Hitler para cumprimentá-lo durante o Festival da Colheita de 1937, na Alemanha.

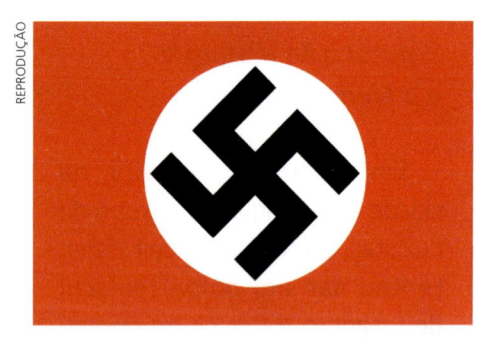

Apropriadas pelo nazismo como símbolo da identidade ariana, as suásticas apareceram na região da Índia, por volta de 3000 a.C. De lá, espalharam-se pela Ásia e Europa, sendo utilizadas como símbolo de sorte.

Os nazistas tomam o poder

A partir dos anos 1930, a campanha nazista já tinha o apoio claro dos grandes industriais, do exército e das massas populares. Em julho de 1932, o Partido Nazista conseguiu vencer as eleições para o *Reichstag*, o Parlamento alemão. Em janeiro do ano seguinte, Adolf Hitler foi convidado a assumir a chefia do governo alemão. Os nazistas chegavam ao poder.

Menos de um mês depois, os nazistas incendiaram o prédio do *Reichstag* e responsabilizaram os comunistas. Esse foi o pretexto para decretar o estado de emergência, dissolver o Parlamento e decretar a prisão das principais lideranças de esquerda. Todos os partidos, à exceção do Partido Nazista, foram fechados. Estava instalada a ditadura nazista na Alemanha.

O regime nazista implementou diversas políticas buscando ampliar sua popularidade. A mais importante delas foi colocar em marcha um ideal guerreiro e expansionista, que se baseava nas teses do pangermanismo e do espaço vital.

- **Pangermanismo**. Segundo essa tese, o Estado alemão deveria reunir todos os alemães que viviam em outros países em uma mesma nação e, em seguida, estender seu domínio sobre outros territórios para assegurar sua permanência como potência mundial.
- **Espaço vital**. Por esse princípio, os "povos inferiores" deveriam ser dominados garantindo territórios onde a raça ariana, representada pelos alemães, pudesse se desenvolver e viver adequadamente.

Essas ideias, que combinavam belicismo, nacionalismo e racismo, foram bem recebidas por uma população que, pouco tempo antes, não tinha perspectivas de futuro e agora era chamada a dominar o mundo.

Dialogando com Arte

A *Luftwaffe* na Guerra Civil Espanhola

A possibilidade de a Alemanha testar seu poderio político e militar tornou-se concreta com a Guerra Civil Espanhola (1936-1939). O conflito começou com o golpe liderado pelo general Francisco Franco, em 1936, contra o governo da Frente Popular, formado por socialistas, comunistas e republicanos. Franco, de tendência fascista, contou com o auxílio da Alemanha, da Itália e de Portugal, que enviaram armamentos e soldados.

Em abril de 1937, a *Luftwaffe* (força aérea alemã) bombardeou o vilarejo basco de Guernica, no norte da Espanha. O general Franco venceu a guerra e estabeleceu uma ditadura de partido único, que durou cerca de quarenta anos.

Atividade complementar

Guernica

Guernica, pintura de Pablo Picasso, 1937. Museu Nacional de Arte Reina Sofía, Madri. A obra representa o horror do bombardeio nazista em Guernica.

TEMA 3

A Segunda Guerra Mundial: o avanço do Eixo

Como, em menos de um ano, os nazistas conquistaram grande parte da Europa sem enfrentar nenhuma resistência por parte das grandes potências?

O acordo de Munique

A ameaça contra a Tchecoslováquia levou os governos da Alemanha, Itália, França e Grã-Bretanha a se reunirem na **Conferência de Munique**, em 1938. Ela determinou a anexação do território tcheco pela Alemanha e representou uma grande vitória para Hitler.

Os antecedentes da guerra

Com a vitória do nazismo na Alemanha, Hitler rompeu com as proibições do Tratado de Versalhes: reaparelhou o exército, ampliou o efetivo militar e fomentou a indústria bélica alemã. Assim, em 1939, às vésperas da guerra, a Alemanha contava com aviões, caças, submarinos e bombardeiros de última geração, comandados por oficiais disciplinados e bem treinados. Preparar o país para a guerra gerou empregos, movimentou a vida econômica e deu a impressão de que o nazismo era a solução para os problemas políticos e sociais da Alemanha.

O Japão e a Itália, futuros aliados da Alemanha, integraram o bloco dos países vencedores na Primeira Guerra Mundial. Na Itália, o governo fascista de Mussolini implantou um programa de modernização do país com o objetivo de preparar a Itália para a conquista de novos territórios, começando pela África.

O Japão saiu da Primeira Guerra como a maior potência militar do extremo Oriente. No entanto, a expansão japonesa esbarrava na escassez de recursos naturais, que obrigava o país a depender das exportações estrangeiras. A anexação de territórios vizinhos parecia ser a solução para a dependência japonesa.

O início da expansão nazista

O primeiro passo da expansão territorial foi dado pelo Japão, que invadiu a província chinesa da Manchúria, em 1931. No ano seguinte, avançou sobre o território chinês chegando a Xangai. Em 1935, Hitler rompeu oficialmente com os acordos de paz assinados ao final da Primeira Guerra e retirou a Alemanha da Liga das Nações. Três anos depois, ocupou a Áustria, anunciando o *Anschluss*, ou seja, a anexação da Áustria à Alemanha. O avanço alemão sobre áreas habitadas por minorias germânicas foi concluído com a conquista dos territórios tchecos, em 1939. A Eslováquia, que fazia parte da Tchecoslováquia, declarou sua independência na ocasião, alinhando-se aos nazistas. Seguindo os passos de Hitler, Mussolini invadiu a Etiópia, no continente africano.

Populares saúdam forças nazistas em Salzburgo, na Áustria, em março de 1938. Os nazistas foram recebidos de maneira eufórica pela maior parte da população austríaca.

GLOSSÁRIO

Anticomintern: contra o Comintern, abreviação da chamada Terceira Internacional Socialista, fundada na Rússia em 1919 e que existiu até 1943. Tinha o propósito de estimular a fundação de partidos comunistas em todo o mundo.

A formação do Eixo

O expansionismo nazifascista na Europa e do Japão no Oriente aproximou os governos dos três países. A afinidade de interesses levou a Alemanha e a Itália a formarem, em 1936, o **Eixo Roma-Berlim**. Em seguida, a Itália juntou-se à Alemanha e ao Japão no **Pacto Anticomintern**, constituído para barrar o avanço do comunismo e da União Soviética. Em 1940, o Eixo ganhou a adesão do Japão.

Enquanto os países do Eixo expandiam suas fronteiras, os governos vencedores da Primeira Guerra (principalmente Grã-Bretanha e França) mantinham-se neutros. Para os países capitalistas, o anticomunismo de Hitler era conveniente, na medida em que atacava diretamente o que eles mais temiam: o perigo soviético. Esse foi mais um motivo pelo qual a ascensão do nazifascismo foi tolerada: parecia "um mal menor".

A invasão da Polônia: o início da guerra

Após a invasão da Tchecoslováquia, os governos da França e da Grã-Bretanha assinaram com a Polônia um acordo que lhe garantia todo apoio possível no caso de uma invasão alemã.

Enquanto isso, o ditador Joseph Stalin negociava secretamente com Hitler garantias da neutralidade soviética. Stalin acreditava que, no caso de uma guerra, a União Soviética enfrentaria sozinha a Alemanha nazista, pois Grã-Bretanha e França não sairiam em defesa do Estado bolchevique.

O resultado da aproximação entre Hitler e Stalin foi o **Pacto Nazi-Soviético de Não Agressão**, assinado em 1939. Pelo acordo, alemães e soviéticos dividiriam a Polônia, e a União Soviética recuperaria territórios perdidos ao final da Primeira Guerra.

Hitler, confiante de que França e Grã-Bretanha não iriam à guerra, ordenou a invasão da Polônia, que ocorreu em 1º de setembro de 1939. Dois dias depois, Grã-Bretanha e França declararam guerra à Alemanha, dando início à Segunda Guerra Mundial.

FRONTEIRA GERMANO-SOVIÉTICA NA POLÔNIA

- Polônia em 1938
- Fronteira germano-soviética de 28 de setembro de 1939 a 26 de junho de 1941

Territórios incorporados ao *Reich*
- Em 1939
- Em 1941
- Zona de administração polonesa (1939-1944)
- Região anexada à administração polonesa em 1941

Fonte: CHALIAND, Gérard; RAGEAU, Jean-Pierre. *Atlas stratégique*. Paris: Complexe, 1988. p. 40.

"Até quando durará a lua de mel?" Charge de 1941 que satiriza o Pacto de Não Agressão assinado em 1939 por Hitler e Stalin.

WONDER HOW LONG THE HONEYMOON WILL LAST?

Sobreviventes do campo de concentração de Buchenwald (no leste da Alemanha), fotografados no final da guerra, em 1945. A política nazista de extermínio dos judeus durante a Segunda Guerra Mundial seria adotada por outros Estados ao longo dos séculos XX e XXI.

A política da solução final

A ocupação nazista na Polônia foi devastadora. Em um ano, cerca de 400 mil poloneses foram levados à Alemanha para trabalhar em regime de semiescravidão. Foi na Polônia ocupada que os alemães aplicaram com mais ferocidade a política da "solução final", ou seja, de extermínio dos judeus e adversários do regime nazista.

Para concretizar esse objetivo, os alemães isolaram os judeus em guetos e construíram os **campos de concentração**, onde os prisioneiros, em grande parte judeus, comunistas, ciganos e homossexuais, realizavam trabalhos forçados e eram executados. Estima-se que 6 milhões de judeus foram mortos nos campos de concentração, sobretudo na Polônia.

A conquista da Europa Ocidental

Os combates entre os Aliados (liderados pela França e Grã-Bretanha) e as forças do Eixo começaram, de fato, em 1940, quando os alemães partiram para a conquista da Escandinávia, no norte da Europa. A campanha da Escandinávia foi rápida e, em maio de 1940, Noruega e Dinamarca já estavam ocupadas pela Alemanha.

Enquanto as tropas ainda lutavam na Noruega, Hitler iniciou a conquista da Bélgica e da Holanda. O objetivo era criar uma base para a ofensiva aérea contra a Grã-Bretanha e abrir caminho para a conquista da França. A operação, concluída em poucos dias, foi feita com intensos bombardeios dirigidos pela *Luftwaffe*.

O próximo alvo era a França. Munidos de tanques ultrapesados, lança-chamas, colunas blindadas e bombardeiros, os alemães entraram na França e venceram rapidamente a resistência inimiga. Em junho, as tropas nazistas tomaram Paris e hastearam sua bandeira, com o símbolo da suástica, no topo da Torre Eiffel.

Pense e responda

- Em 1942, o governo alemão deu início à sua política de "solução final" do problema dos judeus, concentrando a população judia em guetos e, posteriormente, em campos de concentração, visando seu extermínio. Outros genocídios ocorreram ao longo do século XX e no início do século XXI. Você já ouviu falar de algum deles? Em que época e país eles ocorreram? Discuta o assunto com a classe. Lembre-se que durante a troca de ideias com os colegas é importante **escutá-los com atenção**.

Avião de caça alemão *Messerschmitt Bf 109* em ação durante a Segunda Guerra Mundial, 1940. Esse era o principal modelo de avião de caça da força aérea da Alemanha, a *Luftwaffe*.

GLOSSÁRIO

Führer: termo alemão que significa líder, condutor. Foi a nomenclatura adotada por Hitler quando se tornou o comandante do Estado alemão.

A *Blitzkrieg*: a guerra-relâmpago

Na guerra, os alemães utilizaram uma estratégia conhecida como *Blitzkrieg*, ou guerra-relâmpago, técnica militar que resultou na rápida ocupação da Polônia, da Noruega, da Dinamarca, entre outros países. A estratégia consistia em ataques coordenados da *Luftwaffe*, a divisão aérea alemã, que bombardeava instalações militares e destruía as linhas de comunicação inimigas. Na sequência, ofensivas de divisões de blindados – os tanques *Panzers* –, com o apoio da artilharia e da infantaria, garantiam o rápido avanço nos territórios invadidos.

O Eixo a caminho do leste

Ainda em junho de 1940, Mussolini entrou na guerra ao lado da Alemanha e avançou para o norte da África. Nessa região, o socorro enviado pela Alemanha poupou os italianos de uma derrota total contra os ingleses.

O próximo alvo alemão foi a região dos Bálcãs, importante fornecedora de petróleo e trigo para a Alemanha. As tropas nazistas entraram na Romênia e na Bulgária e conseguiram dos seus governos o apoio às forças do Eixo. Em abril de 1941, foi a vez de os nazistas ocuparem a Grécia e a Iugoslávia.

Em meados de 1941, boa parte da Europa estava nas mãos dos nazistas ou de governos aliados de Hitler. O *Führer* podia, então, voltar-se para a União Soviética, sua maior ambição.

O governo soviético mantinha uma política de neutralidade, enquanto as tropas nazistas ocupavam a Europa. Confiante no acordo de não agressão assinado com a Alemanha, Stalin acreditava que a União Soviética estava segura, apesar do alerta da **Orquestra Vermelha**, a eficiente rede de espionagem soviética. Na madrugada de 22 de junho de 1941, o Exército alemão cruzou as fronteiras da União Soviética.

Soldados nazistas na cidade soviética de Vitebsk destruída pelas chamas, em agosto de 1941. Os soviéticos, durante a guerra, adotaram a tática de terra arrasada. Antes de abandonarem uma área, os moradores destruíam plantações, casas e cidades para dificultar a sobrevivência dos alemães em território soviético.

TEMA 4
O avanço dos Aliados e o fim da guerra

Como explicar que a Alemanha, imbatível nos dois primeiros anos da guerra, foi derrotada pelos Aliados?

A Operação Barbarossa

A invasão da União Soviética tinha como objetivos principais derrotar o comunismo soviético e controlar os recursos do país, em particular o petróleo e a produção industrial. Até setembro, os alemães avançaram rapidamente no território soviético.

A Operação Barbarossa, como ficou conhecida a campanha nazista em território soviético, deveria terminar antes do inverno, como nos mostra a seguinte diretriz do alto comando alemão:

> "Quartel-General do Führer, 18 de dezembro de 1940.
>
> As forças alemãs devem estar preparadas para esmagar a União Soviética numa campanha rápida, mesmo antes da conclusão da guerra contra a Inglaterra. Para este propósito, o exército deverá empregar todas as unidades disponíveis [...]."
>
> SHIRER, William L. *Ascensão e queda do Terceiro Reich*. Rio de Janeiro: Civilização Brasileira, 1964. p. 283-284. v. 3.

A campanha alemã começou a se complicar no final de 1941, quando chegou às portas de Moscou. Ali, os alemães sofreram, diante do Exército Vermelho, sua primeira grande derrota e foram obrigados a recuar. O conflito prosseguiu, e os nazistas tiveram que travar no território soviético uma guerra muito mais prolongada do que Hitler havia previsto.

Soldados alemães marchando na neve em direção a Moscou, 1941. Além da ação organizada do Exército Vermelho, o rigoroso inverno foi outro grande adversário das forças de Hitler na União Soviética.

A GUERRA NA EUROPA EM 1942

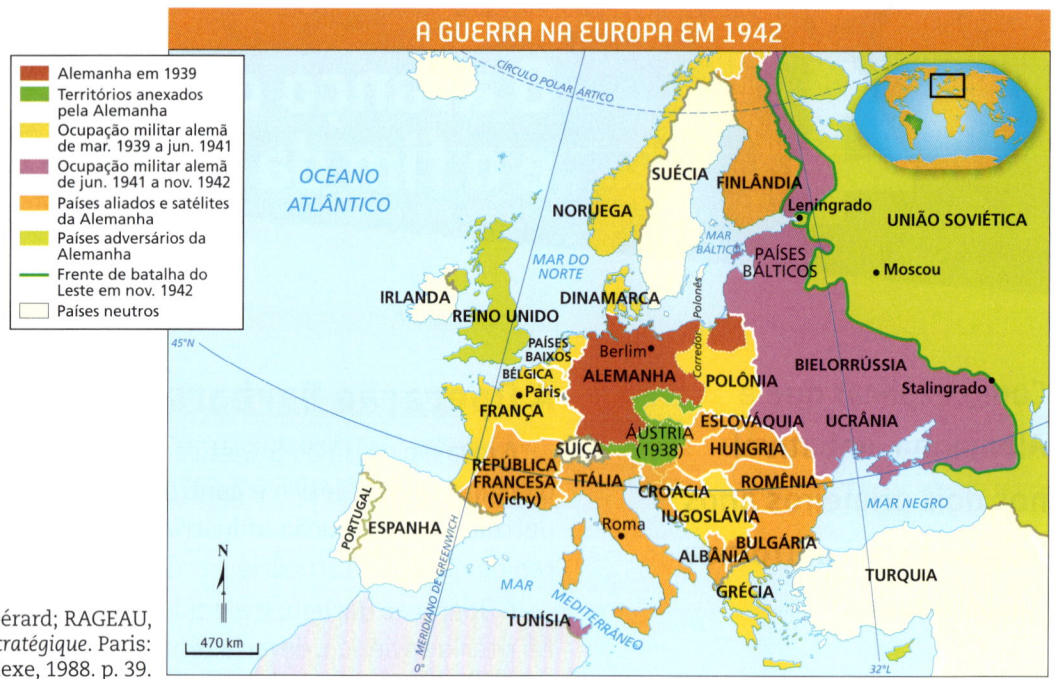

Legenda:
- Alemanha em 1939
- Territórios anexados pela Alemanha
- Ocupação militar alemã de mar. 1939 a jun. 1941
- Ocupação militar alemã de jun. 1941 a nov. 1942
- Países aliados e satélites da Alemanha
- Países adversários da Alemanha
- Frente de batalha do Leste em nov. 1942
- Países neutros

Fonte: CHALIAND, Gérard; RAGEAU, Jean-Pierre. *Atlas stratégique*. Paris: Complexe, 1988. p. 39.

Os Estados Unidos entram na guerra

No Pacífico, o Japão estava em guerra com a China desde 1937. Em junho de 1941, os japoneses ocuparam também o sul da Indochina, causando a forte reação dos Estados Unidos, que tinham muitos interesses econômicos e estratégicos na região.

O governo japonês, disposto a afastar a influência norte-americana na Ásia, ordenou o ataque à base norte-americana de Pearl Harbor, no Havaí. No dia seguinte, o Congresso dos Estados Unidos votou a declaração de guerra contra o Japão. Em seguida, a Alemanha e a Itália, aliadas do Japão, declararam guerra aos Estados Unidos.

A entrada dos Estados Unidos na guerra acabou envolvendo muitos países, entre eles o Brasil e o México, fortalecendo o bloco dos Aliados. Na Europa, Bulgária, Hungria e Romênia, aliados da Alemanha, declararam guerra aos Estados Unidos.

Os Aliados tomam a ofensiva

A ofensiva aliada começou na Ásia, na Batalha de Midway, em junho de 1942. Os japoneses, decididos a controlar o Pacífico, atacaram a base norte-americana de Midway. O ataque foi desastroso para o Japão, que perdeu quase 4 mil homens e 332 aviões. A partir de 1943, a aviação e a marinha dos Estados Unidos retomaram aos poucos os territórios ocupados pelos japoneses: Ilhas Marshall, Marianas, Filipinas e outras ilhas da região do Oceano Pacífico.

Na União Soviética, depois da derrota em Moscou, a ofensiva nazista voltou-se para a conquista das cidades de Leningrado e Stalingrado. Em Leningrado, os alemães impuseram um cerco à cidade que durou até 1944. Em Stalingrado, os soldados travaram a mais sangrenta batalha da Segunda Guerra, que terminou, em 1943, com a rendição total do exército nazista e um saldo de 1,5 milhão de mortos.

Pense e responda

- Imagine que você seja Ivan Martinouchkin, o jovem comandante da unidade de Infantaria do Exército Vermelho, da União Soviética, que libertou os prisioneiros do campo de concentração e extermínio de Auschwitz, na Polônia. São 4 horas da madrugada do dia 27 de janeiro de 1945 e você se encontra, com sua unidade, a 10 quilômetros de Auschwitz. Neste exato momento, você recebe um comunicado de Moscou ordenando o recuo das tropas e o avanço imediato em direção a Viena. O que você faria diante dessa situação? Se decidir acatar as ordens de Moscou, cerca de 20 mil prisioneiros serão executados em Auschwitz. Caso decida avançar e enfrentar os alemães que cercam o campo, correrá o risco de perder muitos homens na operação e, se sobreviver, certamente será punido por desobediência. **Avalie a situação e as consequências** do seu ato e exponha aos colegas a decisão que tomaria.

A última fase da guerra

Depois do fracasso alemão em território soviético, o Exército Vermelho iniciou o avanço em direção a Berlim, capital do *Reich*, retomando no caminho os territórios ocupados pelos nazistas no leste da Europa.

No oeste, a ofensiva das tropas britânicas e norte-americanas começou com a expulsão de alemães e italianos do norte da África. Essa vitória facilitou a invasão da Itália em 1943 e a derrubada de Mussolini. Resgatado por paraquedistas alemães, Mussolini foi convencido a proclamar a República de Saló, no norte da Itália, apoiado por um grupo de fascistas.

Mais ao norte, no dia 6 de junho de 1944 (o chamado **DIA D**), cerca de 160 mil soldados, com o apoio de 6 mil navios e 5 mil aviões, desembarcaram na costa da Normandia, região costeira da França, abrindo uma nova frente da guerra no oeste.

Os alemães estavam cercados. Além de enfrentar a resistência civil nos países ocupados, lutavam nas duas frentes: do leste vinham as tropas soviéticas; do oeste, as tropas das demais forças aliadas.

Soldados aliados preparam-se para o desembarque nas praias da Normandia, na França, em 6 de junho de 1944, mais conhecido como o Dia D. A abertura de uma nova frente de batalha na França, ocupada pelos nazistas, colaborou para a derrocada do exército alemão na Europa Ocidental.

O fim da guerra

Aos poucos, os Aliados libertaram a França, a Bélgica, a Holanda e ocuparam o lado oeste da Alemanha. Em abril de 1945, os exércitos soviéticos entraram nos subúrbios de Berlim. Os chefes alemães refugiaram-se em abrigos subterrâneos, enquanto os soldados travavam uma luta desesperada para defender o coração da capital nazista.

A luta alemã foi inútil. No final de abril, Hitler e sua companheira Eva Braun se suicidaram, exemplo seguido por outros líderes nazistas. Nesse mesmo mês, o grande aliado de Hitler, Mussolini, foi capturado e executado pelos *partisans*, dando fim à República de Saló, na Itália.

Em 2 de maio, os soviéticos tomaram Berlim e hastearam a bandeira vermelha no alto da torre do *Reichstag*. Cinco dias depois, no dia 7 de maio, a Alemanha se rendeu incondicionalmente.

No Pacífico, a guerra continuou. A resistência japonesa e a intenção de exibir o poderio militar dos Estados Unidos levaram o governo norte-americano à terrível decisão. No dia 6 de agosto de 1945, a bomba atômica foi lançada sobre a cidade de Hiroshima, matando indiscriminadamente milhares de pessoas. No dia 9, foi a vez de Nagasaki. Diante de uma arma tão devastadora, o governo japonês capitulou. Com a rendição oficial do Japão, no dia 2 de setembro de 1945, terminava a Segunda Guerra Mundial.

Galeria de imagens

O Dia D visto pelo olhar fotográfico.

GLOSSÁRIO

Partisan: membro da resistência civil organizada em países da Europa com o objetivo de combater as forças nazifascistas por meio de atos de sabotagem, confrontos diretos ou oferecendo suporte às tropas regulares aliadas.

DE OLHO NA IMAGEM

A destruição de Hiroshima

No dia 6 de agosto de 1945, às 8h15 da manhã no horário local, os Estados Unidos lançaram sobre a cidade japonesa de Hiroshima a bomba atômica, provocando uma onda de choque que devastou completamente a cidade. Cerca de 80 mil pessoas morreram instantaneamente, e outras milhares morreram dias após a explosão. Ainda hoje, pessoas sofrem com doenças e alterações genéticas causadas pela radiação.

Observe a imagem. Você pode verificar que toda a área mostrada na foto está coberta por construções. A maior parte dessas construções, provavelmente, era de residências.

Veja agora esta construção. Ela devia ser um edifício comercial. O local, pelo visto, concentrava muitas residências e estabelecimentos comerciais. Podemos imaginar, portanto, que Hiroshima era uma cidade repleta de vida.

Cidade de Hiroshima, no Japão, em 1945, antes da explosão da bomba atômica.

Note agora este templo e procure identificá-lo na foto da página anterior. Perceba que é uma das poucas construções que permaneceram em pé após a explosão.

A explosão da bomba devastou toda a área em um raio de dez quilômetros a partir do centro da explosão. Noventa por cento dos edifícios foram danificados ou destruídos pelo impacto.

ARQUIVO/AFP

Hiroshima após a explosão da bomba atômica, no final de 1945.

Questões

A Segunda Guerra Mundial inaugurou um novo tipo de guerra. Os combates deixaram de ser travados apenas entre os soldados e atingiram a população civil. A explosão da bomba atômica no Japão se transformou no maior símbolo dessa nova guerra. Retome o roteiro da seção *Aprenda a fazer – ler uma imagem*, no início deste livro, para responder às questões.

1. A bomba atômica explodiu em Hiroshima cerca de 600 metros acima do solo. O objetivo era potencializar a destruição, mas, como o choque foi de cima para baixo e não horizontalmente, algumas construções ficaram em pé, ainda que em ruínas. Observe as fotos e aponte quais marcas urbanas sobreviveram na cidade.

2. A partir do que observamos nas imagens, quais efeitos você acredita que a bomba atômica causou à cidade, tanto no instante da explosão quanto, mais tarde, em decorrência da radiação?

3. Agora imagine que você seja Paul Tibbets, o piloto do Enola Gay, o *B-29*, que lançou a bomba atômica em Hiroshima. Até o dia de sua morte, em novembro de 2006, ele não cessou de repetir: "Sempre dormi tranquilo, apenas cumpri ordens". **O que você faria na situação** de Paul? Acataria as ordens de seus superiores ou, ao contrário, recusaria a tarefa, mesmo sabendo que perderia o posto e seria punido por desacato? **Organize as ideias** para defender seu ponto de vista, **avalie se seus argumentos** são coerentes e depois debata com a classe o assunto.

Sugestão
Filme: *Leningrado*   Direção: Aleksandr Buravsky   País: Rússia/Reino Unido   Ano: 2007   Duração: 110 min

O mundo depois da guerra

Ao terminar a guerra, a Europa estava em ruínas. Cidades como Stalingrado e Kiev, na União Soviética, Berlim, na Alemanha, e Varsóvia, na Polônia, foram destruídas pelos bombardeios. Cerca de 60 milhões de pessoas morreram na guerra, 25 milhões só na União Soviética.

A guerra destruiu pontes, estradas de ferro, hospitais, escolas e monumentos de grande valor histórico, como o Mosteiro de Monte Cassino, na Itália, bombardeado pelos norte-americanos.

A força militar demonstrada pela União Soviética favoreceu, no pós-guerra, a expansão de sua influência no leste da Europa. Os Estados Unidos, por sua vez, assumiram a reconstrução da Europa Ocidental e ampliaram sua influência na região. Sobre os escombros da velha Europa, nasceu um mundo dividido: de um lado, os países socialistas, subordinados à União Soviética; de outro, os países do bloco capitalista, liderados pelos Estados Unidos.

O ataque à cidade de Dresden

Na madrugada de 13 para 14 de fevereiro de 1945, consumou-se um dos atos mais condenáveis da ação aliada na guerra. A cidade alemã de Dresden, principal cidade da região da Saxônia e um dos mais belos centros da arte barroca na Europa, foi bombardeada por mais de 800 aviões da coalizão aliada. Duas mil toneladas de explosivos foram despejadas sobre a cidade, resultando em mais de 50 mil mortos, a maioria deles civis. Quando o dia raiou, 311 aviões bombardeiros dos Estados Unidos voltaram a atacar o que restava da cidade.

Não havia justificativas para a destruição de Dresden, como mostra o texto a seguir:

> "Dresden era, em fevereiro de 1945, uma cidade de grande importância histórica (algo equivalente ao que Florença significa ainda hoje para a Itália) e que, em parte por seu valor cultural e em parte por não possuir qualquer importância militar, havia sido poupada de qualquer ataque aéreo por parte dos aliados. De fato, não havia em Dresden nenhuma concentração de tropas, fábricas de material bélico ou qualquer outro potencial alvo que justificasse um ataque; considerando ainda que a guerra (que terminaria três meses depois) já estava decidida. Exatamente por tais motivos, principalmente pelo fato de a cidade ter até então sido preservada de qualquer ataque, por volta de 600 mil refugiados e feridos encontravam-se na cidade, aumentando de 640 mil para mais de 1,2 milhão de pessoas o total da população."

RIBEIRO, Fábio Viana. A morte de uma cidade. In: Blog da Revista *Espaço Acadêmico*. Disponível em http://espacoacademico.wordpress.com/2011/12/07/a-morte-de-uma-cidade. Acesso em 28 abr. 2014.

Cidadãos de Dresden em meio à destruição causada pelos bombardeios aliados. Foto de 1946.

Questões

1. Por que o bombardeio à cidade de Dresden não tem justificativa?
2. Por que você imagina que as forças aliadas bombardearam a cidade, mesmo ela não tendo importância econômica nem militar?

TEMA 5
O cotidiano dos civis durante a guerra

Como a população civil sobreviveu aos combates e atuou para derrotar o inimigo?

Viver sob tensão

Quando assistimos a cenas de conflitos contemporâneos como os da Faixa de Gaza, do Iraque, da Síria ou do Sudão, temos uma ideia do sofrimento que os bombardeios causam aos civis. Você imagina quais tipos de privações são impostos às populações civis em um período de guerra?

Além do medo de serem atingidos pelas bombas, os civis enfrentam corte no fornecimento de eletricidade, racionamento de água, comida e combustível, falta de remédios e de artigos de higiene e limpeza, entre muitas outras privações.

Outro efeito devastador das guerras é a formação de grupos de refugiados, pessoas que são obrigadas a deixar o país fugindo dos bombardeios ou porque o local em que viviam foi tomado por uma facção rival ou ocupado por um país estrangeiro.

No século XXI, em geral são os países pobres que sofrem com as guerras. Na Segunda Guerra Mundial, ao contrário, os habitantes das nações mais desenvolvidas é que conviviam diariamente com a destruição e a morte.

A disciplina imposta pela guerra

A Segunda Guerra Mundial durou quase seis anos. Algumas cidades passaram boa parte do período de guerra sob ocupação ou tiveram de conviver com a dura experiência dos bombardeios cotidianos.

Na guerra, a população urbana aprendeu a obedecer aos toques de recolher, que indicavam o horário em que ninguém mais podia sair às ruas, todas as luzes deviam ser apagadas e as janelas vedadas com panos escuros. Muitas simulações de ataque inimigo eram feitas para que todos soubessem como agir caso houvesse um ataque real. Devido ao cerco inimigo ou aos bombardeios, faltavam alimentos e combustíveis nas cidades.

Por mais que vejamos essas situações em filmes ou em livros, é muito difícil imaginar o que significa estar o tempo todo sob ameaça.

Caso você vivesse numa cidade controlada pelos nazifascistas e pertencesse a um dos grupos que eles consideravam "inimigos" ou "ameaçadores", como judeus, comunistas, homossexuais, ciganos etc., teria de fugir ou esconder-se; caso contrário, poderia ser morto, preso ou confinado em uma parte isolada da cidade.

Pense e responda

- A foto abaixo registra um episódio da perseguição movida pelo regime nazista contra os homossexuais. Esse tipo de violência, no entanto, não ocorreu apenas ao longo da Segunda Guerra. Ainda hoje, no século XXI, são registrados casos de agressões violentas contra homossexuais. Em sua opinião, o que leva uma pessoa ou um grupo a praticar um ato de intolerância como esse? Converse com seus colegas sobre o assunto.

Homem preso e fichado na Alemanha, em 1942, por ser homossexual. Estima-se que cerca de 10 mil homossexuais tenham sido mortos pela perseguição nazista.

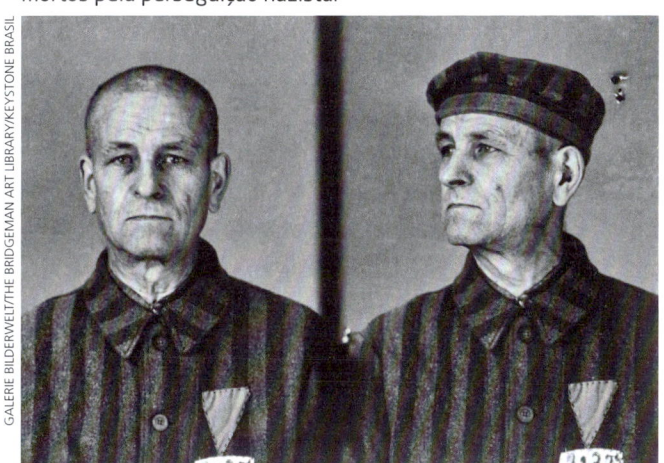

Civis em fila aguardam a distribuição de comida na Holanda durante a Segunda Guerra. Os moradores das regiões ocupadas foram obrigados a viver em permanente estado de tensão devido à violência física e psicológica a que eram submetidos.

O levante do gueto de Varsóvia

Durante a guerra, vários guetos se tornaram foco de resistência armada. O caso do gueto de Varsóvia, na Polônia, é o mais famoso deles. Organizado na metade de 1940, ele chegou a ter cerca de 380 mil habitantes. Em janeiro de 1943, sabendo que seriam mortas em campos de extermínio, cerca de 80 mil pessoas que ainda viviam no gueto começaram a se preparar para resistir: providenciaram armas, cavaram túneis, organizaram-se militarmente. Em abril, houve combates violentos que acabaram com a destruição completa do gueto pelos nazistas e com a morte da maioria de seus habitantes.

Teste seu conhecimento

GLOSSÁRIO

Serviço do Trabalho Obrigatório: consistia no recrutamento obrigatório de trabalhadores das zonas ocupadas pelos nazistas para auxiliarem no esforço de guerra alemão. Os trabalhadores estrangeiros eram utilizados especialmente na indústria bélica e na construção e reparo das estradas de ferro.

A resistência civil

O medo, porém, não paralisou toda a população. Na Europa dominada pelos nazistas, uma parcela combativa da população civil entrou na luta contra a ocupação nazista ou, no caso da Itália, também contra o governo de Mussolini. A resistência ia de ações mais espontâneas, como a dos dinamarqueses que se retiravam dos bares assim que entrava um oficial alemão, a atos de sabotagem e ataques armados às divisões alemãs.

Entre outubro de 1941 e novembro de 1942, greves se generalizaram pela França, Bélgica, Holanda, Dinamarca e Luxemburgo, acompanhadas, em alguns desses países, da recusa ao Serviço do Trabalho Obrigatório.

Na França, os grupos *partisans* assassinavam soldados e oficiais alemães, bloqueavam estradas, sabotavam ferrovias e organizavam a fuga de pessoas perseguidas pelos nazistas. Na Iugoslávia, a ação dos *partisans*, liderados pelo comunista Josip Broz Tito, foi a força principal da vitória aliada.

A vida nos guetos

Se nas áreas ocupadas pelos nazistas a vida da população local era controlada e privada de gêneros e serviços essenciais, para os grupos indesejados pelo regime nazista ela se tornou quase insuportável.

No início da Segunda Guerra Mundial, os judeus foram confinados em guetos nas cidades alemãs, em algumas cidades italianas e nas áreas ocupadas pelos nazistas. Os guetos eram áreas fechadas e fortemente policiadas, para onde todos os judeus eram forçados a se mudar.

Fome e doenças eram comuns dentro dos guetos, devido à escassez de alimentos e às restrições impostas à circulação e ao acesso. Apesar das condições precárias, os guetos mantinham vida cultural e intelectual ativa em seu interior, com a publicação de jornais e a realização de concertos. Era uma forma de resistir e manter a dignidade humana mesmo num cenário tão sombrio.

A partir de 1942, com a política de eliminação dos judeus, homossexuais, ciganos e outros grupos condenados pelo *Reich*, quase todos os guetos da Europa Central e Oriental foram destruídos, e seus moradores, enviados para os campos de concentração e de extermínio construídos no leste: Treblinka, Sobibor, Majdanek e Auschwitz.

REVISANDO

O PERÍODO DO ENTREGUERRAS

1. Os **Estados Unidos** foram os mais beneficiados com a Primeira Guerra Mundial, situação que contribuiu para a grande prosperidade norte-americana da década de 1920. A **Europa**, ao contrário, saiu da guerra abalada pelas perdas humanas e materiais e em uma intensa crise política, econômica e social.

2. No final da década de 1920, nos Estados Unidos, a indústria já não encontrava mercados para absorver uma produção em constante crescimento. O valor das empresas, porém, continuava em alta, impulsionado pela euforia especulativa. Em outubro de 1929, a **Bolsa de Valores de Nova York** quebrou. Bancos e empresas faliram, milhões de correntistas perderam seus investimentos e o desemprego se espalhou pelo país. A adoção de uma **política pública de bem-estar social**, encabeçada pelo governo de Franklin D. Roosevelt, foi a saída para a superação da crise.

3. A crise iniciada nos Estados Unidos afetou as economias capitalistas de praticamente todo o mundo. Nesse cenário de **desemprego, crise social e política**, surgiram movimentos que combatiam a democracia liberal e pregavam um **Estado forte e centralizado** como alternativa para a crise e para a revolução socialista.

4. Com o apoio da grande burguesia e da classe média, o **nazifascismo** chegou ao poder. Com Mussolini, na Itália, e Hitler, na Alemanha, implantou-se um **regime totalitário**, caracterizado pela centralização do Estado nas mãos de um único partido, pelo controle das relações sociais e da vida privada e pela violência contra os opositores.

A SEGUNDA GUERRA MUNDIAL

1. A Segunda Guerra Mundial foi motivada, entre outros fatores, pela **expansão nazista na Europa**, pelos **interesses econômicos das grandes potências** do período e pelos ressentimentos nacionalistas estimulados pelo nazifascismo.

2. A **invasão da Polônia** pelos alemães, no dia 1º de setembro de 1939, marcou o início da Segunda Guerra Mundial. A decisão levou Grã-Bretanha e França, aliados da Polônia, a declarar guerra à Alemanha.

3. Em 1941, os **nazistas invadiram a União Soviética**. Os combates travados em território soviético foram fundamentais para a derrota alemã. Nesse mesmo ano, o ataque japonês à **base naval americana de Pearl Harbor** determinou a entrada dos Estados Unidos na guerra, ao lado dos Aliados.

4. Com a capitulação do Japão, em agosto de 1945, terminou a Segunda Guerra Mundial. Ela ficou marcada pelos seus quase 60 milhões de mortos, pelo terror dos **campos de concentração nazistas** e da explosão das **bombas atômicas no Japão** e pelo sofrimento causado aos civis.

PARA ASSISTIR

▶ **A menina que roubava livros**
Drama
Direção: Brian Percival
País: ALE/EUA
Ano: 2014   Duração: 131 min

Sinopse

Baseado no livro homônimo do escritor australiano Markus Zusak, o filme narra a história de Liesel Meminger, órfã adotada por uma família de Munique durante a Segunda Guerra Mundial. Nesse novo ambiente, a menina desenvolve relações afetivas que a ajudam a enfrentar os tempos de guerra na Alemanha. Mais do que tudo, Liesel encontra nos livros um meio para escapar da realidade sombria que a cerca.

Pôster do filme *A menina que roubava livros*, dirigido por Brian Percival, 2014.

ATIVIDADES

ORGANIZAR O CONHECIMENTO

1. Resuma as principais características dos regimes totalitários.

2. Ordene corretamente as sentenças a seguir para que resultem, ao final, em uma pequena síntese do período do entreguerras.

   a) Nos Estados Unidos, ao contrário, a Primeira Guerra marcou o início de uma década de prosperidade, euforia de consumo, especulação financeira e exaltação do modo de vida americano.

   b) A derrota da revolução socialista na Alemanha e na Hungria e o isolamento da União Soviética permitiram que a ordem capitalista se restabelecesse na Europa, afastando, pelo menos temporariamente, a ameaça do comunismo.

   c) O elevado consumo e a riqueza dos investidores tinham, porém, bases frágeis, pois o valor elevado das ações não correspondia à situação real das empresas. Em 1929, o sistema bancário quebrou, empresas faliram e milhões de pessoas perderam seus empregos.

   d) Os países europeus saíram da Primeira Guerra Mundial abalados pelos custos materiais e humanos causados pelos combates. Particularmente a Alemanha e alguns países da antiga Áustria-Hungria viviam, além das dificuldades econômicas, uma intensa radicalização política, que acenava para o perigo da revolução bolchevique.

   e) A Grande Depressão espalhou-se pelas economias capitalistas do mundo e atingiu seriamente os países europeus, muito dependentes dos capitais e do mercado norte-americano. Na Alemanha, como alternativa para a crise econômica e social, adotou-se o regime nazista.

3. Agora, crie mais uma sentença finalizando o texto formado na questão anterior. Não se esqueça de que a nova sentença deve garantir o encadeamento das ideias.

APLICAR

4. Em 2008, uma crise financeira de grandes proporções eclodiu nos Estados Unidos e espalhou-se pelo mundo, atingindo principalmente a Europa. A semelhança com a crise de 1929 era grande. Naquele ano, o colapso do sistema bancário norte-americano resultou da especulação financeira, pois os investidores negociavam ações de empresas sem conhecimento do lucro real dessas instituições. Em 2008, a crise foi gerada no mercado de hipotecas, pois, desde 2005, empréstimos para a compra de imóveis, feitos sem regulamentação, vinham aquecendo o setor financeiro e imobiliário do país. Como as pessoas não conseguiam pagar as dívidas contraídas para adquirirem seus imóveis, inúmeras famílias foram despejadas e mais imóveis foram colocados à venda, reduzindo drasticamente seu valor de mercado e levando várias instituições bancárias à falência. A partir dessas informações, escreva (1) para as afirmativas que correspondem à crise de 1929, (2) para aquelas que se referem à crise de 2008 e (3) para as que dizem respeito a ambas.

   a) Teve início nos Estados Unidos.
   b) Comprometeu a economia europeia.
   c) Está associada à especulação financeira e à ausência de regulamentação do setor bancário.
   d) Está relacionada à superprodução, principalmente industrial.
   e) O mercado imobiliário está na origem da crise.
   f) Gerou desemprego e outros problemas sociais.
   g) Evidenciou o caráter internacional da economia capitalista.

5. Na charge a seguir há um diálogo imaginário entre Hitler e o primeiro-ministro britânico Neville Chamberlain. Observe a imagem e responda às questões.

   «O peór surdo é aque'le que não quer ouvir...»

   — Há muito tempo que o sr. está ahi incommodando minha afilhada! Falemos claro: as suas intenções são boas?
   — Não senhor?
   — Ah! Bem! Pensei que as suas intenções não eram bóas...

   O pior surdo é aquele que não quer ouvir..., charge de Belmonte, setembro de 1938.

   a) Qual é o fato histórico, ocorrido em 1938, ao qual a charge faz referência?
   b) Qual é a sátira feita por Belmonte nessa charge?
   c) O cartunista, nessa charge, parece tomar alguma posição em relação aos dois blocos de países que, a partir de 1939, iniciariam os combates na Europa? Ele atribui alguma responsabilidade pela guerra que logo se iniciaria? Explique.

Dialogando com Língua Portuguesa

6. Leia versos de um poema de Carlos Drummond de Andrade e responda às questões.

Carta a Stalingrado

"[...] Saber que resistes.

Que enquanto dormimos, comemos e trabalhamos, resistes.

Que quando abrimos o jornal pela manhã teu nome (em ouro oculto) estará firme no alto da página.

Terá custado milhares de homens, tanques e aviões, mas valeu a pena. [...]

Stalingrado, miserável monte de escombros, entretanto resplandecente!

As belas cidades do mundo contemplam-te em pasmo e silêncio.

Débeis em face do teu pavoroso poder,

mesquinhas no seu esplendor de mármores salvos e rios não profanados,

as pobres e prudentes cidades, outrora gloriosas, entregues sem luta,

aprendem contigo o gesto de fogo. [...]

A tamanha distância procuro, indago, cheiro destroços sangrentos,

sinto-te como uma criatura humana, e que és tu, Stalingrado, senão isto?

Uma criatura que não quer morrer e combate [...]

contra milhões de braços e engenhos mecânicos a criatura combate,

contra o frio, a fome, a noite, contra a morte a criatura combate,

e vence. [...]"

Carta a Stalingrado. ANDRADE, Carlos Drummond de.
A rosa do povo. Rio de Janeiro: Record, 2000. p. 163.

a) Qual é a importância da cidade de Stalingrado no contexto da Segunda Guerra Mundial?

b) A que fatos e cidades o poeta se refere nestes versos: "As belas cidades do mundo contemplam-te em pasmo e silêncio" e "as pobres e prudentes cidades, outrora gloriosas, entregues sem luta"?

c) É possível perceber nesses versos o sentimento do poeta em relação a Stalingrado? Justifique sua resposta com elementos do poema.

Arte

A arte da crítica social

O pintor e desenhista alemão George Grosz (1893-1959) foi um grande crítico do nazismo e da democracia liberal burguesa, que, segundo ele, criou as condições para a expansão da ideologia nazista na Alemanha. Logo que Hitler se tornou chanceler da Alemanha, em 1933, Grosz emigrou para os Estados Unidos, de onde retornaria em 1959, ano de sua morte. Na obra *Os pilares da sociedade*, de 1926, o artista retrata, em uma imagem satírica, as bases da república burguesa de Weimar, onde o nazismo floresceu.

7. Identifique na tela os personagens retratados e explique brevemente a forma escolhida pelo pintor para representar cada um deles.

a) O militar.
b) O líder político.
c) O jornalista.
d) O ultranacionalista.
e) O sacerdote.

8. Os jornalistas estão comumente associados à ideia de liberdade de expressão. Porém, o jornalista da pintura de Grosz é um dos pilares que sustentam o nascimento do nazismo. Com base nos seus estudos, explique de que modo o governo nazista na Alemanha converteu o jornalismo em aliado do regime.

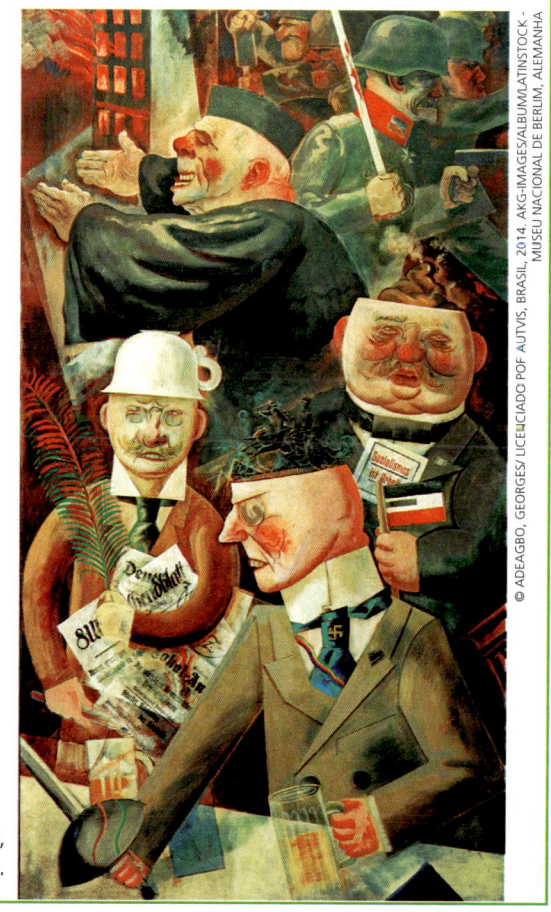

Os pilares da sociedade, pintura de George Grosz, 1926. Museu Nacional de Berlim, Alemanha.

COMPREENDER UM TEXTO EXPOSITIVO

O regime nazista tratou os deficientes físicos e mentais como inferiores. A ideologia racista do Terceiro Reich, de busca de uma suposta perfeição ariana, impôs a cultura da exclusão e da morte. Você considera que o Brasil atual conseguiu construir uma cultura respeitosa e inclusiva em relação às pessoas com deficiência?

Os primeiros passos para os campos de extermínio

"A política de esterilização compulsória e de eutanásia dos deficientes físicos e mentais foi considerada parte integrante do programa de *solução final da questão social*, tendo sido abraçada por círculos acadêmicos formados por médicos e juristas como um meio para a redução da pobreza. Deficientes físicos e mentais foram submetidos a um genocídio organizado em escala industrial. Eles foram tratados como objetos, e não como seres humanos. Poucos manifestaram seu desacordo contra esse período de terror que vitimou os deficientes. Poucos cientistas, médicos e juristas ergueram-se contra o extermínio da chamada 'vida sem valor', e até hoje seu martírio é raramente lembrado. […]

O objetivo da esterilização compulsória e da eutanásia dos deficientes físicos e mentais foi alegadamente o de aprimorar as características da população alemã. […]

Pouco tempo depois de os nazistas tomarem o poder […], a Lei de Prevenção de Doenças Hereditárias foi votada, precisamente em 14 de julho de 1933, entrando em vigor em 1º de janeiro de 1934. […]

Não havia, na Lei de Prevenção de Doenças Hereditárias, como a vítima opor-se à esterilização; uma vez decidida, ela tinha que ser cumprida. […] De 1934 a 1945, portanto, ocorreram por volta de 360 mil esterilizações, em que se estima terem falecido até 6 mil mulheres e 600 homens. […]

O extermínio de deficientes físicos e mentais foi justificado com argumentos brutais. Sua vida, sobretudo se tivessem consciência dela, seria apenas uma infelicidade. Logo depois de seu nascimento, eles deveriam ser exterminados para o seu próprio bem e da sociedade. […]

GLOSSÁRIO

Esterilização: cirurgia que torna uma pessoa ou animal incapazes de procriar.

Compulsório: algo que deve ser feito, que é obrigatório.

Eutanásia: ato de proporcionar morte sem sofrimento a um doente.

Prólogo: muito frequente na literatura, é um texto de apresentação da obra; prefácio.

Ônibus utilizados para o transporte dos pacientes de hospitais alemães para o centro de eutanásia de Hadamar, Alemanha, 1941. As janelas dos ônibus eram pintadas para impedir que as pessoas vissem os pacientes sendo transportados.

Castelo de Hartheim com a chaminé do crematório funcionando. Áustria, c. 1940. Esta foto, tirada por um agricultor de uma das fazendas ao lado do castelo, é a única imagem conhecida da fumaça gerada pela queima dos corpos das vítimas da eutanásia nazista.

O programa de eutanásia dos deficientes físicos e mentais vigorou oficialmente de 1939 a 1941 [...]. As vítimas eram levadas diretamente de hospitais para sua execução. [...]

Apesar do segredo em que o extermínio de deficientes físicos e mentais foi mantido, houve protestos por parte da Igreja. [...] Como resultado, o programa de extermínio foi oficialmente encerrado em 24 de agosto de 1941. Até aquela data, segundo algumas estimativas, o número de vítimas teria sido de 70.273. [...] Entretanto, o extermínio continuou em segredo, até pouco antes do final da Segunda Guerra Mundial. [...]

O número de vítimas ainda pode ter sido, de acordo com o Processo dos Médicos de Nuremberg, em 1947, de cerca de 275 mil pessoas, incluindo os deficientes executados para liberar leitos hospitalares nas regiões ocupadas da Europa Oriental. Os encarregados da eutanásia de deficientes físicos e mentais tornaram-se posteriormente especialistas em assassinatos em massa nos campos de extermínio da Europa Oriental. [...]

A eutanásia de deficientes físicos e mentais foi o triste prólogo da exterminação maciça nos campos de concentração."

ALBUQUERQUE, Roberto Chacon de. A Lei de Prevenção de Doenças Hereditárias e o programa de eutanásia durante a Segunda Guerra Mundial. In: Revista CEJ. Brasília, Ano XII, n. 40, jan./mar. 2008. p. 44-50. Disponível em www2.cjf.jus.br/ojs2/index.php/revcej/article/viewFile/961/1132. Acesso em 2 jan. 2014.

Atividades

EXPLORAR O TEXTO

1. Qual é o assunto principal do texto desta seção?

2. Qual era a visão dos nazistas sobre as pessoas com deficiência? Reproduza trechos do texto que justificam a sua resposta.

RELACIONAR

3. Leia o que estabelece a nossa Constituição no que diz respeito aos direitos das pessoas com deficiência.

   "Artigo 23. É competência comum da União, dos Estados, do Distrito Federal e dos Municípios:

   II – cuidar da saúde e assistência pública, da proteção e garantia das pessoas portadoras de deficiência; [...]

   Artigo 24. Compete à União, aos Estados e ao Distrito Federal legislar concorrentemente sobre:

   XIV – proteção e integração social das pessoas portadoras de deficiência; [...]

   Artigo 227.

   II – criação de programas de prevenção e atendimento especializado para os portadores de deficiência física, sensorial ou mental, bem como de integração social do adolescente portador de deficiência, mediante o treinamento para o trabalho e a convivência, e a facilitação do acesso aos bens e serviços coletivos, com a eliminação de obstáculos arquitetônicos e de todas as formas de discriminação."

   Constituição da República Federativa do Brasil, 5 de outubro de 1988. Títulos III e VIII. Disponível em www.planalto.gov.br/ccivil_03/constituicao/constituicaocompilado.htm. Acesso em 19 mar. 2014.

   a) O que existe em comum entre o texto desta seção e os artigos extraídos da Constituição Brasileira?

   b) Qual é a principal diferença entre a política adotada pelo regime nazista na Alemanha e a adotada pelo Estado brasileiro em relação às pessoas com deficiência? Encontre elementos nos textos que justificam a sua resposta.

4. Agora responda à questão apresentada no início desta seção. O Brasil tem conseguido construir uma sociedade inclusiva e digna em relação às pessoas com deficiência? Debata o assunto com os colegas.

UNIDADE 5

A ERA VARGAS

As leis trabalhistas e seus desafios

"No dia 1º de maio de 1943, o presidente Getúlio Vargas assinou o projeto final de Consolidação das Leis do Trabalho (CLT). A partir daquela data, o imaginário dos trabalhadores brasileiros mudou e, hoje, a população questiona o que deve ser alterado na CLT, nos seus 70 anos completados em 2013. [...] São inúmeros os debates: qual a importância da CLT? Deve-se flexibilizar as normas do trabalho? O que deve ser atualizado nas leis? [...] Atualmente, grande parte da polêmica que envolve a CLT questiona até que ponto esta prejudica a empregabilidade no Brasil [...]."

TRAD, Ayana. Setenta anos de CLT. *Revista Desafios do Desenvolvimento*, n. 78, 2013. Disponível em www.ipea.gov.br/desafios/index.php?option=com_content&view=article&id=2968:catid=28&Itemid=23. Acesso em 10 abr. 2014.

Operários, pintura de Tarsila do Amaral, 1933. Pinacoteca do Estado de São Paulo.

Um novo século repleto de velhas questões

O governo de Getúlio Vargas, iniciado em 1930, marcou uma mudança nas relações entre o Estado e os trabalhadores. Em vez de priorizar a repressão direta ao movimento operário, Vargas colocou em prática uma política de cooptação dos sindicatos e de controle dos trabalhadores. Por isso, se a criação da CLT, em 1943, significou a regulamentação de importantes direitos sociais, ela também expressou o projeto do governo de tutelar os trabalhadores e desmobilizar o sindicalismo independente.

A importância crescente dos trabalhadores urbanos também foi sentida e representada pelas diversas expressões artísticas, como se pode notar nesta tela da pintora paulista Tarsila do Amaral.

- Como você interpreta os personagens e a paisagem representados por Tarsila nessa pintura?
- O que você sabe a respeito das propostas de flexibilização das leis trabalhistas? Quais são os principais argumentos apresentados a favor? Quais são os contrários?

131

TEMA 1

A Revolução de 1930 e o Governo Provisório

Como a disputa pelo poder entre as elites dos diferentes estados brasileiros contribuiu para o fim da Primeira República?

O esgotamento da política do café com leite

Você estudou que, durante a Primeira República, houve uma preponderância das oligarquias de São Paulo e de Minas Gerais (e em menor grau da oligarquia gaúcha) na presidência da república, num arranjo político que ficou conhecido como "**política do café com leite**".

Na década de 1920, contudo, o descontentamento das demais oligarquias estaduais com seu papel secundário na política nacional passou a ameaçar de fato a liderança paulista e mineira. As intensas disputas à sucessão presidencial de 1922, por exemplo, mostraram que setores descontentes das elites, como do Rio de Janeiro e Bahia, estavam dispostos a conquistar um papel protagonista no jogo federativo do poder.

À crise política somou-se o colapso econômico desencadeado pela quebra da Bolsa de Valores de Nova York em 1929. Fortemente abalados pela crise, os Estados Unidos reduziram as importações de café do Brasil, provocando a queda dos preços internacionais do produto.

A grande quantidade de café disponível no mercado e a queda no consumo aumentaram o impacto da crise no setor cafeeiro, o que gerou desentendimentos entre os produtores e o governo federal. Esses sinais demonstravam que a política do café com leite se aproximava do final.

Pense e responda

- A economia brasileira do início do século XX era predominantemente agrária. Atualmente, podemos considerar que a agropecuária é o principal setor da economia brasileira? Justifique.

O pretexto para a tomada do poder

A crise que ameaçou romper o pacto oligárquico nas eleições de 1922 reapareceu nas eleições de 1930. A cisão ocorreu quando o presidente Washington Luís, que representava São Paulo, resolveu lançar a candidatura do paulista Júlio Prestes, momento em que caberia a Minas Gerais indicar seu sucessor.

Descontentes com a atitude de Washington Luís, mineiros e gaúchos se aproximaram, reuniram oposições de outros estados à política federal e formaram a **Aliança Liberal**, que lançou as candidaturas de Getúlio Vargas, presidente do Rio Grande do Sul, e de João Pessoa, presidente da Paraíba, respectivamente aos cargos de presidente e vice-presidente do Brasil.

O programa da Aliança Liberal defendia o incentivo ao conjunto da produção agrícola nacional e não apenas ao café. Além disso, apresentava leis de proteção aos trabalhadores e de incentivo à indústria e insistia na necessidade de uma reforma política, com a instituição do voto secreto, já que as fraudes nas eleições eram comuns na Primeira República.

O candidato do governo, Júlio Prestes, venceu as eleições. Porém, um acontecimento imprevisto mudou o quadro político.

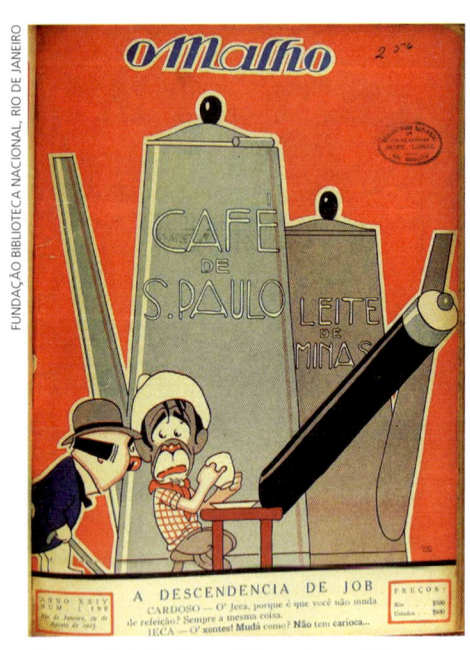

Charge de J. Carlos satirizando a política do café com leite; capa da revista *O Malho*, de janeiro de 1925. Fundação Biblioteca Nacional, Rio de Janeiro.

A Revolta de Princesa na Paraíba

Como presidente da Paraíba, João Pessoa instituiu uma série de medidas para reestruturar a administração e as finanças do estado, desagradando muitos chefes políticos do interior. Além disso, na preparação da chapa paraibana para as eleições da Câmara Federal e do Senado, João Pessoa impugnou a candidatura de João Suassuna, ligado às famílias poderosas dos Pereira de Lima e dos Dantas.

Insatisfeito, no dia 24 de fevereiro de 1930, o coronel José Pereira de Lima, que dominava o município de Princesa, deixou o Partido Republicano da Paraíba e ingressou no partido da oposição, que defendia a candidatura de Júlio Prestes para a presidência da república. Como represália, João Pessoa ordenou a retirada dos funcionários estaduais de Princesa e destituiu o prefeito e o vice-prefeito da cidade.

José Pereira, porém, já vinha se organizando com a ajuda de famílias poderosas do estado vizinho, Pernambuco, e, em junho, decretou Princesa um território independente da Paraíba. No mês seguinte, João Pessoa foi assassinado por Duarte Dantas. Diante do acontecimento, o governo federal interveio na região e os revoltosos se renderam, dando fim ao levante.

Charge de Storni publicada na *Revista Careta*, novembro de 1930. Fundação Biblioteca Nacional, Rio de Janeiro. A charge satiriza o gesto de alguns comandantes de Vargas de amarrar seus cavalos no obelisco da Avenida Rio Branco, no Rio de Janeiro, para mostrar que permaneceriam no poder.

A Revolução de 1930

Mesmo sem relação com a política nacional, o assassinato de João Pessoa serviu de estopim para o início de uma ação armada contra o então presidente Washington Luís. Apoiada pelos **tenentes**, a revolta era comandada por Getúlio Vargas.

O movimento teve início em Minas Gerais e no Rio Grande do Sul, em outubro de 1930. Rapidamente ganhou adeptos também nos estados do Nordeste, tornando insustentável a situação de Washington Luís. O presidente foi obrigado a renunciar por causa da forte pressão, e um grupo de militares ocupou provisoriamente a direção do governo.

Em 3 de novembro de 1930, apoiado por setores populares e pela maioria dos líderes do movimento, Getúlio Vargas assumiu o poder. Esse acontecimento pôs fim à chamada República Oligárquica e ficou tradicionalmente conhecido como **Revolução de 1930**.

O tenentismo

O movimento tenentista representou a reação dos oficiais de média e baixa patente do exército contra o regime oligárquico e as práticas políticas tradicionais. Difundidas pelos quartéis do Brasil na década de 1920, suas propostas pregavam o voto secreto e feminino, a moralização política e a reforma do ensino público. Os tenentes promoveram levantes no Rio de Janeiro, em Manaus e em São Paulo, e seu apoio foi fundamental para a chegada de Getúlio Vargas ao poder.

GLOSSÁRIO

Impugnar: contestar a validade; anular uma decisão.

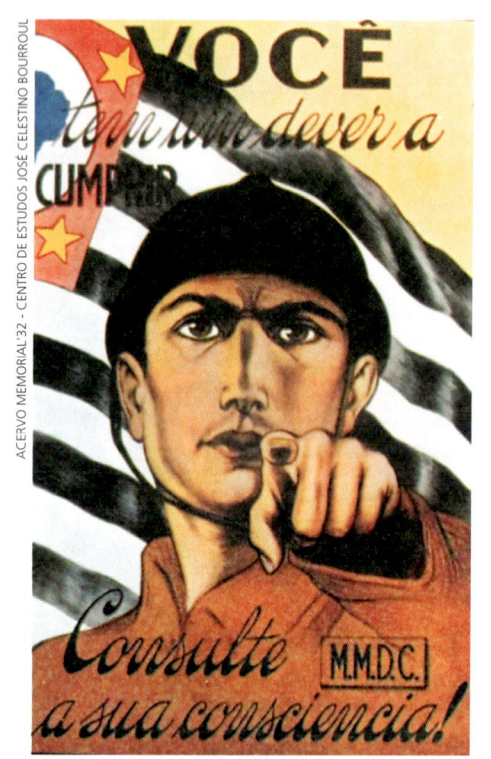

Cartaz convocando os paulistas a participar da Revolução Constitucionalista de 1932.

Observe o cartaz acima. Você já viu imagens semelhantes a essa na unidade 3 deste livro. Quais cartazes provavelmente serviram de inspiração para a produção dessa imagem? Justifique.

O Governo Provisório e a revolta dos paulistas

O Governo Provisório, instituído após o movimento de 1930, era composto por representantes das elites estaduais vitoriosas e por militares que apoiaram a queda de Washington Luís, em particular as lideranças do tenentismo. Getúlio Vargas procurou governar mantendo certo equilíbrio entre esses dois setores. Um dos instrumentos utilizados para isso foi a nomeação de interventores nos estados, vários deles militares. O interventor de cada estado, por sua vez, nomeava os prefeitos dos municípios.

A política federal de intervenção despertou resistência, principalmente em São Paulo. A elite paulista, colocada à margem do poder central, lutava por novas eleições para a presidência da república, pela autonomia estadual e contra o interventor nomeado por Vargas para São Paulo, que não era paulista. A mais importante exigência do movimento era a elaboração de uma nova Constituição para o país.

Em 9 de julho de 1932, começou em São Paulo uma reação militar contra o governo federal, que ficou conhecida como **Revolução Constitucionalista de 1932**. Apesar da enorme superioridade militar do governo federal, apenas em outubro, após três meses de guerra, a Força Pública Paulista assinou a rendição. Na visão das lideranças paulistas, a derrota militar, no ano seguinte, se transformou em vitória política com a convocação de eleições para a Assembleia Nacional Constituinte e a nomeação do paulista Armando de Salles Oliveira como interventor do estado de São Paulo.

A Legião Negra

Você sabia que os negros de São Paulo organizaram um batalhão específico para combater ao lado das forças paulistas? Ele nasceu no interior da Frente Negra Brasileira (FNB), entidade fundada em 1931, em São Paulo, com o objetivo central de promover a "elevação moral, intelectual e profissional da população negra". Quando eclodiu a rebelião paulista, a FNB decidiu manter-se neutra no conflito. Dissidentes do grupo formaram, então, a Legião Negra de São Paulo, liderada por Guaraná Santana, Gastão Goulart e Vicente Ferreira. Ela chegou a reunir 2 mil combatentes, mobilizados pelo desejo de liberdade ou por ver no alistamento uma forma de fugir do estado de penúria em que viviam.

A Legião Negra, formada por voluntários negros, lutou contra o Governo Provisório durante a Revolução Constitucionalista de 1932. Revista *A Cigarra*, agosto de 1932.

A Constituição de 1934

Cedendo às pressões que levaram ao movimento de 1932, Vargas convocou eleições para a Assembleia Nacional Constituinte, em maio de 1933. Na ocasião, vários partidos políticos se formaram e, no ano seguinte, depois de longos debates, a Constituição foi finalmente promulgada.

A nova lei apresentou muitos avanços democráticos em relação à Constituição anterior. No sistema eleitoral, ela instituiu o voto secreto e extensivo à mulher que exercia função pública remunerada. Na educação, estabeleceu o ensino primário integral gratuito e obrigatório e tornou o ensino religioso facultativo nas escolas públicas, a ser ministrado de acordo com a confissão religiosa da família.

Na área dos direitos sociais, as inovações foram ainda maiores. A nova carta constitucional proibiu a diferença salarial para o exercício da mesma função, estabeleceu regras para o trabalho dos menores e das mulheres e instituiu as férias e o descanso semanal remunerados.

Por voto indireto, a Constituinte elegeu Getúlio Vargas presidente da república, com mandato até maio de 1938. A partir dessa data, as eleições para a presidência seriam realizadas por via direta.

Novo regime... nova roupa, charge de Nássara satirizando o início do governo constitucional de Getúlio Vargas em 1934.

A mulher e a política

A Constituição de 1934 formalizou o direito das mulheres à participação na política nacional. O tema era visto com receio por parte da sociedade brasileira da época. Até mesmo parcelas da população feminina se sentiam apreensivas com as conquistas democráticas do período.

"Para muitos, inclusive mulheres, as recentes conquistas femininas na política, no direito, no trabalho, representavam uma ameaça. [...] temiam que as novas ocupações as fizessem desinteressar-se pelos assuntos domésticos. Temiam a desestruturação da família [...]. As próprias mulheres [...] que participaram das [...] conquistas da mulher [...] afirmavam que as mudanças não significavam uma ruptura brusca e completa com o passado, com a forma de organização da vida social e com os valores tradicionais que nortearam suas existências até então. [...]

A mulher brasileira, portanto, [...] deveria atuar no mundo moderno capitalista acumulando uma dupla função: a de dona de casa e educadora dos filhos e a de cidadã consciente de seus deveres e responsável pelo destino da pátria."

ARAÚJO, Rita de Cássia Barbosa de. O voto de saias: a Constituinte de 1934 e a participação das mulheres na política. *Revista de Estudos Avançados*, v. 17, n. 49, set.-dez. 2003. Disponível em www.scielo.br/scielo.php?pid=S0103401420030003000098&script=sci_arttext. Acesso em 28 mar. 2014.

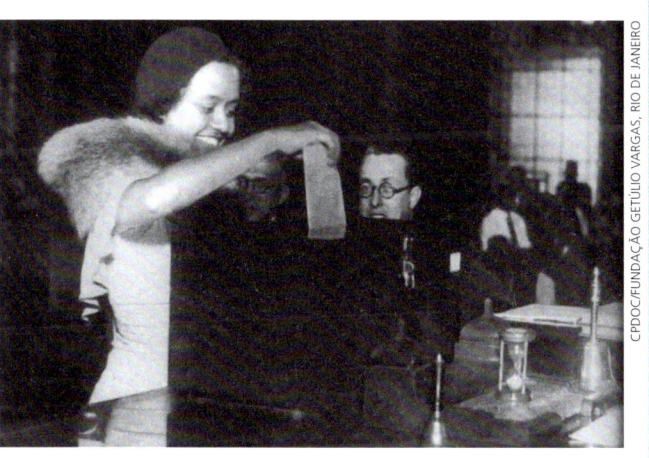

Teste seu conhecimento

Almerinda Farias Gama, primeira mulher representante classista a votar nas eleições para a Assembleia Nacional Constituinte. Rio de Janeiro, julho de 1933.

Questões

1. Identifique no texto os principais receios de parte da sociedade da época em relação à participação feminina na política.

2. O texto mostra que a luta das mulheres por liberdade e igualdade tinha um adversário muito mais difícil de ser vencido que as instituições. Era a força da tradição. Escreva um texto argumentativo sobre o assunto. Retome a seção *Aprenda a fazer – um texto argumentativo*, no início deste livro, para ajudá-lo nessa tarefa.

O ritual integralista

A Ação Integralista Brasileira foi fundada oficialmente em outubro de 1932, com ideias próximas às do nazifascismo. Reunindo entre 500 mil e 800 mil militantes, 20% deles mulheres, a AIB tinha como lema principal "Deus, Pátria e Família". Os membros do grupo apresentavam-se uniformizados com camisas verdes e braçadeiras adornadas com a letra sigma (Σ).

Meninas com uniforme integralista em desfile da AIB. Rio de Janeiro, novembro de 1937.

Vídeo

O assalto ao poder

Integralistas e comunistas

As repercussões da crise de 1929 afetaram a vida da população brasileira, em particular a dos trabalhadores. Em protesto contra o desemprego e os baixos salários, greves importantes eclodiram em estados como São Paulo, Rio Grande do Sul e Rio de Janeiro. Em 1934, a crise econômica ainda não tinha sido superada e setores da sociedade se mobilizavam defendendo propostas para superar a crise. Duas organizações políticas importantes formaram-se nesse período: a **Ação Integralista Brasileira** (AIB) e a **Aliança Nacional Libertadora** (ANL).

- **AIB**. Nacionalistas, os integralistas avaliavam que a democracia era um regime incapaz de tirar o Brasil da crise. Inspirados nos regimes totalitários, como o fascismo na Itália e o nazismo na Alemanha, os integralistas eram, sobretudo, contra o comunismo.
- **ANL**. Fundado oficialmente em 1935, esse agrupamento reunia diversos setores descontentes da sociedade brasileira. A ANL opunha-se ao integralismo e ao avanço do nazismo e do fascismo na Europa. Com tendência nacionalista, propunha a nacionalização de empresas estrangeiras, a reforma agrária e um governo popular para o Brasil.

Embora dirigida pelo Partido Comunista, a ANL contava com a participação de anarquistas, liberais e socialistas. Os confrontos entre membros da AIB e da ANL eram constantes. Simpático aos integralistas, Getúlio Vargas tendia a reprimir com mais rigor os atos da ANL.

O levante comunista de 1935

Em meados de 1935, o governo federal fechou a ANL e a transformou em uma organização ilegal. Mesmo assim, parte do grupo manteve as suas atividades. Em novembro do mesmo ano, a ANL organizou uma revolta com o objetivo de instaurar um novo governo e colocar em ação seu programa nacionalista e popular. A revolta foi denominada pelo governo e pela grande imprensa de **Intentona Comunista**. Restrito às cidades de Natal, Recife e Rio de Janeiro, o movimento foi rapidamente controlado pelas forças oficiais.

A rebelião serviu de pretexto para o governo decretar o estado de sítio, censurar os meios de comunicação e prender centenas de envolvidos na revolta. O líder comunista Luís Carlos Prestes foi condenado a trinta anos de prisão. Sua companheira, a judia alemã Olga Benário, foi detida e deportada para a Alemanha, onde morreu num campo de concentração nazista.

> **GLOSSÁRIO**
>
> **Estado de sítio:** suspensão temporária de certos direitos e garantias individuais.

O dirigente comunista Luís Carlos Prestes é interrogado na Polícia Especial. Rio de Janeiro, 1936.

TEMA 2
O Estado Novo

Quais razões explicam a instauração do Estado Novo no Brasil? Quais foram as principais características desse regime?

As eleições para a sucessão presidencial

Getúlio Vargas mantinha, em segredo, um diário em que registrava seu dia a dia no poder, seus sentimentos, suas impressões sobre outros políticos e suas viagens.

No ano de 1936, grande parte das anotações do diário se referia a um único tema: os rumores sobre os possíveis candidatos à sucessão presidencial. As eleições estavam marcadas para o dia 3 de janeiro de 1938. Depois de seis anos exercendo o cargo político mais importante do país, a aproximação da campanha eleitoral parecia incomodar Getúlio.

Em abril de 1937, o paulista Armando de Salles Oliveira lançou-se candidato à presidência com o apoio de opositores do governo. Apoiado por Getúlio, o escritor paraibano José Américo de Almeida entrou na disputa. Por último, foi lançada a candidatura do líder integralista Plínio Salgado.

Getúlio Vargas, porém, tinha outros planos. Apesar de apoiar publicamente as eleições, ele preparava nos bastidores um golpe para permanecer no poder com o aval dos militares.

O golpe que instituiu o Estado Novo

Desde a Intentona Comunista de 1935, a Aliança Nacional Libertadora estava desarticulada no Brasil, já que seus principais dirigentes tinham sido presos ou tiveram seus direitos políticos cassados.

Mesmo assim, a ameaça do "perigo vermelho" continuava sendo útil para justificar as medidas repressivas. Em fins de setembro de 1937, os jornais publicaram a descoberta do **Plano Cohen**, um suposto plano comunista para a tomada do poder no país. Na realidade, o plano foi redigido pelo então capitão Olímpio Mourão Filho, integralista e chefe do serviço secreto do exército, para servir de pretexto para o golpe que manteria Vargas no poder.

No dia 10 de novembro de 1937, tropas federais fecharam o Congresso Nacional e a população foi informada pelo rádio de que um novo regime político estava sendo instaurado: o **Estado Novo**. No mesmo ano, uma nova Constituição foi anunciada ao país, ampliando ainda mais os poderes do presidente.

A ditadura implantada por Getúlio Vargas estendeu-se até 1945. O novo regime apresentava duas faces distintas: de um lado, suspendeu as liberdades civis, extinguiu os partidos políticos, promoveu a repressão policial e a censura; de outro, estabeleceu garantias trabalhistas e incentivou a industrialização, a cultura e a expansão do ensino público.

Getúlio Vargas anuncia a implantação do Estado Novo, 1937. Ao instituir a ditadura, Vargas construiu um estilo de governo centrado na sua figura.

CRESCIMENTO DA AGRICULTURA E DA INDÚSTRIA NO BRASIL

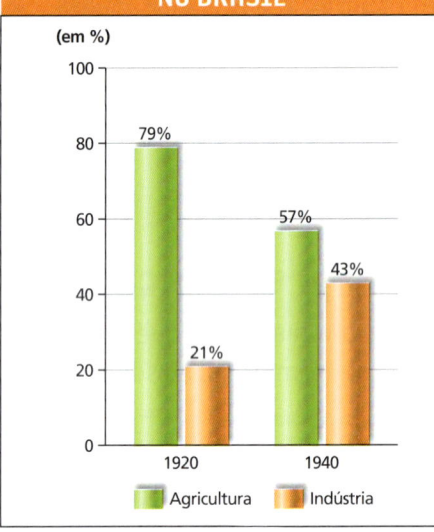

(em %)
- 1920: Agricultura 79%, Indústria 21%
- 1940: Agricultura 57%, Indústria 43%

Fonte: D'ARAUJO, Maria Celina. *A Era Vargas*. 2. ed. São Paulo: Moderna, 2004. p. 52. (Coleção Polêmica)

Pense e responda

- Você conhece empresas estatais que foram privatizadas? Faça uma lista dessas empresas, indique os setores em que elas atuam e **avalie** os prós e os contras gerados por sua privatização. Exponha a sua lista para a classe e, com os demais colegas, organizem uma lista geral da classe. Ao final, promovam um debate sobre o seguinte tema: "**Os prós e os contras das privatizações**". No debate, **escute** os seus colegas **com atenção** e **reflita** sobre os argumentos deles. **Esforce-se** para expor suas opiniões com **clareza** e com **argumentos objetivos**.

O crescimento da economia brasileira

Na política externa, o governo de Vargas adotou uma posição pragmática, procurando ampliar as relações comerciais com as grandes potências e tirar proveito das rivalidades entre elas. Assinou acordos de comércio com a Alemanha, que se tornou, na década de 1930, o segundo maior parceiro comercial do Brasil, atrás apenas dos Estados Unidos.

Mesmo antes do início da Segunda Guerra, o governo dos Estados Unidos iniciou uma política de aproximação com o Brasil, interessado em ter um aliado estratégico na América do Sul caso estourasse um conflito mundial. O governo brasileiro, percebendo isso, conseguiu obter mais crédito com os Estados Unidos e assinou acordos comerciais que favoreciam o país.

A estatização da economia

Durante o Estado Novo, a economia brasileira caracterizou-se pela forte intervenção estatal. Em 1938, foi criado o Conselho Nacional do Petróleo (CNP), que originalmente respondia pela administração das jazidas de petróleo encontradas na Bahia e pelo abastecimento de combustíveis no país.

Nos primeiros anos da década de 1940, foram criadas importantes companhias estatais, como a mineradora Companhia Vale do Rio Doce, encarregada de extrair e exportar minério de ferro de Minas Gerais, e a Companhia Hidrelétrica do São Francisco. Em 1941, foi instalada, com apoio dos Estados Unidos, a produtora de aço Companhia Siderúrgica Nacional (CSN), em Volta Redonda, no Rio de Janeiro. Esses setores de base foram fundamentais para o processo de desenvolvimento industrial pelo qual o Brasil passava.

Alto-forno da Companhia Siderúrgica Nacional, em Volta Redonda, no estado do Rio de Janeiro. Foto de 2008. A Companhia Siderúrgica Nacional foi criada por decisão de Getúlio Vargas. Inaugurada em 1946, a empresa pertenceu ao Estado até 1993, quando foi privatizada pelo governo do então presidente Itamar Franco.

A nacionalização do petróleo

Quando o assunto é petróleo, rapidamente o nome Petrobras vem à nossa mente, a maior empresa brasileira em valor de mercado e a 30ª do mundo em 2014. Fundada pelo governo Vargas há cerca de sessenta anos, a Petrobras sempre foi motivo de muitas discussões, como você verá agora.

O primeiro passo importante na história da empresa foi a criação do Conselho Nacional do Petróleo, em 1938, com a tarefa de regulamentar a exploração do petróleo no país. O tema da exploração e da comercialização do petróleo, uma fonte de energia e matéria-prima estratégica para o crescimento econômico do país, polarizava as opiniões na sociedade. De um lado, estavam os nacionalistas, que defendiam o direito exclusivo das companhias brasileiras na exploração do produto; de outro, aqueles que pregavam a abertura da exploração para as empresas estrangeiras.

A campanha "O petróleo é nosso" tomou corpo a partir de 1947, inicialmente apoiada por pequenos grupos de militares nacionalistas, jornalistas e estudantes. A linha nacionalista prevaleceu e, em 1953, foi criada a **Petrobras**, empresa estatal que tinha o monopólio sobre as atividades de exploração do petróleo, menos sobre a distribuição dos derivados do produto, em todo o território nacional.

Sonda para perfuração de poços petrolíferos, Bahia, 1958.

A discussão a respeito do monopólio da empresa na exploração do petróleo retornou nos anos 1990, no contexto das reformas de "modernização" da Constituição brasileira. O resultado foi a aprovação da Lei do Petróleo, em 1997, que aboliu a exclusividade da Petrobras na exploração do produto.

Todas essas mudanças, no entanto, foram bastante positivas para a empresa. A Petrobras se modernizou e tem o domínio absoluto do mercado brasileiro, além de atuar, por meio de suas unidades e de empresas subsidiárias, em 29 países.

Recentemente, uma descoberta dos pesquisadores da Petrobras trouxe novos rumos para a exploração de petróleo no país: o pré-sal.

Em junho de 2009, a Petrobras iniciou o primeiro refino do petróleo proveniente das camadas de pré-sal do campo de Tupi, na Bacia de Santos (SP). O objetivo da empresa é atingir, em 2017, a produção diária de mais de 1 milhão de barris de petróleo nas áreas de exploração do pré-sal.

GLOSSÁRIO

Pré-sal: extensa área sedimentar que se estende do litoral do Espírito Santo ao de Santa Catarina, abrangendo as bacias de Santos, Campos e Espírito Santo, com reservas de petróleo e gás situadas entre 5 e 6 metros de profundidade.

ÁREA DO PRÉ-SAL NO LITORAL BRASILEIRO

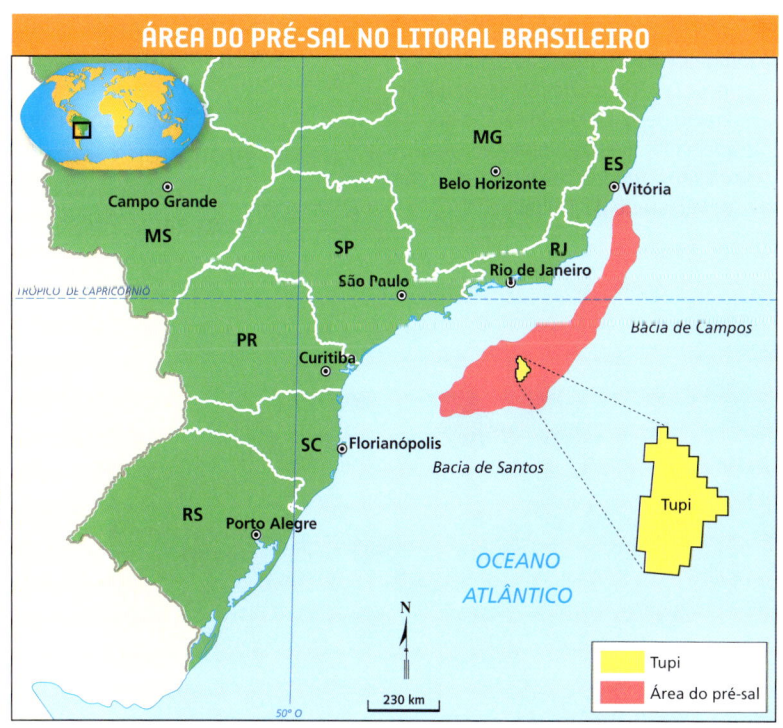

Fonte: Câmara dos Deputados. Disponível em www2.camara.leg.br/english/chamber-of-deputies-news-agency/imagens/mapa-pre-sal-petrobras.jpg/image_view_fullscreen. Acesso em 1º abr. 2014.

Dialogando com Geografia

Em outubro de 2013 foi realizado o leilão do campo de Libra, área do pré-sal da bacia de Campos, onde se encontra a maior reserva de petróleo já descoberta no Brasil.

Organização sindical e leis trabalhistas

Com a aceleração do desenvolvimento industrial, os trabalhadores urbanos e suas lideranças sindicais passaram a ser uma das preocupações centrais do Estado Novo. Foram criadas novas leis para aproximar os sindicatos do aparato do Estado e desarticular a organização independente dos trabalhadores.

A primeira medida nessa direção foi formalizada, expressamente, em 1939, com o decreto-lei n. 1.402, que proibia a existência de mais de um sindicato por categoria profissional. Menos de três anos depois, em 1942, entrou em vigor o chamado imposto sindical, um percentual recolhido compulsoriamente do salário do trabalhador, uma vez no ano, e repassado aos sindicatos, outras entidades de classe e ao Ministério do Trabalho.

Se, por um lado, o governo agia para disciplinar os sindicatos, por outro criava leis para regulamentar o trabalho, atendendo, em parte, a antigas reivindicações do movimento operário. Assim, em 1943, Vargas aproveitou as comemorações do Dia do Trabalho para anunciar a **Consolidação das Leis do Trabalho** (CLT), um conjunto de normas que reunia leis já existentes e unificava o mercado de trabalho em todo o país (veja ao lado as principais determinações da CLT).

Direitos trabalhistas previstos pela CLT (1943)

- Jornada diária de 8 horas de trabalho
- Proibição do trabalho para os menores de 14 anos e do trabalho noturno aos menores de 18 anos
- Igualdade salarial entre homens e mulheres
- Salário mínimo nacional
- Proibição do trabalho da mulher 6 semanas antes e 6 semanas depois do parto
- Adicional salarial para o exercício de atividades insalubres
- Férias remuneradas

GLOSSÁRIO

Imposto sindical: oficialmente denominada contribuição sindical, é uma taxa correspondente a um dia de trabalho descontada do salário do trabalhador para ser repassada aos sindicatos, federações e confederações e ao Ministério do Trabalho.

Cartas para o presidente: Vargas e a classe trabalhadora

A política de Vargas de construir um discurso voltado para a classe trabalhadora e de aproximar-se dela em grandes eventos públicos foi essencial para estabelecer uma identificação entre o governo e os trabalhadores. Muitos deles sentiam-se pessoalmente envolvidos com Vargas e escreviam diretamente ao presidente solicitando todo tipo de ajuda.

De Minas Gerais, Amerida, que havia prestado um concurso público, pedia para ser nomeada para o cargo e, assim, poder morar com o marido em Diamantina:

> "O Estado Novo colocou a família sob sua proteção especial e prometeu o amparo às famílias numerosas. Pois bem. Vossa excelência, fazendo a minha nomeação, estará protegendo a família, pois bem sabe Vossa excelência que é impróprio do casamento viverem os cônjuges separados um do outro. Tal situação só pode concorrer para a desagregação do lar [...]."

O guarda Antônio Ivo solicitava uma promoção e explicava os motivos:

> "Tenho 4 filhos que necessitam de conforto e alguma instrução. [...] não tenho podido nem ao menos sustentar meus filhos com esse parco vencimento [...]. Nem roupa e calçado para os meus 4 filhos posso adquirir, pois meu ordenado mal dá para não morrermos de fome."

Relatos de trabalhadores. In: FERREIRA, Jorge. *Trabalhadores do Brasil: o imaginário popular.* Rio de Janeiro: FGV, 1997. p. 21-52.

Getúlio Vargas (centro) conversa com populares na capital paulista. São Paulo, 1942.

Cerimônia nazista no Rio Grande do Sul, durante a Segunda Guerra Mundial. Apesar de perseguir os apoiadores do nazismo durante a guerra, o Estado Novo tinha como principal instrumento de controle político e cultural o Dops, que, em sua formação, recebeu treinamento direto da Gestapo, a polícia secreta da Alemanha nazista.

Repressão, violência e tortura

A política de Vargas de aproximar-se dos trabalhadores urbanos e de criar leis de proteção ao trabalho não amenizavam, contudo, o caráter autoritário do Estado Novo.

Como geralmente fazem os regimes ditatoriais, o governo Vargas tratou de criar ou de reestruturar instituições encarregadas de reprimir a oposição e de enaltecer o governante. Por exemplo, a Delegacia de Ordem Política e Social (Dops), criada em 1924 com o intuito de conter as constantes tensões sociais do período, a partir da Intentona Comunista de 1935 teve sua ação redirecionada para a repressão aos comunistas e aos opositores do governo.

A partir de 1937, com a instauração do Estado Novo, além de comunistas e adversários do regime, também judeus, integralistas, suspeitos de simpatizar com o nazismo e o fascismo, bem como imigrantes vindos dos países do Eixo, viraram alvos da repressão política e foram enquadrados na Lei de Segurança Nacional.

A ação policial buscava mostrar para a população que o governo estava investindo todos os seus esforços para garantir a estabilidade social e a segurança do país. Entretanto, são diversos os relatos de tortura e de outras arbitrariedades cometidas pela polícia política do regime. Em razão da censura imposta à imprensa no Brasil, raros foram os crimes que ficaram conhecidos pela população.

> **Sugestão**
>
> Livro: *Olga*
> Autor: Fernando Morais
> Editora: Companhia das Letras
> Ano: 1993

> **GLOSSÁRIO**
>
> **Lei de Segurança Nacional:** promulgada em 4 de abril de 1935, a LSN definia os crimes contrários à ordem política e social. Sua principal finalidade era transferir para uma legislação especial os crimes contra a segurança do Estado, submetendo-os a um regime mais rigoroso.

TEMA 3

Costumes e cotidiano na era do rádio

Como as mudanças políticas do Estado Novo repercutiram na sociedade e na cultura brasileiras?

A construção da identidade nacional

Os discursos oficiais do regime pregavam a formação de um "novo homem" para o novo regime político do país, identificado com a nação e com o sentimento de *brasilidade*. A ideia de uma identidade nacional não era nova no Brasil. Desde o início do século XX, a preocupação em identificar e valorizar as características peculiares dos brasileiros e os traços fundamentais da nossa sociedade já era discutida por setores da intelectualidade brasileira, inspirando, por exemplo, a **Semana da Arte Moderna de 1922**.

Contudo, com o Estado Novo a construção de uma identidade nacional brasileira transformou-se em política de governo, em projeto político central, para o qual a educação e a cultura desempenharam papel estratégico. A exaltação de um ideal nacionalista era muito útil à política centralizadora do governo Vargas, interessado em criar uma associação entre um líder forte, um brasileiro orgulhoso de sua identidade e um país integrado à modernidade. Propósito que, muitas vezes, contrariava os interesses das elites regionais.

A educação: reformas e avanços

Até 1930, as principais iniciativas e ações na área da educação eram responsabilidade dos estados. O governo Vargas, seguindo sua orientação centralizadora e nacionalista e buscando formar uma nova elite intelectual, tratou de organizar também a educação em nível nacional.

Após a instauração do Estado Novo, Gustavo Capanema assumiu o Ministério da Educação e Saúde Pública, criado em 1930. Nos níveis de ensino hoje conhecidos por Ensino Fundamental e Médio, reformas dirigidas pelo ministro estabeleceram um currículo seriado, a frequência obrigatória e a exigência do diploma de nível médio, chamado na época de secundário, para o ingresso no Ensino Superior.

Também se incentivou o ensino profissionalizante e a educação de adultos por meio dos supletivos. No nível superior, procurou-se estabelecer a base de um sistema universitário nacional e deu-se preferência à criação de universidades em vez de um conjunto de escolas superiores isoladas.

O resultado das reformas realizadas no governo Vargas foi o aumento significativo das matrículas de alunos nas escolas primárias, secundárias e superiores e uma queda importante nos índices de analfabetismo.

Pense e responda

- Você sente que existe uma identidade nacional brasileira, um sentimento que une os brasileiros em torno de um passado, uma tradição e uma cultura em comum? Exponha sua opinião para os colegas.

Estudantes da Juventude Brasileira desfilam em Curitiba, no Paraná, por ocasião da visita do ministro da Educação Gustavo Capanema, 1943. Datas como o Dia da Juventude (19 de abril) e o Dia da Pátria (7 de setembro) tinham a função de enaltecer a imagem do Brasil e do governo de Getúlio Vargas.

Os instrumentos de propaganda política

Com o objetivo de difundir a ideologia do Estado Novo entre as camadas populares, foi criado, em 1939, o **Departamento de Imprensa e Propaganda** (DIP). Ele tinha a tarefa de coordenar, orientar e centralizar as propagandas interna e externa, controlar as produções artísticas, dirigir o programa de radiodifusão oficial do governo e organizar manifestações cívicas, festas patrióticas, exposições e concertos. Submetido diretamente ao presidente, o DIP tornou-se um dos órgãos mais poderosos do período.

> "Ele [DIP] tinha o encargo de produzir material de propaganda, incentivando a produção de cartazes, objetos, espetáculos, livros e artigos enaltecedores do poder.
>
> Os organizadores da propaganda se valeram de símbolos e imagens na busca de consentimento e adesão da sociedade. A bandeira brasileira e a figura de Vargas foram os símbolos mais explorados nas representações visuais do Estado Novo."
>
> CAPELATO, Maria Helena. O Estado Novo: o que trouxe de novo? In: FERREIRA, Jorge; DELGADO, Lucília (Orgs.). *O tempo do nacional estatismo*: do início da década de 1930 ao apogeu do Estado Novo. 4. ed. Rio de Janeiro: Civilização Brasileira, 2011. p. 123. v. 2.

Página da cartilha *A juventude no Estado Novo*, elaborada pelo DIP, 1942. Na figura está escrito: *"Crianças! Aprendendo no lar e nas escolas o culto à Pátria, trareis para a vida prática todas as probabilidades de êxito".*

Além de atuar na repressão política, o DIP era responsável pela propaganda governamental, que era feita, sobretudo, mediante o controle dos grandes jornais e da produção cultural e por meio de cartilhas voltadas para crianças e jovens.

Na Rádio Nacional, verbas oficiais permitiam que um elenco de grandes estrelas reproduzisse nos programas os valores e comportamentos considerados adequados naquela época. O DIP interferia também na produção musical, incentivando canções que exaltavam o trabalho e combatiam a boemia.

Cerimônias públicas, voltadas principalmente para os jovens e os trabalhadores, procuravam estimular sentimentos cívicos. Essas cerimônias, comuns no Estado Novo, eram realizadas em estádios de futebol ou em outros locais que permitiam grandes concentrações populares.

Como é comum nos governos autoritários, o nacionalismo de Vargas insistia num tom ufanista, de exaltação patriótica, que projetava a imagem de uma nação única e homogênea, afinada com o projeto político do governo.

Jovens se apresentam em evento de homenagem ao Estado Novo. Rio Grande do Sul, c. 1940.

O teatro de revista

Uma das formas de arte que mais fizeram sucesso durante a era Vargas foi o teatro de revista, um espetáculo teatral acompanhado de dança, música e diálogos irônicos. Como o próprio nome diz, o teatro de revista era uma espécie de revisão dos fatos do cotidiano e da vida social e política do país, feita com muita ironia, crítica e humor.

Na peça *Você já foi à Bahia*, o personagem Anastácio, considerando-se muito esperto, resolve desmoralizar o burro Canário e acaba vítima de sua própria armadilha:

"Anastácio – ... Canário! Quantos filhos temos nós?

D. Stela (levantando-se) – Isso é que quero saber! (Canário bate uma vez)

Homem do burro – Um! Diz ele!

Anastácio – Ótimo!

D. Stela – Está convencido, seu queixo duro? O burro é um prodígio! (A plateia) Nós só temos uma filha! Ele acertou!

Anastácio – Eu estou bestificado! O burro é mesmo um prodígio!

Homem do burro – Ouça mais, senhor Anastácio Gonçalves Guimarães – Canário! Quantos filhos tem o senhor Anastácio?

(O burro desanda a bater sem parar mais)

D. Stela (indignada a Anastácio) – Ah! Desgraçado! Marido infiel! Eu quero conversar com este burro! (sobe para o palco perseguida por Anastácio. Homem do burro puxa o Canário) Espera aí, Canário! Eu quero saber mais!...

Anastácio (À plateia do palco) – Canário desgraçado! Rasgou o meu diploma de marido honesto!"

FREIRE, Junior; MARA, J. *Você já foi à Bahia?* Rio de Janeiro: SBAT, 1941. p. 23.

Apresentação de teatro de revista da Companhia Walter Pinto, Rio de Janeiro, c. 1940.

Pense e responda

- O teatro de revista é conhecido pelo seu humor irônico e satírico. Atualmente, um tipo de humor parecido pode ser encontrado nas comédias *stand-up*, em que o humorista fica sozinho no palco e fala sobre diversos assuntos. Para você, o humor pode ser utilizado para abordar qualquer assunto ou existem limites para o seu uso? Debata sua opinião com a classe.

O cinema e a propaganda

O cinema nacional teve um grande impulso durante a era Vargas. Por meio do Instituto Nacional de Cinema Educativo (Ince) e do DIP, o Estado Novo financiou, regulou, censurou e promoveu o cinema como instrumento auxiliar de ensino, como difusor da imagem de um Brasil moderno e como meio de reforçar o sentimento de brasilidade na população.

Filmes como *Descobrimento do Brasil* (1937) e *Os bandeirantes* (1940), do cineasta Humberto Mauro, encomendados e financiados pelo Estado Novo, são exemplos de produções cinematográficas que exaltavam o Brasil e sua história celebrando acontecimentos que estão no imaginário dos brasileiros.

O Estado Novo também foi a época em que surgiram as chanchadas, gênero cinematográfico que combinava elementos do circo, do carnaval, do rádio e do teatro de revista para construir cenas engraçadas e muitas vezes improvisadas. Com um humor inocente, temas corriqueiros e paródias de grandes estrelas de Hollywood, as chanchadas criaram a dupla mais famosa desse cinema popular e tipicamente nacional: Oscarito e Grande Otelo.

Cena do filme *Descobrimento do Brasil*, de Humberto Mauro, 1937.

A era do rádio

Quais aparelhos você costuma usar para ouvir suas músicas prediletas? É provável que sua resposta seja o celular ou um tocador de arquivos mp3, aparelhos que surgiram com a última grande revolução tecnológica e conquistaram bilhões de pessoas em todo o mundo, principalmente adolescentes.

Muitos adultos, no entanto, principalmente quando estão dentro de um automóvel, costumam ouvir músicas e notícias em um aparelho bem menos sofisticado do que os mp3 *players* atuais: o rádio. Nenhum outro aparelho e meio de comunicação esteve tão presente no dia a dia dos brasileiros das décadas de 1930 e 1940 quanto ele.

O rádio chegou oficialmente ao Brasil em 1922, com a transmissão de um discurso do presidente Epitácio Pessoa. Porém, foi nas duas décadas seguintes, quando o preço do aparelho se tornou mais acessível, que o país viveu a era de ouro do rádio.

Durante o Estado Novo, o rádio revelou-se um instrumento estratégico para difundir o sentimento de brasilidade por todo o país e enaltecer o regime. Consciente disso, em 1938, o governo Vargas lançou *A Hora do Brasil*, programa obrigatório que transmitia diariamente os principais atos do presidente, música brasileira e notícias de diversas regiões do Brasil. Em 1962, *A Hora do Brasil* passou a se chamar *Voz do Brasil*, sendo transmitida até os dias de hoje.

Família ouvindo rádio, charge de Seth, década de 1930.

Observe a charge acima. Que elementos revelam a época em que ela foi feita?

DE OLHO NA IMAGEM

Arte nacionalista

O movimento modernista, que despontou no Brasil nos anos 1920, esforçou-se por recuperar as raízes da cultura brasileira e expressar, na arte, os traços fundamentais da identidade nacional. O fato de o ideal nacionalista aproximar o Estado Novo da estética modernista levou o governo de Vargas a patrocinar e divulgar muitos artistas do período, como o paulista Candido Portinari.

Portinari iniciou seus estudos de pintura na Escola Nacional de Belas Artes em 1919 e, dez anos mais tarde, viajou para a França, onde conheceu os trabalhos da vanguarda artística europeia. De volta ao Brasil, o artista aproximou-se dos modernistas e desenvolveu uma pintura de temáticas sociais, como a tela *Café*, produzida dois anos antes da instauração do Estado Novo.

Café, pintura de Candido Portinari, 1935. Museu Nacional de Belas Artes, Rio de Janeiro.

Questões

Retome o roteiro da seção *Aprenda a fazer – ler uma imagem*, no início deste livro, para responder às questões.

1. A pintura de Portinari está dividida em três planos distintos. O que está representado em cada um desses planos?

2. Qual desses três planos é o mais importante para compreendermos a temática da obra? Por quê?

3. Portinari representa a produção cafeeira por meio dos personagens e da ação que eles realizam. Para isso, ele reforça na tela vários elementos que caracterizam esses dois temas. Indique quais são esses elementos e por que o artista decidiu representar a lavoura de café dessa maneira.

4. Quais temas e valores defendidos pelo governo de Getúlio Vargas podem ser identificados nessa pintura de Portinari?

TEMA 4

O Brasil na guerra e o fim do Estado Novo

Por que a participação brasileira na guerra, ao lado dos Aliados, contribuiu para o desgaste do Estado Novo?

O Brasil vai à guerra

Durante a Segunda Guerra Mundial, o bloqueio britânico aos navios mercantes alemães gerou uma queda acentuada no comércio entre Brasil e Alemanha. Ao mesmo tempo, as trocas comerciais entre o nosso país e os Estados Unidos aumentaram consideravelmente.

Capaz de oferecer materiais estratégicos para o esforço de guerra em andamento, o governo brasileiro acenou seu apoio tanto ao Eixo quanto aos Aliados, iniciando um "jogo duplo" em busca de vantagens econômicas para o Brasil. Assim, em troca de financiamentos para construir a Companhia Siderúrgica Nacional e para modernizar as Forças Armadas, o Brasil permitiu que tropas norte-americanas instalassem bases militares no Nordeste brasileiro. Em razão dessa aproximação, o país passou a fornecer borracha e minérios para a indústria bélica dos países Aliados.

A Alemanha, contrariada pela aproximação brasileira do bloco dos Aliados, atacou, com os seus submarinos, navios mercantes brasileiros nas águas do Mediterrâneo e do Atlântico, matando cerca de 600 pessoas. Diante dos acontecimentos, em agosto de 1942 o Brasil declarou guerra aos países do Eixo. Dois anos depois, foram enviadas tropas para combater os nazistas na Itália, conhecidas como **Força Expedicionária Brasileira** (FEB).

Repercussões da guerra no Brasil

Para o cidadão comum, a expansão da guerra na Europa provocou algumas mudanças. A escassez de produtos nas prateleiras foi uma delas, principalmente o pão e o leite. O combustível, também em falta, foi substituído nos ônibus e automóveis pelo gasogênio, o chamado "gás pobre", que expelia um cheiro que deixou lembranças desagradáveis aos que viveram aqueles dias de racionamento.

As atividades e associações de imigrantes italianos, alemães e japoneses, vindos dos países do Eixo, passaram a ser controladas. Os estados sulistas, onde era forte a presença de pessoas de origem italiana e alemã, foram bastante vigiados. Uma das medidas tomadas pelo governo foi a proibição do ensino de língua estrangeira nas escolas.

A economia brasileira, no entanto, foi beneficiada pela Segunda Guerra Mundial. Nos primeiros anos do conflito, o preço das matérias-primas e produtos agrícolas, que eram a base das exportações, subiu no mercado internacional, melhorando a balança comercial brasileira. O país também passou a produzir bens e mercadorias que até então vinham de fora.

Soldados brasileiros durante a Segunda Guerra Mundial, na Itália, setembro de 1944.

A batalha da borracha

Ao se aproximar dos Estados Unidos e entrar na guerra no bloco dos Aliados, o governo brasileiro tomou medidas para assegurar a contribuição do país no esforço de guerra. Uma delas foi organizar uma operação de emergência para o fornecimento de borracha para a indústria de guerra dos Estados Unidos. Com esse objetivo, o governo criou, em 1942, o Serviço Especial de Mobilização de Trabalhadores para a Amazônia (Semta). Por meio dele, aproximadamente 55 mil nordestinos, 30 mil deles somente do Ceará, foram recrutados para trabalhar nos seringais da Amazônia brasileira.

A propaganda governamental, habilmente, transformava os voluntários em heróis da vitória aliada e estimulava o trabalho com a promessa de prêmios e dinheiro. Assim, atraídos pelo sonho e fugindo da seca e da miséria, milhares de nordestinos se apresentaram para essa missão na floresta. Na batalha da borracha, os inimigos não eram os nazifascistas da Europa, mas talvez fossem mais fortes. Mais de 20 mil trabalhadores morreram vítimas da fome, das doenças tropicais e da insegurança no trabalho.

Trabalhadores defumam o látex para a produção da borracha na Amazônia, em dezembro de 1942.

O fim do Estado Novo

Ao final da guerra, quando várias ditaduras, como o regime fascista na Itália e o nazista na Alemanha, foram derrotadas, a situação política de Vargas tornou-se insustentável, mesmo com os avanços econômicos e trabalhistas ocorridos no país no período. No poder desde 1930, ficava cada vez mais difícil para Vargas explicar como a ditadura brasileira tinha lutado, no bloco dos países Aliados, contra governos totalitários na Europa.

No campo interno, apesar da censura e da repressão policial, a oposição pressionava o desgastado governo ditatorial por mudanças. Manifestações estudantis lideradas pela União Nacional dos Estudantes (UNE) contra o nazi-fascismo passaram a agitar o país.

Um dos episódios que mais contribuíram para a deposição de Vargas ocorreu ainda durante a guerra. Por lutar ao lado da União Soviética na guerra, o Brasil foi pressionado a anistiar e libertar os presos políticos. Em abril, o líder comunista Luís Carlos Prestes e outros presos políticos foram libertados e o Partido Comunista do Brasil (PCB) foi autorizado a funcionar.

A legalização do PCB, liderado por Luís Carlos Prestes, foi o acontecimento que faltava para deflagrar uma conspiração nos bastidores do governo, envolvendo militares de alta patente, opositores políticos e antigos aliados, para depor Vargas. Associado ao comunismo por seus inimigos políticos, Getúlio foi forçado pelos militares a renunciar em 29 de outubro de 1945.

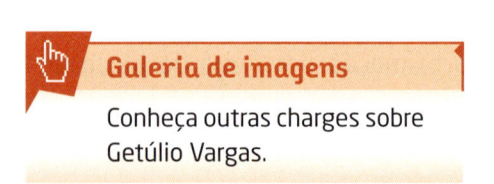

Galeria de imagens
Conheça outras charges sobre Getúlio Vargas.

Charge de César Lobo publicada na obra *História do Brasil para principiantes: de Cabral a Cardoso, 500 anos de novela*. A charge brinca com a associação entre as palavras popular e populismo.

A charge acima faz alusão à história de *Branca de Neve e os sete anões*. De que forma o caricaturista relacionou a figura de Getúlio Vargas a esse conhecido conto de fadas?

TEMA 5

O Brasil depois de 1945

Quais posições políticas antagônicas marcaram o segundo governo Vargas?

O retorno à democracia

O fim da ditadura de Vargas propiciou a criação de novos partidos. Entre eles, o **Partido Social Democrático** (PSD), identificado com as velhas elites agrárias estaduais, e a **União Democrática Nacional** (UDN).

A UDN, antigetulista, combatia a intervenção do Estado na economia e nas relações entre patrões e empregados e defendia a abertura da economia ao capital estrangeiro. O **Partido Trabalhista Brasileiro** (PTB) identificava-se com o nacionalismo e com o sindicalismo, respaldando-se na figura de Getúlio Vargas. O **Partido Comunista do Brasil** (PCB), legalizado com a liberdade partidária estabelecida em abril de 1945, seguia as orientações de Moscou.

Após a deposição de Vargas, o cargo de presidente da república foi provisoriamente ocupado pelo presidente do Supremo Tribunal Federal, José Linhares. No final de 1945, depois de quinze anos, os brasileiros voltaram a escolher o presidente do país. Essas eleições também definiram os parlamentares encarregados de elaborar uma nova Constituição para o país, a quarta da república.

Disputaram as eleições de 1945 o general Eurico Gaspar Dutra, candidato da coligação PSD-PTB, o brigadeiro Eduardo Gomes, da UDN, e Iedo Fiuza, pelo PCB. Até meados de novembro, a candidatura de Eduardo Gomes crescia, mas, dias antes das eleições, Getúlio Vargas declarou seu apoio a Dutra. Candidato até então inexpressivo, Dutra foi eleito com 55,35% dos votos e tomou posse no dia 31 de janeiro de 1946.

GLOSSÁRIO

Populismo: conceito utilizado por alguns historiadores para designar a política de centralização do poder e enaltecimento da imagem do governante por meio de ações que o aproximam das camadas populares urbanas.

Coligação: união; ligação; aliança de várias pessoas ou entidades.

Eleitores aguardam para votar em São Paulo, em dezembro de 1945.

A Constituição de 1946

A Constituição, promulgada em 18 de setembro de 1946, marcou o retorno da democracia à sociedade brasileira. A nova carta reconheceu vários direitos e liberdades individuais, como a livre manifestação de pensamento e a liberdade religiosa, a liberdade de associação e a ampla garantia de defesa do acusado.

A Constituição conservou o voto secreto e obrigatório para maiores de 18 anos e manteve os analfabetos excluídos das eleições. O direito de greve foi reconhecido aos trabalhadores, mas de forma extremamente restritiva: a legislação trabalhista classificou a maioria das ocupações como "atividades essenciais", proibindo, na prática, qualquer paralisação.

O governo Dutra

Assim que tomou posse, Dutra alinhou-se, praticamente de forma incondicional, aos Estados Unidos. No contexto da Guerra Fria, o Brasil rompeu relações diplomáticas com a União Soviética, fechou o PCB e cassou os mandatos de seus parlamentares.

Em relação à economia, o governo Dutra teve duas fases distintas. Na primeira, o governo liberou as importações. A medida foi um desastre, pois a importação desenfreada acabou com as reservas de moedas estrangeiras acumuladas durante a guerra.

Na segunda fase, entre 1947 e 1950, o governo favoreceu a importação de itens considerados essenciais para a produção industrial, como máquinas e equipamentos, e restringiu a importação de outros artigos.

O combate à inflação foi o centro da política econômica interna do governo e foi feito por meio da redução drástica da emissão de moedas e dos gastos públicos. Mesmo enfrentando sérias adversidades, os dois últimos anos do governo Dutra registraram crescimento econômico, resultado de um maior intervencionismo do Estado na economia.

Remember, charge de Théo, publicada na revista *Careta* em agosto de 1947.

A charge ao lado satiriza a relação entre o presidente Dutra e outra figura política. Que figura é essa? Como o artista critica essa relação? Justifique.

JECA — Mas até aqui, neste lugar solitário, "tem" o retrato do Rebeco?!
DUTRA — Nem por um minuto, Jeca, devo perdê-lo de vista...

O segundo governo Vargas

"Bota o retrato do velho outra vez... bota no mesmo lugar". Assim começava a marchinha que saudava o retorno de Getúlio Vargas à presidência da república em 1950, dessa vez eleito pelo voto direto.

Nas eleições de 1950, Vargas derrotou o candidato apoiado por Dutra, retornando à presidência da república e mostrando que seu prestígio político ainda era muito forte.

Vargas recebeu de Dutra um país com desequilíbrio nas contas públicas e elevada inflação, mas logo essas dificuldades foram contornadas. Em 1951, a inflação caiu, as exportações superaram as importações, a indústria de base foi ampliada e o crescimento econômico do país atingiu 7%. Porém, nos anos seguintes, esses avanços econômicos foram em parte reduzidos, principalmente porque os Estados Unidos diminuíram os recursos para investimentos no Brasil. Além disso, a inflação continuou alta, encarecendo o custo de vida, sobretudo do trabalhador.

O cenário político do segundo governo Vargas foi marcado pela instabilidade e por uma intensa polarização. De um lado estava o nacional-estatismo, representado por Vargas, que defendia o fortalecimento do capitalismo nacional, a criação de empresas estatais em setores estratégicos, a ampliação de leis sociais e de políticas públicas intervencionistas. Do outro, o liberal-conservadorismo, que pregava a liberalização (desregulamentação) da economia e do mercado de trabalho, a abertura do mercado nacional a investimentos estrangeiros e o alinhamento incondicional do país aos Estados Unidos.

Com auxílio da grande imprensa, a oposição a Vargas se empenhou em desqualificar seu governo e mobilizar a população contra o presidente. Seus opositores criticavam não apenas a administração e a política econômica estatal, como também acusavam Vargas de ser corrupto e violento.

Desfile de posse de Getúlio Vargas, no Rio de Janeiro, em janeiro de 1951. Apesar da forte oposição ao seu governo, a figura de Vargas ainda possuía um enorme apelo popular no início da década de 1950.

A política de desenvolvimento industrial

Com o objetivo de diversificar a produção industrial, em 1952 foi criado o **Banco Nacional de Desenvolvimento Econômico** (BNDE). A instituição tinha a tarefa de financiar novos projetos públicos e privados para o desenvolvimento econômico do Brasil, como os de reaparelhamento de portos e ferrovias e de ampliação do potencial elétrico. Em 1953 Vargas assinou a lei que criou a **Petrobras** e, no ano seguinte, propôs a criação da **Eletrobras** com o objetivo de construir usinas geradoras de energia elétrica para suprir a demanda do país. Porém, o projeto enfrentou forte oposição e a empresa só foi instalada em 1962.

Vista aérea da Usina Hidrelétrica de Itaipu, em Foz do Iguaçu (PR), em 2009. Atualmente, a Eletrobras controla grande parte dos sistemas de geração e transmissão de energia elétrica do Brasil. Além disso, a empresa, em nome do governo brasileiro, detém metade do capital da Usina de Itaipu Binacional.

GLOSSÁRIO

Homonímia: situação de pessoas que possuem o mesmo nome sem que exista necessariamente um laço de parentesco entre elas.

O fim do governo Vargas

O jornalista Carlos Lacerda, proprietário do jornal *Tribuna de Imprensa*, era o líder da oposição a Getúlio. Nas colunas do seu jornal, Lacerda fazia uma série de acusações políticas e pessoais contra Vargas. Muitas delas eram infundadas, como mostra o texto a seguir:

> "Lacerda ressuscitou duas histórias que envolviam a juventude de Getúlio e dois assassinatos.
>
> Na primeira, Getúlio, então com 15 anos, [...] foi estudar e morar com os irmãos mais velhos. Uma briga boba entre estudantes gaúchos e paulistas evoluiu para algo sério. Em um tiroteio, morreu um paulista. Protásio, irmão de Getúlio, foi preso. [...] Lacerda reviveu a história como se Getúlio tivesse feito parte do caso. [...]
>
> O outro caso ocorreu em 1920. Uma índia de Inhacorá (RS) foi estuprada por dois sujeitos, que mataram outros dois índios. Eles fugiram, mas foram identificados: Leriano Rodrigues de Almeida e Getúlio Dornelles de Vargas. [...] era um caso de homonímia: havia outro Getúlio Dornelles "de" Vargas, filho de agricultores, sem parentesco com o presidente."

LIMA, Cláudia de Castro. O jovem Getúlio Vargas. *Aventuras na História*, n. 106, maio 2012, p. 36-37.

A crise política se agravou quando, em 5 de agosto de 1954, o chefe da segurança de Vargas, Gregório Fortunato, articulou uma tentativa frustrada de assassinato de Lacerda. O jornalista sobreviveu, mas o major da Aeronáutica que o acompanhava, Rubens Vaz, foi assassinado.

Após o episódio, oficiais superiores e subalternos das Forças Armadas foram pressionados nos jornais a derrubarem o presidente. Entre renunciar ou sofrer um golpe militar, o presidente recorreu à saída trágica: na noite de 24 de agosto de 1954, no Palácio do Catete, Vargas pôs fim à sua vida com um tiro no peito. Deixou uma carta-testamento, acusando seus inimigos internos, aliados a grupos estrangeiros, de serem os responsáveis pelas dificuldades enfrentadas pelo povo brasileiro.

A comoção pelo suicídio de Vargas espalhou-se por todo o país. Motins populares irromperam em várias cidades, sedes dos principais jornais e partidos políticos de oposição, além da embaixada dos Estados Unidos, no Rio de Janeiro, foram depredadas. Essas manifestações impediram a tomada do poder pelos militares. Assim, o vice-presidente Café Filho assumiu a presidência, garantindo a realização das eleições em 1955.

Milhares de pessoas acompanham o cortejo fúnebre de Getúlio Vargas no Rio de Janeiro, 25 de agosto de 1954. CPDOC/Fundação Getúlio Vargas, Rio de Janeiro.

REVISANDO

A REVOLUÇÃO DE 1930 E O GOVERNO PROVISÓRIO

1. A **crise econômica de 1929** contribuiu para enfraquecer o poder das oligarquias brasileiras, favorecendo a renovação política no Brasil e a eclosão da Revolução de 1930.

2. Após a queda de Washington Luís, Getúlio Vargas assumiu o **Governo Provisório**, composto por representantes das **elites estaduais** vitoriosas e por **militares**.

3. A **Constituição de 1934** formalizou o direito de **voto às mulheres**, estabelecido pela reforma eleitoral de 1932, e instituiu medidas que beneficiavam os trabalhadores.

4. A revolta planejada pela Aliança Nacional Libertadora para **derrubar Vargas** e instaurar um novo governo, deflagrada em 1935, foi rapidamente debelada. Ficou conhecida como a **Intentona Comunista**.

O ESTADO NOVO

1. A revelação, em 1937, de um suposto plano comunista para a tomada do poder no país (**Plano Cohen**) serviu de **pretexto** para a dissolução do Congresso e a **instauração do Estado Novo**.

2. O Estado Novo, instaurado em 1937, caracterizou-se pela **supressão das liberdades civis** e dos direitos políticos, pela **censura** e pela **propaganda** de exaltação do governo.

3. Durante o Estado Novo, houve um expressivo crescimento econômico, impulsionado, sobretudo, pela **iniciativa estatal**, além de uma política de **ampliação de direitos trabalhistas** e de **cooptação dos sindicatos**.

4. No terreno da cultura e da educação, o Estado Novo foi marcado pela **expansão do ensino**, pela popularização do **rádio**, pela difusão do **ideal nacionalista** e pela valorização de uma **identidade brasileira**.

5. A **vitória dos Aliados**, incluindo o Brasil, na Segunda Guerra Mundial contribuiu para aumentar as **pressões pela derrubada da ditadura** no Brasil. Pressionado pelos militares, Getúlio renunciou.

O BRASIL APÓS O ESTADO NOVO

1. O governo do general **Eurico Gaspar Dutra** se destacou pela promulgação da **Constituição de 1946**, fundamentada nos **princípios liberais e democráticos**, pelo alinhamento político ao governo dos Estados Unidos e por dificuldades econômicas.

2. **Getúlio Vargas venceu as eleições de 1950** e retornou à presidência da república. Seu governo fortaleceu o capitalismo nacional e a economia do país voltou a crescer.

3. Pressionado pela campanha da oposição e da grande imprensa e sem apoio dos militares, **Vargas cometeu suicídio** em agosto de 1954.

PARA LER

▶ *De Getúlio a Getúlio*: o Brasil de Dutra e Vargas, 1945 a 1954

Francisco Fernando Monteoliva Doratioto e José Dantas Filho. 6. ed. São Paulo: Atual, 1991. (Coleção História em documentos)

Sinopse

A obra tem como tema o período político brasileiro imediatamente posterior ao fim do Estado Novo. Traz vários documentos (textos oficiais, depoimentos de época, letras de músicas, textos literários, artigos de jornal, charge, fotos etc.) referentes ao governo do general Eurico Gaspar Dutra e ao segundo governo de Getúlio Vargas. Ao explorar vasta documentação de época, a obra contribui para o entendimento de um conturbado período da nossa política.

Capa do livro paradidático *De Getúlio a Getúlio*: o Brasil de Dutra e Vargas, 1945 a 1954.

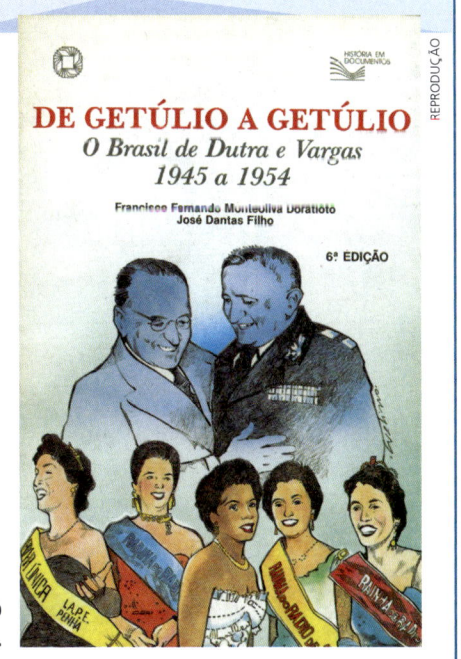

ATIVIDADES

ORGANIZAR O CONHECIMENTO

1. Exponha as razões que contribuíram para a eclosão da Revolução de 1930.

2. O Estado Novo teve um caráter contraditório. Politicamente caracterizou-se como uma ditadura, mas, do ponto de vista econômico e social, foi responsável por promover importantes avanços no país. Explique essa contradição.

3. Getúlio Vargas voltou à presidência da república nas eleições de 1950. Sobre o seu segundo mandato, responda às questões a seguir.
   a) Que medidas econômicas marcaram o governo de Vargas? Quais eram os seus objetivos?
   b) Cite os principais fatores que levaram à crise política do governo Vargas.
   c) Qual era a relação de Vargas com o jornalista Carlos Lacerda? Explique.

APLICAR

4. Getúlio Vargas foi, com certeza, a figura pública brasileira que mais inspirou os cartunistas dos anos 1930-1950, que encontraram, nas ações e na personalidade do presidente, ideias para criar charges repletas de humor e crítica política. Veja, a seguir, uma dessas charges.

A vontade do freguez..., charge de Belmonte publicada no jornal *Folha da Noite* em maio de 1937.

   a) Belmonte representa Getúlio Vargas em três períodos distintos de sua carreira política. Identifique-os.
   b) Relacione cada momento político do governo de Getúlio com as vestimentas e os discursos representados na charge.
   c) É possível perceber, por essa charge, qual é a posição de Belmonte em relação ao governo Vargas?

5. (Enem-MEC) "De março de 1931 a fevereiro de 1940, foram decretadas mais de 150 leis novas de proteção social e de regulamentação do trabalho em todos os seus setores. Todas elas têm sido simplesmente uma dádiva do governo. Desde aí, o trabalhador brasileiro encontra nos quadros gerais do regime o seu verdadeiro lugar."

DANTAS, M. A força nacionalizadora do Estado Novo. Rio de Janeiro: DIP, 1942. In: BERCITO, S. R. *Nos tempos de Getúlio*: da Revolução de 30 ao fim do Estado Novo. São Paulo: Atual, 1990.

A adoção de novas políticas públicas e as mudanças jurídico-institucionais ocorridas no Brasil, com a ascensão de Getúlio Vargas ao poder, evidenciam o papel histórico de certas lideranças e a importância das lutas sociais na conquista da cidadania. Desse processo resultou a:

a) criação do Ministério do Trabalho, Indústria e Comércio, que garantiu ao operariado autonomia para o exercício de atividades sindicais.
b) legislação previdenciária, que proibiu migrantes de ocuparem cargos de direção nos sindicatos.
c) criação da Justiça do Trabalho, para coibir ideologias consideradas perturbadoras da "harmonia social".
d) legislação trabalhista que atendeu reivindicações dos operários, garantindo-lhes vários direitos e formas de proteção.
e) decretação da Consolidação das Leis Trabalhistas (CLT), que impediu o controle estatal sobre as atividades políticas da classe operária.

6. Leia o texto a seguir para responder às questões.

"Vários artigos da Constituição de 1934 viriam beneficiar a mulher [...]. Estabelece-se que sem distinção de sexo, a todo trabalho de igual valor correspondente salário igual [...]. No entanto, a lei do salário igual por trabalho igual não impedia o desnivelamento entre os honorários masculinos e femininos. [...] A justificativa era de que 'o trabalho fácil, feito por mulheres e crianças' estava bem pago com uma remuneração inferior ao masculino."

Nosso Século. 1930/1945: a era de Vargas. São Paulo: Abril Cultural, 1980. p. 100, v. 3.

a) O texto acima fala sobre uma lei estabelecida pela Constituição de 1934. Que lei é essa e que setor ela beneficiava?
b) De acordo com o texto, essa lei efetivou-se na prática? Justifique.

7. Atualmente, podemos afirmar que homens e mulheres que executam a mesma função recebem o mesmo salário no Brasil? Vamos agora fazer uma pequena investigação sobre o assunto.

   Sob a orientação do seu professor, organize um grupo com os colegas para realizar uma entrevista com 10 mulheres do seu bairro ou da sua cidade que exerçam alguma profissão remunerada. Perguntem a elas se, no local onde trabalham, as mulheres recebem o mesmo salário que os homens para desempenhar a mesma função. Façam um relatório com o resultado da pesquisa e o levem para a sala. Realizem um debate geral na classe com base nas conclusões das entrevistas. Não se esqueça de **fundamentar** suas opiniões nos dados obtidos na pesquisa ou em outras **evidências**. **Escute** os colegas com atenção e **questione** suas posições caso perceba que elas não têm fundamentação.

Arte

Arte imigrante

Com o intuito de forjar uma nova cultura brasileira, o Estado Novo patrocinou uma série de artistas ligados à Semana de Arte Moderna de 1922. Outros artistas, no entanto, geralmente imigrantes ou filhos de imigrantes, eram marginalizados pela "arte oficial do Estado". Esses artistas retratavam as peculiaridades da cultura brasileira sem a grandiosidade da arte oficial. O quadro a seguir, do pintor italiano Fulvio Pennacchi, é um exemplo dessa arte periférica.

Soltando balão, pintura de Fulvio Pennacchi, 1946. Acervo Banco Itaú.

8. Responda às questões sobre a pintura.

   a) Qual é o aspecto da cultura brasileira escolhido pelo artista como tema da sua obra?

   b) Descreva como Pennacchi retratou esse aspecto da cultura na obra.

   c) Compare o quadro de Fulvio Pennacchi com a pintura *Café*, de Candido Portinari, reproduzida na página 146. Quais são as semelhanças e as diferenças entre as duas obras? De qual das duas você mais gostou? Por quê?

COMPREENDER UM TEXTO ARGUMENTATIVO

O pintor paulista Candido Portinari (1903-1957) produziu diversas obras sobre o Brasil encomendadas pelo governo de Getúlio Vargas. Por causa disso, ele foi alvo de muitas críticas, e suas obras, de interpretações polêmicas. O texto a seguir exprime esse intenso debate a respeito da ligação do artista com o governo Vargas.

Portinari, um artista controverso

"Portinari pagou caro por se ligar ao Estado Novo, aceitar suas numerosas encomendas, tornar-se produto de exportação e emblema do país. [...] Teria estado empenhado na grandificação do governo que o apadrinhou e do 'homem brasileiro', dentro daquela estratégia nacionalista e populista que acompanha os totalitarismos [...]. Por sucesso e dinheiro, teria traído seus ideais esquerdistas, servindo a um regime de direita. Chamado aqui e ali de 'pintor oficial', passou a ser tratado quase como um oportunista [...].

Claro, o Estado Novo torturou e liquidou comunistas, promovia desfiles em estádios ao som de portentosos orfeões [...] e entregou Olga Benário, mulher de Prestes, judia e grávida, para a morte certa na Alemanha. Mas, ao mesmo tempo [...], não hesitava em utilizar a esquerda quando e onde lhe convinha, algo impensável no verdadeiro fascismo e no nazismo. [...] Nas singulares alianças de Getúlio com a modernidade de arquitetos, poetas e pintores, parece-me que, se oportunismo houve, foi do astuto ditador [...].

Cacau, pintura da série *Ciclos econômicos*, de Candido Portinari, 1938. Obra executada para decorar o salão de audiências do Palácio Gustavo Capanema, Rio de Janeiro.

A questão do engajamento em arte não está em moda, num planeta que só fala de globalização e no qual nos comunicamos por *e-mail* através de milhares de quilômetros no espaço. Ademais, não me parece que a arte possa fazer a revolução: pode, quando muito, contribuir (modestamente) para as tomadas de consciência individuais ou coletivas que a preparam. [...] Por outro lado, toda arte é engajada, não com ideologias específicas, mas com a causa do humanismo. O projeto de Portinari, fundamentalmente humanista e perfeitamente cabível em seu momento, era, como se sabe, fazer denúncia social, representando na pintura a pobreza do país e suas agruras.

Acontece que, desde o final dos anos 30, esse projeto e o interesse do Estado, em determinada medida, confluem. Se o artista quer falar de sua gente, também o governo quer ver seu povo nas paredes dos museus e em mostras no exterior [...]. Aproveitando seu patrocínio, Portinari não pintava a revolução vitoriosa [...] e sim o povo miserável e sofrido.

Reside aí a chave para a 'absolvição' de Portinari: foi ele que usou o Estado Novo, não o contrário. [...] Dizer que Portinari foi pintor oficial [...] é simplesmente não ter olhado e visto, e lido, a mais importante das encomendas que recebeu: os 12 murais sobre os ciclos econômicos [...]. Mostram trabalhadores em algum instante da labuta, carregando sacos de café, defumando rolos de borracha, garimpando no rio, fundindo minério, descascando cacau. O tom é grave, o colorido, baixo, severo, predominando ocres e marrons. Nenhum triunfalismo. [...] Olhares são desconcertados e tristonhos. Aqui, o trabalho não enobrece, é penoso.

Esse brasileiro nada tem a ver com o herói dos murais grandiloquentes de Diego Rivera e Orozco [muralistas mexicanos], muito menos com o herói ariano dos delírios hitleristas. É um indivíduo derrotado pela vida. Faz parte do universo dos desvalidos [...]."

ARAÚJO, Olívio Tavares de. A "absolvição" de Portinari.
O Estado de S.Paulo, 31 jul. 2011.
Disponível em www.estadao.com.br. Acesso em 6 jun. 2014.

Atividades

EXPLORAR O TEXTO

1. Por que, segundo o autor, Candido Portinari pagou caro por se ligar ao Estado Novo? Que críticas o artista recebeu?

2. Esse texto foi classificado como argumentativo. Por quê? Que posição defende o autor? Que argumentos ele apresenta para defender sua opinião?

3. Que elementos da pintura *Cacau* poderiam confirmar os argumentos utilizados no texto?

4. Explique a frase: "Se o artista quer falar de sua gente, também o governo quer ver seu povo nas paredes dos museus e em mostras no exterior".

RELACIONAR

5. Que relação podemos estabelecer entre o texto do autor e as palavras abaixo? Os dois expressam o mesmo ponto de vista?

   "A obra de Portinari não é a exaltação do 'modelo getulista', não representa o compromisso do artista com o poder [...]. Trabalhando para o governo, o artista desmascara os mitos do poder, integrando em sua expressão os marginalizados que, com a força de seu braço, constituem o esteio do desenvolvimento."

   FABRIS, Annateresa. *Portinari, pintor social*.
   São Paulo: Perspectiva, 1990. p. 139.

6. Em 1934, Portinari afirmou, em entrevista ao jornal *Folha da Noite*, estar "com os que acham que não há arte neutra. Mesmo sem nenhuma intenção do pintor, o quadro indica sempre um sentido social". Você concorda com essa ideia? Ela faz sentido para as exposições ou manifestações artísticas que você observa atualmente? No caso da obra *Cacau*, você reconhece a intenção social do artista? Qual seria?

GLOSSÁRIO

Orfeão: coro; conjunto de cantores.
Labuta: trabalho árduo e penoso.
Ocre: cor de argila.

Representação figurativa da disputa entre os Estados Unidos (simbolizados pela águia Sam) e a União Soviética (simbolizada pelo urso Misha), por áreas de influência durante a Guerra Fria.

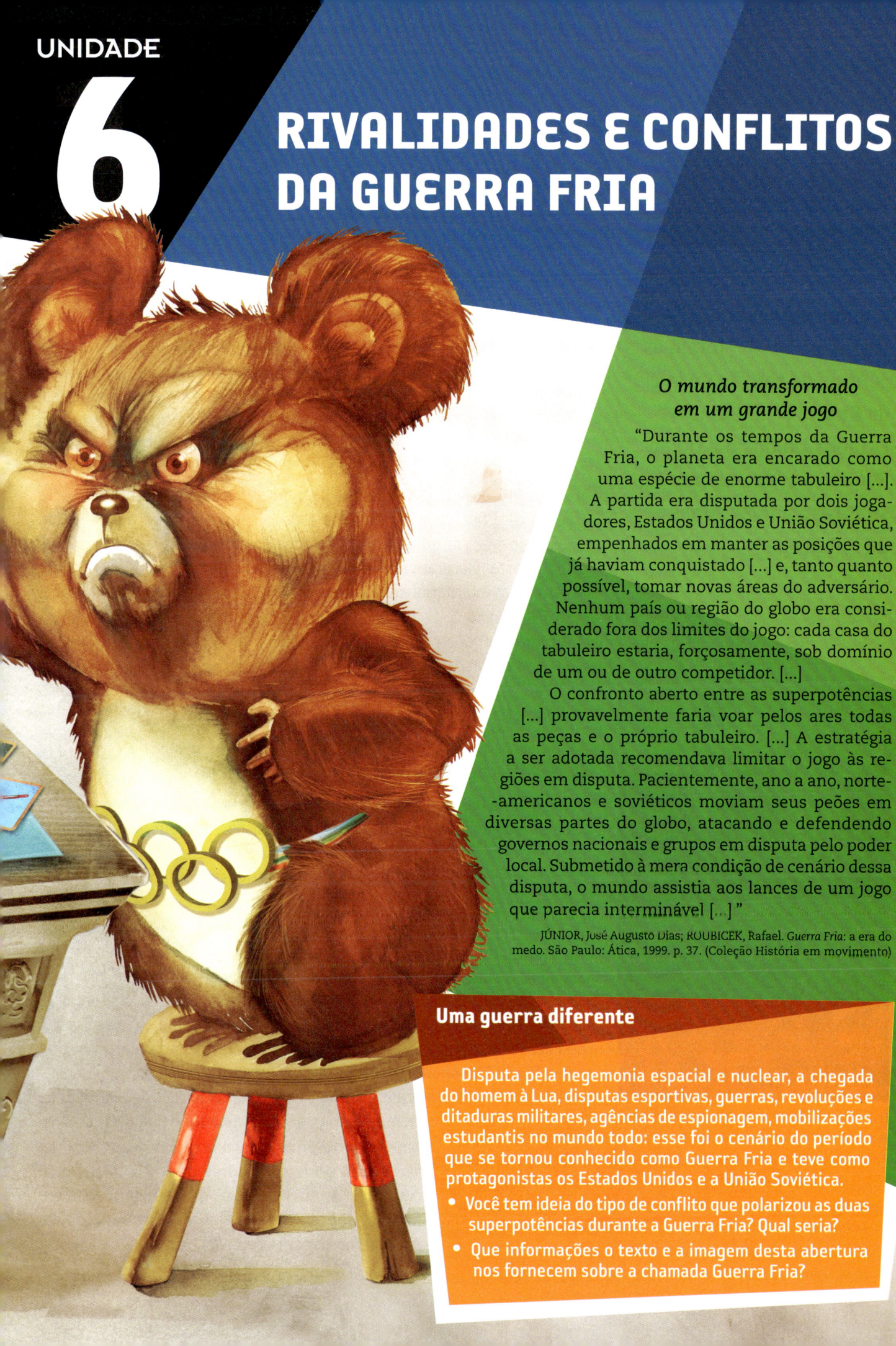

UNIDADE 6
RIVALIDADES E CONFLITOS DA GUERRA FRIA

O mundo transformado em um grande jogo

"Durante os tempos da Guerra Fria, o planeta era encarado como uma espécie de enorme tabuleiro [...]. A partida era disputada por dois jogadores, Estados Unidos e União Soviética, empenhados em manter as posições que já haviam conquistado [...] e, tanto quanto possível, tomar novas áreas do adversário. Nenhum país ou região do globo era considerado fora dos limites do jogo: cada casa do tabuleiro estaria, forçosamente, sob domínio de um ou de outro competidor. [...]

O confronto aberto entre as superpotências [...] provavelmente faria voar pelos ares todas as peças e o próprio tabuleiro. [...] A estratégia a ser adotada recomendava limitar o jogo às regiões em disputa. Pacientemente, ano a ano, norte-americanos e soviéticos moviam seus peões em diversas partes do globo, atacando e defendendo governos nacionais e grupos em disputa pelo poder local. Submetido à mera condição de cenário dessa disputa, o mundo assistia aos lances de um jogo que parecia interminável [...]"

JÚNIOR, José Augusto Dias; ROUBICEK, Rafael. *Guerra Fria*: a era do medo. São Paulo: Ática, 1999. p. 37. (Coleção História em movimento)

Uma guerra diferente

Disputa pela hegemonia espacial e nuclear, a chegada do homem à Lua, disputas esportivas, guerras, revoluções e ditaduras militares, agências de espionagem, mobilizações estudantis no mundo todo: esse foi o cenário do período que se tornou conhecido como Guerra Fria e teve como protagonistas os Estados Unidos e a União Soviética.

- Você tem ideia do tipo de conflito que polarizou as duas superpotências durante a Guerra Fria? Qual seria?
- Que informações o texto e a imagem desta abertura nos fornecem sobre a chamada Guerra Fria?

TEMA 1

A Guerra Fria

Por que a Alemanha e a cidade de Berlim foram os centros de tensão no início da Guerra Fria? Como os Estados Unidos e a União Soviética consolidaram as suas respectivas zonas de influência?

As origens do conflito

A Segunda Guerra Mundial destruiu a ordem internacional existente até então. As antigas potências europeias caíram e, em seu lugar, o mundo observou a ascensão dos Estados Unidos e da União Soviética. Assim, quando a derrota alemã na Segunda Guerra já se tornava evidente em 1944, os projetos dessas duas grandes potências para o pós-guerra começavam a se afirmar.

Em 1945, os principais líderes aliados reunidos nas conferências de Ialta (fevereiro) e Potsdam (17 de julho-2 de agosto) definiram a partilha do mundo em áreas de influência dos Estados Unidos e da União Soviética. Eles também estabeleceram a divisão da Alemanha e de sua capital, Berlim, em quatro zonas internacionais: francesa, britânica, soviética e norte-americana.

A frágil aliança desenvolvida entre Estados Unidos e União Soviética durante a Segunda Guerra foi substituída pela disputa entre eles ao final do conflito, resultando na chamada **Guerra Fria**. Essa rivalidade recebeu esse nome porque a tensão entre essas superpotências nunca se concretizou em um enfrentamento direto entre elas.

A ofensiva dos Estados Unidos

Os Estados Unidos saíram da Segunda Guerra mais fortes: suas perdas humanas eram bem menores que as dos países europeus, sua economia cresceu, além de terem o monopólio das armas nucleares. Todo esse cenário favorável influenciou para que o país tivesse confiança em se voltar contra aquele que considerava seu verdadeiro inimigo: a União Soviética.

Em 1947, o então presidente dos Estados Unidos, Harry Truman, se dirigiu ao Congresso do país e fez um pronunciamento comprometendo-se a prestar assistência a qualquer país que precisasse conter o avanço do comunismo no território. Esse discurso lançou as bases da **Doutrina Truman**, uma ofensiva contra a expansão comunista no mundo. Nesse mesmo ano, o governo estadunidense pôs em prática o Programa de Recuperação Europeia, conhecido como **Plano Marshall**. Por meio dele, os Estados Unidos concediam empréstimos a juros baixos aos governos europeus ocidentais para auxiliá-los a reconstruir suas economias, seriamente devastadas pela guerra.

A última etapa da ofensiva norte-americana no início da Guerra Fria se deu em 1949, com a criação da Organização do Tratado do Atlântico Norte (**Otan**), reunindo os países da Europa Ocidental, os Estados Unidos e o Canadá em uma aliança militar permanente. O objetivo da organização era assegurar a defesa de seus membros contra a ameaça do avanço soviético.

Da esquerda para a direita, os líderes aliados Winston Churchill (Grã-Bretanha), Franklin Roosevelt (Estados Unidos) e Joseph Stalin (União Soviética), na Conferência de Ialta, 1945. A foto, tirada dois meses antes da morte do presidente Roosevelt, transformou-se em símbolo da ordem internacional que nasceu ao fim da Segunda Guerra Mundial.

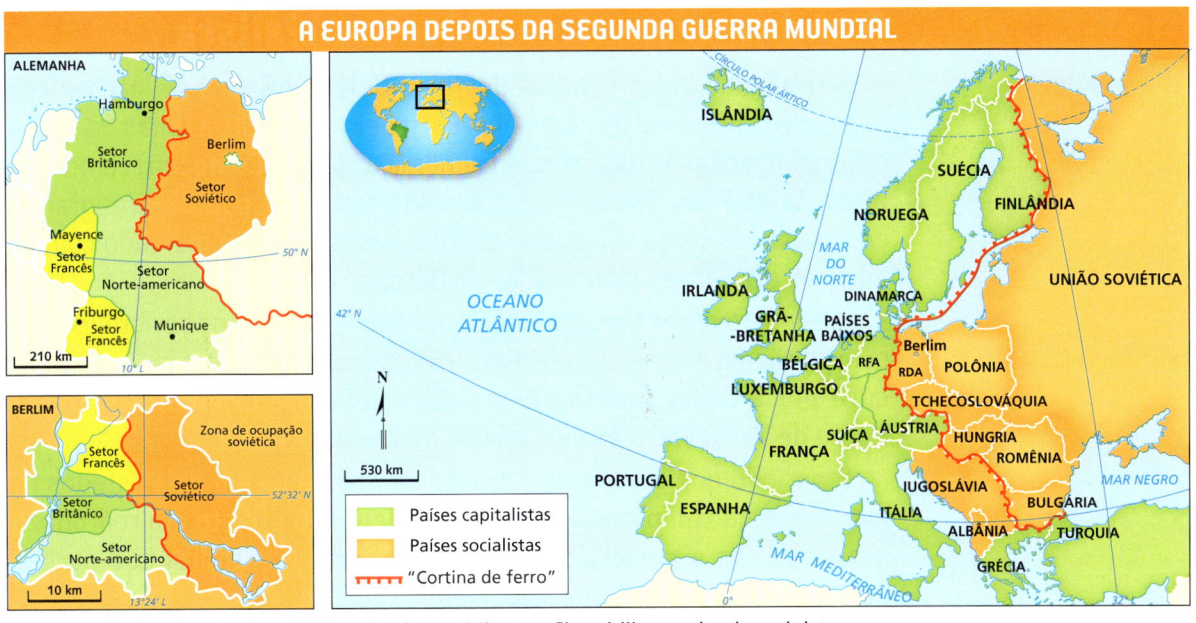

A EUROPA DEPOIS DA SEGUNDA GUERRA MUNDIAL

Fonte: CHALIAND, Gérard; RAGEAU, Jean-Pierre. *Atlas stratégique*. Paris: Complexe, 1988. p. 40 e 97.

A expressão "cortina de ferro" foi cunhada por Winston Churchill, ex-primeiro-ministro britânico, em 1946, referindo-se ao isolamento de alguns países europeus, sob o regime soviético, em relação ao restante do continente.

A contraofensiva soviética

A União Soviética havia cumprido um papel decisivo na derrota nazista na Europa e chegou ao final do conflito devastada pelos combates travados contra os alemães na frente oriental. Em um primeiro momento, portanto, ela precisou dedicar prioridade absoluta à sua reconstrução.

Temendo que a aceitação dos recursos do Plano Marshall ameaçasse seus interesses na Europa Oriental, a União Soviética pressionou as democracias populares da região a recusarem a ajuda. Assim, como uma resposta ao avanço norte-americano, foi criado, em setembro de 1947, o Comitê de Informação dos Partidos Comunistas e Operários (**Cominform**), com a finalidade de coordenar e controlar ideologicamente as ações dos Partidos Comunistas da Europa Oriental.

Por meio do Cominform, os soviéticos finalmente ocupavam o seu posto, na ponta oposta à dos Estados Unidos, no mundo bipolarizado da Guerra Fria.

O bloqueio de Berlim

Em junho de 1948, Estados Unidos, Grã-Bretanha e França anunciaram o desejo de reforçar a integração alemã à Europa Ocidental e unificaram as três zonas de ocupação em uma zona econômica única. O mesmo aconteceu com os três setores de Berlim, originando Berlim Ocidental.

A União Soviética, temendo a ameaça de uma Berlim capitalista e unificada na zona de ocupação soviética, decretou o bloqueio de Berlim Ocidental. Porém, sem obter sucesso nessa ação, em maio de 1949 decidiu suspendê-lo.

Em setembro desse mesmo ano foi criada a República Federal da Alemanha (RFA), reunindo as zonas de ocupação norte-americana, britânica e francesa e com capital em Bonn. No mês seguinte, era fundada a República Democrática Alemã (RDA), no lado soviético e com capital em Berlim Oriental.

GLOSSÁRIO

Democracia popular: termo utilizado para designar o regime político socialista surgido após a Segunda Guerra Mundial na Europa Oriental. Os países que compunham esse bloco eram Polônia, Hungria, Tchecoslováquia, Iugoslávia, Bulgária, Romênia, Albânia e República Democrática Alemã (RDA).

Soldados entregam sacos de carvão dos Estados Unidos a moradores de Berlim Ocidental depois de chegar àquela parte da cidade através de um dos corredores aéreos que ligavam Berlim Ocidental ao oeste da Alemanha. Foto de setembro de 1948.

GLOSSÁRIO
Economia planificada: modelo de organização econômica típico dos países socialistas em que o Estado, por meio de planos elaborados por um órgão central, determina o que deve ser produzido, em que condições, em qual quantidade e para quem. As metas de produção (agrícola, industrial, energética etc.) são estabelecidas de acordo com as necessidades identificadas na sociedade e dos recursos disponíveis para isso.

O endurecimento no bloco socialista

A rivalidade entre Estados Unidos e União Soviética se intensificou após a divisão formal da Alemanha. Em janeiro de 1950, a União Soviética criou o Conselho de Assistência Econômica Mútua (**Comecon**) como uma resposta ao Plano Marshall. O Conselho tinha por objetivo integrar as economias do bloco socialista, criando bases para um mercado comum entre as economias planificadas da Europa.

Em agosto desse mesmo ano, Stalin anunciava que os soviéticos também possuíam a arma nuclear. Em 1955, como resposta à criação da Otan, em 1949, a União Soviética e os países da Europa Oriental formaram o **Pacto de Varsóvia**, a aliança militar do bloco soviético.

O período que se seguiu à divisão da Alemanha em dois Estados foi marcado pela *stalinização* da Europa Oriental. O projeto era reproduzir nesses países o modelo soviético de economia centralizada e partido único, além da sua organização militar e policial.

O Muro de Berlim

Na década de 1950, Berlim Ocidental passava por um processo de crescimento econômico, possibilitado pelos recursos recebidos por meio do Plano Marshall. A parte oriental da cidade, no entanto, não recebia a mesma ajuda financeira da União Soviética, absorvida, no período, pelos custos de reconstrução do país. Dessa forma, muitos habitantes da parte leste de Berlim emigravam para a parte ocidental da cidade.

Em agosto de 1961, visando conter esse afluxo de pessoas que deixavam Berlim Oriental, o governo da Alemanha Oriental construiu o Muro de Berlim, separando fisicamente as duas partes da cidade. Chamado por muitos de "muro da vergonha", ele foi um símbolo da divisão do mundo em dois blocos: capitalista e socialista.

Teste seu conhecimento

Construção do Muro de Berlim por oficiais da Polícia do Povo, órgão da República Democrática Alemã. Berlim Oriental, 13 de agosto de 1961. O muro tinha 155 quilômetros de extensão, 302 torres de observação e 127 quilômetros de redes eletrificadas com alarmes.

A histeria anticomunista nos Estados Unidos

Nos Estados Unidos, o processo de exacerbação da Guerra Fria também se verificou a partir da década de 1950. Nesse período, a campanha anticomunista atingiu o auge no país, como podemos notar no discurso proferido pelo senador norte-americano Joseph McCarthy denunciando a propagação de comunistas no território.

> "Como uma das nossas proeminentes figuras históricas uma vez disse: 'quando uma grande democracia é destruída, não será em razão dos inimigos de fora, mas sim por causa dos inimigos de dentro.' [...] A razão pela qual nós nos encontramos em uma posição de impotência não é porque o nosso único inimigo poderoso potencial enviou homens para invadir nossas costas, mas sim por causa das ações traidoras daqueles que foram muito bem tratados por esta nação. [...] Isso é uma verdade evidente no Departamento de Estado. [...] Em minha opinião, o Departamento de Estado, que é um dos departamentos governamentais mais importantes, está completamente infestado de comunistas."

Discurso do senador Joseph McCarthy em Wheeling, Virgínia Ocidental, 20 de fevereiro de 1950. (tradução nossa). Disponível em http://college.cengage.com/history/ayers_primary_sources/mccarthy_wheeling_1950.htm. Acesso em 16 jan. 2014.

O discurso do senador teve enorme repercussão, espalhando certa histeria na sociedade norte-americana. Em 1953 e 1954, McCarthy presidiu o Comitê de Atividades Antiamericanas do Congresso, período em que conduziu um verdadeiro processo de "caça às bruxas" que ficou conhecido como **macarthismo**. Cidadãos foram perseguidos por suspeita de serem socialistas, comunistas ou mesmo liberais críticos à política norte-americana. Durante o macarthismo, pessoas eram presas, demitidas de seus empregos, proibidas de trabalhar, além de passarem por interrogatórios, muitos dos quais transmitidos pela televisão para todo o país.

"Tio Sam" forçando as nações da Europa Ocidental a assinarem o Tratado do Atlântico Norte (Otan). Charge russa da Revista *Krokodil*, 1949.

Observe a imagem. Qual é a principal crítica presente nessa charge?

Pense e responda

- No discurso do senador McCarthy, quem eram os mais perigosos inimigos dos Estados Unidos na Guerra Fria? Que tipo de ação esse discurso visava legitimar?

A crítica de Charles Chaplin

O diretor e ator britânico Charles Chaplin (1889-1977) foi uma das vítimas da perseguição do macarthismo nos Estados Unidos, país onde produziu seus filmes mais conhecidos. Criador do famoso personagem Carlitos (O Vagabundo), Chaplin foi um crítico da desumanização criada pela sociedade industrial, guiada pelo supremo interesse do lucro. No filme *Monsieur Verdoux*, de 1947, o diretor faz uma crítica ácida ao capitalismo e ao militarismo. Incluído na lista negra de Hollywood durante o macarthismo, Chaplin, em 1952, deixou os Estados Unidos e foi viver na Europa.

Questão

- Identifique a crítica feita por Chaplin por meio do personagem do filme *Monsieur Verdoux*. Você concorda com a crítica feita nesse filme? Justifique.

Charles Chaplin em cena do filme *Monsieur Verdoux*, de 1947. No final do filme, o protagonista, um assassino em série, representado por Chaplin, ao ser condenado à morte declara: "quando um assassino mata alguns é um vilão, mas se mata milhões é um herói".

TEMA 2

Reformas e contestações na Guerra Fria

De que forma o Maio de 68 e a Revolução Húngara de 1956 expressavam o descontentamento das sociedades tanto com o modo de vida americano quanto com o regime soviético?

As reformas do capitalismo na Europa Ocidental

O cenário do pós-guerra na Europa era desolador. Muitas das grandes cidades foram seriamente danificadas pelas invasões e pelos bombardeios. O parque industrial dos países envolvidos no conflito estava praticamente destruído. Temia-se, na época, que essa situação de pobreza generalizada pudesse favorecer o avanço do comunismo na Europa Ocidental.

É nesse contexto de extrema dificuldade e de temor da ameaça comunista que podemos entender a ajuda financeira dos Estados Unidos aos países da Europa Ocidental, por meio do Plano Marshall, e a formação de um modelo de governo preocupado com a educação, a saúde e os direitos sociais dos trabalhadores, o chamado **Estado de bem-estar social** (*Welfare State*).

A política econômica e social desenvolvida na Europa Ocidental teve origem nas teorias do economista inglês John Maynard Keynes (1883-1946), que pregava um modelo de Estado mais regulamentador, que impulsionasse investimentos na produção e se comprometesse com programas de desenvolvimento social. Conhecido como *keynesianismo*, esse foi o modelo adotado pelo presidente Franklin Roosevelt, nos Estados Unidos dos anos 1930, para combater os efeitos da crise econômica de 1929.

A intervenção do Estado na promoção de benefícios sociais se combinava com uma política de controle da economia, centrada em programas de estatização de setores estratégicos de cada país, como o sistema financeiro, os meios de transporte, a produção de energia e as comunicações, em parceria com a iniciativa privada.

O resultado da reorientação do papel do Estado foi a formação de um enorme contingente de pessoas beneficiadas pelos serviços por ele prestados. Pela primeira vez os serviços públicos passaram a ser vistos como obrigação do Estado e direito do cidadão.

O Estado de bem-estar social, além de garantir educação, saúde e outros serviços públicos de qualidade, proporcionou aos trabalhadores acesso a artigos de consumo, como automóveis e viagens de férias. No entanto, mesmo garantindo a permanência da democracia e do capitalismo, as reformas promovidas pelos governos social-democratas não conseguiram evitar movimentos de contestação ao capitalismo dentro do bloco ocidental, como você estudará a seguir.

CONQUISTAS DO ESTADO DE BEM-ESTAR SOCIAL

Expectativa de vida (anos)

País	1900	1950
Estados Unidos	47	68
Grã-Bretanha	48	69
França	46	66
Alemanha	44	66

PNB per capita (US$ 1.000)

País	1900	1950
Estados Unidos	3,8	8,5
Grã-Bretanha	3,7	5,6
França	2,2	4,1
Alemanha	1,7	2,5

Fonte: SZARFENBERG, Ryszard. *Theory and Practice of the Welfare State in Europe*. Institute of Social Policy, 2010. Disponível em www.ips.uw.edu.pl/rszarf/welfare-state. Acesso em 3 jun. 2014.

Cerca de 10 mil estudantes saem em protesto nas ruas do bairro Quartier Latin, em Paris, França, 6 de maio de 1968. O movimento reuniu, ao lado de estudantes, mais de 6 milhões de trabalhadores que paralisaram suas atividades pela extensão dos direitos trabalhistas adquiridos por meio do Estado de bem-estar social.

Maio de 1968: contestação no interior do bloco capitalista

O mais célebre movimento de contestação ao capitalismo ocorrido no interior do bloco ocidental foi o **Maio de 68**, na França. O movimento começou no dia 2 de maio motivado pelo fechamento da Universidade de Nanterre, nos arredores de Paris, depois de os estudantes ocuparem a universidade em protesto contra a burocracia da instituição. Logo o movimento recebeu a adesão de outros estudantes e tomou as ruas de Paris, criticando o conservadorismo dos costumes e denunciando tanto o autoritarismo soviético quanto o imperialismo norte-americano.

Ao mesmo tempo, os operários entraram em greve por melhores salários, jornada de trabalho de 40 horas semanais e outros direitos trabalhistas. O movimento terminou em junho, quando o governo conservador que venceu as eleições na França dissolveu os grupos de esquerda, proibiu as manifestações e coagiu os operários a retornarem ao trabalho.

1956: revolução no bloco soviético

Manifestações pela liberdade também ameaçavam a ordem soviética. No dia 23 de outubro de 1956, uma mobilização de estudantes no centro de Budapeste iniciava a **Revolução Húngara**. O movimento começou com manifestações silenciosas de apoio às lutas por democracia que ocorriam na Polônia e logo se transformou em uma grande insurreição popular que reuniu estudantes, operários e intelectuais.

Em poucos dias, greves se espalham pelo país, conselhos operários tomam o poder nas fábricas, populares assaltam os depósitos de armamentos e atacam a odiada polícia secreta húngara. Após três dias de guerra civil, o governo comunista aliado a Moscou é deposto e assume Imre Nagy. Ele põe fim à ditadura de partido único e declara sua intenção de construir uma via nacional para o socialismo húngaro. As tropas soviéticas deixam a Hungria.

No dia 1º de novembro, o novo governo anunciou a retirada da Hungria do Pacto de Varsóvia e sua neutralidade na Guerra Fria. A decisão ameaçava a hegemonia soviética na Europa Oriental. Por isso, a resposta de Moscou foi rápida e implacável. No dia 4, tropas soviéticas ocuparam novamente o país e a repressão foi brutal: 20 mil húngaros mortos, 200 mil exilados, 22 mil presos e mais de 300 condenados à morte e executados, incluindo o líder, Imre Nagy.

Tanques soviéticos ocupam o centro de Budapeste durante a repressão à Revolução Húngara de 1956.

> **Sugestão**
>
> **Filme:** *Malcolm X*
> Direção: Spike Lee
> País: Estados Unidos
> Ano: 1992
> Duração: 192 min

A luta das mulheres e dos negros

As mobilizações que marcaram a Guerra Fria também se voltaram, em alguns países, contra a opressão sofrida pelas mulheres no cotidiano e na família. Após a Segunda Guerra, elas conquistaram o direito ao voto na maior parte dos países ocidentais e passaram a representar uma parcela cada vez mais expressiva da força de trabalho urbana. Porém, mesmo conquistando direitos e espaço na vida pública, continuavam responsáveis pela criação dos filhos e pelos cuidados com a casa.

Por essa razão, a década de 1960 marcou uma nova fase na luta das mulheres, muito mais rompedora. Era o **movimento feminista**, que teve como centro os Estados Unidos. Não se tratava apenas do direito à educação e à atividade política, mas de estabelecer uma nova forma de relacionamento entre homens e mulheres, de garantir a autonomia da mulher sobre seu corpo e sua sexualidade. Não por acaso foi nessa década que foi lançada, nos Estados Unidos, a primeira pílula anticoncepcional, que se tornou um símbolo da emancipação das mulheres.

Nos Estados Unidos, enquanto as mulheres lutavam por liberdade e igualdade de direitos, os negros protestavam contra a brutalidade policial, a segregação e pela conquista dos direitos civis. Os discursos sobre a igualdade feitos pelo pastor e líder do **movimento negro**, Martin Luther King, atraíam multidões. O mais célebre desse discurso, *Eu tenho um sonho*, de 1963, resume o quadro de discriminação imposto aos negros no país:

> "[...] Há quem esteja perguntando aos devotos dos direitos civis 'quando vocês ficarão satisfeitos?'. Jamais estaremos satisfeitos enquanto o negro for vítima dos desprezíveis horrores da brutalidade policial. [...] Jamais estaremos satisfeitos enquanto nossas crianças tiverem suas individualidades e dignidades roubadas por cartazes que dizem 'exclusivo para brancos'. Jamais estaremos satisfeitos enquanto um negro no Mississípi não puder votar [...]. Digo a vocês hoje, meus amigos, que, apesar das dificuldades de hoje e de amanhã, ainda tenho um sonho. [...] Tenho um sonho de que meus quatro filhos viverão um dia em uma nação onde não serão julgados pela cor de sua pele, mas pelo teor de seu caráter. [...]"
>
> Trechos do discurso de Martin Luther King em Washington, 28 de agosto de 1963. Disponível em www.palmares.gov.br/sites/000/2/download/discursodemartinlutherking.pdf. Acesso em 22 jan. 2014.

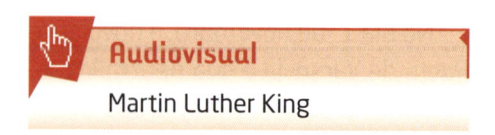

Audiovisual
Martin Luther King

Martin Luther King discursa na Marcha de Washington, nos Estados Unidos, em 28 de agosto de 1963.

TEMA 3
Revoluções e guerras no mundo bipolar

Quais conflitos armados durante a Guerra Fria melhor representaram a mundialização da ordem bipolar? Quais foram os resultados desses conflitos?

A revolução socialista na China

A China é hoje uma das maiores economias do mundo. Você provavelmente tem ou já teve algum produto que, em sua etiqueta, estava escrito: *made in China*. Você sabe quais mudanças ocorreram na China ao longo do século XX que possibilitaram que ela se transformasse na potência que é hoje?

Até o início do século XX, o enfraquecido Império Chinês já não conseguia evitar que as grandes potências ocidentais explorassem os recursos naturais e o mercado consumidor do país. Esse panorama se alterou em 1911, quando um movimento nacionalista depôs o último imperador e proclamou a república. O descontentamento social, porém, se manteve. A partir daí, vários grupos iniciaram uma guerra civil pelo poder: entre eles, um movimento revolucionário de inspiração socialista, liderado por **Mao Tsé-tung**.

Após uma longa guerra civil, o movimento revolucionário derrotou o governo capitalista e chegou ao poder, apoiado pelos camponeses, estabelecendo a República Popular da China, em 1949.

O novo governo estatizou a atividade industrial, confiscou as grandes propriedades, parte dos bens dos camponeses médios e criou fazendas coletivas, nas quais os camponeses mantinham apenas a propriedade sobre os animais, os objetos pessoais e familiares.

Em 1958, a fim de incrementar a produção, foram criadas cooperativas rurais e também novas indústrias. Essas iniciativas econômicas ficaram conhecidas como o **Grande Salto para a Frente**. O programa de comunização da agricultura estabelecido pelo Grande Salto desorganizou a produção e resultou na morte de mais de 20 milhões de camponeses, vítimas da escassez de alimentos que atingiu o país entre 1958 e 1960.

Após a morte de Mao Tsé-tung, em 1976, o regime socialista na China sofreu profundas mudanças. O novo dirigente, Deng Xiaoping, introduziu um programa de reformas econômicas de inspiração capitalista sem que isso diminuísse o domínio do Partido Comunista no país. Por meio desse processo, denominado por alguns de socialismo de mercado e por outros de capitalismo de Estado, a China passou a incentivar a instalação de multinacionais em seu território. Em contrapartida, o Estado manteve o controle dos salários, dos sindicatos, dos preços dos itens de consumo e do valor da moeda. Esse sistema está vigente no país até os dias de hoje.

> **Dialogando com Geografia**

Soldados do Exército Vermelho leem o *Livro vermelho* de Mao Tsé-tung, em 1969.

A Guerra da Coreia

A Alemanha não foi o único país dividido após a Segunda Guerra. No leste da Ásia, outra divisão surgiu, e esta, ao contrário do caso alemão, se mantém até hoje.

Em agosto de 1945, o Japão foi derrotado no Pacífico, assinalando o fim definitivo da Segunda Guerra Mundial. A Coreia, ocupada pelos japoneses desde 1910, foi libertada e, em seguida, dividida. Forças norte-americanas ocuparam o sul da península coreana, enquanto tropas soviéticas se estabeleceram no norte.

O fracasso das eleições livres de 1948 agravou a divisão entre os dois lados e, desde então, um governo socialista estabeleceu-se no norte, enquanto uma administração capitalista firmou-se no sul. Depois disso, as tensões entre as duas partes se intensificaram, apesar de seus dirigentes manterem negociações visando reunificar o país. As hostilidades mútuas se transformaram em guerra aberta em junho de 1950, quando as forças do norte invadiram o sul.

A União Soviética declarou apoio às tropas do norte. A Organização das Nações Unidas (**ONU**), criada em 1945, condenou a invasão e enviou tropas para a região, formadas principalmente de soldados norte-americanos. A aproximação das tropas dos Estados Unidos da fronteira com a China arrastou também a jovem república chinesa para o conflito, reforçando o bloco dos norte-coreanos e soviéticos. A guerra só terminou em julho de 1953, com a assinatura do armistício e a divisão da Coreia em dois Estados: a **Coreia do Sul**, capitalista, e a **Coreia do Norte**, socialista.

Tropas norte-americanas e soldados sul-coreanos se protegem em uma vala próxima ao Rio Naktong, na parte sul da Coreia, em 19 de setembro de 1950. A Guerra da Coreia opôs as duas superpotências, acirrando rivalidades e gerando receios no mundo a respeito de um possível enfrentamento direto entre elas.

O drama das famílias separadas pela guerra

Com a divisão da Coreia, milhares de famílias foram separadas e impossibilitadas de manterem contato. Posteriormente elas se encontraram algumas vezes, mas os encontros eram geralmente esparsos e sujeitos às oscilações nas relações entre a Coreia do Norte e a Coreia do Sul, como mostra o texto abaixo:

"A Coreia do Norte rejeitou [...] a proposta da Coreia do Sul de organizar no final deste mês [janeiro de 2014] uma nova reunião de famílias separadas pela Guerra da Coreia. [...] A Coreia do Norte mencionou os exercícios militares anuais programados para os próximos meses por Seul e Washington em território e águas sul-coreanas como 'um obstáculo' [...], o governo da Coreia do Sul 'lamenta' que o regime de Kim Jong-un 'insista em vincular assuntos puramente humanitários como os reencontros familiares com temas políticos e militares'. [...] As duas Coreias realizaram seu primeiro evento de reunificação de famílias em 1985, mas as habitualmente tensas relações bilaterais impediram que os encontros se tornassem regulares. Após um parêntese de 15 anos, entre 2000 e 2010 ocorreram 18 reuniões, que permitiram um breve reencontro de mais de 3.800 familiares após décadas de separação."

Coreia do Norte rejeita retomar reuniões de famílias separadas pela guerra. In: *Agência EFE*, 9 jan. 2014. Disponível em www.efe.com/efe/noticias/portugal/mundo/pyongyang-nega-retomar-reuni-familias-separadas-pela-guerra/6/60017/2210988. Acesso em 20 jan. 2014.

Questões

1. Qual foi, segundo a notícia, a principal razão alegada pelo governo da Coreia do Norte para suspender o encontro entre famílias coreanas do norte e do sul, previsto para o ano de 2014?

2. Imagine que você faz parte de uma família separada pela divisão da Coreia e vive na Coreia do Sul. Escreva uma carta para a sua família que reside do outro lado da fronteira. Conte a eles como é a sua vida, como você se sente em relação a essa separação e, principalmente, como você avalia a situação atual das duas Coreias.

A independência da Indochina

A luta pela independência da Indochina, colônia francesa desde meados do século XIX, começou na década de 1930. O movimento era liderado pelo *Vietminh*, uma frente ampla pela libertação nacional dirigida pelos comunistas.

Em 1954, os franceses foram expulsos da Indochina. Acordos de paz celebrados em Genebra, na Suíça, decidiram a criação do Laos, do Camboja e a divisão do Vietnã em duas partes. O norte, socialista, seria liderado por Ho Chi Minh, e o sul, capitalista, comandado por Bao Dai (veja o mapa ao lado).

No Vietnã do Sul, era grande o descontentamento com o governante, nomeado pelos Estados Unidos. Aproveitando a situação, revolucionários do Vietnã do Norte, com a ajuda da União Soviética e da China, formaram a Frente de Libertação do Vietnã do Sul, cujos membros eram chamados de **vietcongs**. O objetivo era combater a intervenção norte-americana e reunificar o Vietnã, sob um regime socialista.

A Guerra do Vietnã

Em 1964, os Estados Unidos entraram oficialmente na Guerra do Vietnã, determinados a impedir a formação de mais um país socialista na Ásia.

Os investimentos dos Estados Unidos na guerra foram muito altos. Além de armamentos, sensores, aviões e dinheiro, eles enviaram, ao todo, cerca de 2 milhões de soldados para combater ao lado do exército sul-vietnamita. Usaram ainda produtos químicos para desfolhar a vegetação e dificultar a ação dos *vietcongs* e o **napalm**, uma espécie de bomba incendiária. Mesmo combatendo em condições adversas, as guerrilhas *vietcongs* impunham derrotas ao poderoso exército norte-americano, que cometia uma série de abusos e crimes enquanto ia perdendo a guerra. Essas ações foram condenadas pelo resto do mundo e também por boa parte da população dos Estados Unidos, que saía às ruas para protestar contra a guerra.

Desgastados e desmoralizados, os Estados Unidos sofreram a maior derrota militar de sua história: em 1975, os *vietcongs* entraram em Saigon, obrigando os últimos norte-americanos, seus simpatizantes e outros estrangeiros a fugir em dezenas de helicópteros. A cidade escolhida para ser a capital do Vietnã unificado, sob um regime socialista, foi Hanói, no norte do país, que já era capital do Vietnã do Norte.

A DIVISÃO DA INDOCHINA (1954)

Fonte: HILGEMANN, Werner; KINDER, Hermann. *Atlas historique*. Paris: Perrin, 1992. p. 512.

A menina Kim Phuc e outras crianças fogem de um bombardeio de napalm lançado pelo exército dos Estados Unidos em um povoado do então Vietnã do Sul, 1972. Museu de Arte de Mead, Estados Unidos.

Observe essa imagem. Qual é a característica mais evidente da Guerra do Vietnã nessa foto?

A Revolução Cubana

Desde 1898, quando Cuba se tornou independente da Espanha, até 1959, quando era governada pelo ditador Fulgêncio Batista, os governos cubanos sempre contaram com o apoio dos Estados Unidos. A economia do país, baseada na agroindústria açucareira, era totalmente dependente das importações e dos capitais norte-americanos.

Entre 1956 e 1959, um movimento guerrilheiro, liderado, entre outros, por Fidel Castro e Ernesto "Che" Guevara, derrubou o governo, e seus líderes tomaram o poder em Cuba. O novo governo confiscou e estatizou propriedades norte-americanas e realizou a reforma agrária. Dois anos depois, em 1961, Cuba se proclamou um país socialista.

O regime socialista eliminou o analfabetismo, reduziu a mortalidade infantil e o desemprego no país. O acesso à moradia e à saúde pública foi facilitado. No terreno político, porém, foi implantado um regime nos moldes soviéticos, caracterizado pela ditadura de um partido único (o Partido Comunista) e pela supressão das liberdades democráticas. Em 1962, os Estados Unidos decretaram o bloqueio econômico e político a Cuba e, no mesmo ano, Cuba foi expulsa da Organização dos Estados Americanos (OEA).

A crise dos mísseis

Em abril de 1961, com o objetivo de derrubar o governo revolucionário de Fidel Castro, os Estados Unidos, sob o então governo do presidente John Kennedy, tentaram invadir a Baía dos Porcos, no sul de Cuba. No entanto, a ação fracassou, aumentando ainda mais as tensões entre os dois países.

A tentativa de invasão levou Cuba a estabelecer, em 1962, uma aliança com o regime de Moscou, que se concretizou com a instalação de mísseis soviéticos na ilha caribenha. No jogo perigoso da Guerra Fria, Cuba se transformava em peça estratégica para a ação das duas potências na América Latina.

Fidel Castro discursa em Havana, Cuba, em janeiro de 1959.

O governo de Washington reagiu decretando o bloqueio naval a Cuba e exigindo a retirada imediata dos mísseis do país. O evento criou um clima de enorme tensão internacional. Durante treze dias, o mundo acreditou estar à beira de uma nova guerra mundial, desta vez de proporções nucleares.

Sob a supervisão da ONU, os soviéticos concordaram em retirar os mísseis de Cuba, sob a condição de os Estados Unidos retirarem da Turquia os armamentos nucleares que estavam voltados para a União Soviética, de suspenderem o bloqueio a Cuba e não fazerem uma nova tentativa de invasão da ilha. A crise dos mísseis foi superada, mas o bloqueio econômico e político a Cuba perdura ainda hoje.

DE OLHO NO TEXTO

O embargo a Cuba

Qual é o posicionamento da comunidade internacional em relação à sanção econômica imposta a Cuba?

"A Assembleia Geral das Nações Unidas (ONU) aprovou hoje [29 de outubro de 2013] uma resolução que solicita o fim do embargo dos Estados Unidos a Cuba. Com 188 votos favoráveis, dois contrários e três abstenções, o organismo multilateral renovou pelo 22º ano consecutivo o pedido para encerramento da sanção.

A resolução sobre a 'necessidade de colocar fim ao bloqueio econômico, comercial e financeiro imposto pelos Estados Unidos a Cuba' está acompanhada de um relatório do secretário-geral da ONU, Ban Ki-moon, que apresenta as respostas dos Estados-membros do organismo. O embargo foi imposto em fevereiro de 1962.

O fim do embargo é expressamente defendido pelo Programa das Nações Unidas para o Desenvolvimento (Pnud). 'A situação em 2012 foi similar à dos anos anteriores. O bloqueio afeta as relações econômicas externas de Cuba e seus efeitos podem ser observados em todas as esferas das atividades sociais e econômicas do país', indicou a agência da ONU.

A Comissão Econômica para a América Latina e Caribe (Cepal) acrescentou que Cuba vem se modernizando, mas que o bloqueio representa um entrave às mudanças que o governo de Raúl Castro começou a realizar. 'Os avanços no processo de atualização do modelo econômico são obstaculizados pelo bloqueio e a inclusão de Cuba, desde 1982, na lista norte-americana dos Estados que patrocinam o terrorismo', sinalizou a Cepal. A Cepal considerou que, no ano passado [2012], o governo dos Estados Unidos não fez esforços para diminuir o impacto do bloqueio. 'Os danos acumulados de 1962 até dezembro de 2011 representam mais de US$ 1 bilhão, segundo o último relatório disponível em Havana', informou.

Apesar do acumulo de prejuízo, Cuba vem realizando mudanças. O governo Raúl Castro aprovou uma nova política de migração, que facilita as viagens de cubanos ao exterior e também a chegada de turistas à ilha. Do mesmo modo, os Estados Unidos, desde o ano passado [2012], aumentaram o prazo de vistos de turismo para cubanos, de seis meses para cinco anos."

FELIPE, Leandra. ONU aprova pelo 22º ano consecutivo resolução que pede fim do embargo a Cuba. In: *Agência Brasil*, 29 out. 2013. Disponível em http://memoria.ebc.com.br/agenciabrasil/noticia/2013-10-29/onu-aprova-pelo-22%C2%BA-ano-consecutivo-resolucao-que-pede-fim-do-embargo-cuba. Acesso em 23 maio 2014.

GLOSSÁRIO

Obstaculizar: criar obstáculos; dificultar.

Questões

IDENTIFICAR

1. Qual é a posição defendida pela ONU sobre o embargo imposto a Cuba desde 1962?

2. Quais são, para a sociedade cubana, as consequências do prolongado bloqueio econômico estabelecido pelos Estados Unidos?

CONCLUIR

3. Quais motivos explicam a manutenção das sanções econômicas dos Estados Unidos a Cuba? Para responder, retome o texto da unidade e as informações da notícia que você acabou de ler. Pesquise na internet as informações necessárias para complementar sua resposta.

4. Quais mudanças vêm ocorrendo em Cuba nos últimos anos? O regime socialista permanece no país? Qual é sua posição a respeito do embargo econômico imposto a Cuba pelos Estados Unidos? Para responder a essas questões, realize uma pesquisa na internet levantando informações sobre a atual situação de Cuba e sobre os efeitos do embargo econômico para a população. Com base nos dados coletados, redija um texto argumentativo expondo suas conclusões. Retome o roteiro da seção *Aprenda a fazer – um texto argumentativo*, no início deste livro, para **construir um texto claro, organizado e com argumentos baseados em evidências objetivas**.

TEMA 4

A questão judaico-palestina

Qual é a origem do conflito entre judeus e árabes na Palestina? Por que as negociações pela paz não avançam entre os dois povos?

A imigração judaica para a Palestina

Se há um conflito contemporâneo do qual praticamente todo o mundo já ouviu falar é a disputa entre judeus e palestinos no Oriente Médio. Você sabe a origem desse conflito na Palestina?

A Palestina foi o local onde os judeus (hebreus) se estabeleceram e desenvolveram a sua civilização na Antiguidade. No século I a.C., ao ser conquistada por Roma, a Palestina recebeu o nome de Judeia. Alguns anos depois, os judeus organizaram uma grande revolta contra o domínio romano, que foi violentamente reprimida. Depois disso, a maior parte dos judeus se refugiou em vários outros territórios, mantendo, porém, sua identidade cultural.

Nos séculos seguintes, muitos judeus se estabeleceram na Europa Central e Oriental, onde as perseguições contra eles eram constantes. Foi nessa parte da Europa que nasceu, no século XIX, o movimento político conhecido como **sionismo** (de Sion, uma colina situada em Jerusalém), que defendia a reunião dos judeus de todo o mundo em um Estado judaico e soberano na Palestina, território que, na ocasião, pertencia ao Império Otomano. Assim, a partir do final do século XIX, grupos de judeus passaram a imigrar para a região.

Após a derrota otomana na Primeira Guerra Mundial, a Palestina passou ao domínio britânico. Paralelamente, a imigração de judeus para o território crescia ano a ano.

Imigrantes judeus esperam, aglomerados a bordo do navio *Êxodo*, autorização dos britânicos para aportarem no porto de Haifa. Palestina, 18 de julho de 1947.

O apoio internacional à causa judaica

O movimento sionista propunha a criação de um "lar nacional para os judeus". Apesar das pressões do movimento, até a década de 1930, a causa judaica não era um tema relevante para a comunidade internacional. O que aconteceu, a partir dessa época, que fortaleceu o movimento sionista?

A resposta, como você já deve saber, é o Holocausto. Ao final da Segunda Guerra Mundial, pessoas do mundo inteiro tomaram conhecimento do massacre de milhões de judeus pela política nazista de Hitler. Além disso, a população judaica que havia sobrevivido ao Holocausto, em geral sem recursos para garantir sua sobrevivência, era vista como um encargo que os governos europeus não estavam dispostos a assumir.

A criação do Estado de Israel

A Palestina, porém, não era uma terra desocupada. Ela era habitada por povos de diferentes origens, entre eles os palestinos, população de origem árabe que era maioria no território. Quando o afluxo de judeus para a Palestina se intensificou, começaram os conflitos entre judeus e árabes.

À medida que cresciam as hostilidades, surgiam organizações judaicas que praticavam atos terroristas contra a ocupação inglesa e contra os árabes. Quando a situação se tornou insustentável, a ONU aprovou, em 1947, a divisão da Palestina em dois Estados: um árabe e outro judeu.

A criação do Estado de Israel, no ano seguinte, com apoio dos Estados Unidos e da União Soviética, provocou a reação contrária dos países árabes e resultou na primeira guerra árabe-israelense. Os israelenses foram vitoriosos e ampliaram o território originalmente estabelecido pela ONU (veja os mapas.)

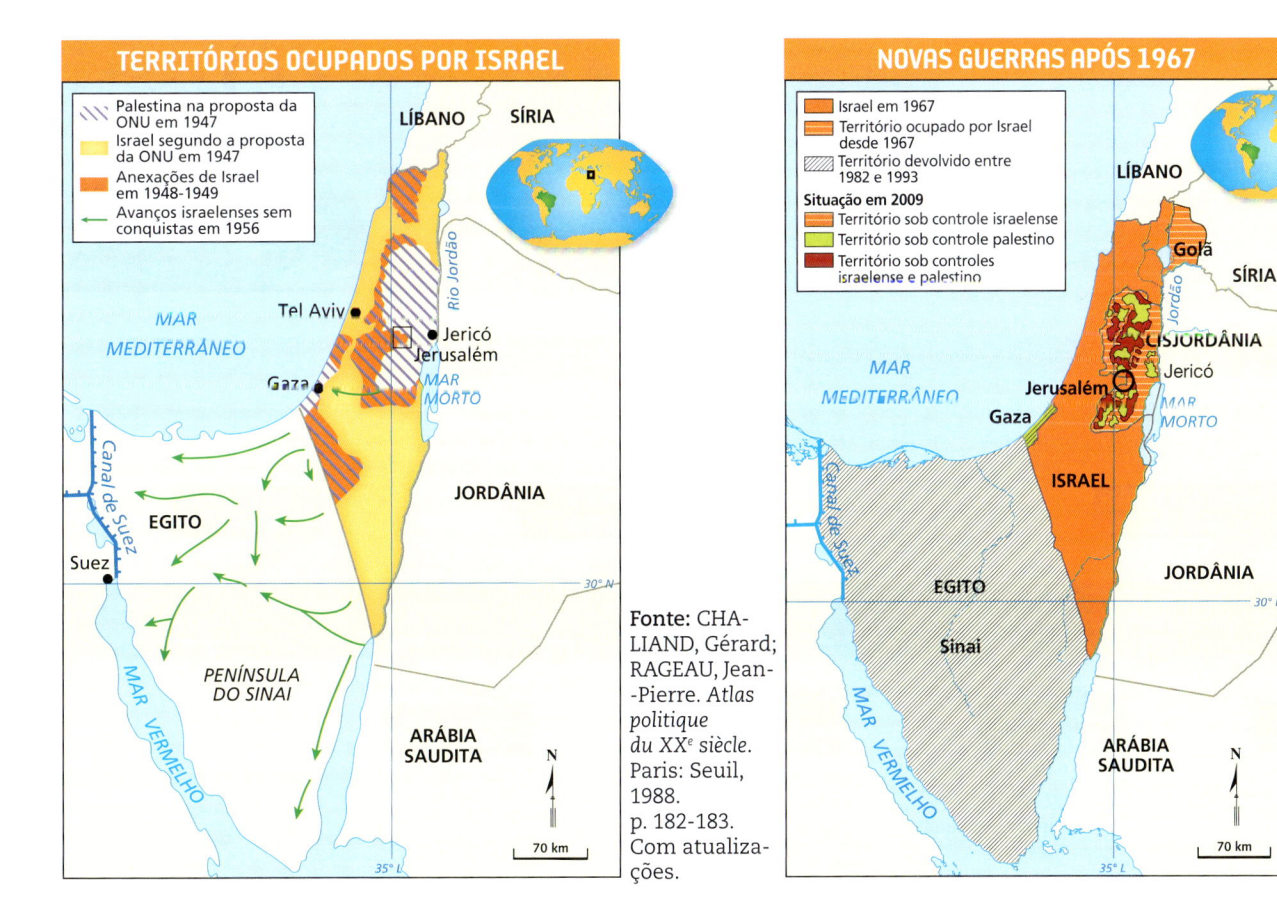

TERRITÓRIOS OCUPADOS POR ISRAEL

- Palestina na proposta da ONU em 1947
- Israel segundo a proposta da ONU em 1947
- Anexações de Israel em 1948-1949
- Avanços israelenses sem conquistas em 1956

Fonte: CHALIAND, Gérard; RAGEAU, Jean-Pierre. *Atlas politique du XXe siècle*. Paris: Seuil, 1988. p. 182-183. Com atualizações.

NOVAS GUERRAS APÓS 1967

- Israel em 1967
- Território ocupado por Israel desde 1967
- Território devolvido entre 1982 e 1993

Situação em 2009
- Território sob controle israelense
- Território sob controle palestino
- Território sob controles israelense e palestino

Fonte: CHALIAND, Gérard; RAGEAU, Jean-Pierre. *Atlas politique du XXe siècle*. Paris: Seuil, 1988. p. 182-183. Com atualizações.

> **Pense e responda**
>
> - Imagine que você é um jornalista encarregado de fazer uma reportagem sobre a vida dos palestinos que vivem no campo de refugiados mostrado nessa foto. Você entrou em contato com a UNRWA e agendou uma entrevista com um representante da ONU no local e um palestino escolhido pelo grupo para ser o porta-voz deles nessa entrevista. O que você perguntaria a eles? Pense sobre isso, olhe a foto e monte um roteiro com as perguntas que faria aos entrevistados.

A questão palestina

Estima-se que quando o primeiro conflito se iniciou, em 1948, viviam na região cerca de 1,4 milhão de palestinos. Ao terminar o conflito, um ano depois, metade dos palestinos já tinha deixado suas casas para viver em terras da Palestina ainda não controladas por Israel e em países árabes vizinhos. Desde então, os palestinos passaram a lutar pela recuperação de seus antigos territórios e pela criação de um Estado independente, conforme resolução da ONU, de 1947.

Em 1949, diante do crescimento do número de refugiados palestinos nos países do Oriente Médio, a ONU criou o Organismo de Ajuda e de Trabalho das Nações Unidas para os Refugiados Palestinos, cuja sigla em inglês é UNRWA, uma agência específica para cuidar dos palestinos refugiados do Oriente Médio. Além disso, um número não quantificado de palestinos refugiados imigrou para diversos países, como o Brasil, por meio de programas do Alto Comissariado das Nações Unidas para Refugiados (ACNUR).

Na luta pela afirmação da soberania palestina surgiu a **Organização para a Libertação da Palestina** (OLP), criada em 1964 e liderada por Yasser Arafat, que se tornou o principal representante do povo palestino.

Crianças palestinas caminham no campo de refugiados de Rafah, na Faixa de Gaza, após um ataque do exército de Israel, em 2004.

CRONOLOGIA DO CONFLITO ÁRABE-ISRAELENSE (1947-2014)

1947 – Estados na Palestina
A Assembleia Geral das Nações Unidas determina a criação de dois Estados na Palestina: árabe e israelense.

1948 – Forma-se o Estado de Israel
O **Estado de Israel** foi rapidamente reconhecido pelos Estados Unidos, seguidos da União Soviética. A Liga Árabe reage dando início à Primeira Guerra Árabe-Israelense.

1949 – Guerra Árabe-Israelense
Em 1949 Israel vence a **Guerra Árabe-Israelense** e expande suas fronteiras.

1956 – Guerra de Suez
Israel declara guerra ao Egito em represália ao bloqueio do Canal de Suez à navegação israelense.

1964 – Nasce a OLP
Fundação da **Organização para a Libertação da Palestina** (OLP), liderada por Yasser Arafat.

1967 – Guerra dos Seis Dias
Israel vence e conquista o Sinai e a Faixa de Gaza (Egito), a Cisjordânia e Jerusalém Oriental (Jordânia) e as Colinas de Golã (Síria).

1973 – Guerra do Yom Kippur
Com a ajuda dos Estados Unidos, Israel vence Egito e Síria em uma nova guerra.

Os acontecimentos dessa linha do tempo não estão representados em escala temporal.

A Intifada

Em 1987, os palestinos que viviam na Faixa de Gaza e na Cisjordânia iniciaram uma rebelião contra a ocupação israelense. Esse primeiro movimento, espontâneo, levou o nome de **Intifada** (guerra das pedras), pois era assim que os palestinos enfrentavam o exército israelense.

Em setembro do ano 2000 iniciou-se uma nova Intifada, reprimida pelo governo de Israel. A luta era motivada pela expansão de colônias judaicas em zonas árabes e pelo cerco das cidades palestinas pelo exército israelense.

Manifestantes palestinos atiram pedras em soldados israelenses durante a primeira Intifada. Beit Omar, Cisjordânia, 1988.

Aponte quem são os palestinos e quem são os israelenses na foto. Como é o local onde ocorre o conflito? Quais armas são utilizadas por cada um dos lados?

Entre a guerra e a paz

Novas guerras entre Israel e os países árabes ocorreram depois de 1949, todas vencidas pelo Estado judeu (veja a cronologia dessas guerras na linha do tempo). Enquanto Israel expandia seus territórios na Palestina, crescia, entre os palestinos, a população de refugiados, ao mesmo tempo que a estratégia do terrorismo para combater o Estado judeu atraía novos adeptos.

No início da década de 1990, autoridades palestinas e o governo de Israel começaram a discutir a criação de um Estado palestino. O resultado concreto dessas negociações foi o **Acordo de Oslo**, assinado em 1993, que criava a **Autoridade Nacional Palestina**, entidade responsável pela administração dos territórios palestinos, e o controle palestino sobre a cidade de Jericó e a Faixa de Gaza.

Galeria de imagens

Conheça outras imagens da Intifada.

Primeira Intifada — Jovens palestinos enfrentam, com paus e pedras, os tanques do exército israelense.

Construção do Muro — O Estado judeu inicia a construção de um muro separando Israel dos territórios palestinos na Cisjordânia.

Ofensiva na Faixa de Gaza — Em resposta ao lançamento de mísseis contra alvos israelenses, o Estado de Israel realizou uma ofensiva militar na Faixa de Gaza, que provocou a morte de 1.387 palestinos e de 13 judeus.

1987 — **1993** — **2000** — **2002** — **2006-2007** — **2008-2009** — **2014**

Acordos de Oslo — Criação da **Autoridade Nacional Palestina** (ANP), encarregada de administrar a Faixa de Gaza e parte da Cisjordânia.

Segunda Intifada — Começa o segundo levante popular palestino contra Israel.

Divisão do governo palestino — Depois das eleições, o grupo Fatah fica com a administração da Cisjordânia e o Hamas assume o governo da Faixa de Gaza.

Reconciliação dos palestinos — Os grupos Fatah e Hamas assinam um acordo de reconciliação visando criar um governo de união nacional na Palestina.

Vista de parte do muro construído pelo governo israelense separando Israel da Cisjordânia, próximo ao campo de refugiados palestinos de Shuafat e da cidade de Jerusalém, 2012.

Desafios para a paz na Palestina

Em 2002, o governo israelense começou a construir um "muro de proteção" separando Israel da Cisjordânia, controlado pela Autoridade Palestina. O objetivo, segundo o governo, era frear a onda de atentados suicidas da segunda Intifada. Com extensão prevista inicialmente de 700 quilômetros, a barreira de concreto foi condenada pelas Nações Unidas e pelo Tribunal Internacional de Justiça, que a declarou ilegal e exigiu a sua demolição. Israel, porém, ignorou o fato.

Com a morte de Arafat, em 2004, iniciou-se um período de disputa entre grupos palestinos pelo controle da Autoridade Palestina. O Fatah, grupo ao qual pertencia Arafat, defende a formação de um Estado palestino laico e soberano nas fronteiras anteriores à guerra de 1967. O grupo fundamentalista Hamas não reconhece o Estado de Israel e prega a formação de um Estado islâmico soberano em toda a Palestina.

Nas eleições palestinas de 2006, as diferenças entre os dois grupos conduziram à ruptura política: a Faixa de Gaza ficou sob controle do Hamas e a Cisjordânia sob a administração do Fatah. Depois disso, Mahmud Abbas, presidente da AP e membro do Fatah, conduziu as negociações de paz com Israel, mediadas pelos Estados Unidos e condenadas pelo Hamas.

Um novo cenário do conflito na região surgiu em 2014. Após oito anos de negociações com Israel, sem progresso algum, o Fatah e o Hamas assinaram um acordo de reconciliação prevendo a formação de um governo de união nacional para os palestinos. A resposta de Israel e dos Estados Unidos foi imediata. Com o Hamas, considerado por eles um grupo terrorista, não há negociação. A paz entre os dois povos parece cada vez mais distante.

Sugestão

Filme: *O filho do outro*
Direção: Lorraine Lévy
País: França
Ano: 2012
Duração: 105 min

Vídeo

O conflito na Palestina

REVISANDO

A GUERRA FRIA

1. Com o fim da Segunda Guerra Mundial, os Estados Unidos e a União Soviética dividiram o mundo em **duas zonas de influência**: uma **capitalista**, comandada pelos norte-americanos, e outra **socialista**, liderada pelos soviéticos.

2. A **Guerra Fria** foi um **conflito** político, econômico e ideológico que teve como principal característica o fato de que os **Estados Unidos** e a **União Soviética** nunca se enfrentaram de forma direta.

3. Em **1949**, a Alemanha, assim como a cidade de Berlim, foi dividida oficialmente. Nasciam a **República Federal da Alemanha** (RFA), capitalista; e a **República Democrática Alemã** (RDA), socialista. Em 1961, a RDA construiu um muro que dividiu fisicamente a cidade de Berlim.

4. No início da década de 1950, surgiu nos **Estados Unidos** um **movimento de perseguição a comunistas** e simpatizantes denominado **macarthismo**. No mesmo período, a União Soviética tomava medidas para manter sob seu controle os países socialistas da Europa Oriental.

5. O **Plano Marshall** e a difusão do Estado de **bem-estar social** na Europa devem ser compreendidos, no contexto da Guerra Fria, como medidas para impedir o avanço do socialismo na Europa Ocidental.

CONTESTAÇÕES, GUERRAS E REVOLUÇÕES DA GUERRA FRIA

1. O **Maio de 68**, na França, demonstrou o **descontentamento** da juventude estudantil com o **imperialismo norte-americano**, o **autoritarismo soviético** e a burocracia das universidades.

2. A **Revolução Húngara de 1956** foi um movimento por um **socialismo** democrático e **independente** do regime soviético.

3. A **Revolução Chinesa**, a **Guerra da Coreia**, a **Guerra do Vietnã** e a **Revolução Cubana** representaram a **mundialização do conflito bipolar** e a face "quente" da Guerra Fria.

4. Em **1948**, com a **criação do Estado de Israel**, teve início uma série de guerras entre Israel e os países árabes. Desde então, os **palestinos lutam pela criação de um Estado palestino** independente e soberano.

PARA ASSISTIR

▶ **Uma garrafa no Mar de Gaza**
Direção: Thierry Binisti
País: França
Ano: 2011
Duração: 107 min

Sinopse

Tai é uma garota de 17 anos que se muda com a família da França para Jerusalém. Nessa cidade, ela vivencia a experiência de residir em um local em permanente conflito, que a faz questionar por que razões isso acontece. Assim, a garota escreve uma mensagem a um palestino imaginário, buscando contato. Ela coloca o bilhete em uma garrafa e a mensagem vai parar no Mar de Gaza, onde é encontrada por um jovem nascido e criado no local. Por meio da troca de *e-mails*, Naim e Tai passam a se corresponder, trocando experiências e pensamentos.

Cartaz de divulgação do filme *Uma garrafa no Mar de Gaza*, de 2011.

ATIVIDADES

ORGANIZAR O CONHECIMENTO

1. Escreva 1 quando a sentença for referente aos Estados Unidos e 2 quando for referente à União Soviética.

   a) Por meio do Plano Marshall, promoveu a assistência econômica aos países da Europa Ocidental, solidificando a sua presença e influência naquela região.

   b) Consolidou a sua influência sobre os países do Leste Europeu por meio de ações como a criação do Cominform, do Comecon e do Pacto de Varsóvia.

   c) Durante a Guerra do Vietnã, deu apoio político, econômico e militar ao Vietnã do Norte e à guerrilha que atuava no sul.

   d) Foi o responsável, ao lado de países europeus, pelo envio de suprimentos a Berlim Ocidental por via aérea, durante o bloqueio terrestre da cidade.

   e) Durante a década de 1950, promoveu a perseguição de cidadãos suspeitos de serem socialistas, comunistas ou mesmo liberais críticos à política nacional, em um processo chamado de macarthismo.

2. Explique por que a Guerra da Coreia e a Guerra do Vietnã podem ser classificadas como conflitos da Guerra Fria.

3. (UEM-PR) "Em 1976, esgotava-se na China o fôlego da Revolução Cultural, iniciada em 1966. Nesse ano morria Mao Tsé-tung, seu principal idealizador. Em 1978, sob a liderança de Deng Xiaoping, o país começaria a flexibilizar o regime socialista. Buscava-se então uma difícil conciliação entre a abertura econômica em direção à economia de mercado e a preservação do regime político autoritário sob a hegemonia do Partido Comunista Chinês."

   ARRUDA, J. J. de; PILETTI, N. *Toda a História*. São Paulo: Ática, 2003. p. 465.

   A respeito da história da China, assinale a alternativa correta.

   a) Mao Tsé-tung chegou ao poder por meio da revolução armada de orientação socialista que ficou conhecida como Revolução Cultural.

   b) O denominado Grande Salto para a Frente realizado pela Revolução Chinesa ocorreu quando Mao Tsé-tung conduziu a China ao capitalismo.

   c) A abertura econômica iniciada a partir de 1978 com Deng Xiaoping promoveu um intenso desenvolvimento da China que a coloca, hoje, entre as maiores economias do planeta.

   d) A abertura econômica iniciada por Deng Xiaoping estendeu-se também à política e, hoje, a China vive uma democracia semelhante aos países do Ocidente europeu.

   e) Mesmo tendo uma população superior a 1,3 bilhão de habitantes, a China constitui-se no maior exportador de alimentos do planeta.

APLICAR

4. Com um colega, analisem a charge abaixo e respondam às questões.

   O resultado final da política do olho por olho, dente por dente, charge de Stuart Carlson, 2002.

   a) Identifiquem o conflito histórico que é o tema dessa charge e justifiquem com elementos da cena.

   b) Qual é o posicionamento do artista em relação ao assunto? Vocês concordam com ele? Justifiquem.

   c) Listem alguns acontecimentos marcantes relacionados ao tema dessa charge. Escolham um desses eventos e desenhem uma charge sobre ele. Apresentem o desenho de vocês para a classe, comparando o tema escolhido e o desenho com os dos demais colegas.

5. No texto a seguir, o pensador francês Edgar Morin, em visita ao Brasil para comemorar os 40 anos do Maio de 68, falou sobre essa experiência que viveu e o seu significado para o mundo contemporâneo. Com o mesmo colega da atividade anterior leiam o texto para responder às questões.

   "1968 foi, antes de mais nada, um ano de revolta estudantil e juvenil, numa onda que atingiu países de naturezas sociais e estruturas tão diferentes como Egito, EUA, Polônia... O denominador comum é uma revolta contra a autoridade do Estado e da família. A figura do pai de família perdeu importância, dando início a uma era de maior liberdade na relação entre pais e filhos.

A revolta teve um caráter mais marcante nos países ocidentais desenvolvidos. [...] Jovens de classes privilegiadas que desfrutavam de bens materiais preferiram buscar uma vida comunitária, num sinal de que o consumismo da sociedade ocidental não resolvia os problemas e aspirações humanas. [...]

Depois disso, a poeira baixou e tudo pareceu voltar ao que era antes. Mas houve mudanças, sim. Foi depois de 68 que os homossexuais e as minorias étnicas se afirmaram e que o novo feminismo se desenvolveu. [...] Foi uma verdadeira crise da ideia de felicidade, que é a grande mitologia da sociedade ocidental. [...]

Hoje em dia, movimentos estudantis se generalizam rapidamente e prosseguem mesmo quando o governo satisfaz os seus pedidos. É a alegria de estar junto na rua, de desafiar os professores e a polícia. Até quando as reivindicações são ridículas, o fenômeno é importante, pois permite ao jovem tornar-se cidadão, escapando assim da crescente tendência ao apolitismo. [...]"

MORIN, Edgar. Mal-estar de Maio de 68 é ainda mais profundo hoje. *Folha de S.Paulo*, 28 abr. 2008.

a) Por que, segundo o autor, Maio de 68 foi um movimento contra a autoridade?

b) Segundo o autor, o Maio de 68 produziu uma grave crise na ideia de felicidade construída pela sociedade ocidental. O que ele pretende dizer com isso? Vocês concordam com o autor? Pensem e apresentem argumentos a favor (se concordam com ele) ou contra (se discordam dele).

6. Assinalem a afirmativa incorreta sobre o texto da questão anterior.

a) Para Morin, o movimento de Maio de 68 mostrou que os bens materiais e o conforto proporcionado pelo crescimento econômico não são suficientes para o ser humano ser feliz.

b) É mais positivo participar de mobilizações motivadas por questões tolas do que adotar uma atitude de indiferença diante da política.

c) Maio de 68 proporcionou um grande avanço na conquista de liberdade por parte das mulheres e dos homossexuais.

d) Maio de 68 proporcionou uma transferência de autoridade do homem para as mulheres e dos pais para os filhos.

Arte

A Arte *Pop*

A Arte *Pop* surgiu no mundo capitalista durante a Guerra Fria. O movimento unia elementos da cultura de massa (fotografias, colagens, imagens de objetos, de marcas de produtos e de pessoas famosas) com as belas artes (pintura, desenho etc.). Em síntese, o movimento integrava a vida e o cotidiano à arte. O quadro abaixo, do artista plástico norte-americano Andy Warhol, é um exemplo de obras produzidas por esse movimento.

Vinte Marilyns, pintura de Andy Warhol, 1962. Galeria de Arte Moderna Tate, Londres. Nesse quadro, Andy explora a figura de Marilyn Monroe, um ícone do cinema norte-americano dos anos 1950 e início dos 1960.

7. Descreva a pintura, explorando os seus diferentes elementos.

8. Por que o artista escolheu uma celebridade do cinema como tema de sua obra? Qual é a razão para a imagem da atriz ser repetida diversas vezes na pintura?

9. Na Arte *Pop*, algumas obras celebravam a sociedade ocidental, outras a criticavam e um terceiro grupo fazia as duas coisas. Leia as questões abaixo e discuta com a classe.

a) Andy Warhol critica ou celebra a sociedade de consumo nessa pintura?

b) Você se considera uma pessoa consumista? Preocupa-se em comprar objetos de marcas famosas? Você e seus amigos costumam ter as mesmas coisas, das mesmas marcas, ou isso não é importante no seu dia a dia?

EM FOCO: Rock'n'roll e Guerra Fria

A geração beat

Os Estados Unidos e a União Soviética disputavam a hegemonia mundial em um confronto político e ideológico que, em maior ou menor grau, afetou todos os países do planeta. Permeando essa disputa, existia o sentimento paranoico de que, a qualquer momento, toda a civilização seria exterminada pela bomba atômica.

Foi nessa conjuntura que surgiu em Nova York, nos Estados Unidos, no final da década de 1940 e ao longo da década seguinte, um grupo de jovens que chamou a atenção do mundo todo. Conhecidos como *hipsters*, eram jovens boêmios, de aparência desleixada e que viviam movidos pelo som do *jazz* e impregnados pela filosofia existencialista. Eles não viam perspectiva de mudança na sociedade e no ser humano, que estavam fadados a desaparecer em uma iminente hecatombe nuclear.

Os *hipsters* se uniram a outros jovens poetas incomodados com a alienação da sociedade. Dessa união, surgiu um movimento cultural que ficou conhecido como geração *beat*. Vanguardistas, eles produziam uma poesia que abordava assuntos que eram tabus para a sociedade, como drogas, o submundo das grandes cidades, a homossexualidade e o poder exercido pelo Estado sobre os cidadãos.

O nascimento do rock'n'roll

A geração *beat* que surgiu em Nova York se juntou a outro grupo de poetas de vanguarda que atuava na cidade de São Francisco. Eles criticavam a sociedade de consumo norte-americana e os abusos do governo contra as minorias sociais.

O encontro entre essas duas vanguardas de poetas serviu de base cultural, referência e inspiração para a geração *rock'n'roll*, formada em meados da década de 1950.

Esse novo gênero musical, sensual e delirante, nasceu da mistura de dois gêneros musicais, o blues e o country. O *rock* passou então a fazer parte da vida dos jovens que frequentavam bares, matinês em clubes e festinhas na casa de amigos, muitas vezes escondidos dos pais.

Os jovens passaram a escutar e a dançar o som que emanava de guitarras elétricas, pianos e baterias de músicos como Chuck Berry e, principalmente, Elvis Presley. Por meio dos seus movimentos corporais, Elvis causava alvoroço nas meninas e escândalo na sociedade.

Fonte 1

A *prosa* beat de Jack Kerouac

"[...] mas nessa época eles dançavam pelas ruas como piões e eu me arrastava atrás como sempre tenho feito toda minha vida atrás de pessoas que me interessam, porque as únicas pessoas que me interessam são os loucos, os que estão loucos para viver, loucos para falar, que querem tudo ao mesmo tempo, aqueles que nunca bocejam ou falam chavões... mas queimam, queimam, queimam como fogos de artifício pela noite [...]."

KEROUAC, Jack. *On the road – Pé na estrada*. São Paulo: L&PM Pocket, 2004. p. 129.

Elvis Presley em uma de suas *performances* dançantes em um estúdio de Hollywood, na Califórnia. Estados Unidos, 22 de junho de 1956.

Anos 1960: *rock'n'roll* e contracultura

Ao se tornar cada vez mais um gênero musical representativo da juventude, o *rock'n'roll* passou a incorporar muitas das experiências da geração *beat*, como a poética e o estilo de vida. Mais do que tudo, assim como os poetas *beats*, eles contestavam os valores da sociedade capitalista ocidental.

O choque entre a nova geração e as gerações anteriores se tornou explícito pela ruptura desses jovens com as tradições familiares. Eles também não aceitavam ter uma vida burocratizada, cumprindo com as exigências que o mercado de trabalho lhes impunha.

Em 1962, uma associação de estudantes publicou um manifesto que criticava o *American way of life* e a Guerra do Vietnã. A atitude desencadeou um enorme movimento de contestações e debates. Ao lado de organizações de defesa dos direitos civis dos afro-americanos, como o movimento dos *Black Power*, esses estudantes colocaram em pauta os objetivos que a juventude tanto procurava.

De cabelos e barbas longas, usando roupas e adereços multicoloridos, utilizando uma gíria própria, os *hippies*, como eram conhecidos, criaram uma contracultura, levando uma vida num ritmo tranquilo ao som do chamado *rock psicodélico*.

Rock'n'roll na terra da rainha

Ao mesmo tempo, na Grã-Bretanha, outros grupos de jovens começavam a se organizar em bandas que viriam ampliar o *rock* produzido nos Estados Unidos. Esses músicos britânicos vinham principalmente de duas cidades com expressiva classe operária, Liverpool e Manchester, e da capital inglesa, Londres. Inspirados pelos músicos do *blues* e pelos roqueiros norte-americanos, eles formaram uma nova "onda" que invadiu a Grã-Bretanha e os Estados Unidos na década de 1960.

A primeira banda a aparecer no cenário mundial foi a dos Beatles, nascida na cidade de Liverpool em 1960. Dois anos depois, o grupo passou ser composto dos quatro músicos que tornaram a banda conhecida no mundo inteiro: John Lennon, Paul McCartney, George Harrison e Ringo Starr. Seus *shows* atraíam milhares de jovens, principalmente meninas, que se comportavam histericamente e causavam enormes confusões.

Na mesma época, surgiu na Grã-Bretanha outra banda de renome mundial, os Rolling Stones. Diferentemente dos Beatles, os Stones colocaram nas paradas de sucesso músicas que refletiam o olhar dos jovens rebeldes sobre o mundo ao seu redor, e causavam pânico na sociedade conservadora de então.

Nessa onda britânica que invadiu os Estados Unidos estavam também o genial guitarrista Eric Clapton e a banda The Who.

Fonte 2

A jovem estudante Jan Rose Kasmir oferece uma flor aos soldados durante a marcha contra a guerra do Vietnã, em Washington, nos Estados Unidos, em 21 de outubro de 1967.

GLOSSÁRIO

Filosofia existencialista: forma de reflexão concentrada na existência humana e na liberdade. Para os existencialistas, não há nenhum tipo de determinismo. Nós primeiro existimos; a essência é construída depois.

Alienação: nesse contexto, refere-se à condição das pessoas que são dominadas pela publicidade e pelos meios de comunicação de massa, perdendo a autonomia e a capacidade de pensar e agir criticamente.

Blues: gênero musical surgido no sul dos Estados Unidos entre o final do século XIX e o início do século XX. Ele tem como fonte de inspiração o folclore negro norte-americano. Utiliza como instrumentos principais o piano, o trompete, o saxofone, o violão e, posteriormente, a guitarra elétrica.

Country: gênero musical surgido no sul dos Estados Unidos na década de 1920. É uma mistura da música folclórica do interior do país com a música celta e a música gospel. Utiliza como instrumentos principais o baixo, o bandolim, a bateria, a guitarra elétrica, o piano e o violino.

Fonte 3

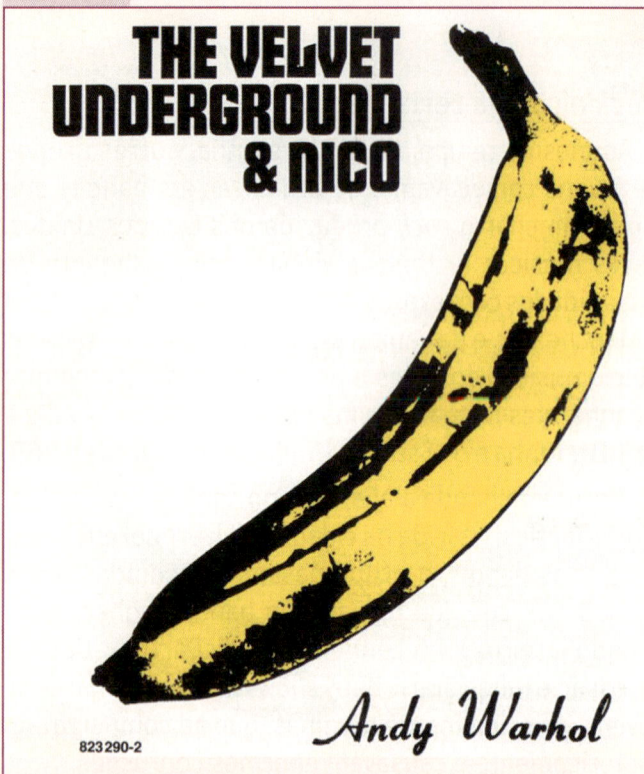

Capa do disco *The Velvet Underground & Nico*, álbum de estreia da banda norte-americana de *rock* alternativo The Velvet Underground, de 1967. O artista plástico Andy Warhol, naquele período empresário e produtor da banda, desenhou a capa do disco.

Rock'n' roll e contestação

O *rock* se impôs como a música que representava a juventude nos Estados Unidos e na Europa, ganhando cada vez mais espaço nas rádios, televisões e cinemas.

O comportamento contestador da juventude roqueira contribuiu para promover algumas aberturas na sociedade. Esse comportamento se caracterizava por uma moral e por uma conduta mais livres, pelo uso de roupas mais despojadas, pela pregação em favor do amor livre, da paz e das relações inter-raciais.

A rebeldia em busca de um mundo melhor e mais justo propiciou o surgimento de diversos movimentos de contestação, tendo como centro os Estados Unidos. O movimento *Flower Power*, praticado e difundido pelos *hippies* nos anos 1960, pregava a não violência. Lutando contra a violência sobre as mulheres e por sua liberdade de expressão e manifestação, surgiu o *Women's Lib* ou movimento feminista. Movimentos como o *Gay Power*, organizado pelas minorias sexuais, e o *Black Power*, criado pelo movimento negro, também surgiram no período.

Essa nova maneira de ver o mundo também se expressou nas artes plásticas, por meio da Arte *Pop*, que celebrava a cultura de massa, descartável e jovem. O artista mais conhecido desse movimento foi o norte-americano Andy Warhol (1928-1987). Ele colaborou, por exemplo, na criação da arte psicodélica exposta em muitas capas de discos e folhetos de propaganda dos *shows* de *rock* daquele período.

O Festival de Woodstock

O *rock'n'roll* foi celebrado em grandes festivais de música naquele período. O mais importante de todos foi o Festival de Woodstock, de 1969, que reuniu mais de 500 mil jovens na cidade de Bethel, no estado de Nova York. Liberada a entrada de todos, e sem nenhuma violência, os jovens vivenciaram três dias de "paz e amor". Nesse festival, muitos expoentes do *rock* levantaram a multidão com músicas contra a Guerra do Vietnã. Considerado o maior guitarrista de todos os tempos, Jimi Hendrix tocou o hino dos Estados Unidos evocando, com os sons de sua guitarra, um bombardeio de aviões durante a guerra.

O guitarrista Jimi Hendrix (1942-1970) participa do Festival de Woodstock. Cidade de Bethel, estado de Nova York, nos Estados Unidos, em agosto de 1969.

Novos caminhos do rock

No início da década de 1970, nas ruas de grandes cidades como Nova York, Londres, Berlim, surgiu um movimento que se expressava por meio de uma nova vertente do rock, os punks. Avessos aos bons modos burgueses, mas também ao modo de vida hippie, os punks encaravam a sociedade com a dureza e a violência que ela lhes transmitia. Suas músicas atacavam as convenções sociais, os políticos e o modo de vida daqueles que se submetiam à autoridade.

Na segunda metade da década de 1970, o capitalismo, depois de muitos anos de prosperidade, se via diante de uma nova e profunda crise. As contradições nas relações entre os dois blocos geopolíticos protagonistas da Guerra Fria eram cada vez mais evidentes. Nesse contexto, duas novas vertentes do rock passaram a se incumbir de "fazer a cabeça" da juventude.

O rock progressivo, musicalmente mais sofisticado, e o heavy metal, um som mais pesado criado por bandas oriundas de cidades industriais da Grã-Bretanha e dos Estados Unidos, incorporariam temáticas menos politizadas, porém sem deixar para trás a aura da contestação que sempre fez parte do bom e velho rock'n'roll.

Grupo de punks reunidos em Londres, na Inglaterra, em setembro de 1979.

Atividades

ORGANIZAR O CONHECIMENTO

1. Explique quem foram os hipsters e apresente a conjuntura histórica que proporcionou o florescimento de suas ideias.

2. Relacione o surgimento do movimento hippie e do estilo de vida rock'n'roll com a Guerra Fria.

ANALISAR AS FONTES

3. Fonte 1 Quais características da geração beat são expressas no trecho do texto de Kerouac? Justifique.

4. Fonte 2 A foto apresenta uma manifestação de jovens norte-americanos contra a Guerra do Vietnã. Aponte, com base nessa imagem, o caráter do protesto realizado pelos jovens. Justifique a sua resposta com elementos da fotografia.

5. Fonte 3 Analise a capa do disco The Velvet Underground & Nico, produzida por Andy Warhol, destacando de que maneira ela pode ser inserida tanto no contexto da Arte Pop quanto nos movimentos de contestação ou da contracultura.

POR UMA NOVA ATITUDE

6. Os hipsters do final dos anos 1940 iniciaram um movimento de contestação dos valores da sociedade em que viviam. Suas ideias influenciaram as gerações seguintes de músicos e artistas que, nos anos 1960 e 1970, tocaram músicas de protesto em grandes festivais. Os jovens daquela época uniam suas preocupações políticas e sociais com o entretenimento. A maneira como eles se vestiam e a irreverência com que se comportavam eram formas que encontravam para intervir na sociedade em que viviam.

   • Em grupo, discutam: a maioria dos jovens de hoje se preocupa com as questões sociais e políticas nacionais e internacionais? Qual seria a importância dessa preocupação?

   • Escolham um vocalista, rapper ou grupo musical politizado atual (do ano 2000 em diante), selecionem uma de suas músicas, analisem sua letra e identifiquem suas reivindicações e críticas principais. Em sala, apresentem a música aos demais grupos e a análise que vocês elaboraram.

UNIDADE 7
AS INDEPENDÊNCIAS NA ÁFRICA E NA ÁSIA

Um retrato sem moldura

"Aconteceu num debate, num país europeu. Da assistência, alguém me lançou a seguinte pergunta:
— Para si, o que é ser africano? [...]
— E para si o que é ser europeu?
O homem gaguejou. Ele não sabia responder. Mas o interessante é que, para ele, a questão da definição de uma identidade se colocava naturalmente para os africanos. Nunca para os europeus. [...]
Quando se fala de África de que África estamos falando? Terá o continente africano uma essência facilmente capturável? Haverá uma substância exótica que os caçadores de identidades possam recolher como sendo a alma africana?"

COUTO, Mia. Um retrato sem moldura. In: HERNANDEZ, Leila Leite. A África na sala de aula: visita à história contemporânea. São Paulo: Selo Negro, 2005. p. 11.

Identidade africana

Existe uma identidade africana? Quando você pensa em África, que visão lhe vem à mente: a de grandes e ricas cidades ou a de aldeias simples habitadas por grupos caçadores e agricultores? A visão que a maioria das pessoas tem sobre a África foi construída ao longo de centenas de anos, em que esses povos eram tidos como "atrasados" e que, por isso, deviam se submeter ao domínio dos europeus.

Contra essa visão eurocêntrica, por volta das décadas de 1930-1940, os povos colonizados da África, ao organizar a luta pela independência, redescobriram o orgulho e a identidade africanos, que tinham sido asfixiados pela colonização. A história, a arte e a cultura ancestral dos povos negros, em vez de sinônimos de atraso, foram resgatadas e revalorizadas como marcas de sua identidade.

- Que relação pode ser estabelecida entre o texto de Mia Couto e essa pintura?
- O que você achou dessa pintura? Você conhece, no Brasil, um estilo de pintura semelhante a esse? Qual?

Pintura em esmalte do tanzaniano Hemedi Mbaruku. No letreiro do telhado mostrado na pintura está escrito, na língua suaíle, "Escola primária".

HEMEDI MBARUKU - COLEÇÃO PARTICULAR

SHULE YA MSINGI

TEMA 1

A luta pela independência

Qual foi o papel do contexto internacional da Guerra Fria e dos movimentos internos nas colônias nos processos de independência na África?

👆 **Galeria de imagens**
Conheça outras charges que fazem críticas ao colonialismo europeu.

Intenso outono de limpeza, charge de Szego Gizi, de outubro de 1960.

Como essa charge interpreta o processo de independência das colônias africanas?

Os processos de descolonização

Quando falamos em independência, normalmente vem à mente a independência do Brasil, dos Estados Unidos ou dos demais países da América Latina. Nos séculos XVIII e XIX, uma sequência de eventos foi determinante na luta das colônias contra a dominação europeia. Como resultado, quase toda a América se tornou independente, encerrando uma história de séculos de dominação colonial no continente americano.

No século XX, a luta contra a colonização europeia ocorreu nos continentes africano e asiático. Como havia ocorrido na América, na África e na Ásia a combinação de mudanças internas e externas criou as condições para que, em mais ou menos vinte anos, as colônias conquistassem sua independência.

A Organização das Nações Unidas (ONU), criada em 1945 para intermediar as relações entre os países e promover soluções diplomáticas para os conflitos, também defendia a igualdade entre os países. A Carta das Nações Unidas, assinada por todos os países-membros da entidade, determinava que as metrópoles europeias consultassem os habitantes dos territórios dominados para encontrar a melhor forma de lhes conceder autonomia política, econômica e social.

Mas, mesmo com a recomendação da ONU, muitas metrópoles se recusavam a emancipar seus territórios coloniais. A resistência europeia serviu para intensificar a luta anticolonial. Muitos movimentos de independência contaram com o apoio dos Estados Unidos ou da União Soviética, as duas superpotências da era bipolar, que tinham interesse em ampliar suas zonas de influência na África e na Ásia.

Durante as décadas de 1950 e 1970, a maioria das colônias africanas conquistou sua independência. Vários fatores levaram a essa ruptura. Independentemente dos diferentes motivos e processos, a colonização europeia, de base ideológica racista, chegou ao fim no continente africano.

Fatores que impulsionaram a luta anticolonial

Desde o início da colonização do continente africano, o europeu se colocou como sendo superior. Mesmo variando as formas de domínio colonial (administração direta, exercida por autoridades metropolitanas, ou administração indireta, exercida por aliados locais), a ideia da superioridade do europeu foi a marca dos diferentes processos de colonização. Os massacres de populações nativas, a cobrança de impostos, a expulsão dos camponeses das melhores terras e o trabalho forçado foram algumas práticas adotadas pelos europeus nas colônias com base no critério racial ou étnico.

No entanto, a experiência dos africanos durante a Primeira Guerra Mundial colocou em xeque a ideologia da superioridade branca. Durante o conflito, a morte atingiu europeus e soldados dos exércitos coloniais. Além disso, os negros foram, muitas vezes, utilizados para vigiar e punir os soldados inimigos capturados nas batalhas realizadas em território africano.

A guerra permitiu, também, que os milhares de africanos recrutados para as fileiras de guerra pudessem comparar suas condições de vida com as dos europeus. Ao fim da guerra, a esperança de ver seus esforços recompensados foi frustrada quando a metrópole não os reconheceu nem simbolicamente, nas homenagens feitas aos combatentes, nem materialmente, por meio de programas de compensação financeira.

> **Sugestão**
>
> Livro: *O menino de Burma*
> Autor: Biyi Bandele
> Editora: Record
> Ano: 2009

A Segunda Guerra Mundial e a crise do colonialismo

A eclosão da Segunda Guerra Mundial ajudou a fortalecer a ideia de vulnerabilidade das potências europeias. O recrutamento de europeus que exerciam atividades nas colônias para lutar na guerra obrigou as metrópoles a ampliar o emprego de africanos em seus quadros administrativos. A medida levou as metrópoles a flexibilizar a rigidez da administração colonial e, em alguns casos, a buscar estreitar seus laços com as elites nativas africanas.

O fim da Segunda Guerra e o início da Guerra Fria trouxeram também a ideia de que a era colonial chegava ao fim. As disputas ideológicas entre capitalismo e socialismo e os interesses da União Soviética e dos Estados Unidos em ampliar seus respectivos blocos de países aliados criaram um contexto internacional favorável aos movimentos de independência. Tão importante quanto o fator externo, porém, foram as condições internas nas colônias, em particular a constituição de uma elite intelectual nativa que forneceu aos povos africanos as bases ideológicas dos movimentos pela independência: o pan-africanismo, o pan-arabismo, a negritude e o renascimento islâmico.

Soldados senegaleses do exército francês deixam quartel em Toulon e se dirigem para Marselha, na França, em 1939. A presença de soldados oriundos de territórios colonizados foi bastante comum nas duas guerras mundiais.

O pan-africanismo: uma conquista ideológica

Movimentos de resistência contra o colonizador ocorreram praticamente durante todo o período de dominação europeia na África. Exemplos dessa resistência anticolonial foram as lutas dos herero, dos ashanti e dos maji-maji, ocorridas entre o final do século XIX e o início do XX.

Além de serem lutas isoladas, faltavam também uma direção e um projeto político que aglutinasse a luta anticolonial. O movimento do **pan-africanismo** foi o primeiro a assumir esse papel. Criado no início do século XX por intelectuais negros das Antilhas e dos Estados Unidos, o movimento pregava a solidariedade dos negros oprimidos pela segregação racial nessas regiões. Apesar de expressar a consciência de uma identidade comum unindo os povos negros da América e da África, o movimento não representou de início uma força política no continente africano.

Foi apenas a partir do Congresso Pan-Africano de Manchester, realizado em 1945, na Grã-Bretanha, que o pan-africanismo deixou de ser um movimento de intelectuais negros americanos para se transformar em um instrumento de luta pela independência dos povos africanos, principalmente da África Ocidental Britânica.

O Congresso de Manchester, o V do movimento, representou um marco na história do pan-africanismo, ocasião em que passou das discussões intelectuais para a ação política objetiva. Não por acaso a maior parte dos participantes era formada de estudantes africanos e sindicalistas, e não de intelectuais afro-americanos. As deliberações do Congresso, comprometidas com ação positiva, destacaram a importância da organização popular para a vitória na luta anticolonial (leia o texto do boxe ao lado).

Declaração do V Congresso Pan-Africano

"Eis porque o V Congresso, na sua Declaração aos colonizados, sublinhou a importância de formar uma frente unida entre os intelectuais, os operários e os camponeses na luta contra o colonialismo. A declaração termina afirmando o direito de todos os povos coloniais de dirigir o seu próprio destino e a necessidade do fim da dominação imperialista, política e econômica."

PEREIRA, José Maria Nunes. *África, um novo olhar*. Rio de Janeiro: Ceap, 2006. p. 61-62. In: Casa das Áfricas. Disponível em www.casadasafricas.org.br/wp/wp-content/uploads/2011/08/Africa-um-novo-olhar.pdf. Acesso em 29 jun. 2014.

Delegados reunidos no V Congresso Pan-Africano, realizado em Manchester, na Grã-Bretanha, em 1945.

O movimento da negritude

A maior expressão do pan-africanismo na África colonial francesa foi o movimento denominado de **negritude**. O conceito nasceu no interior de uma corrente literária dirigida pelos estudantes negros Léopold Senghor, do Senegal, Aimé Césaire, da Martinica, e Léon Damas, da Guiana Francesa. Em Paris, onde estudavam, esses jovens francófonos descobriram uma identidade negra africana reprimida pelo racismo e pela dominação colonial. Movidos por essa nova consciência, esses jovens intelectuais fundaram, em 1934, em Paris, o jornal *L'etudiant noir* (*O estudante negro*), para ser o porta-voz da cultura e da identidade negra, sufocada pela cultura do colonizador francês.

Foi em uma das publicações do jornal, em 1935, que o termo *negritude*, cunhado por Césaire, apareceu pela primeira vez. O termo, ao mesmo tempo que afirmava o orgulho negro e negava a cultura europeia, também se voltava contra a dominação capitalista, dialogando, politicamente, com as ideias socialistas e os movimentos revolucionários do período. Originalmente exprimindo o sentimento de resistência ao colonialismo francês, o termo, com o tempo, foi apropriado pelos movimentos de independência na África e pela luta dos povos negros contra o racismo, dentro e fora da África.

O martinicano Aimé Césaire, um dos principais líderes do movimento da negritude, fala durante manifestação contra o colonialismo europeu na África, 1947.

> "A negritude, aos meus olhos, não é uma filosofia. A negritude não é uma metafísica. A negritude não é uma pretensiosa concepção do universo. É uma maneira de viver a história dentro da história; a história de uma comunidade cuja experiência parece, em verdade, singular, com suas deportações de populações, seus deslocamentos de homens de um continente a outro, suas lembranças distantes, seus restos de culturas assassinadas. [...] Vale dizer que a negritude, em seu estágio inicial, pode ser definida primeiramente como tomada de consciência da diferença, como memória, como fidelidade e como solidariedade."

CÉSAIRE, Aimé. *Discurso sobre a negritude*. Belo Horizonte: Nandyala, 2010. Texto de quarta capa.

Posteriormente, intelectuais como o tunisiano Albert Memmi, o guianês René Maran, o martinicano Frantz Fanon e o franco-argelino Albert Camus colaboraram com o movimento. A valorização da cultura e da identidade negra impulsionou as lutas pela independência na África ao fornecer aos povos africanos colonizados um projeto político e a confiança em sua capacidade de autodeterminação.

A valorização das raízes culturais africanas, defendida e disseminada pelo movimento da negritude, impulsionou a luta anticolonial na África subsaariana. Na foto, homens e mulheres wakamba dançam, ao som dos tambores, um ritmo tradicional do seu povo. Quênia, 1950.

Os processos de independência na África

Em 2010, comemorações em vários países africanos lembraram os 50 anos da África Livre. Debates, artigos, palestras, seminários, exposições e outros eventos marcaram as celebrações em homenagem ao histórico ano de 1960, conhecido como o Ano da África. Somente naquele ano, 17 países se tornaram independentes, a maior parte deles situada na região conhecida como África Ocidental Francesa. Mais que comemorar o Ano da África, os eventos lembraram que o quadro de pobreza, governos ditatoriais e guerras civis que caracterizam grande parte dos países africanos atuais mostra que o ano de 1960 iniciou um futuro que ainda não se cumpriu no continente.

As lutas dos povos colonizados, a fragilidade das metrópoles europeias, exauridas pelos custos da Segunda Guerra, e a independência das colônias asiáticas aceleraram os processos de independência na África. Ao terminar a década de 1960, o colonialismo europeu no continente reduzia-se a algumas pequenas possessões francesas e às colônias portuguesas, as últimas a conquistar a independência.

A África Ocidental Francesa

As pressões dos povos colonizados pela independência levaram o governo francês do general Charles de Gaulle a permitir, em 1945, a participação de delegados dos territórios além-mar na Assembleia Nacional Constituinte, encarregada de elaborar uma nova Constituição para o Estado francês. Com uma expressiva bancada de comunistas e socialistas, fortalecida pela delegação colonial, a Constituição criou a **União Francesa**, que substituía o Império Colonial Francês. A mudança, no entanto, foi principalmente formal, pois a política colonial continuou sendo ditada pelas autoridades francesas.

Em 1958, um referendo popular propôs a criação da **Comunidade Francesa**, que concedia maior autonomia às colônias, mas mantinha em mãos francesas o controle da economia e a defesa dos territórios. Porém, os planos do governo francês de evitar a ruptura definitiva fracassaram. Primeiramente a Guiné e depois as demais colônias da África Ocidental Francesa declararam a sua independência.

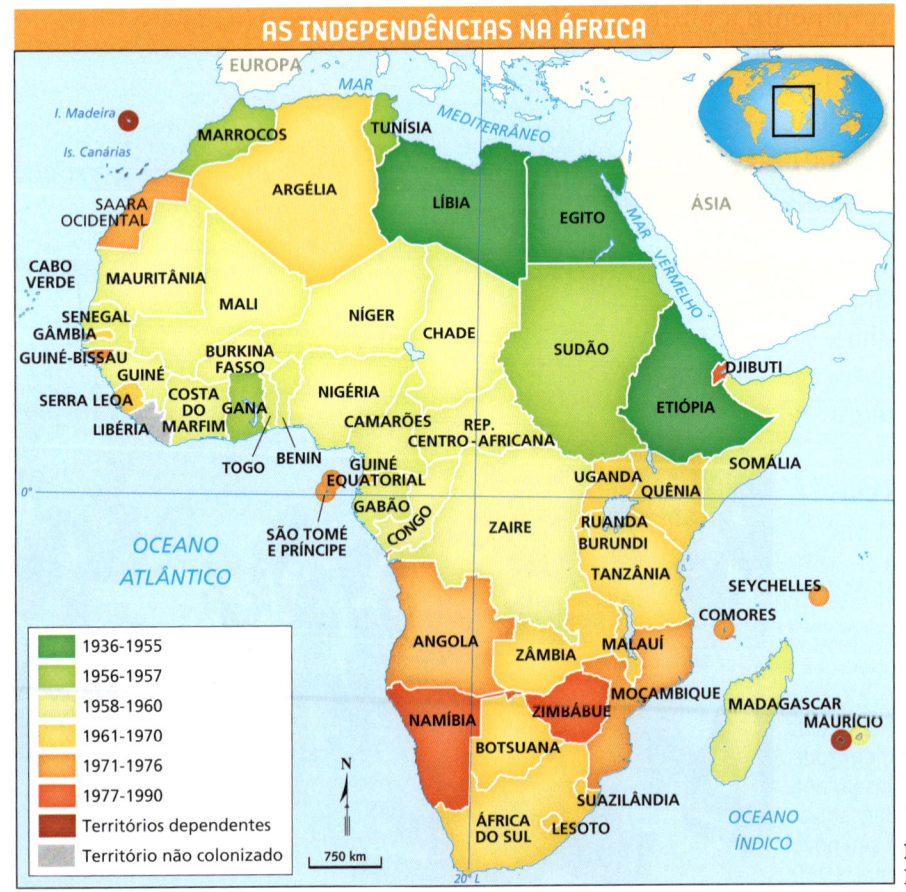

A independência que não veio

A tabela abaixo traz os países que ocupam as últimas posições no Índice de Desenvolvimento Humano (IDH) de 2013.

Ranking	País	IDH
182	Mali	0,344
183	Burkina Fasso	0,343
184	Chade	0,340
185	Moçambique	0,327
186	República Democrática do Congo (ex-Zaire)	0,304
186	Níger	0,304

Fonte: *Relatório do desenvolvimento humano 2013.* Programa das Nações Unidas para o Desenvolvimento (Pnud).

O que os países listados nessa tabela têm em comum? Que relações há entre os dados dessa tabela, o texto e o mapa desta página?

AS INDEPENDÊNCIAS NA ÁFRICA

Legenda:
- 1936-1955
- 1956-1957
- 1958-1960
- 1961-1970
- 1971-1976
- 1977-1990
- Territórios dependentes
- Território não colonizado

A Etiópia foi ocupada pela Itália entre 1936 e 1941, único período de sua história em que esteve sob domínio estrangeiro direto.

Fonte: DUBY, Georges. *Atlas historique mondial*. Paris: Larousse, 2003. p. 219.

A guerra da Argélia

Enquanto a maioria das colônias da África Ocidental Francesa tornou-se independente em 1960, sem a necessidade de luta armada, a Argélia, colônia francesa no norte da África, viveu oito anos de um sangrento conflito, que deixou mais de um milhão de mortos.

Para a França, a Argélia representava uma extensão do seu território. Além de grande produtora de petróleo, sua colônia na África árabe era responsável por cerca de 60% da produção agrícola francesa. Aproximadamente 10% da população argelina era constituída de franceses, e os outros 90% eram nativos muçulmanos, tratados como inferiores.

Em 1º de novembro de 1954, uma série de atentados realizados em vários pontos do território argelino marcou o início da luta armada da **Frente de Libertação Nacional da Argélia**, a FLN, um partido de orientação socialista. A adesão ao movimento começou pelas áreas rurais e aos poucos espalhou-se pelas cidades.

Graças à pressão exercida pela opinião pública internacional, a repressão francesa à luta pela independência da Argélia começou a ceder. Em março de 1962, acordos assinados na cidade de Évian-les-Bains, na França, determinaram o cessar-fogo entre as partes. Em plebiscito realizado em julho do mesmo ano, a maioria da população argelina optou pela independência.

Argelinos acompanham a grande parada do exército da FLN no dia 5 de julho de 1962, adotado como data da independência da Argélia. Argel, 1962.

Colônias britânicas

A Nigéria, vizinha da África Ocidental Francesa, foi colonizada pela Grã-Bretanha e conquistou sua independência de forma negociada, na onda das independências declaradas na região em 1960.

O Quênia, que corresponde à região conhecida como África Oriental Britânica, viveu entre 1952 e 1960 uma grande revolta do povo kikuyu, conhecida como **Revolta dos Mau-Mau**. A colonização britânica nessa área caracterizou-se pela expropriação dos camponeses e pela formação de uma elite branca de grandes fazendeiros. A rebelião explodiu após a Segunda Guerra Mundial, quando uma nova leva de imigrantes ingleses afluiu para o território, intensificando os conflitos pela terra e piorando as condições de vida dos camponeses.

A repressão movida pelas autoridades britânicas contra a revolta causou milhares de mortes, além da prisão de Jomo Kenyatta, um dos líderes do movimento pan-africano e fundador da União Africana do Quênia (KAU), que defendia a via pacífica para a independência. Pressionada pelos principais grupos nacionalistas do Quênia, a Coroa britânica libertou Kenyatta. Sob sua direção, o Quênia declarou a independência, em 1962, de forma pacífica e com um programa de conciliação nacional.

Veja no mapa da página anterior a cronologia das independências das demais colônias britânicas na África.

Jomo Kenyatta, uma das principais lideranças do movimento pan-africano na África colonial britânica e o primeiro presidente do Quênia após a proclamação da república, em 1964. Foto da década de 1960.

TEMA 2
O fim do Império Português na África

Por que as colônias portuguesas na África foram as últimas a conquistar a independência?

Uma história em comum

Que laços históricos e culturais unem o Brasil à África? O que nos aproxima de povos que vivem do outro lado do Atlântico e às margens do Índico? Durante centenas de anos, o Brasil e alguns territórios do oeste e do leste da África fizeram parte do Império Colonial Português, construído após as grandes viagens marítimas dos séculos XV e XVI.

O Brasil foi a principal colônia portuguesa até a independência. Depois disso, as atenções portuguesas voltaram-se para suas possessões na África. Mais do que entrepostos comerciais e fontes de escravos, os territórios portugueses na África passaram a ser vistos como os novos fornecedores de riquezas, substituindo a colônia americana perdida em 1822.

Em 1930, quando o movimento do pan-africanismo começava a se esboçar nas colônias africanas, em Portugal o governo ditatorial de António Oliveira Salazar promulgou uma lei conhecida como **Ato Colonial**, que centralizava e uniformizava a administração das colônias portuguesas na África: São Tomé e Príncipe, Cabo Verde, Guiné-Bissau, Angola e Moçambique. O Ato Colonial criou nas colônias uma hierarquia entre portugueses e nativos, ao mesmo tempo que autorizou o confisco de terras da população negra.

"Portugal não é um país pequeno", litografia cartográfica produzida por volta de 1935.

Como o território português é representado nesta imagem cartográfica? De que forma ela expressa a visão do colonizador?

As independências das colônias portuguesas

Nos domínios portugueses, da mesma forma como ocorreu nas colônias francesas e britânicas, o surgimento de uma elite de jovens intelectuais foi essencial para a criação de um projeto político para a independência. Atuantes nos círculos literários e políticos europeus, nomes como os do angolano Agostinho Neto, do moçambicano Marcelino dos Santos e do cabo-verdiano Amílcar Cabral combinaram, em sua luta política, as ideias da revolução socialista e da negritude com uma produção literária de resistência ao colonizador.

A partir de 1950, as mobilizações pela independência cresceram em praticamente toda a África colonial. Os Estados Unidos, preocupados com a crescente influência das ideias socialistas nos movimentos de emancipação, passaram a pressionar o governo português para libertar as suas colônias.

O governo salazarista, porém, adotou uma política oposta: intensificou a repressão nas colônias e ampliou os gastos militares para combater as ações pela independência. Além disso, procurando criar um sentimento de unidade territorial nas colônias, promoveu uma reforma constitucional, em 1951, em que os termos "colônia" e "Império Colonial" foram substituídos por "territórios ultramarinos".

O cabo-verdiano Amílcar Cabral, um dos principais líderes do movimento de independência de Guiné-Bissau e Cabo Verde, em foto da década de 1950.

A mudança, no entanto, não apaziguou os ânimos nas colônias, e as lutas pela autonomia continuaram. Em 1973, após mais de dez anos de guerrilha e a tomada de dois terços do território pelos rebeldes, o **Partido Africano da Independência de Cabo Verde e da Guiné** proclamou a independência da Guiné Portuguesa, que passou a se chamar Guiné-Bissau.

Em abril de 1974, um levante de jovens oficiais derrubou a ditadura em Portugal. A **Revolução dos Cravos**, como o movimento ficou conhecido, restabeleceu a democracia no país. Em agosto, o novo governo português reconheceu a independência da Guiné e, em dezembro, nomeou um governo de transição para a independência de Cabo Verde.

A Revolução dos Cravos

Considerada a última revolução romântica do século XX, a Revolução dos Cravos foi um levante de jovens oficiais que na madrugada do dia 25 de abril de 1974 derrubou um regime autoritário que governava Portugal desde os anos 1920. O movimento levou esse nome porque, no dia do levante, as moças ofereciam cravos aos soldados nas ruas.

Enfraquecido por críticas internas e o desgaste de uma guerra colonial na África, o regime caiu sem praticamente nenhum disparo. O levante foi dirigido por grupos socialistas e comunistas e contou com amplo apoio popular. No entanto, a ação dos grupos moderados definiu o futuro do país como uma democracia parlamentarista e integrada ao Ocidente.

Soldados observam a multidão durante a Revolução dos Cravos, em 25 de abril de 1974.

As independências de Angola e Moçambique

Em Angola e Moçambique, os acontecimentos que marcaram o processo de independência foram mais complexos e violentos.

Em Angola, a luta pela independência foi travada por três grupos rivais: o Movimento Popular pela Libertação de Angola (MPLA), com um programa comunista, a Frente Nacional de Libertação de Angola (FNLA) e a União Nacional pela Independência Total de Angola (Unita), ambos anticomunistas. Em 1975, o MPLA proclamou a independência e instituiu a República Popular de Angola, sob um regime socialista.

As divergências étnicas e políticas entre o MPLA e a Unita levaram a uma guerra civil que se estendeu até 2002 e matou mais de 500 mil pessoas. No contexto da Guerra Fria, a Unita recebeu o apoio dos Estados Unidos e da África do Sul, enquanto o MPLA foi ajudado pela União Soviética, China e Cuba.

Em Moçambique não foi muito diferente. Várias associações, jornais e partidos foram criados na tentativa de promover a independência.

Em 1962, foi fundada a Frente de Libertação de Moçambique (Frelimo), de tendência comunista. Em 1975, a Frelimo proclamou a independência de Moçambique e implantou no país um regime socialista inspirado na China e nos países do Leste Europeu. Entretanto, logo a Frelimo entrou em conflito com a Resistência Nacional Moçambicana (Renamo), grupo anticomunista apoiado pela Rodésia do Sul, África do Sul e Estados Unidos. Organizando-se militarmente, Frelimo e Renamo travaram uma guerra civil que se estendeu até 1992, quando finalmente foi assinado um acordo de paz.

Agostinho Neto, médico, poeta, presidente de Angola e líder do Movimento Popular pela Libertação de Angola (MPLA), é recebido pelas tropas do movimento. Luanda, Angola, foto de 1975.

Detalhe de mural em homenagem aos combatentes da Frelimo que lutaram na guerra de independência de Moçambique e na guerra civil. Praça dos Heróis Moçambicanos, em Maputo, capital de Moçambique, em foto de 2014.

TEMA 3

Desafios após as independências

Por que a proposta de uma África livre e unida não se concretizou após as independências?

As novas fronteiras do continente africano

Como as fronteiras de um país são determinadas? O que leva determinado grupo de pessoas a se sentir parte de uma mesma nação? Seria o fato de todas elas falarem a mesma língua, ou compartilharem valores, costumes e uma tradição comum? Ou as fronteiras devem ser determinadas por fatores geográficos, como rios ou cadeias de montanhas? No caso do continente africano, nenhum desses fatores foi determinante.

A dominação colonial europeia deixou marcas profundas na África. Alterações econômicas, sociais e culturais, somadas às fronteiras políticas estabelecidas pelos colonizadores, tiveram como resultado uma África muito diferente da que existia no período pré-colonial.

Durante o V Congresso Pan-Africano, realizado em 1945, o ganês Kwame Nkrumah proferiu o grito de guerra "A África para os africanos!". O congresso estabeleceu a conquista das independências como meta suprema dos povos africanos, conclamou os negros de todo o mundo a se unirem contra o colonialismo e condenou todas as formas de discriminação.

Nos congressos realizados nas cidades ganenses de Kumasi, em 1953, e de Acra, em 1958, a discussão política centrou-se na definição das fronteiras após a independência. Os **minimalistas** defendiam a manutenção das fronteiras coloniais, incentivando a construção de Estados nacionais com base nas fronteiras já estabelecidas. Já os **maximalistas** defendiam a construção de uma unidade econômica, política e militar no continente.

Escultura em bronze homenageando o líder ganês Kwame Nkrumah, vista no Memorial Kwame Nkrumah, na cidade de Acra, em Gana, foto de 2010. A estátua foi erguida no mesmo local em que Nkrumah pronunciou seu discurso da independência, em 6 de março de 1957.

> **Pense e responda**
> - Que interesses a França e outras metrópoles europeias teriam em estabelecer uma política de alinhamento e ajuda financeira com suas ex-colônias africanas?

A Organização da Unidade Africana

A posição dos maximalistas representava, na prática, a radicalização das ideias do pan-africanismo, que haviam servido de projeto político para as lutas pela independência. O grande defensor de uma África livre e unida foi o líder ganês Kwame Nkrumah. Ao assumir o governo de Gana após a independência, em 1957, ele adotou o país como plataforma para a propagação de sua principal bandeira: a formação de uma Comunidade dos Estados Livres da África.

A principal resistência à proposta de uma África unida era representada pelo grupo dos países da antiga África Ocidental Francesa. As elites econômicas e políticas desses novos Estados acreditavam que uma política de alinhamento com a França lhes garantiria a ajuda financeira necessária para erguer suas economias. Além disso, a política de colaboração com a ex-metrópole parecia ser o caminho mais seguro para o ingresso desses dirigentes no grupo seleto das elites econômicas mundiais.

A posição pan-africanista, que tinha em Nkrumah seu principal defensor, caminhou para o isolamento. A formação da **Organização da Unidade Africana** (OUA), em 1963, acabou, na prática, com os últimos resquícios do movimento pan-africanista ao reafirmar os Estados africanos como autônomos, independentes e iguais no conjunto dos Estados mundiais.

A nova diáspora africana

O termo diáspora, de origem grega, significa dispersão e é utilizado para nomear o deslocamento, normalmente forçado, de grandes contingentes populacionais em várias regiões do planeta.

No caso dos povos africanos, a expressão **diáspora negra** ou **diáspora africana** passou a ser utilizada, no final do século XX, para se referir à saída forçada de homens e mulheres, durante quase quatro séculos, em sua maioria levada para trabalhar como escravos no continente americano.

Atualmente, o termo também é utilizado para se referir ao movimento migratório de africanos em direção à Europa e à América, onde esperam encontrar melhores condições de vida. Na maioria dos casos, os antigos vínculos coloniais determinam a escolha do destino final dessas pessoas. Dessa forma, é grande o fluxo de marroquinos, argelinos e senegaleses para a França; de nigerianos e quenianos para a Grã-Bretanha; e de angolanos, moçambicanos e cabo-verdianos para Portugal.

Nos últimos anos, o Brasil também se converteu em um importante destino dessas migrações. A familiaridade com o idioma leva o nosso país a atrair imigrantes da África de língua portuguesa, como Angola, Moçambique e Cabo Verde. Dessa forma, o Brasil tem reforçado seus vínculos com países que representam uma base importante do nosso patrimônio cultural.

Grupo de mulheres se apresenta na Dança do Chorado, em Vila Bela da Santíssima Trindade, no estado do Mato Grosso, 2011. A dança surgiu na região no período colonial, quando era grande o número de escravos africanos que trabalhavam na mineração do ouro. Com ritmo afro, marcações em palmas e tambor, a dança é uma expressão tradicional da cultura mato-grossense.

TEMA 4

O regime do *apartheid* na África do Sul

Por que o regime do *apartheid* na África do Sul pode ser comparado, em alguns aspectos, ao regime nazista na Alemanha?

Nelson Mandela: seu nome é liberdade

"Nelson Mandela foi um homem de gestos. Como este: apenas aceitou sair da prisão quando recebeu garantias de que todos os outros prisioneiros políticos seriam libertados como ele. O advogado e ativista acreditou na luta pela libertação de todo um povo. Depois de 27 anos preso, foi eleito o primeiro presidente negro na África do Sul. O seu legado vai muito além do seu país e do tempo em que viveu. Morreu nesta quinta-feira, com 95 anos, na sua casa em Johanesburgo."

CORDEIRO, Ana Dias. Morreu Nelson Mandela (1918-2013): a liberdade como obra. *Público*, 5 dez. 2013. Disponível em www.publico.pt/mundo/noticia/morreu-nelson-mandela-1597047#/0. Acesso em 1º jul. 2014.

Principal líder da luta contra o *apartheid* na África do Sul, Nelson Mandela (1918-2013) foi uma das figuras mais conhecidas e admiradas dos últimos cem anos. Após permanecer preso durante 27 anos por combater o regime racista da África do Sul, saiu da prisão propondo a reconciliação e uma democracia multiétnica no país.

O que você sabe sobre o *apartheid* na África do Sul? Em que período ele vigorou? O que significava ser negro nesse país sob o regime do *apartheid*?

A legislação do *apartheid*

Colonizada por holandeses desde o século XVII, a porção sul da África teve uma história diferente do restante do continente. No início do XX, após duas guerras contra os holandeses (Guerras dos Bôeres), os britânicos conquistaram as terras da região e fundaram a União Sul-Africana, que passou a fazer parte da Commonwealth em 1910.

A instituição do *apartheid* como um sistema legal na África do Sul aconteceu a partir de 1948, com a vitória nas eleições do Partido Nacional. Ao assumir o cargo de primeiro-ministro, Daniel Malan convidou o sociólogo Hendrik F. Verwoerd para o Ministério de Assuntos Nativos. Grande defensor do *apartheid*, Verwoerd criou, entre 1949 e 1953, o aparato legal da segregação.

A legislação estabeleceu acessos diferenciados para negros nas escolas, praias, clubes, ônibus, universidades e outros espaços de convivência; classificou os sul-africanos em brancos, mestiços, indianos e negros; proibiu os casamentos inter-raciais; e segregou as etnias nativas em reservas separadas, chamadas **bantustões**, onde as crianças e os jovens negros recebiam uma educação diferenciada da dos brancos.

Com o gesto tradicional do movimento negro, Nelson Mandela saúda os milhares de sul-africanos reunidos no estádio de Soweto para celebrar a sua libertação. África do Sul, fevereiro de 1990.

GLOSSÁRIO

Commonwealth: também conhecida como Comunidade das Nações ou Comunidade Britânica, é uma organização de Estados independentes, em sua maioria ex-colônias britânicas, que tem como chefe de Estado a rainha da Inglaterra.

Banheiro público na Cidade do Cabo, na África do Sul, durante o regime do *apartheid*. Na placa da direita, está escrito, em africâner e em inglês: "Somente brancos".

Vídeo

Apartheid

A resistência e o fim do *apartheid*

As primeiras manifestações contra as leis segregacionistas foram organizadas pelo **Congresso Nacional Africano** (CNA), partido político fundado em 1913 por ativistas negros e indianos. A partir de sua criação, o CNA passou a organizar vários atos de desobediência civil, como greves e manifestações. Na província de KwaZulu-Natal, por exemplo, os atos de resistência pacífica contaram com a liderança do jovem advogado indiano Mahatma Ghandi.

No final da década de 1959, setores descontentes com a política do CNA fundaram o **Congresso Pan-Africano** (CPA). O novo partido defendia ações mais ostensivas contra o *apartheid*, além de propor uma África para os africanos, ao contrário do programa multirracial do CNA. Para o CPA, a democracia multiétnica defendida pelo partido rival representava, na prática, a continuidade da supremacia branca na África do Sul.

Orientados pelo CPA, os negros passaram a ocupar os lugares reservados aos brancos e a circular em áreas proibidas para eles. Em março de 1960, uma manifestação pacífica convocada pelo CPA contra a lei que obrigava os negros a portar um passe para circular nas ruas foi brutalmente reprimida pela polícia. O **Massacre de Sharpeville**, como ficou conhecido, resultou na morte de 69 manifestantes e na prisão das principais lideranças dos dois partidos.

Depois da tragédia de Sharpeville, o jovem advogado Nelson Mandela, um dos líderes do CNA e até então contrário à luta armada, convenceu-se de que era necessário radicalizar a resistência para derrotar o regime. Identificado em um protesto em 1962, Mandela foi detido, julgado e condenado à prisão. Novamente julgado dois anos depois, foi condenado à prisão perpétua.

A prisão de Mandela repercutiu no mundo todo. Por pressões da comunidade internacional, a África do Sul foi banida dos Jogos Olímpicos de 1972, que também impôs o boicote aos seus produtos militares. Em 1989, Frederik de Klerk venceu as eleições presidenciais com a promessa de formar um governo de conciliação. Em 1990, após forte pressão internacional, Mandela foi libertado. Em 1992, um plebiscito determinou o fim do *apartheid* e, no ano seguinte, Mandela foi eleito presidente da África do Sul.

Manifestantes cercam ônibus incendiado durante o Levante de Soweto, organizado em protesto contra as leis que estabeleciam diferenças no ensino das escolas negras em relação ao das escolas brancas. Johanesburgo, África do Sul, 16 de junho de 1976. Estima-se que mais de 170 manifestantes foram mortos nos protestos. Em memória aos jovens que morreram na revolta foi instituído o Dia da Juventude, comemorado todo ano no país no dia 17 de junho.

DE OLHO NO MAPA

A nova diáspora africana

No mapa podemos perceber um intenso fluxo migratório na África, não apenas em direção ao exterior, mas também no interior do continente. Esse fluxo expressa as inúmeras dificuldades enfrentadas por vários povos, sobretudo a fome, a pobreza, o avanço da aids e as guerras civis ou tribais.

O principal destino dessas migrações continua sendo o exterior, sobretudo a Europa e a América. No entanto, também podemos perceber uma grande movimentação interna, com vários focos de expulsão e atração. Esses deslocamentos ajudam a identificar os problemas políticos e as disputas pelo poder no interior do continente, como também as economias mais prósperas e as que enfrentam mais dificuldades.

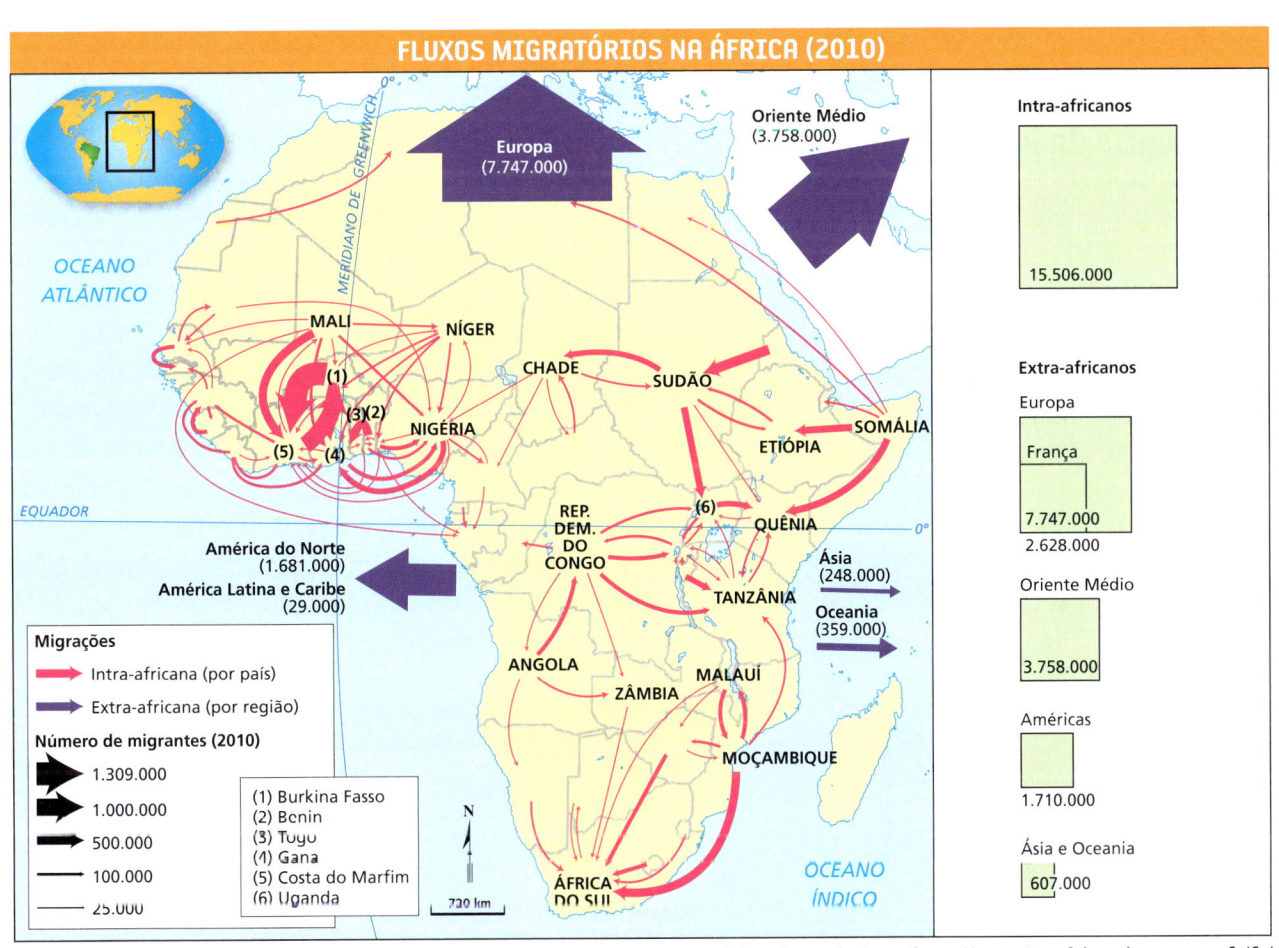

FLUXOS MIGRATÓRIOS NA ÁFRICA (2010)

Europa (7.747.000)
Oriente Médio (3.758.000)
América do Norte (1.681.000)
América Latina e Caribe (29.000)
Ásia (248.000)
Oceania (359.000)

Intra-africanos: 15.506.000

Extra-africanos:
- Europa / França: 7.747.000 / 2.628.000
- Oriente Médio: 3.758.000
- Américas: 1.710.000
- Ásia e Oceania: 607.000

Migrações:
- Intra-africana (por país)
- Extra-africana (por região)

Número de migrantes (2010): 1.309.000 / 1.000.000 / 500.000 / 100.000 / 25.000

(1) Burkina Fasso
(2) Benin
(3) Togo
(4) Gana
(5) Costa do Marfim
(6) Uganda

Fonte: SciencesPo. Atelier de cartographie. Disponível em http://cartographie.sciences-po.fr/fr/origines-et-destinations-des-migrants-africains-situation-en-2010. Acesso em 4 jun. 2014.

Questões

1. Qual é o principal destino dos africanos que saem do continente? O que explica esse movimento?

2. Mesmo sendo grande o fluxo de africanos em direção ao exterior, a maior parte das migrações acontece no interior do próprio continente. Quais razões explicam esses deslocamentos?

3. Analisando o mapa, podemos verificar um grande fluxo populacional em direção à África do Sul. O que explicaria essa movimentação?

4. Pesquise as razões que explicam as migrações relacionadas ao Sudão e redija um breve texto resumindo a situação atual desse país.

TEMA 5

Independências na Ásia

Quais eram as características do movimento de resistência pacífica e de desobediência civil adotado na luta pela independência da Índia?

A independência da Índia

Quando falamos em independências, normalmente pensamos em guerras, resistência armada, táticas de guerrilha, como aconteceu na independência da Argélia e das colônias portuguesas na África. No entanto, a Índia conquistou sua independência por meio de um movimento de resistência pacífica. Como isso foi possível?

A região, que corresponde aos atuais Paquistão, Bangladesh, Mianmar e à Índia, foi, durante a era moderna, alvo de disputas territoriais e comerciais entre portugueses, holandeses e ingleses. No século XVIII, a região foi dominada pela Companhia Britânica das Índias Orientais e, a partir de 1858, a Coroa Britânica assumiu o controle da região.

Com o avanço da industrialização na Inglaterra, a Índia se transformou em um grande mercado consumidor para os produtos têxteis ingleses. Incapaz de concorrer com a indústria britânica, que produzia tecidos muito mais baratos, a tradicional produção têxtil indiana entrou em colapso.

A oposição ao domínio colonial britânico era realizada pelo **Partido do Congresso**, fundado no final do século XIX. Dirigido por membros da elite intelectual indiana formada nas universidades britânicas, o Partido do Congresso representava a insatisfação desse grupo com sua condição subalterna na administração colonial.

Vídeo
À procura de Gandhi

Sugestão

Filme: *Os filhos da meia-noite*
Direção: Deepa Mehta
País: Reino Unido/Canadá
Ano: 2013
Duração: 146 min

A DIVISÃO DA ÍNDIA

Fonte: CHALIAND, Gérard; RAGEAU, Jean-Pierre. *Atlas politique du XXᵉ siècle*. Paris: Seuil, 1988. p. 154.

A "grande alma" e a desobediência civil

No século XX, o movimento pela independência da Índia passou a ser liderado por **Mohandas Karamchand Gandhi**, que ficou conhecido como *Mahatma* ("grande alma"). Oriundo de uma família de comerciantes, Gandhi formou-se em Direito na Grã-Bretanha e viveu um tempo na África do Sul, onde atuou como advogado.

Ao conhecer de perto a segregação racial na África do Sul, Gandhi colocou em prática os princípios da resistência pacífica e da desobediência civil como instrumentos de protesto: paralisação do trabalho, greves de fome, ocupação de espaços públicos, desobediência às ordens das autoridades, boicote aos produtos britânicos. Ao retornar à Índia, em 1915, Gandhi se tornou um dos principais líderes do Partido do Congresso, onde passou a defender seus princípios de não violência.

Uma das maiores mobilizações lideradas por Gandhi foi a **Marcha do Sal**, em 1930, realizada em protesto contra as leis que proibiam os indianos de produzirem o próprio sal. Empregando mais uma vez o princípio da resistência pacífica, Gandhi percorreu quase 400 quilômetros em direção ao mar, atraindo, durante a caminhada, milhares de seguidores. Cerca de 50 mil pessoas, incluindo Gandhi, foram presas no protesto sem reagir à violência policial.

Ao terminar a Segunda Guerra Mundial, o enfraquecido Império Britânico já não podia atender às reivindicações dos colonos, nem suportar a pressão realizada pelos movimentos de emancipação. Em agosto de 1947, a independência indiana foi finalmente reconhecida.

Mahatma Gandhi, acompanhado da poeta e ativista do Partido do Congresso, Sarojini Naidu, caminham durante a Marcha do Sal, na Índia, em 1930.

Pense e responda

- Você acredita que, nos dias de hoje, o boicote a determinados produtos como forma de protesto, a exemplo do que faziam os indianos, surtiria efeito? Pense e apresente seus argumentos aos colegas.

Conflitos entre hindus e muçulmanos

Após a independência, conflitos entre hindus e muçulmanos levaram à divisão do país em dois Estados independentes: a Índia, de maioria hindu, e o Paquistão, de maioria muçulmana. O Paquistão ficou dividido em duas partes, uma oriental e outra ocidental, muito distantes uma da outra.

Os conflitos entre os dois países continuaram. Em 1971, o governo indiano apoiou a separação do território oriental do restante do Paquistão. O novo país passou a chamar-se Bangladesh.

As tensões entre indianos e paquistaneses agravaram-se ao longo dos anos, sobretudo em razão da disputa pela Caxemira, região de maioria muçulmana que abriga as nascentes dos rios Ganges e Indo, principais fontes de recursos hídricos dos dois países. Atualmente a região encontra-se dividida entre a Índia, o Paquistão e a China.

Teste seu conhecimento

Muçulmanos fogem para o Paquistão após a divisão da Índia em dois Estados. Amristar, Índia, 1947.

Fonte: FERREIRA, Graça M. Lemos. *Atlas geográfico*: espaço mundial. São Paulo: Moderna, 2013. p. 97.

A independência da Indonésia

A Indonésia é o maior arquipélago do mundo. Colonizada por holandeses no século XVII, a região foi ocupada por forças japonesas em 1942, durante a Segunda Guerra Mundial. Interessado nos recursos naturais do arquipélago, o Japão aproveitou a fragilidade da Holanda, ocupada pela Alemanha nazista, e invadiu o território indonésio.

A ocupação japonesa despertou o nacionalismo indonésio. Com os dois países debilitados pela guerra, a população local percebeu a oportunidade de conquistar a independência. Em 19 de agosto de 1945, dez dias após a explosão da bomba atômica em Nagasaki, no Japão, os indonésios proclamaram sua independência.

Com o fim da guerra, os holandeses tentaram recuperar sua antiga colônia. Apoiados pelos Estados Unidos e pela Grã-Bretanha, os holandeses invadiram o território indonésio, desencadeando uma guerra que se prolongou por quatro anos. No final, os holandeses reconheceram a independência da Indonésia, e retiraram suas tropas do arquipélago.

Timor Leste

Localizada no Sudeste Asiático, a Ilha de Timor começou a ser colonizada, no século XVI, por Portugal, interessado nas especiarias da região. No século XIX, Portugal e Holanda dividiram a ilha. A parte leste ficou com os portugueses e ganhou o nome de Timor Português.

Em 1975, pouco mais de um ano após a Revolução dos Cravos, o Timor Português declarou sua independência, decisão que teve como resposta a invasão da ilha pelo exército indonésio. Seguiu-se a um período de violenta repressão à resistência local. Além disso, interessado em destruir a identidade cultural do povo timorense, o governo indonésio proibiu o ensino do português nas escolas do Timor.

A ocupação se prolongou até 1999, quando a população timorense, no referendo popular organizado pelos governos de Portugal e da Indonésia, decidiu pela independência. Os conflitos, porém, não haviam terminado. Milícias pró-Indonésia, espalharam o terror e a destruição pela ilha, obrigando a ONU a intervir com uma força internacional de paz. Em 2002 a ONU transferiu o controle do país a um governo eleito democraticamente.

Estudantes em manifestação pela independência do Timor Leste levantam o retrato de Xanana Gusmão, principal líder da resistência à ocupação indonésia. Díli, capital timorense, 1999. Por sua luta pela independência do Timor, Xanana Gusmão foi preso e condenado à prisão perpétua. Libertado após a intervenção das forças de paz da ONU, Xanana foi eleito, em 2002, presidente do novo país.

REVISANDO

AS LUTAS PELA INDEPENDÊNCIA

1. Inspirados nas ideias marxistas, o **pan-africanismo** e a **negritude** apresentaram um projeto e uma direção política aos movimentos pela independência.

2. O fim da **Segunda Guerra Mundial** e o início da **Guerra Fria** fortaleceram os **movimentos** que lutavam pela independência nas colônias.

3. As **colônias da África Ocidental Francesa** conquistaram sua independência sem ir à guerra contra a metrópole e, na maior parte dos casos, mantiveram laços econômicos, políticos e culturais com a França.

4. A guerra de independência da **Argélia**, no norte da África, foi dirigida pela **FLN** e chegou ao fim em 1962, com o cessar-fogo entre as partes.

O FIM DO IMPÉRIO PORTUGUÊS NA ÁFRICA

1. A **dominação colonial portuguesa** foi a mais duradoura na África, o que demonstra a importância que tinham as colônias para a economia metropolitana.

2. Em **Angola** e em **Moçambique**, os grupos que lutavam pela independência refletiam também a divisão entre socialismo e capitalismo, que marcou a **Guerra Fria**.

3. A **Revolução dos Cravos** em Portugal, em 25 de abril de 1974, possibilitou a abertura de negociações com as lideranças políticas nas duas colônias, que resultaram na **independência**.

DESAFIOS APÓS AS INDEPENDÊNCIAS

1. A definição das **fronteiras políticas** dos países que se formariam após a independência opôs os defensores de uma **África unida e livre** aos que propunham a formação de **Estados autônomos** nas fronteiras estabelecidas pela colonização.

2. Na **África do Sul**, a criação de **leis segregacionistas**, que estabeleciam privilégios aos brancos (bôeres e ingleses) em detrimento da maioria negra, fez surgir o regime do *apartheid*, palavra que em africâner, a língua dos bôeres, significa "**separação**".

3. A **resistência ao** *apartheid* foi conduzida pelo **Congresso Nacional Africano** e pelo **Congresso Pan-Africano**, sempre reprimida com violência pelo regime racista do país.

4. Sob pressão internacional, **Nelson Mandela** foi libertado após permanecer 27 anos na prisão. O *apartheid* foi abolido no país, e Mandela foi eleito presidente da África do Sul.

INDEPENDÊNCIAS NA ÁSIA

1. O movimento pela independência da **Índia** teve como principal líder o advogado **Mahatma Gandhi**, que adotou os métodos da **resistência pacífica** e da **desobediência civil** para derrotar o colonialismo britânico.

2. A **Indonésia**, colonizada pelos holandeses e invadida pelos **japoneses** durante a Segunda Guerra Mundial, obteve sua independência definitiva em 1949.

3. O **Timor Leste**, colonizado pelos **portugueses**, foi ocupado por forças indonésias após declarar sua independência, em 1975, que lá permaneceram até 1999.

PARA NAVEGAR

▶ **Fundação Nelson Mandela**

www.nelsonmandela.org

Criada em 1999, quando Mandela deixou a presidência da África do Sul, a Fundação Nelson Mandela tem o objetivo de preservar a memória da luta contra a opressão e a segregação racial no país. Com base no exemplo de vida e de luta do líder sul-africano, a fundação promove ações visando contribuir para um futuro mais justo e igualitário em todo o mundo.

Com tradução disponível para o português, é possível conhecer mais detalhes sobre a vida de Nelson Mandela, bem como ver fotos, consultar arquivos e assistir a vídeos sobre o líder da luta contra o *apartheid*.

Página inicial do *site* da Fundação Nelson Mandela.

ATIVIDADES

ORGANIZAR O CONHECIMENTO

1. Explique a relação existente entre a independência da Argélia, no norte da África, e a debilidade dos impérios coloniais europeus após o final da Segunda Guerra Mundial. Depois disso, compare a política do governo francês para a Argélia com a adotada para as suas colônias na África Ocidental.

2. Observe o mapa da p. 200 para responder às questões.
   a) Identifique o conflito político e religioso que levou à divisão territorial representada no mapa.
   b) Que dificuldades demográficas essa divisão causou para a população que vivia no território?
   c) Como é a relação entre os dois Estados atualmente? Há ainda conflitos entre eles?

3. Explique o conceito de não violência adotado por Gandhi na luta contra a dominação britânica na Índia.

4. A parte inferior deste organograma representa um grupo de ex-colônias, algumas delas estudadas nesta unidade.

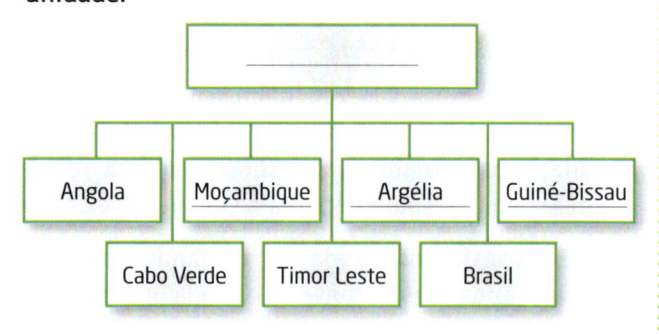

   [organograma: Angola, Moçambique, Argélia, Guiné-Bissau, Cabo Verde, Timor Leste, Brasil]

   a) Elimine o elemento que não faz parte do grupo representado.
   b) No lugar dele, acrescente outro elemento para que esse grupo fique completo.
   c) Por fim, preencha o quadro da parte superior do organograma com o nome que está faltando.

APLICAR

5. A foto a seguir é um registro de uma das muitas manifestações realizadas na África do Sul em protesto contra as mortes e prisões de estudantes durante o Levante de Soweto, iniciado no dia 16 de junho de 1975. Nesse dia, uma marcha de estudantes contra o sistema de ensino opressor do *apartheid* teve como desfecho a morte de 25 crianças e adolescentes, baleados pela polícia. Atualmente, o dia 16 de junho é feriado no país. A data, chamada de *Youth Day*, celebra a juventude e a luta pela liberdade.

   Redija um texto expositivo sintetizando a história do *apartheid* na África do Sul, desde a sua legalização e a organização da resistência contra o regime até a eleição de Nelson Mandela para a presidência da república no país.

   No primeiro aniversário do Levante de Soweto, estudantes protestam contra as prisões efetuadas pelo governo da África do Sul durante a revolta. Soweto, África do Sul, 17 de junho de 1977.

6. (Enem-MEC/2013) "Tendo encarado a besta do passado olho no olho, tendo pedido e recebido perdão e tendo feito correções, viremos agora a página — não para esquecê-lo, mas para não deixá-lo aprisionar-nos para sempre. Avancemos em direção a um futuro glorioso de uma nova sociedade sul-africana, em que as pessoas valham não em razão de irrelevâncias biológicas ou de outros estranhos atributos, mas porque são pessoas de valor infinito criadas à imagem de Deus."

   Desmond Tutu, no encerramento da Comissão da Verdade na África do Sul.

   No texto, relaciona-se a consolidação da democracia na África do Sul à superação de um legado
   a) populista, que favorecia a cooptação de dissidentes políticos.
   b) totalitarista, que bloqueava o diálogo com os movimentos sociais.
   c) segregacionista, que impedia a universalização da cidadania.
   d) estagnacionista, que disseminava a pauperização social.
   e) fundamentalista, que engendrava conflitos religiosos.

7. Leia o texto a seguir e responda.

> "É muito difícil discordar que a Europa tem uma enorme dívida para com a África pela escravidão atlântica, pela partilha do continente e pelo colonialismo e suas heranças que constituem obstáculos para a construção de uma longa estrada de combate à miséria e às extremas desigualdades, assim como de enfrentamento dos vários conflitos presentes no continente."
>
> HERNANDEZ, Leila Leite. *A África na sala de aula*: visita à história contemporânea. São Paulo: Selo Negro, 2005. p. 69.

a) Por que, segundo a autora, a "Europa tem uma enorme dívida para com a África"?

b) Como seria possível "pagar" essa dívida?

c) Qual é a posição da autora sobre as razões que explicam as desigualdades sociais e o quadro de pobreza extrema que caracterizam grande parte do continente africano? Você concorda com ela? Com base no estudo feito nesta unidade e nos **conhecimentos que você já tinha** sobre o assunto, formule argumentos para defender sua posição, a favor ou contra a posição da autora. Procure **controlar o impulso** de expressar uma opinião sem antes avaliar com calma o assunto **e ter clareza sobre os argumentos**.

Arte

A "arte africana"

O pintor nigeriano Bento Chuka Enwonwu, mais conhecido como Ben Enwonwu, estudou arte na Grã-Bretanha e nos Estados Unidos, foi professor de arte de várias universidades e assessor cultural do governo de seu país. Além disso, foi membro da Real Academia de Artes de Londres.

Enwonwu sempre questionou a rotulação de sua arte como "africana". Segundo ele, artistas europeus como Picasso foram influenciados pela arte africana, mas não são rotulados como tal. Para o pintor, a arte é dinâmica, e, portanto, interage com os acontecimentos do seu tempo, se apropria de inovações de outras culturas e as ressignifica, além de expressar as transformações na vida do próprio artista.

Observe a imagem reproduzida ao lado para responder às questões.

8. Identifique alguns elementos da cultura africana representados pelo artista na pintura.

9. A pintura de Enwonwu representa elementos de uma arte universal, e não especificamente africana, como a dança. De que forma a presença desses elementos demonstra o intercâmbio cultural existente na sociedade contemporânea? Dê exemplos de obras produzidas por outras culturas para justificar a sua resposta.

10. Se o pintor sempre recusou ter sua pintura rotulada como "africana", como você justificaria a escolha do tema retratado?

Mascarados, pintura de Ben Enwonwu, 1940.

COMPREENDER UM TEXTO NARRATIVO

Pepetela é o pseudônimo do escritor angolano Artur Carlos Maurício Pestana dos Santos. Militante do MPLA, Pepetela lutou na guerra de libertação de Angola e, após a independência, tornou-se vice-ministro da Educação do governo de Agostinho Neto. Lançado em 1980, Mayombe é seu terceiro romance, além do nome de uma grande floresta em Cabinda, região ao norte do país, onde a guerrilha do MPLA se fortaleceu. O livro descreve um momento da guerrilha do qual ele participou, quando guerrilheiros do MPLA encontram trabalhadores na floresta e procuram convencê--los a aderir à causa da libertação.

GLOSSÁRIO

Salalé: espécie de formiga comum em Angola que produz grandes morros de terra conhecidos como "cupinzeiros".
Pépéchá: arma.
Lombe: rio de Angola.
Catana: faca de lâmina comprida.

Um romance da guerrilha

"Os guerrilheiros dispersaram para avançar. A serra mecânica — abelha furando um morro de salalé — continuava a sua tarefa. Havia o mecânico, que acionava a serra, e o ajudante, com a lata de gasolina e de óleo; mais atrás, quatro operários com machados. Todos tão embebidos na tarefa que não repararam nas sombras furtivas. Nem protestaram, quando viram os canos das pépéchás virados para eles. Os olhos abriram-se, o imenso branco dos olhos comendo a cara toda, a boca aberta num grito que não ousou sair e ficou vibrando interiormente. O comissário e Ekuikui avançaram para a serra. Ekuikui encostou o cano da arma às costas do mecânico:

— Não mexe!

O mecânico olhou por cima do ombro e compreendeu rapidamente a situação. Fez parar a serra. O silêncio que se seguiu furou os ouvidos dos guerrilheiros, subiu às copas das árvores e ficou pairando, misturado à neblina que encobria o Mayombe.

— Todos para aqui, vamos! — ordenou o comissário.

Juntaram os prisioneiros, revistaram-nos para procurar armas: retiraram dois canivetes.

— Há outros? — perguntou o comissário.

— Ali — murmurou o mecânico, apontando o sítio para onde se dirigira o chefe de operações.

— Soldados?

— Só no quartel. A dez quilómetros.

— O branco?

— Está no caminhão.

— Vamos. E não tentem fugir, ninguém vos fará mal. [...]

Caminharam toda a tarde, subindo o Lombe. Pararam às cinco horas, para procurarem lenha seca e prepararem o acampamento: às seis horas, no Mayombe, era noite escura e não se poderia avançar.

A refeição foi comum: arroz com feijão e depois peixe, que Lutamos e um trabalhador apanharam no Lombe. Os trabalhadores não tentavam fugir, se bem que mil ocasiões se tivessem apresentado durante a marcha. Sobretudo quando Milagre caiu com a bazuka e os guerrilheiros vieram ver o que se passara; alguns trabalhadores tinham ficado isolados e sentaram-se, à espera dos combatentes, sem escaparem. A confiança provocava conversas animadas.

Aproveitando algumas informações colhidas, o comissário falou para os trabalhadores, enquanto os garfos levavam o arroz com feijão ao seu destino.

— Vocês ganham vinte escudos por dia, para abaterem as árvores a machado, marcharem, marcharem, carregarem pesos.

O motorista ganha cinquenta escudos por dia, por trabalhar com a serra. Mas quantas árvores abate por dia a vossa equipa? Umas trinta. E quanto ganha o patrão por cada árvore? Um dinheirão. O que é que o patrão faz para ganhar esse dinheiro? Nada, nada. Mas é ele que ganha. E o machado com que vocês trabalham nem sequer é dele. É vosso, que o compram na cantina por setenta escudos. E a catana é dele? Não, vocês compram-na por cinquenta escudos. Quer dizer, nem os instrumentos com que vocês trabalham pertencem ao patrão. Vocês são obrigados a comprá-los, são descontados do vosso salário no fim do mês. [...] O suor do trabalho é do patrão? Não, é vosso, pois são vocês que trabalham. Então, como é que ele ganha muitos contos por dia e a vocês dá vinte escudos? Com que direito? Isso é exploração colonialista. [...]

— Fizeram bem — responderam os trabalhadores.

— E esta serra mecânica, a quem é que ela pertence verdadeiramente? O patrão comprou-a aos alemães, mas onde arranjou dinheiro para comprá-la? Quem explorou ele para comprar esta serra? Respondam.

— Aos trabalhadores — respondeu o jovem António.

— Esta serra pertence-vos, pertence ao povo. Por isso não pode voltar para o colonialista. A gente dava-a a vocês, porque é vossa, mas que vão fazer com ela? Podem vendê-la? Podem utilizá-la?

— Não. É melhor levarem a serra — respondeu o trabalhador mais velho, o que tinha as pernas tortas. — Nós não podemos utilizar isso. — O que é vosso, os machados, as catanas, os canivetes, os relógios, o dinheiro, tudo o que é vosso, vocês vão levar convosco. E vão levar os machados e catanas dos que fugiram, para lhes entregar. Mas o que é do colonialista fica conosco."

PEPETELA. *Mayombe*. 5. ed. Lisboa: Dom Quixote, 1993. p. 15-21.

Atividades

EXPLORAR O TEXTO

1. Identifique os personagens guerrilheiros e trabalhadores que aparecem nessa passagem do romance e o local onde a história se desenvolve.

2. Qual é o objetivo do comissário ao procurar estabelecer uma conversa com os trabalhadores? Quais argumentos ele apresenta para atingir esse objetivo?

RELACIONAR

3. Os argumentos utilizados pelo comissário em sua conversa com os trabalhadores revelam a teoria, ou as ideias, que serviu de base para o projeto político do MPLA na luta contra o domínio colonial português. Que ideias são essas? Que outros movimentos estudados neste livro foram inspirados nessa teoria? Quais?

4. Nessa passagem da obra de Pepetela, é possível perceber também um importante laço de aproximação cultural entre Angola e Brasil. Qual é? Como você explica essa identidade?

UNIDADE 8
DEMOCRACIA E DITADURA NO BRASIL

A violência do regime

"Nas primeiras semanas depois do golpe [de 1964] prendeu-se tanto que as cadeias foram insuficientes. O Maracanã virou presídio; navios da marinha receberam centenas de 'subversivos'. Os quartéis em todo o Brasil lotaram de prisioneiros. A impunidade estimulou o uso da tortura. Cometeram-se tantos abusos que até a imprensa brasileira começou a denunciá-los. O governo Castello Branco, geralmente apresentado como 'democrático', prometia investigar, enquanto a violência ia se incorporando ao cotidiano nacional."

CHIAVENATO, Júlio José. *O golpe de 64 e a ditadura militar.* 2. ed. São Paulo: Moderna, 2004. p. 178.

O que resta da ditadura?

Em março de 2014, o golpe militar completou 50 anos no Brasil e muitas pessoas saíram às ruas pedindo a punição dos responsáveis pelas torturas e assassinatos, além de exigir esclarecimentos sobre os "desaparecidos" daquele período. O mesmo sentimento de que é preciso combater o esquecimento sobre o período levou à instauração, em 2011, da Comissão Nacional da Verdade, encarregada de examinar e esclarecer as violações de direitos humanos ocorridos no Brasil. As revelações feitas pela Comissão da Verdade têm reaquecido o debate e as controvérsias sobre os crimes praticados durante a ditadura.

- Você já ouviu falar sobre esse recente período ditatorial no Brasil? Você acredita que a sociedade brasileira ainda seja afetada pelos acontecimentos relacionados aos anos de regime militar no país?
- No texto reproduzido acima, o autor afirma que o uso da tortura e de outras formas de violência foi se incorporando ao cotidiano do país naquele período. O que você pensa sobre isso? Você acha que essas práticas continuam ocorrendo no Brasil?

Estudante é agredido pela polícia em manifestação contra a ditadura militar. Rio de Janeiro, 1968.

TEMA 1

Os governos democráticos

Como os "anos dourados" se transformaram em "anos de chumbo"?

O governo JK e o desenvolvimentismo

Você já ouviu falar de JK? Essa é a maneira pela qual muitas pessoas se referem a Juscelino Kubitschek, mineiro que ocupou a presidência da república entre janeiro de 1956 e janeiro de 1961.

O governo de Juscelino foi uma época de grande euforia nacional em razão do crescimento econômico vivido pelo Brasil, em grande parte fruto dos incentivos ao desenvolvimento industrial e da construção de uma nova capital. O *slogan* usado em sua campanha presidencial resumia o objetivo de seu governo: fazer o Brasil progredir "cinquenta anos em cinco".

Nesse mesmo período, o país obteve grandes conquistas no mundo do esporte: em 1958, a seleção brasileira de futebol finalmente se sagrou campeã mundial, oito anos após a derrota na final para o Uruguai, em pleno Maracanã. No tênis feminino, Maria Esther Bueno tornou-se a melhor do mundo em 1959, depois de vencer os torneios de Wimbledon e o Aberto dos Estados Unidos.

Na música, o destaque foi o surgimento da bossa nova. Esse novo ritmo musical, derivado do samba e com forte influência do *jazz*, teve grande projeção internacional. João Gilberto, Tom Jobim, Vinicius de Moraes e Baden Powell encantaram o mundo com músicas como *Chega de saudade* e *Garota de Ipanema*, que foram, e ainda são, regravadas por artistas de vários países.

O acelerado crescimento econômico, as conquistas esportivas e a repercussão da bossa nova fizeram o Brasil ganhar enorme visibilidade internacional. No plano interno, a euforia e o clima de otimismo foram as marcas que caracterizaram o país em seus "anos dourados".

Juscelino Kubitschek (com uma máquina fotográfica na mão) recebe, no Palácio do Catete, Rio de Janeiro, alguns artistas envolvidos na produção do filme *Orfeu do carnaval*. À esquerda, de óculos, o poeta e músico Vinicius de Moraes; à direita, ao lado do presidente, o compositor Luiz Bonfá. Foto de 1959.

O Plano de Metas

Determinado a promover o desenvolvimento do país, Juscelino criou o **Plano de Metas**, um programa com trinta objetivos a serem alcançados ao longo dos cinco anos de seu governo.

Inúmeras facilidades foram criadas visando estimular a entrada de investimentos estrangeiros: concessão de terrenos para a instalação de fábricas, redução de impostos, permissão para a remessa de lucros ao exterior e autorização para importar equipamentos industriais.

Tais medidas estimularam a entrada de multinacionais, sobretudo do setor automobilístico, e também facilitaram a criação de empresas nacionais, fabricantes de bens de consumo duráveis, como eletrodomésticos.

O desenvolvimento da indústria também exigiu grandes investimentos por parte do governo. Os recursos liberados pelo governo foram direcionados prioritariamente aos setores de energia, indústria de base, transportes, alimentação e educação.

Visando aumentar a oferta de energia, o governo construiu as usinas hidrelétricas de Furnas e de Três Marias, em Minas Gerais, e ampliou o refino de petróleo. No setor de transportes, portos e ferrovias foram modernizados, mas privilegiou-se a construção de rodovias, para receber os carros e caminhões produzidos no país.

A construção de Brasília

Ao assumir a presidência da república, Juscelino se comprometeu a concretizar uma ideia existente desde o século XIX: levar a administração federal para uma nova capital, que seria construída na região central do Brasil.

Considerada por JK a meta-síntese de seu governo, a construção da "novacap" representava tanto a integração das diversas regiões do território brasileiro quanto a modernização em curso no país. Projetada pelo urbanista Lúcio Costa e pelo arquiteto Oscar Niemeyer, a cidade recebeu o nome de Brasília e foi inaugurada em 21 de abril de 1960.

O projeto urbanístico da cidade previa a ausência de muros ou cercas entre as quadras residenciais, o que facilitaria o contato entre pessoas de diferentes classes sociais. No entanto, com o passar do tempo, a realidade mostrou-se diferente do imaginado. Nos arredores de Brasília, por exemplo, surgiram grandes áreas urbanas, popularmente chamadas cidades-satélites, onde passaram a viver os mais pobres.

Os candangos

O sonho de muitos brasileiros de erguer a capital do país no Planalto Central não teria sido realizado sem o esforço dos operários que ficaram conhecidos como **candangos**. Eles saíram de diversas partes do Brasil, principalmente do Nordeste, para trabalhar na construção de Brasília. Ao concluírem a obra, muitos decidiram permanecer na nova capital.

Os guerreiros, escultura de Bruno Giorgi, de 1959. Também conhecida como *Os candangos*, a obra é uma homenagem aos trabalhadores responsáveis pela construção de Brasília.

Vídeo

Oscar Niemeyer: A vida é um sopro

Vista aérea de Brasília, em 2012. Brasília é a única cidade construída no século XX a receber o título de Patrimônio Histórico e Cultural da Humanidade da Unesco.

Jânio Quadros cumprimenta o representante do governo de Cuba Ernesto "Che" Guevara. Brasília, 1961. A condecoração do líder revolucionário argentino foi malvista por muitos setores militares, que ameaçaram devolver suas condecorações como forma de protesto.

O breve governo de Jânio Quadros

Apesar do crescimento econômico e do clima de otimismo no Brasil, o governo JK foi muito criticado. Os gastos para sustentar o crescimento foram muito grandes e resultaram no aumento da dívida externa e da inflação no país. Além disso, várias denúncias de corrupção recaíram sobre o governo, principalmente envolvendo a construção de Brasília.

Foi explorando essas dificuldades do governo JK que o ex-prefeito e ex-governador de São Paulo, Jânio Quadros, foi eleito presidente da república. Durante sua campanha, Jânio se apresentou como um político que governava para o povo, sem compromissos partidários. Utilizando uma vassoura como símbolo de campanha, Jânio prometeu varrer a corrupção e acabar com a dívida externa.

Ao assumir o cargo, em janeiro de 1961, Jânio tomou medidas extremamente polêmicas no plano interno e, na política externa, procurou manter certa independência em relação às potências hegemônicas do período.

- **Política interna**. Jânio proibiu o uso dos biquínis e os desfiles em concursos de *miss* com maiôs cavados. Proibiu também o uso de lança-perfume nos bailes de carnaval e as brigas de galos, entre outras medidas polêmicas.
- **Política externa**. Visando demonstrar independência em relação aos Estados Unidos, Jânio condecorou o então ministro da Indústria e Comércio de Cuba, Ernesto "Che" Guevara, com a Ordem do Cruzeiro do Sul, apoiou a luta pela independência das colônias portuguesas na África, restabeleceu relações diplomáticas com a União Soviética e abriu relações comerciais com a China.
- **Condução da economia**. Até a eleição de Jânio, o Estado brasileiro subsidiava parte das despesas com a importação de trigo e de petróleo para favorecer o consumo interno. No entanto, com o intuito de controlar os gastos públicos, Jânio reduziu a participação do Estado nessas despesas. Resultado: logo no início de seu governo, os preços do pão e dos combustíveis aumentaram 100%.

As medidas do governo Jânio misturavam ações da agenda liberal (corte dos gastos públicos) com ideias nacionalistas (ameaça de controlar a remessa de lucros para o exterior), dificultando a construção de uma base política e social.

Charge de Arthur Cantalice publicada no jornal *Última Hora*, em setembro de 1960. O centro da campanha de Jânio foi o combate à corrupção. Associada à ideia de "limpeza política", a vassoura tornou-se o símbolo da carreira política de Jânio Quadros.

A renúncia de Jânio e a crise sucessória

As atitudes e medidas adotadas por Jânio desagradaram militares e lideranças políticas que apoiavam seu governo. Isolado politicamente, o presidente renunciou a seu mandato em 25 de agosto, alegando que "forças ocultas" o impediam de governar. Acredita-se que, com essa decisão, Jânio esperava mobilizar a população em defesa de seu governo. Mas não foi isso o que ocorreu. O Congresso Nacional aceitou o pedido de renúncia e a população não se manifestou.

Com a renúncia de Jânio, o vice-presidente João Goulart deveria assumir o cargo. Entretanto, Jango, como era popularmente conhecido, encontrava-se em viagem diplomática à China na ocasião. Por sua ligação com movimentos de trabalhadores, Jango era visto com desconfiança pelas elites conservadoras e pelos militares, que o identificavam com a ameaça comunista. Por isso, tentaram impedir a sua posse.

A reação dos aliados de Jango foi rápida. No Rio Grande do Sul, o então governador Leonel Brizola iniciou uma campanha exigindo o cumprimento da Constituição, o que significava garantir a posse de Jango. Nomeada **Campanha da Legalidade**, a operação logo recebeu o apoio de vários políticos e setores da sociedade em todo o país.

Com o impasse, o Congresso votou uma proposta para pôr fim à crise: Goulart assumiria a presidência, mas com poderes limitados. Instaurou-se no país um regime parlamentarista, no qual um primeiro-ministro seria o chefe de governo. Uma consulta popular a ser realizada em 1965 definiria a permanência do parlamentarismo ou o retorno ao presidencialismo.

O nome indicado pelas lideranças políticas e militares e aceito por João Goulart foi o do mineiro Tancredo Neves. Assim, Jango retornou ao Brasil e assumiu a presidência da república. Parecia que a crise tinha sido superada.

A renúncia, charge de Appe para a revista *O Cruzeiro*, de 7 de outubro de 1961.

De que maneira o artista representou a renúncia de Jânio à presidência da república?

Teste seu conhecimento

O vice-presidente João Goulart, entre o militar de farda e o primeiro-ministro Tancredo Neves, durante a solenidade da entrega da faixa presidencial, em frente ao Palácio do Planalto, em Brasília, 1961.

Caiu Parlamentarismo; Volta Presidencialismo. Primeira página do jornal *Correio Braziliense* de 23 de janeiro de 1963, Brasília.

O governo Jango

Graças à campanha movida pelo partido de Jango, o PTB, e apoiada por sindicatos e movimentos populares, o plebiscito que definiria a permanência ou a revogação do parlamentarismo foi antecipado em dois anos. A votação ocorreu em 6 de janeiro de 1963, e a maioria da população decidiu, após um ano e quatro meses de regime parlamentarista, pelo retorno ao presidencialismo.

Ao recuperar os poderes presidenciais, Jango manifestou sua intenção de promover um conjunto de reformas que tinham como objetivo modernizar o capitalismo brasileiro, proporcionando à população maior justiça social. As **reformas de base**, como ficaram conhecidas, previam estender o direito de voto aos analfabetos e aos militares de baixa patente, a ampliação do monopólio da Petrobras, a nacionalização de empresas farmacêuticas e prestadoras de serviços públicos e a limitação da remessa de lucros das empresas para o exterior, entre outras medidas.

A mobilização popular e as Ligas Camponesas

Os primeiros anos do governo Jango coincidiram com o aumento da participação popular na vida política do país. Os trabalhadores reuniam-se em sindicatos para organizar greves e reivindicar melhores condições de trabalho; os estudantes se reuniam em organizações estudantis, como a **União Nacional dos Estudantes** (UNE); e até os militares de baixa patente, como os soldados, os cabos, os sargentos e os marinheiros, exigiam ser ouvidos por seus superiores.

No campo, também houve um aumento da organização dos trabalhadores. Um dos movimentos de maior destaque foi o das **Ligas Camponesas**. Criado pelo advogado e político pernambucano Francisco Julião, esse movimento procurava defender os trabalhadores rurais de abusos praticados pelos donos das terras.

As Ligas representaram a principal base social de apoio às reformas de base de Jango, sobretudo à do programa de reforma agrária, que previa a desapropriação de terras improdutivas, mediante indenização dos proprietários, e sua distribuição aos trabalhadores rurais. Além disso, Jango criou, em 1963, o **Estatuto do Trabalhador Rural**, que estendia aos trabalhadores rurais os mesmos direitos dos urbanos, como registro em carteira profissional, salário mínimo, férias e descanso semanal remunerados, entre outros.

Questão da terra, charge de Angeli, de 2008, sobre a reforma agrária. Ainda hoje, a concentração de terras é um dos principais problemas do Brasil.

O golpe civil-militar

As reformas propostas por Jango buscavam diminuir as desigualdades na sociedade brasileira, mas foram vistas pelos setores conservadores como o primeiro passo para a adoção do comunismo no Brasil.

As críticas ao governo de Jango tinham origem também nas dificuldades que atingiam a economia brasileira. A inflação anual, por exemplo, cresceu de 26,3% em 1960 para 78,4% em 1963. O crescimento do PIB, que tinha sido de 5,3% em 1962, caiu para 1,5% em 1963.

Ciente de que suas reformas não poderiam ser aprovadas no Congresso Nacional, Jango resolveu instituí-las por meio de decretos, anunciados em grandes comícios. Os dois primeiros, assinados em 13 de março de 1964, estatizavam as refinarias que ainda eram privadas e definiam as áreas sujeitas à desapropriação para fins de reforma agrária.

No meio urbano, cresceu o número de greves, chegando a 172 em 1963, quase seis vezes maior do que em 1958. Os estudantes se mobilizavam defendendo uma aliança estudantil com os operários e os camponeses.

A resposta dos setores conservadores foi a **Marcha da Família com Deus pela Liberdade**, manifestação realizada no dia 19 de março de 1964, em São Paulo, que mobilizou milhares de pessoas favoráveis à deposição de Jango. A radicalização dos setores da esquerda e da direita era cada dia maior.

Na noite do dia 31 de março de 1964, tropas partiram de Minas Gerais com destino ao Rio de Janeiro, onde estava o presidente. No Rio, Jango não aceitou o golpe e foi para Brasília, no dia 1º de abril, tentar articular a resistência. Mas não teve sucesso.

Na madrugada do dia 2 de abril, o Congresso Nacional declarou vaga a presidência da república, empossando o presidente da Câmara dos Deputados, Ranieri Mazzilli, no lugar de Jango. Iniciava-se o regime militar no Brasil, período que ficou conhecido, posteriormente, como "anos de chumbo".

Primeira página do jornal *Última Hora* mostrando a população nas ruas do Rio de Janeiro em março de 1964. Cerca de 300 mil pessoas acompanharam o discurso do presidente João Goulart na Central do Brasil.

Patrulha do exército em rua do Recife, em Pernambuco, no dia 2 de abril de 1964.

TEMA 2

O fim das liberdades democráticas

Qual foi a função dos Atos Institucionais na construção do regime militar?

Os anos de chumbo

Você já imaginou viver em um lugar onde as músicas, as peças de teatro e os filmes só podem ser lançados com autorização do governo? Um lugar onde as notícias devem passar pela análise do governo antes de serem publicadas? E um lugar onde as pessoas não têm o direito de escolher seus próprios governantes? Durante 21 anos, entre 1964 e 1985, o Brasil foi esse lugar.

No dia 1º de abril de 1964, os militares ocuparam os órgãos públicos das principais cidades do país e passaram a prender políticos, estudantes, sindicalistas, intelectuais, funcionários públicos e até mesmo militares que defendiam o respeito à Constituição e que por isso se opuseram ao golpe. Três meses após o início do governo militar, milhares de pessoas já tinham sido presas.

Os militares passaram a governar o país por meio de decretos, chamados de **Atos Institucionais**. O primeiro deles, o AI-1, foi editado em 9 de abril e permitiu ao governo cassar mandatos e suspender direitos políticos de diversas personalidades, como Leonel Brizola, Luís Carlos Prestes, os ex-presidentes Juscelino Kubitschek, Jânio Quadros e João Goulart, entre outros. Os militares que se opuseram ao golpe foram expulsos das Forças Armadas.

O AI-1 também determinou que uma nova eleição para a presidência da república aconteceria no dia 11 de abril. No entanto, essa eleição seria realizada de forma indireta, ou seja, pelo Congresso Nacional, e não pelo povo. O presidente eleito no Congresso governaria até janeiro de 1966, quando, teoricamente, terminaria o mandato de João Goulart.

Os Atos Institucionais

Os Atos Institucionais foram editados com o objetivo de dar uma aparência de legalidade ao regime. Na prática, eles se converteram em instrumento para o exercício do poder pelos militares, garantindo a eles a centralização das decisões políticas do país. Entre 1964 e 1969, foram editados 17 Atos Institucionais, que só seriam revogados em 13 de setembro de 1978.

Primeira página do jornal *Folha de S.Paulo* noticiando a promulgação do Ato Institucional nº 1. São Paulo, 10 de abril de 1964.

O governo Castello Branco

Indicado pelos militares, o marechal Humberto de Alencar Castello Branco foi eleito presidente pelo Congresso Nacional. Ao ser empossado, Castello Branco assumiu a tarefa de reformar e desenvolver o capitalismo brasileiro e de conter a "ameaça comunista", controlando as massas trabalhadoras e reformando o aparelho do Estado.

Para controlar as contas do governo e reduzir a inflação, o governo cortou investimentos, elevou os impostos e reduziu os índices de aumento salarial para os trabalhadores. A inflação baixou, mas a recessão provocou o fechamento de empresas, arrocho salarial e desemprego. Além disso, Castello Branco revogou a lei criada por Jango que restringia a remessa de lucros das empresas para o exterior.

Na política externa, Castello Branco alinhou-se aos Estados Unidos e rompeu relações diplomáticas com Cuba. Além disso, firmou novos acordos com o Fundo Monetário Internacional (FMI), o que permitiu ao governo receber novos empréstimos. Em julho de 1964, uma emenda constitucional prorrogou o mandato de Castello Branco até março de 1967.

Novas restrições à democracia

Nas eleições para governadores, em outubro de 1965, a oposição conquistou vitórias em cinco dos dez estados onde houve a disputa eleitoral. Em resposta, os militares restringiram ainda mais a democracia por meio do **Ato Institucional nº 2**, o AI-2:

- O novo ato estabeleceu que as eleições presidenciais continuariam sendo feitas de forma indireta, reduziu as atribuições do Congresso Nacional e conferiu ao presidente o poder de baixar decretos sobre questões de **segurança nacional**.
- Todos os partidos políticos foram extintos. Em substituição a eles, foram criados apenas dois: a **Aliança Renovadora Nacional** (Arena), o partido do governo, e o **Movimento Democrático Brasileiro** (MDB), que fazia a oposição consentida.

Em janeiro de 1967 foi aprovada uma nova Constituição, a quinta da república, que incorporou os novos poderes atribuídos ao Executivo e a nova legislação partidária. A Constituição começou a vigorar em 15 de março. No mesmo dia, tomou posse o novo presidente, o general Arthur da Costa e Silva.

O marechal Humberto Castello Branco, um dos principais articuladores da derrubada do presidente João Goulart, toma posse na presidência da república. Brasília, 15 de abril de 1964.

GLOSSÁRIO

Arrocho salarial: contenção de aumento do salário dos trabalhadores para reduzir os custos de produção, ampliando, assim, a margem de lucro dos empregadores, além de ser um mecanismo usado para frear o consumo e impedir o aumento dos preços.

Zé Kéti e Nara Leão em apresentação do show *Opinião*, no Rio de Janeiro, em dezembro de 1964. Dirigido por Augusto Boal, o espetáculo teatral produzido pelo Teatro de Arena e pelo Centro Popular de Cultura da UNE se transformou numa das mais importantes manifestações do teatro brasileiro contra a repressão do regime militar.

GLOSSÁRIO

Secundarista: estudante do antigo Segundo Grau, atual Ensino Médio.

O governo Costa e Silva

Indicado pelos militares, o general Arthur da Costa e Silva foi eleito presidente da república pelo Congresso Nacional em outubro de 1966, mas foi empossado somente em março do ano seguinte. Membro da chamada "linha dura" do exército, seu governo ficou marcado pelo crescimento dos movimentos de oposição e pela violência da repressão policial.

O movimento estudantil, mesmo na clandestinidade, vinha se reorganizando e promovendo manifestações por melhores condições de ensino e, ao mesmo tempo, fazendo críticas à ditadura. Os estudantes secundaristas também começaram a se organizar reivindicando aumento do número de vagas nas universidades públicas.

Em março de 1968, durante um protesto no centro do Rio de Janeiro, o estudante secundarista Edson Luís de Lima Souto foi morto pela polícia. Milhares de pessoas acompanharam seu enterro e compareceram à missa de sétimo dia. Essas homenagens ao estudante se transformaram em manifestações de repúdio à violência da ditadura.

Em junho do mesmo ano, o movimento estudantil organizou uma grande manifestação contra o regime militar. O protesto, que ficou conhecido como a **Passeata dos Cem Mil**, contou com a participação de artistas, estudantes, padres, intelectuais e outros setores da sociedade brasileira.

Passeata dos Cem Mil, ocorrida no Rio de Janeiro em 26 de junho de 1968. A passeata foi uma das mais importantes manifestações populares contra a ditadura militar. Na primeira fila, aparecem os compositores Gilberto Gil, Caetano Veloso e Chico Buarque.

O "golpe dentro do golpe"

Em setembro de 1968, o deputado da oposição Márcio Moreira Alves proferiu um discurso na Câmara dos Deputados conclamando a população a boicotar os desfiles de 7 de setembro, além de chamar os quartéis de "covis de torturadores".

As Forças Armadas, enfurecidas com o discurso do deputado, encontraram o pretexto para decretar o **Ato Institucional nº 5 (AI-5)**. O ato dava ao presidente o poder de fechar o Congresso Nacional, cassar mandatos parlamentares, intervir em estados e municípios e suspender direitos políticos de qualquer cidadão por dez anos.

Como resposta à decretação do AI-5, grupos de esquerda passaram a defender a luta armada (guerrilha), como meio de derrubar a ditadura. Alguns desses grupos também desejavam substituir o governo ditatorial e o sistema capitalista por um projeto socialista de sociedade.

Para combater os grupos de esquerda, o governo criou novos órgãos de repressão, como a Operação Bandeirante (Oban), criada em 1969, e os DOI-Codi, sigla do Destacamento de Operações e Informações e do Centro de Operações de Defesa Interna. Esses órgãos agiam em vários estados e se transformaram nos principais centros de tortura do regime militar.

> **GLOSSÁRIO**
>
> **VPR: Vanguarda Popular Revolucionária:** grupo guerrilheiro que atuou entre 1966 e 1971 com o objetivo de combater a ditadura militar. Seu principal líder foi o capitão do exército brasileiro Carlos Lamarca.

O depoimento de uma militante presa

"Filho é superior a tudo. A mãe se dá muito pro filho e ele precisa dela. De repente você se vê tão impotente e vê seu filho inocente sendo ameaçado, sem saber o que ele está passando. Ele foi preso junto comigo. [...] Depois foi separado de mim e depois trazido aqui na minha frente, dentro da cadeia, para me ver e, pior, para ver o pai sendo torturado.

[...] Então você vê o teu filho [...] de repente olha pros homens e fala: 'Não bate no meu paizinho'. Foi cruel. [...] Eu tinha muitas informações, conhecia muito – mas minha responsabilidade era calar. [...] E fui torturada. [...] Mas eu consegui e não teve outro meio deles descobrirem porque eu não falei. Eu consegui."

Depoimento de Jovelina Tonello, militante da VPR. In: CARVALHO, Luiz Maklouf. *Mulheres que foram à luta armada*. São Paulo: Globo, 1998. p. 160-161.

Os 40 presos políticos libertados em troca do embaixador da Alemanha Ocidental no Brasil, Ehrenfried Ludwig von Holleben, sequestrado pela guerrilha, aguardam embarque para o exílio na Argélia, junho de 1970. A criança de camiseta branca é Ernesto Carlos Nascimento, filho de Jovelina Tonello.

Questões

1. Que tipo de tortura a militante da VPR e o pai de seu filho sofreram? Justifique com elementos do texto.

2. Ernesto, a criança mencionada no texto, tinha pouco mais de 2 anos quando os pais foram presos. Após 28 dias nas mãos dos militares, Ernesto foi fichado como "subversivo" e enviado com a avó para a Argélia. Qual é a sua opinião sobre a tortura aplicada aos pais e sobre o tratamento dispensado pelo Estado a Ernesto?

3. Imagine que você, como Jovelina, seja um militante que luta para derrubar um regime ditatorial. No entanto, você é preso e passa a ser torturado para dizer nomes e endereços de seus companheiros. O que você faria nessa situação? Coloque-se no lugar da militante e descreva sentimentos, pensamentos e atitudes que acredita serem possíveis em um momento como esse.

CRESCIMENTO ECONÔMICO E INFLAÇÃO NO BRASIL (1967-1974)

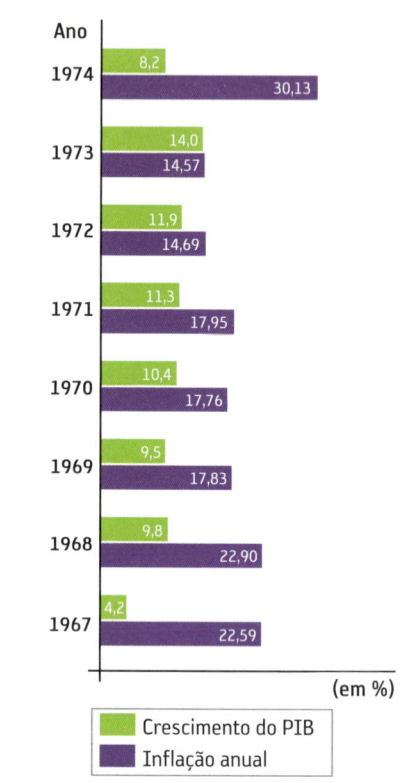

Ano	Crescimento do PIB	Inflação anual
1974	8,2	30,13
1973	14,0	14,57
1972	11,9	14,69
1971	11,3	17,95
1970	10,4	17,76
1969	9,5	17,83
1968	9,8	22,90
1967	4,2	22,59

(em %)

Fontes: Séries históricas e estatísticas do PIB. Instituto Brasileiro de Geografia e Estatística (IBGE). Disponível em www.ibge.gov.br/home/presidencia/noticias/imprensa/ppts/00000007765203112012522606619383.xls. Acesso em 31 mar. 2014.

Trecho da Rodovia Transamazônica, em Vitória do Xingu, no Pará, 2012. Construída em tempo recorde, a BR 230 (Transamazônica) deveria promover a integração das regiões Norte e Nordeste do país. No entanto, a estrada foi inaugurada sem estar concluída, permanecendo assim até os dias de hoje.

O governo Médici: o auge dos governos militares

Em agosto de 1969, Costa e Silva sofreu um derrame cerebral e foi afastado da presidência. Por meio de mais um Ato Institucional (AI-12), uma junta militar composta pelos ministros do exército, da marinha e da aeronáutica impediu a posse do vice-presidente, o civil Pedro Aleixo, e assumiu o poder.

Diante do agravamento do quadro clínico de Costa e Silva, a junta militar declarou vaga a presidência da república e reabriu o Congresso, que escolheria o novo presidente. Assim, em 30 de outubro de 1969, o general Emílio Garrastazu Médici tomou posse como presidente da república.

O "milagre brasileiro"

O governo Médici implementou uma política econômica que garantiu altos índices de crescimento ao país. Favorecido pelo bom momento da economia internacional, o governo conseguiu empréstimos no exterior a juros baixos e realizou investimentos na indústria, na agricultura, no setor energético e na construção civil. As usinas hidrelétricas de Itaipu e Tucuruí, as usinas nucleares de Angra dos Reis, a Ponte Rio-Niterói e a Rodovia Transamazônica foram construídas nesse período.

O resultado dessa política foi o chamado "milagre econômico brasileiro". Entre 1968 e 1973, a economia brasileira cresceu, em média, 11,2% ao ano. Contudo, nem todos os brasileiros puderam desfrutar desse crescimento. A política de achatamento dos salários fez aumentar a concentração de renda e a desigualdade social no país. Além disso, com o aumento dos preços do petróleo, em 1973, os empréstimos diminuíram e os juros da dívida externa aumentaram. Do "milagre" passou-se à alta da inflação, à recessão e ao aumento nos índices de desemprego.

O auge da repressão

O governo Médici ficou marcado pelo aumento da repressão aos grupos que lutavam contra a ditadura. Muitos desses grupos cresceram com a adesão de jovens do movimento estudantil, que haviam perdido o direito de se organizar e se manifestar com a decretação do AI-5.

A repressão a esses movimentos foi brutal. Até o final do governo Médici, as organizações de luta armada tinham sido eliminadas, e seus militantes estavam mortos, presos ou no exílio. O último movimento derrotado pelo regime foi a **Guerrilha do Araguaia**, organizada pelo Partido Comunista do Brasil (PC do B) na região do Rio Araguaia, na divisa dos estados do Pará, Maranhão e Goiás (atual Tocantins). O objetivo dos guerrilheiros era mobilizar os camponeses para lutar pela reforma agrária e ser o ponto de partida da revolução socialista no Brasil.

Em 1972, o governo iniciou as operações para destruir a guerrilha, concluídas em meados de 1974. Entretanto, até hoje não foram encontrados os corpos de mais de setenta guerrilheiros mortos em combate.

Futebol e propaganda

Para garantir o apoio da população ao regime estabelecido, o governo utilizou largamente a propaganda. *Slogans* que celebravam o crescimento nacional eram utilizados para convencer a população de que o Brasil, em breve, se tornaria uma potência. Músicas que exaltavam o país eram amplamente tocadas nas rádios, aumentando o clima ufanista.

As conquistas esportivas também foram utilizadas como peças de propaganda do governo. Em 1970, a seleção brasileira conquistou o tricampeonato na Copa do Mundo de Futebol, disputada no México. Ao retornarem ao país, os jogadores foram recebidos pelo presidente. Dessa forma, Médici tentava vincular a vitória da seleção a uma conquista de seu governo.

Pense e responda

- Em sua opinião, as competições esportivas podem servir de instrumento eficiente de propaganda política?
  Utilize seus **conhecimentos** sobre esportes e cite exemplos que você conheça de competições utilizadas para esse fim.

Audiovisual

Futebol, música e política no Brasil

Jogadores da seleção brasileira de futebol, além da comissão técnica, em foto tirada no Palácio do Planalto, em Brasília, após a conquista do tricampeonato na Copa do Mundo de 1970. O presidente Emílio Garrastazu Médici (ao centro) se aproveita da situação para promover o seu governo. Julho de 1970.

DE OLHO NA IMAGEM

O humor contra a propaganda

Em 1970, durante a ditadura militar, o Brasil vivia o momento que o regime batizou de "milagre econômico". A euforia com o crescimento da economia foi reforçada pela conquista brasileira do tricampeonato mundial de futebol no México.

No Brasil, o futebol é um esporte capaz de mobilizar e comover a população. Por isso, muitas vezes, a ditadura fez uso do futebol para enaltecer o regime. Assim, futebol e política estavam associados: o governo militar procurava mostrar o sucesso da seleção brasileira como mais uma conquista de um Brasil vitorioso e próspero.

O triunfo do futebol passou a ser utilizado para promover os feitos da ditadura, aumentar o ufanismo e fazer a população ignorar o clima de medo e censura que dominava o Brasil e esquecer os baixos salários e a concentração de riqueza que crescia no país.

A contradição entre o clima de euforia e a realidade do país é exatamente o objeto da crítica feita na charge do cartunista Ziraldo, reproduzida a seguir.

Charge de Ziraldo sobre a Copa do Mundo de 1970, publicada no livro *20 anos de prontidão*, de 1984.

Questões

1. Que aspectos da realidade do país em 1970 foram representados na charge? Que elementos gráficos foram utilizados pelo cartunista para abordar essa realidade?

2. Qual é a visão do chargista em relação ao período? De que forma ele aborda a situação vivida no país naquele momento?

3. De que maneira a crítica bem-humorada feita por Ziraldo aparece nessa charge?

Dialogando com Arte

Galeria de imagens

Veja outras charges relacionadas à ditadura militar.

TEMA 3

Protesto e cultura no regime militar

De que maneira a arte foi utilizada como instrumento de contestação ao regime militar?

Audiovisual
O humor contra a repressão

A luta dos estudantes e dos operários

A estratégia da luta armada, mesmo sendo a forma mais radical e corajosa de combater o regime militar, não foi a única nem a mais capaz de atrair a atenção da sociedade brasileira e conquistar o seu apoio. Entidades estudantis, operários e artistas também lutaram pela mesma causa, manifestando, com seus próprios métodos, o repúdio ao governo ditatorial e o anseio por democracia.

O movimento estudantil

Em abril de 1964, o prédio da **União Nacional dos Estudantes** (UNE), no Rio de Janeiro, foi incendiado. Nele funcionava o Centro Popular de Cultura (CPC), do qual participavam artistas e estudantes que levavam o teatro, a música, o cinema e a literatura às escolas, universidades, fábricas, favelas e sindicatos. Muitas produções artísticas do CPC tinham como tema a realidade social do país e a vida do trabalhador brasileiro, seja do campo ou da cidade.

Com a implantação da ditadura, a UNE foi colocada na ilegalidade, e o movimento acabou se dispersando. Apesar disso, os estudantes continuaram se organizando na clandestinidade e realizando congressos anuais para eleger seus representantes, discutir os problemas da educação no país e definir formas de luta.

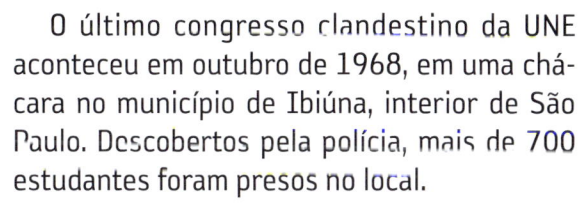

O último congresso clandestino da UNE aconteceu em outubro de 1968, em uma chácara no município de Ibiúna, interior de São Paulo. Descobertos pela polícia, mais de 700 estudantes foram presos no local.

A partir dessa prisão, a repressão do governo militar ao movimento estudantil intensificou-se. Muitos estudantes foram presos e mortos pela ditadura, outros continuaram atuando na clandestinidade e alguns tiveram de deixar o país.

Policiais prendem estudantes no sítio Muduru, em Ibiúna, interior de São Paulo, onde se realizava o XXX Congresso da UNE, em 11 de outubro de 1968.

O cantor Geraldo Vandré apresenta a música *Pra não dizer que não falei das flores*, durante o III Festival Internacional da Canção, no Rio de Janeiro, em 1968.

As greves de Contagem e Osasco

Assim que tomaram o poder, em 1964, os militares intervieram nos sindicatos, criaram leis para impedir a organização dos trabalhadores e procuraram atrair lideranças sindicais para o campo do governo. Por meio de acordos com esses líderes, a ditadura visava controlar o movimento sindical.

Em 1968, no entanto, metalúrgicos de Contagem, em Minas Gerais, e de Osasco, em São Paulo, mostraram que havia uma brecha no sistema. Em abril, operários de Contagem paralisaram o trabalho por uma semana, reivindicando melhores salários e liberdades civis e políticas. A repressão foi violenta: polícia e exército ocuparam as ruas, tomaram as fábricas e proibiram as manifestações operárias.

Em julho, inspirados no exemplo dos operários mineiros, metalúrgicos de Osasco cruzaram os braços e ocuparam as instalações de três fábricas. A repressão foi ainda mais violenta, com a desocupação armada das fábricas e dezenas de prisões.

Cantando a revolução

Muitos compositores e cantores fizeram de sua arte uma forma de protesto contra a opressão e a violência da ditadura. As músicas de protesto abordavam problemas sociais, econômicos e políticos e expressavam o ideal de construir uma sociedade igualitária e democrática.

Um dos principais artistas do período foi o cantor e compositor paraibano Geraldo Vandré. Em 1968, Vandré lançou o disco *Canto geral*, o quarto de sua carreira. Este é considerado um dos discos mais contundentes de crítica à ditadura militar, pois boa parte de suas letras trata do cotidiano do povo brasileiro, como a canção *Ventania*.

No mesmo ano, Vandré compôs a canção *Pra não dizer que não falei das flores* e a interpretou no III Festival Internacional da Canção, no Rio de Janeiro. A música, que conquistou o segundo lugar, acabou se transformando em um hino de resistência à ditadura. Por conta disso, a canção foi censurada pelo governo, e Vandré teve de deixar o país.

Outro artista que se destacou pelas canções de protesto foi Chico Buarque. Também ligado aos festivais das décadas de 1960 e 1970, suas canções ficaram marcadas por driblarem a censura prévia imposta pelo governo com o uso de letras de duplo sentido. Uma de suas canções mais conhecidas, *Apesar de você*, composta em 1970, traz os seguintes versos: "Apesar de você/Amanhã há de ser/Outro dia". Os versos, que aparentemente retratam uma briga de namorados, na verdade faziam referência ao presidente Médici. A canção, inicialmente liberada pela censura, foi proibida quando o governo se deu conta de seu verdadeiro significado.

Chico Buarque (de terno claro) e o grupo MPB-4 se apresentam no III Festival de Música Popular Brasileira, na cidade de São Paulo, em 1967.

Cena da peça *Roda viva*, escrita por Chico Buarque e dirigida por José Celso Martinez Corrêa. Rio de Janeiro, 11 de janeiro de 1968. A obra se tornou um símbolo da resistência do teatro à repressão do regime militar.

O teatro

A cena teatral do período também produziu espetáculos que criticavam as injustiças sociais e exaltavam a luta contra a ditadura. Grupos teatrais, como o **Teatro de Arena** e o **Teatro Oficina**, realizaram montagens que defendiam a liberdade na política e a nos costumes. As peças estimulavam o espectador a misturar-se aos atores e a participar da ação.

Uma grande inovação cênica, criada pelo Teatro de Arena, foi o chamado "sistema coringa", no qual os atores, num esquema de rodízio, interpretavam todos os papéis. O novo procedimento cênico estreou com o espetáculo *Arena conta Zumbi*, em 1965, sobre a saga dos quilombolas do Brasil colonial em sua luta contra a escravidão.

A peça, ao denunciar o nosso passado escravocrata, ao mesmo tempo remetia à opressão social e política daquele momento, criticando, sutilmente, o regime militar. Os atores iniciavam a peça com a seguinte frase: "O elenco dedica a obra a todos os homens e mulheres que morreram e morrem na luta pela liberdade".

O Cinema Novo

Na década de 1950, um grupo de jovens cineastas iniciou um movimento que combatia o predomínio da produção industrial de filmes inspirados no cinema norte-americano. Esse movimento, que ficou conhecido como **Cinema Novo**, defendia a produção, a baixo custo, de filmes que abordassem criticamente os problemas do Brasil, além de se preocupar em renovar a estética do cinema nacional.

Com uma linguagem cinematográfica inovadora, o Cinema Novo obteve reconhecimento de público e de crítica, e vários filmes do movimento foram premiados em festivais internacionais. Como os cineastas dessa nova estética atuavam à margem do circuito industrial do cinema, eles conseguiram, na medida do possível, furar o bloqueio da censura e da repressão.

Com poucos recursos técnicos e utilizando a miséria do povo como pano de fundo para suas histórias, os cineastas Glauber Rocha, com *Deus e o Diabo na terra do Sol* (1964), Nelson Pereira dos Santos, com a adaptação para o cinema do romance *Vidas secas* (1969), de Graciliano Ramos, e o moçambicano Ruy Guerra, com *Os fuzis* (1964), marcaram o ponto alto do movimento.

Cartaz de Rogério Duarte para o filme *Deus e o Diabo na terra do Sol*, dirigido por Glauber Rocha, 1964.

TEMA 4
O processo de abertura

Como o regime militar conseguiu controlar o processo de redemocratização do Brasil?

A abertura "lenta, gradual e segura"

Em março de 1974, o general Ernesto Geisel assumiu a presidência da república com a promessa de promover o retorno do país à democracia. De acordo com as palavras do próprio Geisel, a abertura política deveria se dar de forma "lenta, gradual e segura". Era uma forma de os militares deixarem o poder sem alterar a ordem vigente.

Apesar da promessa de abertura política, os militares da chamada linha-dura não aceitavam a ideia do retorno à democracia. Os órgãos de repressão continuavam prendendo pessoas suspeitas de "subversão", que eram torturadas e, em muitos casos, mortas após longas sessões de tortura.

Dois casos ganharam destaque. O primeiro deles foi o do chefe de jornalismo da TV Cultura de São Paulo, Vladimir Herzog. O jornalista foi encontrado morto numa cela do DOI-Codi, em São Paulo, em outubro de 1975. Em janeiro do ano seguinte, o metalúrgico Manuel Fiel Filho foi morto no mesmo local e nas mesmas condições. A versão oficial de suicídio por enforcamento de ambos não se sustentava, e o general Geisel teve que substituir militares do comando do II Exército, local onde estava sediado o DOI-Codi em São Paulo.

Os descaminhos da abertura

A sociedade brasileira começou a dar sinais de descontentamento em relação aos governos militares. Os primeiros sinais de recessão econômica e as denúncias de torturas e assassinatos de militantes políticos resultaram em um surpreendente crescimento do MDB nas eleições legislativas de 1974 e nas eleições municipais de 1976.

Atemorizado com o crescimento da oposição, o governo recuou no processo de abertura. Em abril de 1977, os militares lançaram uma série de medidas que ficaram conhecidas como **Pacote de Abril**: o Congresso foi fechado por catorze dias, período em que o presidente governou por meio de decretos-leis. Entre esses decretos estavam a ampliação do mandato do presidente de cinco para seis anos e a determinação de que as leis, para serem aprovadas, precisariam apenas de maioria simples. O Pacote de Abril também determinava que um terço dos senadores deveria ser eleito por meio do voto indireto.

O jornalista Vladimir Herzog, em foto de 1975. Segundo a tradição judaica, os suicidas devem ser enterrados em separado dos demais, longe da área central do cemitério. No entanto, o rabino Henry Sobel se recusou a enterrar Herzog, que era judeu, como suicida.

O renascimento do movimento estudantil e sindical

A violenta repressão que marcou os governos Costa e Silva e Médici resultou na prisão, na morte ou no exílio das principais lideranças estudantis e sindicais. Apenas no final da década de 1970, as mobilizações de estudantes e de trabalhadores retornaram ao cenário nacional.

O centro dessa nova fase do movimento sindical foi a região do ABC paulista, importante parque da indústria automobilística e berço do sindicato dos metalúrgicos de São Bernardo do Campo e Diadema. Em 1979, os metalúrgicos do ABC paulista entraram em greve por melhorias salariais e contra a ditadura, realizando a primeira greve geral de uma categoria depois do golpe de 1964.

O período também foi marcado pelo renascimento do movimento estudantil, concentrado na PUC, na USP e na Unicamp, no estado de São Paulo. Os estudantes reivindicavam a democratização das universidades e o fim da ditadura. Dois momentos históricos marcaram a atuação do movimento estudantil: a invasão da PUC pela polícia em 1977 e a participação dos estudantes nas greves dos trabalhadores do ABC em 1978 e 1979.

Os novos partidos

Em novembro de 1979, uma nova lei eleitoral permitiu a organização de vários partidos políticos. A Arena tornou-se o Partido Democrático Social (PDS) e o MDB passou a se chamar Partido do Movimento Democrático Brasileiro (PMDB).

Formaram-se também o Partido Democrático Trabalhista (PDT), o Partido dos Trabalhadores (PT) e o Partido Trabalhista Brasileiro. O Partido Popular (PP), formado no mesmo ano, foi incorporado ao PMDB em 1981.

A Lei da Anistia

Em março de 1979 tomou posse João Baptista de Oliveira Figueiredo, o último dos presidentes militares do país. Figueiredo assumiu a presidência prometendo continuar o processo de abertura política.

Por todo o país cresciam os movimentos pela redemocratização. Pressionado, o presidente promulgou, em agosto do mesmo ano, a **Lei da Anistia**, que libertou todos os presos políticos do país e permitiu a volta dos exilados. A lei também anistiou os agentes do Estado que praticaram crimes de tortura e assassinato no exercício da função.

Atualmente, a Lei da Anistia continua controversa. Vários perseguidos políticos, familiares de vítimas da ditadura, grupos de defesa dos direitos humanos e entidades da sociedade civil, como a Ordem dos Advogados do Brasil (OAB), pedem a revisão da lei. O argumento é que a extensão da anistia aos crimes praticados pelo Estado fere uma série de acordos internacionais, dos quais o Brasil é signatário. Segundo eles, o crime de tortura constitui crime contra a humanidade, sendo, portanto, imprescritível.

Pense e responda

- Na sua opinião, a Lei de Anistia deve ser revista? Discuta essa questão com os colegas.

Ato público pela anistia na escadaria da Igreja de São José, em Belo Horizonte (MG), em 1979.

Cerca de 1 milhão de pessoas se reúnem em frente à Igreja da Candelária, no Rio de Janeiro, na campanha das Diretas Já. Foto de 10 de abril de 1984.

A campanha das diretas

Em fevereiro de 1983, o deputado federal Dante de Oliveira, do PMDB, apresentou ao Congresso uma emenda constitucional que restabelecia as eleições diretas para presidente. Depois disso, inúmeras manifestações populares foram organizadas no país pela aprovação da emenda, campanha que logo recebeu o nome de **Diretas Já**.

Mesmo com toda a mobilização popular, a emenda constitucional foi derrotada na Câmara Federal. Dessa forma, o próximo presidente da república seria escolhido, mais uma vez, pelo Colégio Eleitoral.

Os candidatos inscritos para disputar as eleições foram Paulo Maluf, político do PDS apoiado pelos militares, e Tancredo Neves, governador de Minas Gerais pelo PMDB. Apoiado por dissidentes do PDS e por partidos da oposição ao regime militar, Tancredo recebeu 480 votos e foi eleito presidente.

Tancredo Neves, contudo, não assumiu o governo. Na véspera da posse, o presidente eleito adoeceu e foi internado. Em seu lugar assumiu o vice-presidente eleito, José Sarney. A população acompanhou com grande expectativa a recuperação da saúde de Tancredo, que não ocorreu. A notícia da morte de Tancredo Neves, em 21 de abril de 1985, abalou o país.

O governo Sarney

Sarney assumiu a presidência tomando medidas para conter o aumento dos preços e retomar a ordem democrática no país. As principais medidas foram a convocação de uma Assembleia Constituinte e a execução de um plano econômico para controlar a inflação, o **Plano Cruzado**. Esse plano previa o congelamento dos preços e dos aluguéis e reajustes automáticos dos salários sempre que a inflação atingisse 20%.

O congelamento dos preços promoveu a elevação do poder de compra dos salários, o que gerou um grande aumento do consumo. Com os preços congelados, industriais e comerciantes começaram a boicotar o plano, deixando de abastecer as prateleiras dos supermercados ou cobrando um acréscimo no preço dos produtos. Tais medidas provocaram o retorno da inflação. No final do governo Sarney, os preços eram reajustados em 85% ao mês.

A Constituição de 1988

Um dos principais acontecimentos do governo Sarney foi a convocação de uma Assembleia Nacional Constituinte, encarregada de elaborar uma nova Constituição para o país. Aprovado em 5 de outubro de 1988, o novo texto constitucional reconheceu as liberdades individuais negadas aos cidadãos brasileiros durante o período militar, como a liberdade de expressão e de organização política.

A Constituição também criou normas de proteção ambiental e reconheceu direitos dos povos indígenas e das comunidades quilombolas. Os crimes de tortura e de racismo passaram a ser inafiançáveis e imprescritíveis. No capítulo dos direitos sociais, a nova carta estabeleceu a jornada máxima de 44 horas semanais, estendeu a licença-gestante de 90 para 120 dias, criou o adicional de férias de, pelo menos, 1/3 do salário normal, entre outros direitos.

REVISANDO

OS GOVERNOS JK, JÂNIO E JANGO

1. No governo de **Juscelino Kubitschek**, as altas taxas de **crescimento econômico**, aliadas ao sucesso da música e dos esportes, criaram um clima de grande euforia no país.

2. Durante o governo JK foi construída a cidade de **Brasília**, a nova capital do país, que deveria promover a **integração das diversas regiões** do território brasileiro.

3. O governo **Jânio Quadros** durou apenas sete meses. Extremamente **polêmico**, Jânio renunciou ao cargo em agosto de 1961.

4. O governo **João Goulart** foi marcado por uma grande polarização política no país. Descontentes com as **reformas de base** propostas por Jango, os militares, em aliança como setores conservadores, derrubaram o governo por meio de um golpe.

O REGIME MILITAR NO BRASIL

1. No dia **1º de abril de 1964**, instaurou-se um **governo militar** no país. Visando aumentar os seus poderes e cercear as liberdades democráticas, os militares decretaram uma série de **Atos Institucionais**.

2. O acelerado crescimento da economia brasileira, sustentado por **empréstimos externos**, levou o período a ser conhecido como a era do **"milagre econômico"**. Os efeitos do milagre não demoraram a surgir: aumento da dívida externa, **arrocho salarial** e recessão.

3. A decretação do **AI-5**, em 1968, iniciou a fase mais repressiva do regime. A **resistência armada** à ditadura, no campo e nas cidades, é combatida com o aumento da repressão.

PROTESTO E CULTURA NO REGIME MILITAR

1. O **movimento estudantil**, representado principalmente por meio da **União Nacional dos Estudantes (UNE)**, foi muito atuante na luta contra a ditadura.

2. As **peças teatrais** e as **músicas de protesto** foram importantes veículos de **combate à ditadura**. Muitos artistas foram perseguidos, censurados e obrigados a se exilar.

3. O movimento do **Cinema Novo**, surgido no final da década de 1950, revolucionou a arte cinematográfica brasileira. Os cinemanovistas abordavam criticamente a **realidade social do país** e combatiam a produção de filmes inspirados no cinema norte-americano.

O PROCESSO DE ABERTURA

1. O presidente Ernesto Geisel promete iniciar um processo de **abertura "lenta, gradual e segura"** do regime.

2. Em 1977, com o **Pacote de Abril**, o governo fechou o Congresso e passou a **governar por meio de decretos-leis**.

3. Durante o governo Figueiredo, foi promulgada a **Lei da Anistia**, que isentou de punição todos os acusados de crimes políticos, incluindo os torturadores, e permitiu a volta dos exilados ao país.

4. Em abril de **1984**, a emenda constitucional que restabelecia as eleições diretas para presidente não foi aprovada pela Câmara dos Deputados. **Tancredo Neves** é eleito pelo Colégio Eleitoral, mas não toma posse. O vice, José Sarney, assumiu o governo.

PARA LER

▶ **1968: o ano que não terminou**
Autor: Zuenir Ventura
Rio de Janeiro: Editora Objetiva, 2013.

Em linguagem jornalística, o autor relata os fatos que marcaram o conturbado ano de 1968, que se tornaria lendário em razão das grandes manifestações estudantis na Europa, da luta armada contra a ditadura no Brasil e da repressão organizada pelos órgãos militares.

Capa do livro *1968: o ano que não terminou*, de Zuenir Ventura.

ATIVIDADES

ORGANIZAR O CONHECIMENTO

1. Explique por que Brasília é considerada a cidade-símbolo do governo JK.

2. O curto governo de Jânio Quadros foi marcado por controvérsias e tensões com o Congresso Nacional. Explique o significado dessa frase, expondo os motivos que levaram o presidente a renunciar em 1961.

3. Redija um pequeno texto sobre as reformas de base propostas por João Goulart, considerando seus principais pontos, objetivos e resultados.

4. Responda às questões a seguir sobre os Atos Institucionais decretados durante o regime militar brasileiro.

    a) Quais foram as principais medidas estabelecidas nos Atos Institucionais 1 e 2?

    b) Quando foi decretado o AI-5? O que essa medida significou para os brasileiros?

APLICAR

5. O depoimento a seguir é de Eronildes Guerra de Queiroz, um pernambucano que deixou sua cidade e mudou-se para Brasília no final dos anos 1950.

    > "Aí eu vim num caminhão mais um primo meu. Aí disse que estava arrastando um dinheiro com rodo aqui. [...] A gente escutava as notícias: ouvindo falar isso e tal. E lá na cidadezinha tem um rádio, tem uma coisa, de pilha, de pilha não, de bateria. Não existia pilha nessa época. Se existia, ninguém sabia que existia. Muito atrasado, muito atrasado. Aí a gente pegava aquelas notícias lá, e eu fiquei doido pra vim pra Brasília pra ganhar dinheiro."

    Depoimento de Eronildes Guerra de Queiroz. In: CARDOSO, Heloisa Helena Pacheco. Narrativas de um candango em Brasília. *Revista Brasileira de História*, n. 47, 2004. Disponível em www.scielo.br. Acesso em 31 mar. 2014.

    a) Quem é Eronildes? Em que estado ele nasceu? Por que migrou para Brasília? Qual tipo de trabalho ele realizou na futura capital do Brasil?

    b) Que informações apresentadas por Eronildes caracterizam a vida de grande parte dos brasileiros nos anos 1950?

    c) Em que tipo e gênero de texto você classificaria o depoimento de Eronildes?

    d) Por que depoimentos como esse auxiliam o trabalho do historiador?

    Dialogando com Língua Portuguesa

6. Analise o gráfico com atenção.

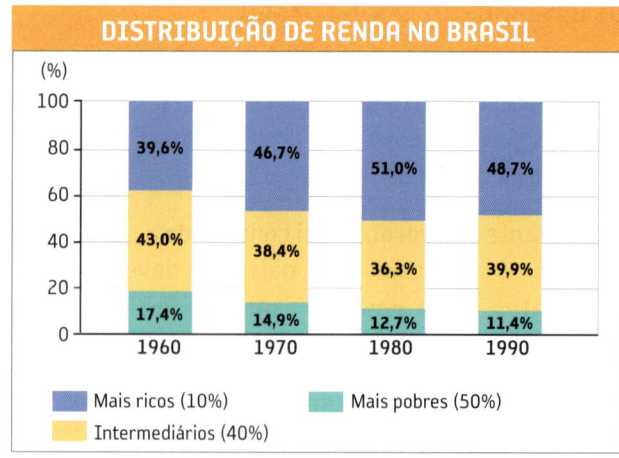

    DISTRIBUIÇÃO DE RENDA NO BRASIL

(%)	1960	1970	1980	1990
Mais ricos (10%)	39,6%	46,7%	51,0%	48,7%
Intermediários (40%)	43,0%	38,4%	36,3%	39,9%
Mais pobres (50%)	17,4%	14,9%	12,7%	11,4%

    Fonte: Instituto Brasileiro de Geografia e Estatística (IBGE). Estatísticas históricas do Brasil; Anuário estatístico do Brasil, 1997.

    a) Identifique o que ocorreu com a renda dos 10% mais ricos e dos 50% mais pobres do Brasil entre 1960 e 1980.

    b) Cite uma medida tomada pelo governo militar que explica o acontecimento mostrado no gráfico.

7. Escolha as expressões mais adequadas para que o texto fique claro, correto e organizado.

    | o qual | depois disso | mesmo | quando | porém | ainda |

    O golpe civil-militar de 1964 refletiu, no contexto da Guerra Fria, o temor dos militares e das elites conservadoras do país diante da "ameaça comunista". _____, _____ com o apoio das elites e de grande parte da classe média, o regime militar provavelmente não teria sobrevivido sem os Atos Institucionais, o aparato dos órgãos repressivos e o uso da propaganda. Contribuiu, _____, para a sustentação do regime o crescimento acelerado da economia, impulsionado por investimentos externos, _____ possibilitou os grandes investimentos em infraestrutura. _____ a crise internacional do petróleo estourou, em 1973, "os pés de barro do milagre" começaram a desmoronar. _____, as manifestações, as greves e as urnas começaram a sinalizar a queda da ditadura no país.

8. (Enem 2012) "Diante dessas inconsistências e de outras que ainda preocupam a opinião pública, nós, jornalistas, estamos encaminhando este documento ao Sindicato dos Jornalistas Profissionais no Estado de São Paulo, para que o entregue à Justiça; e da Justiça esperamos a realização de novas diligências capazes de levar à completa elucidação desses fatos e de outros que porventura vierem a ser levantados."

    Em nome da verdade. *O Estado de S. Paulo*, 3 fev. 1976. In: FILHO, I. A. Brasil, 500 anos em documentos. Rio de Janeiro: Mauad, 1999.

A morte do jornalista Vladimir Herzog, ocorrida durante o regime militar, em 1975, levou a medidas como o abaixo-assinado feito por profissionais da imprensa de São Paulo. A análise dessa medida indica a:

a) certeza do cumprimento das leis.
b) superação do governo de exceção.
c) violência dos terroristas de esquerda.
d) punição dos torturadores da polícia.
e) expectativa da investigação dos culpados.

9. Leia versos de uma canção de Chico Buarque e Gilberto Gil de 1973, censurada pelo regime militar.

"Pai, afasta de mim esse cálice
Pai, afasta de mim esse cálice
De vinho tinto de sangue [...]
Como beber dessa bebida amarga
Tragar a dor, engolir a labuta
Mesmo calada a boca, resta o peito
Silêncio na cidade não se escuta [...]
Tanta mentira, tanta força bruta [...]

Como é difícil acordar calado
Se na calada da noite eu me dano
Quero lançar um grito desumano
Que é uma maneira de ser escutado
Esse silêncio todo me atordoa
Atordoado eu permaneço atento
Na arquibancada pra a qualquer momento
Ver emergir o monstro da lagoa [...]."

HOLLANDA, Chico Buarque de; GIL, Gilberto. *Cálice* (1973).
Disponível em www.chicobuarque.com.br.
Acesso em 30 maio 2014.

a) Considerando o contexto nacional e internacional dos anos 1960-1970, explique por que canções de protesto como essa se tornaram tão populares, principalmente entre os jovens.
b) Grife os versos da canção que denunciam a censura e a tortura que ocorriam no regime militar.
c) A palavra "cálice" teria substituído a palavra "cale-se", na letra original. Explique por que os compositores usaram esse jogo de palavras.

Arte

A arte do humor

A Lei da Anistia, promulgada em 1979, resultou da grande pressão dos movimentos populares e das entidades da sociedade civil. A lei anistiou todos os presos políticos e permitiu o retorno dos exilados ao país.

No entanto, a lei beneficiou também os militares e civis acusados de tortura e assassinato de presos políticos. Atualmente, muitos grupos que atuam em defesa dos direitos humanos lutam para que a lei seja revista, o que possibilitaria punir os torturadores.

Observe a charge ao lado, que remete a esse tema, e responda às questões propostas.

10. Descreva a charge e relacione seu conteúdo com o período em que ela foi produzida.

11. Qual é a crítica presente nessa charge? Justifique.

Charge de Luiz Gê sobre a Lei da Anistia, publicada no jornal *Shopping City News*, em julho de 1979.

EM FOCO: Ditaduras na Argentina e no Chile

Os militares tomam conta da América Latina

O Brasil não foi o único país a ser governado por militares no período. Nos anos de 1960 e 1970, ditaduras semelhantes se instalaram por quase todo o continente. Na maioria dos casos, os militares tomaram o poder com o pretexto de combater as esquerdas e impedir a expansão do comunismo no continente.

Em geral, os governos militares contaram com o apoio e a participação dos Estados Unidos por meio de empréstimos e do envio de agentes instruídos e treinados em táticas e técnicas militares e paramilitares de combate aos movimentos de esquerda e de repressão às guerrilhas.

Apesar das semelhanças, é importante atentarmos para as especificidades de cada país. Na Argentina, o golpe de 1976 foi arquitetado com o objetivo de destruir a oposição e os movimentos de esquerda, e de alinhar o governo argentino à política conservadora de outras ditaduras do continente.

No Chile, os autores do golpe de 1973 visavam destituir um governo de unidade popular, instalado democraticamente, defendendo um programa anti-imperialista e antioligárquico na construção da "via chilena para o socialismo". O golpe chileno de 1973 interrompeu esse projeto, reprimindo a organização popular, os sindicatos e os exilados de outras ditaduras que se encontravam no país.

Política e futebol na Argentina

Assim como no Brasil, o futebol é uma das paixões nacionais da Argentina, sobretudo em tempos de Copa do Mundo. Na Copa de 1978, disputada na Argentina, o governo do país platino viu na organização do evento a possibilidade de transferir para o regime a popularidade e as conquistas do futebol.

Entretanto, as notícias da brutal repressão e do clima de guerra instalado no país pelos militares haviam chegado ao exterior e quase provocaram a mudança do país-sede. Apesar da ameaça de boicote de vários países, a Copa foi mantida na Argentina. Na final do torneio, até hoje motivo de suspeitas e questionamentos, os donos da casa bateram a Holanda por 3 a 1 e conquistaram o seu primeiro título mundial.

Os militares argentinos utilizaram largamente o evento, se colocando como participantes ativos em todas as cerimônias. O capitão da seleção, Daniel Passarela, recebeu a taça das mãos do próprio presidente, o general Rafael Videla.

Passados mais de trinta anos daqueles dias de euforia, os jogadores foram entrevistados por uma equipe de televisão e questionados sobre os acontecimentos que marcaram a Copa de 1978. Eles argumentaram que jogaram para o povo e não para a ditadura, e que o objetivo de todos era levar alegria à população, por isso se esforçaram para serem campeões.

Fonte 1

Atletas e torcedores argentinos comemoram a vitória na Copa do Mundo de 1978, em Buenos Aires. Na cerimônia, os jogadores receberam a taça das mãos do ditador argentino Jorge Rafael Videla.

Uma festa dividida

A conquista do primeiro título dividiu a sociedade argentina. Militantes que sofriam diretamente a violência do regime, e seus familiares, viram o título como vitória dos militares e derrota do país. Como muitos militantes afirmaram na época, "se eles ganharam, nós perdemos".

No entanto, muitos argentinos que militavam em correntes de esquerda ou que, mesmo não atuando em nenhum grupo político, eram opositores do regime, foram às ruas comemorar a vitória. Na frente do Obelisco, no centro de Buenos Aires, centenas de milhares de argentinos celebraram a grande conquista, conscientes, muitos deles, de que a luta contra a ditadura retomaria no dia seguinte.

A Escola de Mecânica da Armada (Esma), em Buenos Aires, foi o principal centro de detenção e tortura durante a ditadura militar argentina. Curiosamente, o edifício fica a poucas quadras do Estádio Monumental de Nuñez, palco da grande final da Copa de 1978. Por isso, os gritos da torcida durante os jogos podiam ser ouvidos pelos detentos.

Alguns sobreviventes da Esma contam que ficaram felizes com a vitória de sua seleção e chegaram a comemorar dentro da prisão. Conscientes da euforia que a conquista gerou no país, os militares levaram alguns presos para ver a festa nas ruas, visando, dessa forma, mostrar que a população estava feliz e pouco se importava com a existência, o sofrimento e a luta dos presos políticos.

No entanto, para os argentinos, a alegria da vitória foi efêmera. No dia seguinte, a vida voltou ao normal no país. Nas estações de metrô, nas ruas, nos locais de trabalho, os argentinos continuavam mergulhados no medo de cada dia. O saldo da ditadura na Argentina foi terrível: calcula-se que 30 mil pessoas, aproximadamente, tenham sido mortas pelo regime entre 1976 e 1983, período em que os militares governaram o país.

Fonte 2

Ajustando as contas com o passado

"Em 24 de março de 2004, [...] o ex-presidente Néstor Kirchner (2003-2007) foi ao Colégio Militar do Exército e ordenou ao então chefe da Força, general Roberto Bendini, que retirasse da galeria principal de quadros os retratos dos ex-ditadores Jorge Rafael Videla e Reynaldo Bignone. Naquele dia, organizações de defesa dos direitos humanos lembraram e repudiaram o golpe de Estado de 24 de março de 1976, em diversas manifestações. [...]

Naquele momento, iniciou-se uma escalada da Casa Rosada contra militares acusados de terem violado os direitos humanos durante a última ditadura. Discursos enérgicos e projetos que anularam as leis de anistia desde 2006 permitiram o avanço de processos na Justiça. [...] Videla, Bignone e outros nove militares e civis [foram] declarados responsáveis pela implementação de um plano sistemático de roubo de bebês que nasceram em centros de torturas como a Escola de Mecânica da Marinha (Esma) e maternidades clandestinas. [...]

Com forte respaldo do governo, [...] organismos de defesa dos direitos humanos conseguiram impor em vários tribunais o conceito de que a tortura deve ser considerada um crime em si mesmo e não apenas um método usado pelos militares para obter informação."

FIGUEIREDO, Janaína. Desde 2004, Argentina faz ajuste de contas com o passado. *O Globo*, 14 jul. 2012. Disponível em http://oglobo.globo.com/mundo/desde-2004-argentina-faz-ajuste-de-contas-com-passado-5480388. Acesso em 31 mar. 2014.

Manifestação em Buenos Aires, durante o Dia da Lembrança, homenageia os mortos e os desaparecidos políticos da ditadura argentina, em 24 de março de 2011.

O sequestro de bebês

Muitas mulheres que foram presas durante a ditadura argentina estavam grávidas e ficavam sob vigilância constante dos agentes da repressão. Após o nascimento da criança, a mãe era enviada para outro local e o bebê tinha o paradeiro desconhecido.

Muitas crianças que nasceram nessas circunstâncias foram adotadas pelos próprios torturadores e assassinos de seus pais, ou por outros agentes das Forças Armadas. Outras crianças, ainda, foram encaminhadas para orfanatos com nomes diferentes, para que não pudessem ser localizadas. Anos mais tarde, quando as avós conseguiam encontrar seus netos, os juízes lhes negavam o direito à guarda deles, alegando que elas não souberam educar seus filhos, que se tornaram "subversivos"; portanto, elas não estavam aptas também a educar os netos.

O movimento de resistência à ditadura militar argentina mais conhecido e duradouro começou a atuar em 1977, um ano após o golpe militar. As **Mães da Praça de Maio**, como passaram a ser chamadas, iniciaram seus protestos exigindo informações sobre seus filhos mortos ou desaparecidos pela ação repressiva do regime. As manifestações das mães, realizadas na Praça de Maio, em frente à sede presidencial, são realizadas até hoje.

Fonte 3

A eliminação da subversão

"A estratégia de apropriação dos filhos dos detidos desaparecidos parece obedecer ao menos dois desígnios: impedir que a criança recebesse uma educação que pudesse torná-la um/a novo/a subversivo/a e atingir de modo cruel e perene a família dos indivíduos considerados suspeitos de desenvolver atividades políticas de esquerda. O saldo quantitativo da repressão política na Argentina – calculado pelas organizações de defesa dos direitos humanos em 30 mil desaparecidos – sugere uma tentativa de eliminar a oposição política através do assassinato em massa. Dentro dessa perspectiva, garantir que os filhos pequenos ou bebês dos militantes políticos fossem criados por agentes das Forças Armadas, funcionários do Estado ou instituições públicas, significava colocá-los a salvo da 'subversão'."

JOFFILY, Mariana. A diferença na igualdade: gênero e repressão política nas ditaduras militares do Brasil e da Argentina. *Espaço Plural*, ano X, nº 21, 2º semestre de 2009. Disponível em http://e-revista.unioeste.br/index.php/espacoplural/article/view/3554/2824. Acesso em 31 mar. 2014.

Ana Tereza Diego, estudante de astronomia sequestrada e assassinada por agentes da ditadura em 1976, na cidade argentina de La Plata. A União Astronômica Internacional decidiu nomear um asteroide de "Anadiego" em sua honra.

Um asteroide chamado "Anadiego"

Muitas vezes, quando alguém morre, ouvimos dizer que a pessoa "virou uma estrela". Na incerteza da vida após a morte, esta é uma maneira bonita de se referir a uma pessoa, como se ela permanecesse no universo pela eternidade.

De certa forma, este é o caso de Ana Tereza Diego, uma jovem estudante de 22 anos, que foi sequestrada na cidade de La Plata, em 22 de novembro de 1976. Estudante de astronomia, ela pertencia à Federação Juvenil Comunista da Argentina. Sabe-se que ela passou por dois centros clandestinos de detenção. Depois disso, Ana Tereza desapareceu.

Anos depois, seu corpo foi identificado, com os de outros três desaparecidos do período. Ana Tereza havia sido enterrada numa vala comum no Cemitério Municipal de Avellaneda, cidade próxima a Buenos Aires. Em 10 de dezembro de 2011, Dia Internacional dos Direitos Humanos, a União Astronômica Internacional deu o nome de "Anadiego" a um asteroide, em homenagem à memória da ex-colega.

Localizado no cinturão de asteroides que fica entre Marte e Júpiter, o asteroide **11441 Anadiego** foi descoberto em 1975 pelo astrônomo argentino Mario Cesco. Foi a primeira vez que um corpo celeste recebeu o nome de um desaparecido político da América Latina.

Ana Tereza é apenas uma entre os cerca de 30 mil mortos pela ditadura argentina. Os trabalhos de identificação dos corpos encontrados vêm sendo feitos pela Equipe Argentina de Antropologia Forense (EAAF). As pesquisas são realizadas por meio de estudos genéticos feitos em laboratório.

A Nova Canção Chilena: a trilha sonora da revolução

O movimento da **Nova Canção Chilena** surgiu no final da década de 1960 e unia arte e política. Seus principais representantes foram Victor Jara, Violeta Parra e seus filhos Ángel e Isabel Parra, Patricio Manns e os grupos Quilapayún, Inti Illimani e Cuncumén, entre outros grupos e artistas. Todos eles apoiaram a candidatura do socialista Salvador Allende à presidência e tinham um lema: "Não há revolução sem canção".

A Nova Canção Chilena valorizava o folclore latino-americano e a temática de orientação socialista. O grupo Inti Illimani, por exemplo, buscava resgatar as raízes indígenas e andinas. O próprio nome do grupo mostra isso: "Inti" significa Sol em quéchua, e "Illimani", em aymará, é o nome de uma montanha boliviana. O quéchua e o aymará são línguas indígenas pré-coloniais que ainda são faladas no continente.

Unindo temas folclóricos e políticos e enfatizando as mudanças propostas pelo novo governo, as ideias desse movimento e de outros tantos surgidos na América Latina tinham como objetivo construir uma alternativa nacional aos produtos cuturais importados dos Estados Unidos. Buscar as expressões artísticas populares era uma forma de resistência à dominação cultural norte-americana.

Com a vitória de Allende, Victor Jara foi nomeado embaixador cultural do governo de unidade popular eleito em 1970. No entanto, em 11 de setembro de 1973, um golpe militar derrubou o governo de Allende. Muitos estudantes, artistas e militantes de esquerda, entre eles Victor Jara, foram detidos logo em seguida. Jara foi espancado por militares e teve suas mãos esmagadas. Em 16 de setembro, seu corpo foi encontrado nos arredores de Santiago.

Pessoas seguram retratos do popular compositor chileno Victor Jara, assassinado em 1973. A multidão acompanha o carro que transporta um caixão simbólico de Victor Jara para ser enterrado no cemitério de Santiago, em dezembro de 2009.

Estima-se que aproximadamente 3 mil pessoas tenham sido mortas e mais de 30 mil torturadas pelo regime militar chileno. O general Augusto Pinochet, líder do golpe, assumiu o poder após a morte do presidente civil na tomada do Palácio Presidencial de La Moneda, em Santiago. Durante 15 anos, Pinochet impediu a livre manifestação da sociedade chilena e manteve seu mandato por meio de reformas constitucionais.

Atividades

ORGANIZAR O CONHECIMENTO

1. Por que, para os militares argentinos, era importante realizar a Copa do Mundo no país?

2. Por que os artistas do movimento Nova Canção Chilena foram perseguidos?

ANALISAR AS FONTES

3. **Fonte 1** Explique por que o presidente argentino aparece entregando a taça da vitória ao capitão de sua seleção. Você se lembra de situação semelhante ocorrida em outro país? Onde? A intenção foi a mesma?

4. **Fonte 2** Analise o texto da fonte 2. Você concorda com a decisão do governo argentino de remover, da galeria de quadros, os retratos dos ex-ditadores do país e de julgar e punir os agentes do Estado responsáveis pelos crimes praticados durante a ditadura? Escreva um texto argumentativo sobre o assunto, estabelecendo paralelos com a ditadura brasileira.

5. **Fonte 3** Por que alguns bebês foram separados de seus pais na Argentina?

POR UMA NOVA ATITUDE

6. Pouco antes do início da Copa do Mundo de 1978, algumas seleções ameaçaram boicotar o torneio por causa das denúncias de violações dos direitos humanos por parte do governo argentino. Na sua opinião, o boicote deveria ter sido levado adiante? Que outros casos de boicote você conhece? Em grupo, escolham alguma situação internacional de violação dos direitos humanos que justificaria a adoção do boicote como forma de protesto. Avaliem os riscos e os benefícios dessa medida e exponham para a classe como esse boicote seria organizado.

UNIDADE 9
O BRASIL E O MUNDO GLOBALIZADO

Imagens de destruição vistas em tempo real

"Eu [vi o atentado] enquanto acontecia, na tela de televisão de um hospital de Londres. Na opinião de um historiador idoso e cético [...], esse fato teve tudo o que houve de pior no século XX: massacres, tecnologia de ponta, porém falível [...].

Washington anunciou que o 11 de setembro mudara tudo e, ao fazê-lo, efetivamente tudo mudou, por haver-se declarado único protetor da ordem mundial e definidor das ameaças contra ela. [...]

[...] o 11 de setembro provou que vivemos todos em um mundo no qual um único hiperpoder global finalmente resolvera que, a partir do fim da União Soviética, não há limites [...] para seu poderio nem para sua disposição de utilizá-lo [...]. O século XX terminou. O século XXI começa com crepúsculo e obscuridade."

HOBSBAWM, Eric. *Tempos interessantes*: uma vida no século XX. São Paulo: Companhia das Letras, 2002. p. 447-448.

Como será o século XXI?

Quantos anos você tem? Catorze, quinze, dezesseis no máximo? Provavelmente você era um bebê quando o mundo assistiu, assombrado, à explosão das torres do World Trade Center de Nova York provocada por um atentado terrorista.

O historiador britânico Eric Hobsbawm, na época com 84 anos de idade, acompanhou as imagens dessa destruição ao vivo, transmitidas pela televisão. A descrição feita por ele resume muito do que poderá ser a nossa sociedade no século XXI: um misto de tecnologia de ponta com massacres e intolerância; de longevidade com mortes prematuras causadas por guerras, ações terroristas e condições de extrema pobreza.

- Como você avalia o jogo de poder entre as grandes potências no mundo contemporâneo? Você concorda com Hobsbawm, que vê os Estados Unidos como a única superpotência global? Justifique.
- Quais são, para você, os principais aspectos positivos da sociedade contemporânea? Quais são os negativos?

Nuvem de fumaça se espalha pelo céu da ilha de Manhattan após os dois aviões se chocarem contra as torres do World Trade Center. Nova York, Estados Unidos, 11 de setembro de 2001.

TEMA 1

O fim da União Soviética e do socialismo no Leste Europeu

Como ocorreu o fim dos regimes socialistas no Leste Europeu? Que reflexos desse processo podemos observar nos dias de hoje?

Os fantasmas da Guerra Fria

Em novembro de 2013, uma onda de protestos sacudiu a Ucrânia. Milhares de pessoas saíram às ruas para protestar contra as medidas tomadas pelo presidente Viktor Yanukovich, que decidiu fechar um acordo comercial com a Rússia, decisão que afastaria a Ucrânia da União Europeia. Isolado politicamente, Yanukovich foi deposto pelo Congresso em fevereiro do ano seguinte, e um governo pró-Ocidente assumiu seu lugar.

A crise, que parecia ter chegado ao fim, agravou-se ainda mais. A República Autônoma da Crimeia, território da Ucrânia desde 1954 e habitada por uma população de maioria russa, decidiu proclamar sua independência e incorporar-se à Rússia. Em março, um referendo popular aprovou a medida: mais de 95% dos eleitores crimeanos que compareceram às urnas disseram sim à anexação à Rússia. No entanto, ucranianos e tártaros que vivem na região boicotaram o referendo.

A crise na região reacendeu a velha rivalidade entre as potências ocidentais e a Rússia. As Nações Unidas afirmaram não reconhecer a validade do referendo, realizado sem a presença de observadores internacionais. O governo de Moscou, por sua vez, criticou a ONU, lembrando que a independência do Kosovo, região que pertencia à Sérvia, foi reconhecida pelas Nações Unidas em 2008, e que a política da entidade em relação à Crimeia deveria ser a mesma.

A Península da Crimeia, muito antes dessa disputa envolvendo Rússia e Ucrânia, foi palco da primeira batalha da Guerra Fria. Na cidade crimeana de Ialta, em fevereiro de 1945, os líderes das principais potências aliadas na Segunda Guerra Mundial se reuniram para definir os rumos da geopolítica mundial que nasceria com a derrota nazista na Europa. Quase 70 anos depois, os olhos do mundo se voltam novamente para a região, em uma sucessão de eventos que, mais uma vez, fazem o mundo temer um confronto entre russos e potências ocidentais, possibilidade que parecia ter sido sepultada com a queda do regime soviético.

População da cidade crimeana de Simferopol comemora o resultado do referendo que uniu novamente a Crimeia à Rússia, em 17 de março de 2014. Com cerca de 2 milhões de habitantes, a população da Crimeia é composta de 58,5% de russos, 24,5% de ucranianos, 12% de tártaros e 5% de outras etnias.

Ascensão e queda do regime soviético

Por que Rússia e Ucrânia, duas das mais importantes repúblicas soviéticas da época da Guerra Fria, hoje vivem em estado de guerra? O que aconteceu com a União Soviética, que em 1945 liderou a derrota alemã na Europa e nos anos seguintes parecia ameaçar a hegemonia científica e militar norte-americana no mundo?

De fato, os soviéticos construíram uma enorme indústria de base, desenvolveram um conhecimento científico e tecnológico que rivalizava com o dos Estados Unidos e qualificaram uma imensa mão de obra.

Na década de 1960, houve um grande processo de urbanização, bem como a erradicação do analfabetismo e uma mudança significativa na qualificação da mão de obra, que passava a ser constituída por uma maioria de trabalhadores com diploma universitário ou ensino médio.

Mesmo com esse evidente progresso, a distância da economia soviética em relação aos países do Ocidente ampliava-se cada vez mais, principalmente na produção agrícola e de bens de consumo, que, além de escassos, eram de baixa qualidade. Ao priorizar os investimentos na corrida armamentista e espacial com os Estados Unidos, o regime soviético não deu a atenção devida à produção de alimentos e de artigos como roupas, calçados e eletrodomésticos.

Durante a década de 1970, vários sinais de crise começaram a surgir: o distanciamento soviético em relação aos avanços tecnológicos do Ocidente; a ineficiência da indústria civil; a dependência progressiva da importação de alimentos, que obrigava o governo a criar subsídios para baratear os alimentos importados; tudo isso somado aos movimentos por liberdade, democracia e independência nacional que começavam a se organizar na União Soviética. Os custos da guerra no Afeganistão (1979-1989) debilitaram ainda mais as finanças do país.

AS REPÚBLICAS DA UNIÃO SOVIÉTICA (1970)

Fonte: DUBY, Georges. *Atlas historique mondial*. Paris: Larousse, 2003. p. 262.

A invasão soviética ao Afeganistão

O último conflito armado relacionado à Guerra Fria ocorreu no Afeganistão. Em 1978, um golpe de Estado conduziu ao poder um partido comprometido com a política de Moscou. O novo governo iniciou um programa de reformas socialistas e antirreligiosas, muitas das quais contrariavam os costumes islâmicos. A oposição crescente a tais medidas passou a ameaçar o governo pró-soviético, o que levou a União Soviética a enviar tropas ao Afeganistão em dezembro de 1979.

Financiados pelos Estados Unidos e apoiados por voluntários muçulmanos de vários países, guerrilheiros *mujahidin* passaram a combater as tropas soviéticas. Sem condições de vencer a resistência muçulmana, a União Soviética retirou suas tropas do país em 1989. A intervenção soviética no Afeganistão, considerada por muitos o "Vietnã da URSS", contribuiu para agravar ainda mais a crise da economia soviética.

GLOSSÁRIO

Mujahidin: combatente do islã.

Os processos de abertura: a *glasnost* e a *perestroika*

Em 1985, Mikhail Gorbachev foi eleito secretário-geral do Partido Comunista Soviético, escolha que expressou, em larga medida, as pressões da sociedade por mudanças. Atendendo a esse anseio, Gorbachev iniciou um programa de reformas econômicas e políticas visando modernizar o Estado soviético sem, contudo, abandonar o socialismo: a *glasnost* (transparência política) e a *perestroika* (reestruturação da economia).

A *glasnost* concedeu ao povo soviético uma liberdade até então desconhecida: as reformas levaram à realização de eleições diretas, liberaram a imprensa para fazer críticas ao governo e permitiram que as pessoas pudessem sair do país. A abertura política estimulou a instalação de um amplo debate na sociedade a respeito de assuntos diversos, como os privilégios da burocracia dirigente do Partido Comunista e a elevada corrupção no país.

A *perestroika* refletia a preocupação do governo com as dificuldades da economia. Buscando estimular a atividade econômica e elevar a produtividade, Gorbachev concedeu maior liberdade de ação às empresas, autorizando-as a fixar os salários dos empregados e a concorrer com outras empresas no mercado. As pequenas empresas privadas foram legalizadas, e as empresas estrangeiras foram autorizadas a entrar no país.

O dirigente da União Soviética, Mikhail Gorbachev, discursa na Assembleia Geral das Nações Unidas, em Nova York, Estados Unidos, em 1988.

O agravamento da crise

Nos anos seguintes, o apoio da sociedade a Gorbachev passou a ser contestado, pois suas reformas não apresentavam resultados satisfatórios. A economia e a agricultura continuavam com índices de crescimento insuficientes e a população passou a enfrentar racionamento de alguns produtos básicos, como gasolina, manteiga e carne.

Simultaneamente, outro problema ressurgiu: a questão nacional e as reivindicações autonomistas no interior das quinze repúblicas que formavam a União Soviética. A grande variedade de povos, línguas e crenças que conviviam no país era um problema para a unidade política da Rússia desde o Estado czarista e continuou sendo depois da Revolução de 1917. Agora, diante da crise, explodiram inúmeras revoltas e movimentos nacionais reivindicando autonomia e respeito às identidades locais.

A grande popularidade internacional de Gorbachev pesava cada vez menos, e o apoio ao líder despencava. Em 1989, uma espécie de prenúncio do que poderia acontecer no país abalou o mundo comunista: movimentos democratizantes atingiram o Leste Europeu, levando ao fim do socialismo na região.

As graves crises de abastecimento obrigavam a população soviética a enfrentar longas filas para comprar alimentos. Na foto, moradores de Leningrado compram carnes para as comemorações do fim de ano, em dezembro de 1990.

O fim do socialismo no Leste Europeu

Impulsionada pela crise econômica e pelo programa de reformas de Gorbachev, uma onda de lutas democráticas se espalhou pela Europa Oriental nos anos 1980. Na Hungria e na Tchecoslováquia, a transição se deu de maneira pacífica e pela via das instituições. Os novos governantes, antigos opositores do regime soviético, implantaram programas de desestatização da economia.

Na Romênia, a transição foi extremamente violenta. O governo respondeu com violência aos protestos populares, mas não conseguiu frear as manifestações. Ao tentar fugir do país, em 1989, o presidente Nicolae Ceausescu acabou preso, julgado e executado.

Na Polônia, trabalhadores liderados pelo sindicato independente **Solidariedade** reivindicavam direito de greve e liberdade de organização sindical. Após muitas reformas democratizantes, em 1990, o líder do Solidariedade, Lech Walesa, foi eleito presidente da república.

O papa João Paulo II recebe, no Vaticano, Lech Walesa, então presidente do sindicato polonês Solidariedade, 1981.

A queda do Muro de Berlim e a reunificação alemã

Mesmo sendo a economia mais forte do Leste Europeu, a República Democrática Alemã (RDA), também conhecida como Alemanha Oriental, vivia um processo de estagnação econômica desde meados da década de 1980, situação que motivou a eclosão de movimentos exigindo reformas econômicas e políticas.

Em setembro de 1989, a Hungria abriu suas fronteiras com a Áustria. Buscando fugir da crise econômica, milhares de alemães orientais aproveitaram a abertura do novo caminho e migraram para a Alemanha Ocidental. A fuga em massa do país pressionou o governo da RDA a também abrir suas fronteiras.

Em 9 de novembro, o governo anunciou, pela TV, a abertura de todas as suas fronteiras com a Alemanha Ocidental. Em poucas horas, milhares de berlinenses se reuniram ao redor do muro, dos dois lados da cidade. No mesmo dia, o muro caiu, sem que a polícia disparasse um único tiro. No ano seguinte, as duas Alemanhas foram reunificadas.

Galeria de imagens
Veja outras imagens do Muro de Berlim.

Multidão testemunha a queda do maior símbolo da Guerra Fria, o Muro de Berlim. Foto de 10 de novembro de 1989, um dia após a derrubada do muro.

Os Jogos Olímpicos de 1992

As mudanças no mapa político do Leste Europeu se refletiram nos Jogos Olímpicos de 1992, disputados na cidade de Barcelona, na Espanha. A Iugoslávia, condenada por sua intervenção militar na Croácia e na Bósnia, foi impedida de participar da competição.

Os atletas de doze ex-repúblicas soviéticas integraram a equipe da CEI, que terminou em primeiro lugar no quadro de medalhas. Sem contar com uma bandeira que os identificasse, eles desfilaram na cerimônia de abertura carregando a bandeira do Comitê Olímpico Internacional. O mesmo ocorreu com os atletas iugoslavos que participaram da competição.

Pense e responda

- Você conhece algum evento, competição esportiva ou equipe que, como os exemplos relacionados no texto acima, tenham sido influenciados por mudanças na geopolítica mundial?

A desagregação da União Soviética e da Iugoslávia

A queda do Muro de Berlim e dos regimes socialistas no Leste Europeu ajudou a impulsionar os movimentos separatistas na União Soviética. Em dezembro de 1991, quando catorze das quinze repúblicas já tinham formalizado sua independência, o presidente da Rússia anunciou o fim da União Soviética e a criação da **Comunidade dos Estados Independentes** (CEI).

Assim, o que parecia impossível aconteceu: a grande potência socialista chegou ao fim. Na visão que se difundiu pelo mundo, o capitalismo tinha vencido a batalha da Guerra Fria.

Porém, os acontecimentos mais trágicos relacionados ao fim da Guerra Fria ainda estavam por vir. O palco seria a Iugoslávia, na Península Balcânica. Constituída por seis repúblicas federadas (Sérvia, Croácia, Bósnia-Herzegovina, Macedônia, Montenegro e Eslovênia) e duas regiões autônomas ligadas à Sérvia (Voivodina e Kosovo), a Iugoslávia era um mosaico de povos e culturas aglutinados em torno de um Estado unificado.

Após a Segunda Guerra Mundial, o governo de Josip Broz Tito adotou o modelo socialista de economia planificada e, com um forte exército, garantiu a unidade nacional iugoslava.

O líder iugoslavo, porém, não conseguiu apagar as diferenças econômicas e culturais que havia entre as repúblicas nem impedir o descontentamento geral com a opressão da maioria sérvia, que de fato governava o país. Com sua morte, em 1980, a frágil unidade política da Iugoslávia começou a ruir. Os efeitos da crise econômica da década de 1980, somados às mudanças em curso no bloco soviético, reacenderam os movimentos pela independência nacional no país, conduzindo, em alguns casos, a uma violenta guerra civil.

As primeiras repúblicas a declarar independência foram a Croácia e a Eslovênia, em 1991. Iniciou-se, então, a primeira guerra na Iugoslávia, opondo sérvios e croatas. O reconhecimento dos novos países pela comunidade internacional obrigou as tropas sérvias a recuar, pondo fim ao conflito.

CRONOLOGIA DOS

O líder soviético Mikhail Gorbachev em foto de 1990.

Populares derrubam o Muro de Berlim, em 9 de novembro de 1989.

Helmut Kohl, chanceler alemão, acena para a multidão nas comemorações que marcaram a reunificação da Alemanha, em 1990.

1985
Mikhail Gorbachev implanta na União Soviética a *perestroika* e a *glasnost*.

1989
Em novembro, o Muro de Berlim é derrubado. No mês seguinte, uma revolução na Romênia levou à execução do ditador Ceausescu.

1990
A Alemanha Ocidental e a Oriental são reunificadas.

A guerra civil na Bósnia

No início da década de 1990, a Bósnia-Herzegovina apresentava uma grande diversidade étnico-religiosa. Três grupos principais viviam na região: bósnios muçulmanos, sérvios cristãos ortodoxos e croatas católicos.

Em 1992, muçulmanos e croatas da Bósnia declararam independência em relação à Iugoslávia, que logo foi reconhecida pela União Europeia e pelos Estados Unidos. Os sérvios, por sua vez, decidiram ir à guerra. O conflito opôs milícias sérvias a uma aliança de muçulmanos e croatas.

O conflito se estendeu de 1992 a 1995 e chocou o mundo por sua crueldade. Os sérvios, buscando reconstruir o mapa demográfico da região sob sua hegemonia, adotaram uma política de extermínio denominada "limpeza étnica". Mais de 97 mil pessoas morreram na guerra. Cerca de 65% das vítimas eram muçulmanas.

A repercussão do conflito levou a Organização do Tratado do Atlântico Norte (Otan) a intervir com suas tropas, forçando um acordo de paz. Assim, em novembro de 1995, sérvios, croatas e bósnios selaram o **Acordo de Dayton**, que dividiu a Bósnia-Herzegovina em duas entidades politicamente autônomas: a **República Sérvia** e a **Federação Bósnio-Croata**.

Fonte: FERREIRA, Graça Maria Lemos. *Atlas geográfico*: espaço mundial. 4. ed. São Paulo: Moderna, 2013. p. 90.

Novos conflitos na Iugoslávia

A luta pela independência nacional ressurgiu mais tarde em Kosovo, província iugoslava de maioria muçulmana controlada pelos sérvios. A política de extermínio e deportações conduzida pelos sérvios levou ao bombardeio de Belgrado, a capital iugoslava, pelas forças da Otan. Os ataques aéreos à cidade sérvia se estenderam por quase oitenta dias e geraram protestos em vários países. O conflito só terminou em junho de 1999, com um acordo entre o governo da Iugoslávia e a Otan.

As guerras civis na Iugoslávia resultaram em milhares de mortos e no desmembramento do país. Com a emancipação de Montenegro em relação à Sérvia, em 2006, e de Kosovo, dois anos depois, a antiga Iugoslávia reduziu-se a sete pequenos países (veja o mapa ao lado).

ACONTECIMENTOS NO LESTE EUROPEU

Estátua de Lênin misturada a entulho na cidade de Vilna, capital da Lituânia, 1991.

Bandeiras da República Tcheca (esq.) e da Eslováquia hasteadas em frente à sede da ONU, em Nova York, 1993.

Bombardeios incendeiam prédios no centro de Sarajevo. Bósnia-Herzegovina, 1992.

Homem acena bandeira, celebrando a independência de Kosovo, na capital Pristina, 2008.

1991
Fim da União Soviética. Início da guerra civil entre sérvios e croatas.

1993
A Tchecoslováquia é dividida em dois países: República Tcheca e Eslováquia.

1995
Após três anos de guerra, a Bósnia é dividida em República Sérvia e Federação Bósnio--Croata.

2008
Kosovo declara independência em relação à Sérvia.

Linha do tempo sem escala temporal.

TEMA 2

Inovações e desafios do mundo globalizado

Quais são as características da globalização? Que aspectos de seu cotidiano indicam que vivemos em um mundo globalizado?

Aldeia global

Você, provavelmente, já deve ter ouvido ou lido em algum lugar as expressões *globalização*, *mundo globalizado* ou *aldeia global*. Você sabe definir o que é a globalização? Consegue perceber como o processo de globalização interfere na sua vida?

O termo *globalização* começou a ser empregado na década de 1980, e na década seguinte começaram a surgir os primeiros estudos sobre o tema. Apesar de ser um conceito complexo e controverso, em linhas gerais, a globalização pode ser definida como um processo econômico, social e cultural marcado pelo intenso intercâmbio de capitais, produtos, serviços e informações por todo o planeta.

Segundo alguns estudiosos, esse intercâmbio teria se iniciado com as grandes navegações dos séculos XV e XVI. No entanto, foi ao longo dos anos 1980, com as inovações nas tecnologias de informação e comunicação, que esse fluxo atingiu um volume sem precedentes na história e a economia adquiriu de fato esse caráter mundial e interdependente que tem hoje.

Atualmente, o desenvolvimento tecnológico permite que as pessoas estejam "conectadas" durante as 24 horas do dia. Muitas pessoas passam boa parte de seu tempo acessando redes sociais, assistindo a vídeos ou se divertindo em salas de bate-papo e de jogos *on-line* com pessoas do mundo todo.

O comércio global estimulou a redução dos preços dos produtos, principalmente os industrializados; o crescimento econômico de vários países, como os que compõem o grupo dos Brics e o dos Tigres Asiáticos; e a geração de novos empregos em áreas ligadas às novas tecnologias e ao comércio exterior. Mas a interdependência entre os mercados pode ter consequências devastadoras, como ocorreu a partir de 2008, quando grandes economias, como a dos Estados Unidos e a da União Europeia, entraram em recessão.

Charge de Dorinho satirizando o processo de globalização, 2006. O cartunista faz uma associação entre as grandes navegações e a chegada dos europeus à América, no século XV, e a globalização da atualidade.

Como a origem do processo de globalização é mostrada nessa charge? É possível perceber, na imagem, alguma visão positiva ou negativa desse processo?

A internet

Muitas mudanças trazidas pela globalização não teriam acontecido sem o desenvolvimento de uma tecnologia que permitiu o trânsito de informações em escala planetária e em tempo real: a internet. Você sabe a origem da internet?

Nos anos 1960, o governo dos Estados Unidos, preocupado em vencer a corrida armamentista com os soviéticos, encarregou a Agência de Projetos de Pesquisa Avançada do Departamento de Defesa (Arpa, em inglês) de desenvolver novas tecnologias para fins militares. Visando a esse objetivo, os pesquisadores criaram uma rede de dados e um *software* que permitiam conectar os computadores da agência. Os estudos da Arpa foram essenciais para o desenvolvimento de uma tecnologia conhecida como inter-redes.

Na década de 1980, a rede se expandiu e recebeu o nome de **internet**. Nos anos 1990, ela se tornou um sucesso comercial, sobretudo quando os europeus criaram a **www** (*world wide web*, ou "rede mundial de computadores"), mais conhecida por *web*. A *web* é um sistema que permite ao usuário acessar textos, imagens, sons e outros conteúdos interligados por sistemas eletrônicos de comunicação.

O desenvolvimento e a popularização de equipamentos eletrônicos que permitem o acesso à internet, como *smartphones*, *tablets* e *notebooks*, e a ampliação do acesso às redes domésticas e públicas têm transformado a internet em uma parte cada vez mais importante do cotidiano das pessoas.

Mudanças promovidas pela internet

A expansão dos usuários da rede no mundo todo não apenas tem agilizado as comunicações e aproximado as pessoas, mas provocado mudanças profundas no comportamento, na linguagem, nos costumes e nas relações humanas. O poder de mobilização de usuários da internet, por exemplo, pode ser visto em acontecimentos recentes, como a sucessão de manifestações ocorridas a partir de 2010 em países árabes do norte da África e do Oriente Médio ou as manifestações ocorridas no Brasil em 2013, organizadas com a ajuda de redes sociais.

Além disso, questões como direitos autorais, privacidade, responsabilidade civil, censura e punições para crimes virtuais são temas em discussão em muitos países atualmente. No Brasil, por exemplo, o Congresso Nacional aprovou o **Marco Civil da Internet**, conjunto de leis que visa regular o uso da internet no país, prevendo direitos, garantias e responsabilidades tanto para os usuários como para os provedores que garantem o acesso à rede.

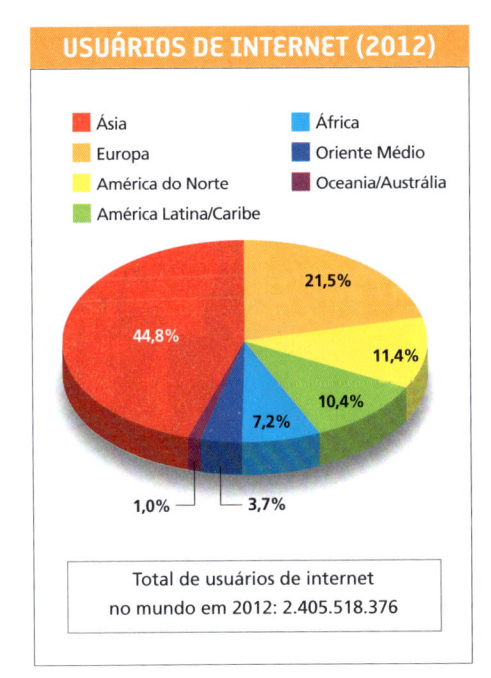

USUÁRIOS DE INTERNET (2012)

- Ásia: 44,8%
- Europa: 21,5%
- América do Norte: 11,4%
- América Latina/Caribe: 10,4%
- África: 7,2%
- Oriente Médio: 3,7%
- Oceania/Austrália: 1,0%

Total de usuários de internet no mundo em 2012: 2.405.518.376

Fonte: Internet World Stats. Disponível em www.internetworldstats.com/stats.htm. Acesso em 21 jun. 2014.

Sessão da Câmara dos Deputados, em Brasília, durante a votação que aprovou o Marco Civil da Internet, em 25 de março de 2014. O projeto de lei do Marco Civil da Internet foi enviado pela presidente Dilma Rousseff à Câmara dos Deputados em agosto de 2011. Após quase três anos de debates e declarações de apoio de várias entidades nacionais e internacionais, o projeto foi aprovado pelo Congresso Nacional e sancionado pela presidente em 23 de abril de 2014.

Qual é sua opinião a respeito do Marco Civil da Internet, que estabeleceu regras visando garantir direitos e responsabilidades para os usuários e provedores da rede?

Cartaz de divulgação da série norte-americana de comédia *The Big Bang Theory*. Uma das séries de maior sucesso da televisão dos Estados Unidos, ela é exibida em vários países, inclusive no Brasil.

A ocidentalização da cultura mundial

O cinema, a televisão e, principalmente, as já mencionadas novidades tecnológicas da informação e da comunicação, em especial a internet, têm promovido a formação de uma cultura de massas global. Os conteúdos e os produtos veiculados por esses meios tendem a uniformizar os padrões de consumo e de entretenimento, estimulando as pessoas a se interessar pelos mesmos programas e a valorizar as mesmas marcas.

A uniformização cultural pode ser observada em alguns hábitos alimentares, como demonstra a expansão das redes de *fast-food*, ou nos conteúdos de entretenimento, por meio da difusão de filmes e séries de TV norte-americanas e europeias. Por isso, para muitos críticos culturais, a globalização promove a "ocidentalização" da cultura mundial, pois o que se observa é muito mais uma imposição de valores ocidentais do que um intercâmbio entre culturas.

Porém, há autores que relativizam essa "ocidentalização" cultural, lembrando que, em muitos casos, há aspectos de significativas trocas culturais. As culinárias chinesa, japonesa, indiana e mexicana, por exemplo, são apreciadas no mundo inteiro. Além disso, elas são, em muitos casos, adaptadas ao gosto local. A culinária mexicana, por exemplo, cujos pratos são conhecidos por serem extremamente apimentados, pode ser consumida em muitos lugares do mundo sem a tradicional pimenta.

O paradoxo da globalização

O processo de formação de uma cultura global, espelhada em padrões e valores ocidentais, convive com outra tendência, aparentemente contraditória: a reafirmação das culturas locais ou nacionais. Em várias regiões do mundo, os movimentos pela independência nacional renasceram ou ganharam um novo vigor, demonstrando que algumas culturas locais e tradições étnicas sobrevivem ao mundo globalizado, como na região dos Bálcãs, na África Subsaariana, no Tibet, na Federação Russa etc.

O escritor e crítico cultural indiano Pankaj Mishra observou, após cinco anos de viagem pela Ásia, a tensão entre o movimento de globalização-modernização e a persistência das características locais. Ao tratar do Tibet e de sua resistência tanto à lógica do Ocidente quanto à opressão da China, Mishra vê, na resistência religiosa e localista dos tibetanos, uma alternativa para o mundo e uma chance de liberdade:

> "Tendo de enfrentar um materialismo agressivamente secular, eles ainda podem provar, quase sozinhos no mundo, como a religião, em geral desconsiderada [...], pode ser uma fonte de identidade cultural e de valores morais. Eles podem provar como ela pode se tornar um meio de protesto político sem cegar o devoto de ódio e preconceito; pode ajudar não só a cicatrizar os choques e dores da história [...], mas também a criar uma cultura nacional racional e ética – uma cultura que pode tornar o Tibet mais livre, não importa o que aconteça, mais bem preparado para seu estado de liberdade que a maior parte das sociedades."

MISHRA, Pankaj. *Tentações do Ocidente*: a modernidade na Índia, no Paquistão e mais além. São Paulo: Globo, 2007. p. 438.

Monge budista recita ensinamentos de Buda a pupilo, no Tibet. China, 2012.

As questões ambientais

A nossa civilização investiu intensamente em tecnologias, em canais modernos de consumo e inúmeros produtos eletroeletrônicos, mas não se preocupou em construir um modelo de desenvolvimento que conciliasse crescimento econômico com desenvolvimento humano e preservação ambiental.

Estudos recentes preveem que a população da Terra deverá passar dos atuais 7 bilhões de pessoas para quase 10 bilhões em 2050. Por isso, torna-se urgente incorporar a educação ambiental como uma das principais tarefas da humanidade. Entre as várias questões ambientais que ameaçam a qualidade de vida das atuais e das futuras gerações estão o aquecimento global, o descarte do lixo e a escassez de água doce.

O aquecimento global

Em 2014, o Painel Intergovernamental sobre Mudanças Climáticas (IPCC, na sigla em inglês), órgão das Nações Unidas que realiza estudos sobre o clima, divulgou um relatório apontando que a temperatura média do planeta subiu 0,8 °C desde 1900. Segundo o mesmo relatório, a temperatura continuará subindo, em uma velocidade cada vez maior, caso os países não reduzam a emissão de gases de efeito estufa. China, Estados Unidos e Rússia são os maiores emissores desses gases.

O IPCC também alertou que esse aumento colocará em risco o abastecimento de água e a produção de alimentos em todo o mundo, além de provocar o derretimento das calotas polares, o que elevaria os níveis dos oceanos, fazendo desaparecer cidades, ilhas e até países inteiros.

No entanto, nem toda a comunidade científica apoia as conclusões do IPCC. Parte dos especialistas em clima reconhece a ocorrência de uma mudança climática global, como afirma o relatório do IPCC. Eles discordam, porém, que essa mudança seja resultado da intervenção humana. Para eles, o aquecimento global é resultado de fatores naturais.

Pense e responda

- Mesmo não havendo acordo entre os cientistas sobre a causa do aquecimento global, os efeitos das mudanças climáticas são incontestáveis. Ondas de calor em algumas regiões e períodos de frio extremo em outras, chuvas torrenciais em alguns locais e secas prolongadas em outros. Considerando que o relatório do IPCC esteja correto e a ação humana também seja responsável pela elevação da temperatura média do planeta, pense em algumas medidas que podem ser tomadas pelas pessoas para reduzir a emissão de gases de efeito estufa, contribuindo, assim, para controlar o aquecimento global.

À esquerda, cheias do Rio Madeira alagam o centro de Humaitá, no Amazonas, em março de 2014. Durante a maior cheia de sua história, o rio chegou a subir 20 metros acima de seu nível normal. À direita, barragem do Rio Jaguari, que abastece o Sistema Cantareira, no município de Bragança Paulista (SP), em março de 2014. Com a pouca quantidade de chuvas que caiu na região no início desse ano, o Sistema Cantareira, que abastece cerca de 9 milhões de pessoas na Grande SP, atingiu seu menor nível histórico.

Dialogando com Ciências

Em praia repleta de lixo, pescadores indianos carregam sua rede para a beira da praia. Aldeia próxima a Mumbai, na Índia, 2013. A Índia, terceira maior economia da Ásia, tem passado por rápido crescimento econômico, acompanhado de intensa urbanização. Em consequência dessas mudanças, as grandes cidades indianas têm se tornado cada vez mais poluídas e insalubres.

Pense e responda

- De que forma podemos ajudar a reduzir a quantidade de lixo no planeta?

Vídeo

Milton Santos: por uma outra globalização

Lixo: um problema mundial

Diariamente, milhões de toneladas de lixo são produzidos em todo o mundo. Esse lixo é constituído de sacos plásticos, embalagens, latas, garrafas, restos de alimentos e muitos outros materiais. O crescimento econômico, o desperdício e a expansão dos produtos descartáveis são os principais causadores do acúmulo de lixo.

O descarte adequado do lixo é um dos grandes desafios das sociedades atuais, porque ele não pode ser jogado em qualquer local. Muitos materiais contêm resíduos tóxicos que põem em risco a vida de pessoas, plantas e animais e podem contaminar o solo e os lençóis subterrâneos.

Água para todos

Cerca de 70% da superfície do planeta é constituída de água, mas a água doce representa apenas aproximadamente 2,5% desse total. Além disso, somente uma pequena parcela da água doce encontra-se acessível ao homem em rios, lagos e aquíferos. O restante permanece em geleiras, calotas polares e lençóis subterrâneos profundos.

Graças ao seu ciclo natural, a água é um recurso renovável, mas suas reservas não são ilimitadas. No século XX, a população mundial triplicou, as superfícies irrigadas foram multiplicadas por seis e o consumo global de água aumentou sete vezes. Se o consumo continuar crescendo como nas últimas décadas, todas as águas superficiais do planeta estarão comprometidas em 2100. Hoje, cerca de metade das terras emersas já enfrenta o problema da falta de água.

Cerca de 13% dos recursos hídricos mundiais concentram-se no Brasil. Essa aparente abundância, além de estimular uma histórica cultura de desperdício, esconde grandes variações regionais. Na Amazônia, onde vive menos de 10% da população do país, estão 70% dos recursos hídricos. Na Região Sudeste, que abriga 42% dos brasileiros, os recursos hídricos disponíveis são de 6%. No Nordeste (28% da população) estão 3,3% desses recursos.

Crise, desemprego e xenofobia

A crise econômica de 2008 afetou fortemente a Europa, sobretudo os PIIGS (acrônimo em inglês formado pelas iniciais de Portugal, Irlanda, Itália, Grécia e Espanha). Pressionados pelos países dirigentes da União Europeia, pelo Banco Central Europeu e pelo Fundo Monetário Internacional (FMI), os governos desses países instituíram diversas medidas de ajuste fiscal: redução dos salários, congelamento dos valores recebidos pelos aposentados e ampliação da idade mínima para aposentadoria, além da demissão de funcionários públicos. Estabelecidos por esses organismos como condição para renegociar a dívida dos países em dificuldades, os pacotes de austeridade causaram inúmeros protestos na Europa.

Em uma análise simplista, muitos europeus responsabilizam os imigrantes pelas dificuldades econômicas e pelo desemprego que atingiu grande parte do continente. Discursos xenofóbicos e nacionalistas ganham terreno no cenário de incerteza que se cria nos momentos de crise. Em 2010, por exemplo, mais de mil ciganos foram expulsos da França. Grande parte dos operários romenos que trabalhavam nas obras de preparação para os Jogos Olímpicos de 2012, em Londres, foi demitida para dar lugar a ingleses.

Medidas de restrição aos imigrantes têm grande aceitação entre muitos europeus. O sentimento de desamparo e a descrença nas instituições levam a população a ser menos tolerante com as culturas identificadas com os países pobres. Apesar do intenso intercâmbio cultural promovido pela revolução tecnológica, as várias práticas de xenofobia revelam que a tolerância e o respeito pelo outro são um aprendizado que ainda está por ser realizado.

> **Sugestão**
>
> **Filme: Welcome**
> Direção: Philippe Lioret
> País: França
> Ano: 2009
> Duração: 110 min

> **Vídeo**
>
> Alimentos S.A.

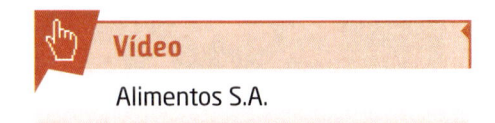

A desigualdade social e a fome

Diminuir a desigualdade social entre os países e dentro de cada país é um dos maiores desafios do novo milênio. De acordo com o relatório *Global Wealth Report 2013*, produzido pela instituição financeira Credit Suisse, a riqueza mundial atingiu, em 2013, o maior nível já registrado na história: 241 trilhões de dólares. No entanto, um grupo pequeno de pessoas concentra a maior parte dessa riqueza. Para se ter uma ideia, 0,7% da população detém 41% da riqueza mundial, enquanto 68,7% fica com apenas 3% dessa riqueza.

Estudos realizados pela Organização Internacional do Trabalho (OIT) concluíram que, entre 2007 e 2012, o número de pobres cresceu em 14 das 26 maiores economias do mundo. Contraditoriamente, no mesmo período, o lucro das empresas aumentou 3,4%.

Já o número de pessoas que vivem na pobreza extrema, ou seja, que vivem com menos de US$ 1,25 por dia, ainda é muito alto. Em 2010, cerca de 1,2 bilhão de pessoas ainda viviam nessas condições.

A produção de alimentos aumentou nas últimas décadas, mas o crescimento da população, as intempéries climáticas e o controle da maior parte das terras férteis por parte do agronegócio encareceram os alimentos.

PIRÂMIDE DA RIQUEZA MUNDIAL (2013)

Riqueza por adulto em US$	Número de adultos (% da população mundial)	Riqueza total em US$ (% do mundo)
> 1 milhão	32 mi (0,7%)	98,7 trilhões (41%)
100.000 a 1 milhão	361 mi (7,7%)	101,8 trilhões (42,3%)
10.000 a 100.000	1 bi (22,9%)	33,0 trilhões (13,7%)
< 10.000	3,2 bi (68,7%)	7,3 trilhões (3,0%)

bi = bilhão
mi = milhão

Fonte: *Global Wealth Report 2013*, Credit Suisse. Disponível em https://publications.credit-suisse.com/tasks/render/file/?fileID=BCDB1364-A105-0560-1332EC9100FF5C83. Acesso em 30 maio 2014.

DE OLHO NO INFOGRÁFICO

Os desafios da alimentação no mundo globalizado

Enquanto a fome persiste em muitos lugares do mundo, mudanças nos hábitos alimentares têm levado milhões de pessoas ao sobrepeso.

Desde a década de 1960, os avanços tecnológicos têm aumentado a oferta de alimentos, e hoje a quantidade de alimentos produzida é mais do que suficiente para abastecer toda a população mundial. Apesar disso, em 2012, 868 milhões de pessoas passavam fome no mundo. Na outra ponta, é crescente o número de obesos em virtude do sedentarismo e do consumo excessivo de alimentos industrializados, ricos em gordura, açúcares e sal, mas pobres em termos nutricionais.

Família Aboubakar, Chade, 2005.

A guerra civil no Sudão obrigou a família Aboubakar e milhares de outras pessoas a se refugiar no Chade, país vizinho. Em 2005, viviam em um campo de refugiados e recebiam água e alimentos de programas de ajuda humanitária.

Falta de comida

Uma em cada oito pessoas no mundo passa fome, ou seja, não se alimenta o suficiente para ser considerada saudável. Embora o problema da fome tenha diminuído no mundo, na África ele aumentou, motivado pela concentração de renda e de terras e pelos conflitos armados, impedindo o acesso adequado à comida.

Tendências globais

Os gráficos a seguir mostram a evolução da fome e do sobrepeso em anos recentes, por regiões do mundo. Enquanto a fome é um problema dos países em desenvolvimento, o sobrepeso é um fenômeno cada vez mais geral. Compare a participação dos grupos de países em cada gráfico.

- África
- Ásia
- América Latina e Caribe
- Oceania
- Países desenvolvidos

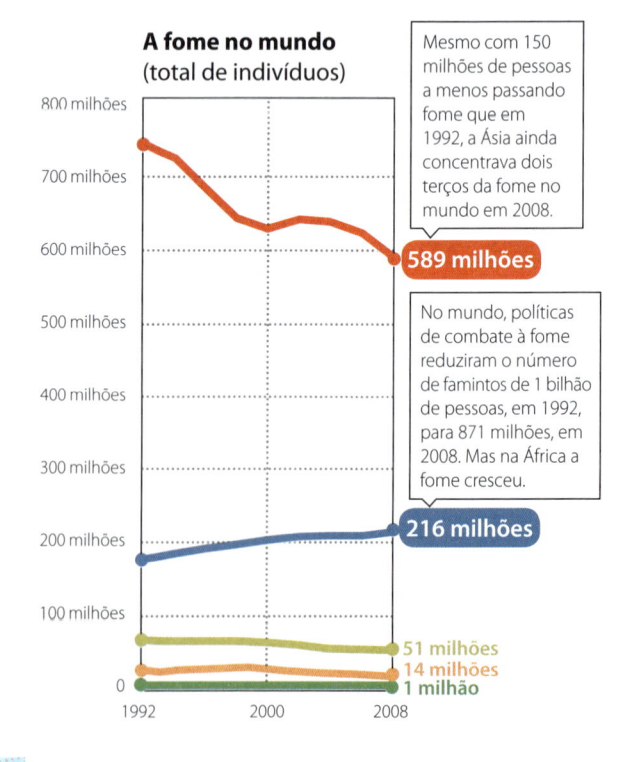

A fome no mundo
(total de indivíduos)

Mesmo com 150 milhões de pessoas a menos passando fome que em 1992, a Ásia ainda concentrava dois terços da fome no mundo em 2008.

589 milhões

No mundo, políticas de combate à fome reduziram o número de famintos de 1 bilhão de pessoas, em 1992, para 871 milhões, em 2008. Mas na África a fome cresceu.

216 milhões

51 milhões
14 milhões
1 milhão

1992 — 2000 — 2008

Família Casales, México, 2005.

A praticidade da comida pronta fez aumentar o consumo desses alimentos também nos países em desenvolvimento, impulsionando o sobrepeso. No México, onde vive a família Casales, dois terços dos adultos apresentam sobrepeso.

Excesso de comida

Um a cada três adultos no mundo tem sobrepeso, ou seja, está acima do peso ideal para sua altura. Cada vez mais barata, a comida industrializada, rica em calorias, está na dieta das famílias dos países ricos e pobres. Na Ásia, por exemplo, entre 1992 e 2008, o número de adultos com sobrepeso aumentou em 250 milhões.

A evolução do sobrepeso
(indivíduos de 20 anos ou mais)

Em menos de duas décadas dobrou a população com sobrepeso, condição que eleva os riscos de doenças cardíacas, vasculares e diabetes.

545 milhões
462 milhões

Em todas as regiões, o número e a proporção de adultos com sobrepeso aumentaram, sobretudo na Ásia, na África, na América Latina e no Caribe.

237 milhões
202 milhões
14 milhões

1992 2000 2008

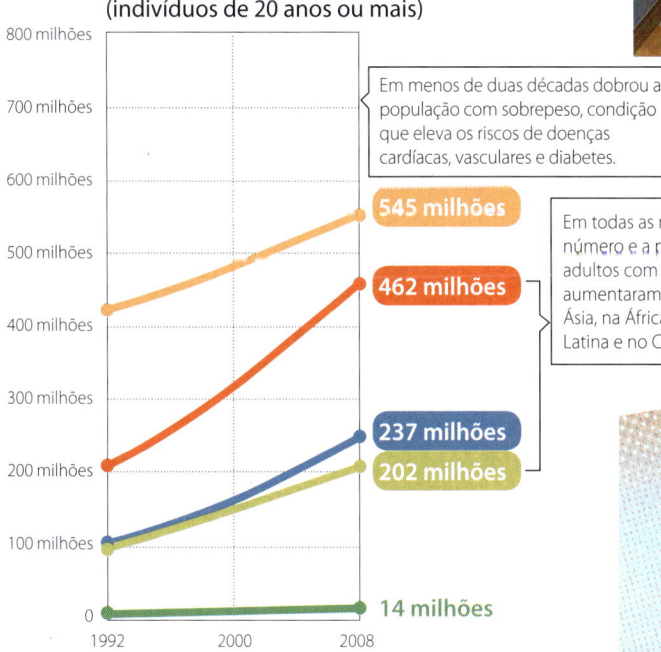

Fontes: Organização das Nações Unidas para Alimentação e Agricultura (FAO). *FAO Statistical Yearbook 2013*. Roma: FAO, 2013; Organização Mundial da Saúde (OMS). Obesidade e sobrepeso. Disponível em www.who.int/mediacentre/factsheets/fs311/en/. Acesso em 27 maio 2014.

Questões

1. Observe o gráfico da progressão da fome no mundo. Em que região a fome cresceu? Aponte os motivos desse crescimento.

2. Os países desenvolvidos são os que apresentam o menor índice de fome e as maiores taxas de sobrepeso. A que você atribui essa relação? Explique.

3. A globalização popularizou em todo o mundo o consumo de produtos industrializados. Qual seria a relação do consumo em excesso desses produtos e o estilo de vida atual nas grandes cidades?

Família Al Haggan, Kuwait, 2005.

A urbanização e a globalização econômica foram mudanças decisivas para a padronização dos hábitos alimentares. Na mesa da família Al Haggan, que vive no Kuwait, encontramos marcas e produtos presentes em praticamente qualquer cidade do mundo.

A alimentação no planeta

Essas fotografias foram feitas em 2005 por Peter Menzel. Ele viajou por 24 países e registrou os alimentos consumidos em uma semana por 30 famílias. Veja as outras fotos no *site*: http://menzelphoto.photoshelter.com. Digite as palavras "hungry planet" no campo de busca (*search*) e confira!

TEMA 3

Os Estados Unidos no mundo contemporâneo

Qual é a importância dos Estados Unidos no mundo contemporâneo?

Uma nova ordem mundial

A desagregação do bloco socialista marcou definitivamente o fim da velha ordem bipolar e a emergência de uma nova ordem mundial. Mas o que de fato definia essa nova configuração internacional do poder?

Em um primeiro momento, sobretudo em razão do enorme impacto que a desagregação do bloco socialista representou, muito se falou sobre a "vitória" da economia e dos valores capitalistas sobre o socialismo. Por isso, para muitos observadores da época, o início dos anos 1990 marcaria o alinhamento ideológico e político dos governos e organismos internacionais à hegemonia mundial exercida pelos Estados Unidos.

No entanto, a ideia de um mundo **unipolar** não se confirmou. A emergência de novas potências e a rearticulação das mais tradicionais, agora sob novas estruturas de poder, configuraram um cenário internacional cada vez mais complexo e descentralizado. Por essa razão, a tendência é dizer que a nova ordem mundial se caracteriza por uma configuração de poder **multipolar**.

A reestruturação política e econômica da Alemanha após a reunificação; a consolidação da União Europeia com a adesão de novos países; a emergência das economias asiáticas, principalmente da China; a crescente dinamização econômica dos países emergentes, como Brasil e Índia; e a grave crise que atingiu o sistema financeiro dos Estados Unidos em 2008 e 2011 são fatores que nos permitem relativizar a suposta hegemonia internacional norte-americana.

No entanto, se a supremacia absoluta dos Estados Unidos não se confirmou, tampouco podemos dizer que existe uma relação de iguais no quadro das grandes potências. Os recentes casos de vazamento de documentos confidenciais do governo norte-americano pela organização internacional WikiLeaks, ou as revelações de espionagem da Agência de Segurança Nacional levadas a público pelo ex-funcionário da CIA Edward Snowden, mostram que a hegemonia do país não é exercida apenas por seu poder militar e econômico, mas também pelo controle das informações que circulam no planeta.

A chanceler da Alemanha, Angela Merkel, mesmo sendo alvo do sistema de monitoramento dos Estados Unidos, preferiu evitar discussões com o governo norte-americano. Também não ofereceu asilo ao ex-funcionário da CIA, exemplo seguido por outras grandes potências. Esses fatos mostram que, pelo menos politicamente, o poderio de Washington não é tão simples de ser contestado.

O australiano Julian Paul Assange, jornalista e principal porta-voz do site WikiLeaks. Desde junho de 2012, Assange se encontra refugiado na embaixada do Equador em Londres.

Fundamentalismo religioso e intolerância

O pavor de uma guerra nuclear que destruísse todo o planeta, como ocorreu na crise dos mísseis, em 1962, parecia ter desaparecido com o fim da Guerra Fria. Afinal, sem a União Soviética, já não fazia sentido para o mundo capitalista destinar bilhões de dólares para manter a corrida armamentista. Porém, a estabilidade que a nova era mundial parecia anunciar não se confirmou. Pelo contrário, a pulverização de conflitos protagonizados por grupos fundamentalistas na Ásia e na África, os protestos contra as medidas de ajuste fiscal em vários países da Europa e o crescimento da pobreza e da violência nas grandes cidades das nações em desenvolvimento, e até mesmo no mundo desenvolvido, mostram os desafios e as ameaças à nova configuração mundial do poder.

O fundamentalismo, fenômeno cada vez mais em evidência, existe praticamente em todas as religiões, como esclarece o teólogo e escritor Frei Betto no texto a seguir:

> "O fundamentalismo sempre existiu nas tradições religiosas. Ele consiste em interpretar literalmente o texto sagrado, sem contextualizá-lo, extraindo deduções alegóricas e subjetivas como a única verdade universalmente válida. Para o fundamentalista, a letra da lei vale mais que o Espírito de Deus. E a doutrina religiosa está acima do amor. Escolas do sul dos EUA, e também no Estado do Rio de Janeiro, rejeitam os avanços científicos resultantes das pesquisas de Darwin e ensinam que o homem e a mulher foram criados diretamente por Deus. Tal visão fundamentalista nem sequer reconhece que Adão, em hebraico, significa 'terra', e Eva, 'vida'. [...]
>
> Há muitos fundamentalismos em voga, desde o religioso, que confessionaliza a política, ao líder político que se considera revestido de missão divina. Eles geram fanáticos e intolerantes. [...]"

BETTO, Frei. Fundamentalismo cristão. *Correio da Cidadania*, 23 nov. 2004. Disponível em www.correiocidadania.com.br/antigo/ed425/betto.htm. Acesso em 21 jun. 2014.

> **Sugestão**
>
> Filme: *Promessas de um novo mundo*
> Direção: Justine Shapiro e outros
> País: Estados Unidos/Israel/Palestina
> Ano: 2001
> Duração: 106 min

Entre as diversas expressões de fundamentalismo no mundo, a islâmica é a que mais cresce. O fundamentalismo islâmico surgiu na década de 1920. Inicialmente, os grupos fundamentalistas eram movimentos de natureza religiosa e social que promoviam campanhas de alfabetização e de assistência à população mais pobre. O objetivo maior dos fundamentalistas era buscar soluções próprias para os problemas nacionais com base na tradição islâmica.

A formação desses grupos foi motivada por condições específicas locais. No Oriente Médio, resultou principalmente da criação do Estado de Israel e dos conflitos que se seguiram entre Israel e os países árabes. No Afeganistão, surgiu durante a invasão soviética, que dividiu o país e trouxe violência e pobreza.

As crises não resolvidas no Oriente Médio e a política intervencionista e unilateral dos Estados Unidos contribuíram para disseminar o fundamentalismo islâmico em vários países. A atuação central desses grupos continuou sendo a formação política e religiosa, a assistência social e o recrutamento de militantes, mas os atos terroristas ganharam peso.

Os fundamentalistas muçulmanos, culturalmente, voltam-se contra o que chamam de "modelo de vida do Ocidente" e, politicamente, contra a ação de Israel, dos Estados Unidos e dos seus aliados.

Ataque terrorista executado por grupos fundamentalistas islâmicos em Londres, na Inglaterra, deixa mais de 50 mortos e 700 feridos. Os atentados ocorreram na manhã do dia 7 de julho de 2005 e tiveram como alvo trens do metrô e um ônibus, mostrado na foto.

Globalização e terrorismo

O crescimento das ações terroristas que o século XXI vem presenciando está diretamente relacionado às características da nova ordem mundial: a descrença dos jovens na revolução socialista e nos movimentos organizados em torno de um programa laico e anti-imperialista, como foi o nasserismo no Egito e a OLP entre os palestinos; as imensas desigualdades geradas pela globalização; o consumismo da sociedade contemporânea; e os choques entre uma cultura global e as identidades locais.

Na maioria dos casos, as ações terroristas têm como objetivo fazer o maior número de vítimas possível. Lugares públicos, centros comerciais, lugares de culto, pontos representativos do poder político ou econômico são todos alvos preferenciais de indivíduos isolados ou de grupos organizados em redes transnacionais, conectadas pelas novas tecnologias da comunicação.

A guerra ao terror

Em 11 de setembro de 2001, aviões foram sequestrados e lançados contra as torres gêmeas do conjunto comercial World Trade Center, localizado em Nova York e considerado símbolo do capitalismo, e contra o Pentágono, sede do poder militar dos Estados Unidos. Os atentados, que vitimaram cerca de 3 mil pessoas, foram transmitidos em tempo real para todo o mundo e teriam sido promovidos pelo grupo fundamentalista islâmico Al Qaeda, então liderado pelo milionário saudita Osama bin Laden.

O governo dos Estados Unidos reagiu ao ataque com uma ofensiva militar contra o Afeganistão, país acusado de abrigar Osama bin Laden. Com o apoio do governo britânico, os norte-americanos investiram contra as principais cidades afegãs e isolaram a milícia do Talebã, grupo extremista islâmico que governava o país. Em dezembro de 2001, os Estados Unidos, com o apoio da ONU, nomearam um novo governo para o Afeganistão.

Osama bin Laden em foto de 1998. Considerado o inimigo nº 1 dos Estados Unidos, Bin Laden foi localizado em um complexo residencial no Paquistão e morto pelo serviço de inteligência dos Estados Unidos, em 2011, dez anos após os atentados do World Trade Center.

Fuzileiros navais norte-americanos formam comboio próximo a Kandahar, preparando-se para invadir a região. Afeganistão, dezembro de 2001.

As guerras contra o Iraque

Em 1990, o mundo ainda assistia à desagregação dos regimes socialistas no Leste Europeu quando tropas iraquianas, lideradas pelo ditador Saddam Hussein, invadiram o vizinho Kuwait com o objetivo de controlar as reservas de petróleo do país. Em janeiro de 1991, após fracassarem as pressões políticas e as sanções comerciais aprovadas pelo Conselho de Segurança da ONU, uma coligação de trinta países, sob o comando dos Estados Unidos, atacou o Iraque e forçou Saddam Hussein a retirar suas tropas do Kuwait.

Em 2003, os Estados Unidos coordenaram uma segunda invasão ao país. O governo norte-americano acusava o Iraque de financiar grupos terroristas e de fabricar armas de destruição em massa. Mesmo sem provar a existência dessas armas e sem a autorização da ONU, os Estados Unidos resolveram invadir novamente o país.

Em agosto de 2010, o então presidente Barack Obama anunciou o fim das operações no Iraque. Calcula-se que 105 mil civis e quase 5 mil militares morreram nos conflitos. Cerca de 1,8 milhão de iraquianos abandonaram o país e hoje vivem como refugiados em países do Oriente Médio, da Europa e do norte da África.

Aviões da força aérea norte-americana sobrevoam poços de petróleo do Kuwait, incendiados pelo exército iraquiano em retirada, durante a Operação Tempestade no Deserto, ou Guerra do Golfo, em 1991.

A Primavera Árabe

O cenário de instabilidade política que tomou conta do Iraque depois da ocupação norte-americana se espalhou, por razões diferentes, por outros países árabes do Oriente Médio e do norte da África. Começando pela Tunísia, em dezembro de 2010, manifestações populares espalharam-se rapidamente pelo Egito, Líbia, Argélia e atingiram a Síria, iniciando uma guerra civil que em 2014 já tinha causado aproximadamente 140 mil mortes e a fuga de 2 milhões de pessoas.

O texto a seguir analisa as razões e as características desse movimento, que foi denominado pela imprensa de **Primavera Árabe**.

> "O despertar do mundo árabe tem raízes profundas. Uma região que há décadas é controlada por regimes ditatoriais que reprimem [...] toda manifestação que venha a desestabilizar relações de poder amplamente favoráveis às suas elites e aos interesses estadunidenses e das antigas metrópoles coloniais ainda muito presentes na região. O que está em jogo é o controle do petróleo. [...]
>
> No caso da Tunísia, tudo começou quando um jovem vendedor ambulante ateou fogo a si próprio em protesto contra o confisco pela polícia das frutas e vegetais que ele vendia. Sua autoimolação gerou uma série de crescentes mobilizações que levaram o presidente Ben Ali a renunciar, depois de 23 anos de governo. [...]
>
> Em alguns países [a Primavera Árabe] levou à guerra civil, em outros, a reformas nos gabinetes e na legislação para evitar a revolução, em outros o impasse continua [...]. Há quem estabeleça relações entre as revoltas populares no mundo árabe e as recentes mobilizações na Espanha e na Grécia. Os movimentos sociais também teriam se globalizado."

BAVA, Silvio Caccia. Primavera Árabe. *Le Monde Diplomatique Brasil*, 11 ago. 2011. Disponível em www.diplomatique.org.br. Acesso em 21 abr. 2014.

Questões

1. De acordo com o texto, a opressão dos governos ditatoriais foi uma razão importante que levou às revoltas no mundo árabe, mas não foi a única. Qual seria a outra razão?

2. O autor termina a sua análise estabelecendo uma comparação e concluindo que os movimentos sociais teriam se globalizado. Que comparação foi feita por ele? Por que os movimentos sociais tendem também a se globalizar nos dias atuais?

TEMA 4

O Brasil na nova ordem mundial

Quais foram as principais conquistas e dificuldades do processo de redemocratização do Brasil?

A eleição de Fernando Collor de Mello

Em novembro de 1989, ocorreram, finalmente, as primeiras eleições diretas para a presidência da república desde a eleição de Jânio Quadros, em 1960. Após um primeiro turno com 22 candidatos, o ex-governador de Alagoas Fernando Collor de Mello, do PRN (Partido da Reconstrução Nacional), e o ex-líder sindical Luiz Inácio Lula da Silva, do PT (Partido dos Trabalhadores), disputaram o segundo turno.

Apesar de pouco conhecido, Collor conquistou o voto da maioria do eleitorado ao se apresentar como um candidato jovem e dinâmico, capaz de moralizar e modernizar o país. Mesmo possuindo grande apelo popular, Lula foi visto por muitos setores da sociedade como radical, principalmente por sua proposta de reforma agrária, tão temida pelos latifundiários.

Collor foi eleito com 36 milhões de votos, contra 31 milhões de Lula. Ao assumir, ele lançou um plano de combate à inflação extremamente radical. Entre outras medidas, o **Plano Collor**, como ficou conhecido, estabeleceu o congelamento de preços e salários e o bloqueio de todos os depósitos em conta corrente, investimentos e cadernetas de poupança que excedessem o valor de 50 mil cruzados novos. O plano também substituiu o cruzado novo pelo cruzeiro.

Fernando Collor de Mello recebe a faixa presidencial do ex-presidente José Sarney. Brasília, 15 de março de 1990.

Embora a inflação tenha caído de 81% em março para 9% em junho, ela voltou a crescer meses depois. Além da alta dos preços, o país passou a enfrentar outros problemas: aumento do desemprego, arrocho salarial e paralisação da atividade produtiva. Por conta disso, a popularidade do presidente despencou.

A renúncia de Collor

A popularidade do presidente caiu ainda mais quando, em maio de 1992, seu irmão, Pedro Collor, veio a público denunciar um esquema de corrupção e tráfico de influência envolvendo o presidente e aliados políticos, comandado por Paulo César Farias, o PC Farias, tesoureiro da campanha de Collor e amigo pessoal do presidente. As denúncias levaram à abertura de uma Comissão Parlamentar de Inquérito (CPI), encarregada de conduzir as investigações.

Estudantes que ficaram conhecidos como os "cara-pintadas" vão às ruas exigir o *impeachment* do presidente Fernando Collor de Mello. Porto Alegre (RS), em foto de 1992.

Nas ruas, cresceram as manifestações contra o presidente, e o movimento estudantil retomou sua tradição de luta. Vestidos de preto e com os rostos pintados nas cores da bandeira, o movimento dos "caras-pintadas" ganhou as ruas, exigindo o *impeachment* do presidente.

No final de setembro, a Câmara autorizou a abertura do processo de *impeachment* e aprovou o afastamento de Collor até que o Senado julgasse o caso. O vice-presidente, Itamar Franco, assumiu a presidência e, em dezembro, antes que o *impeachment* fosse votado pelo Senado, Collor renunciou à presidência do Brasil para não ter seus direitos políticos cassados. Mesmo com a renúncia, Collor foi condenado por crime de responsabilidade e teve seus direitos políticos suspensos por oito anos.

Itamar Franco e o Plano Real

Empossado definitivamente na presidência após a renúncia de Collor, Itamar propôs um governo de união nacional, integrando todas as forças político-partidárias de expressão no país.

O principal desafio do governo Itamar foi o combate à inflação, herança econômica do regime militar que ainda assombrava o país. Para isso, em 1993, Itamar nomeou o sociólogo Fernando Henrique Cardoso para o Ministério da Fazenda. No final daquele ano, Fernando Henrique iniciou a implantação do **Plano Real**, um programa de estabilização econômica que criou uma nova moeda para o país, o Real, que começou a circular em 1º de julho de 1994.

Apesar do ceticismo, o plano alcançou sucesso, reduzindo a inflação e, no mesmo movimento, aumentando o poder de compra da população. O sucesso do plano se refletiu nas eleições presidenciais de outubro de 1994, quando seu criador, Fernando Henrique Cardoso, concorrendo pelo PSDB, foi eleito no primeiro turno com 54% dos votos válidos.

Teste seu conhecimento

GLOSSÁRIO

Impeachment: processo instaurado contra autoridades do poder executivo ou judiciário para averiguar denúncias de crimes cometidos no exercício da função. O *impeachment* pode resultar na destituição do cargo.

O presidente Fernando Henrique Cardoso durante o lançamento do programa Bolsa Escola em Capão Bonito (SP), em 25 de junho de 2001.

O governo FHC

Fernando Henrique Cardoso assumiu a presidência em janeiro de 1995 prometendo dar continuidade à política de estabilização econômica iniciada com o Plano Real, baseada principalmente na redução do *déficit* público. Para isso, FHC, como ficou conhecido, acelerou o programa de privatizações e iniciou uma reforma constitucional, visando diminuir a participação do Estado na economia e enxugar a máquina administrativa.

A adoção dessas medidas, sobretudo as relacionadas à venda das companhias estatais, suscitou grandes debates e a resistência de setores da sociedade contrários às privatizações. Além disso, denúncias de corrupção e de irregularidades nos processos de privatização foram frequentes. A privatização da Companhia Vale do Rio Doce, por exemplo, ocorrida em 1997, até hoje é alvo de críticas e ações populares em razão do baixo valor pago pelo consórcio que adquiriu a empresa e do uso de dinheiro público para financiar os compradores.

Em junho de 1997, o Congresso aprovou uma emenda constitucional permitindo a reeleição de prefeitos, governadores e do presidente da república. Na época, denúncias publicadas pela imprensa revelaram que deputados receberam dinheiro de Sérgio Motta, então ministro das Telecomunicações, para votar a favor da emenda. No entanto, mesmo sob suspeita de compra de votos, a emenda foi aprovada, possibilitando a FHC concorrer a um novo mandato presidencial.

Segundo mandato

Em outubro de 1998, Fernando Henrique foi reeleito no primeiro turno para um novo mandato. A nova fase começou num momento difícil. A decretação da moratória pela Rússia levou os investidores a retirar dólares aplicados no nosso país, temendo que o Brasil seguisse o mesmo caminho. O governo foi levado a desvalorizar o real, prejudicando empresas que tinham dívidas em dólar, além de elevar a dívida pública com bancos nacionais e internacionais.

No campo social, algumas conquistas positivas marcaram o governo FHC. Na área da educação, a criação do Bolsa Escola, do Fundo de Desenvolvimento e Manutenção do Ensino Fundamental (Fundef) e a ampliação das matrículas escolares promoveram a redução dos índices de analfabetismo no país. Na área da saúde destacam-se a redução da mortalidade infantil, o programa de combate à aids e a lei que autorizou a comercialização dos medicamentos genéricos, o que reduziu significativamente o preço de muitos remédios consumidos pela população.

No entanto, mesmo com as conquistas sociais, FHC terminou seu segundo mandato com índices de popularidade extremamente baixos. Mesmo com as privatizações, a dívida pública triplicou, e a inflação e o desemprego voltaram a crescer. Por conta disso, o PSDB, partido do presidente, não conseguiu eleger seu sucessor nas eleições de 2002.

Estudantes carregam *pizza* gigante em manifestação diante do Congresso Nacional, pedindo a criação de uma CPI da corrupção e a cassação dos senadores Antonio Carlos Magalhães e José Roberto Arruda. Brasília, DF. Foto de 2001.

O governo Lula

Ao longo da década de 1990 e dos primeiros anos do século XXI, o projeto reformista radical que caracterizou o Partido dos Trabalhadores desde sua fundação, em 1980, foi sendo gradativamente transformado. Os discursos mais radicais deram lugar a propostas reformistas moderadas e à preocupação com a administração e a gestão da república.

Com esse discurso reformado, Lula, o candidato do partido, conseguiu vencer a desconfiança de boa parte da população. Após a derrota para Collor e as duas derrotas consecutivas para FHC ainda no primeiro turno, nas eleições de 2002 Lula venceu o candidato do PSDB, José Serra, no segundo turno, recebendo quase 53 milhões de votos, o que representou pouco mais de 61% dos votos válidos.

Acusações de corrupção também atingiram o governo Lula. Em 2005, após denúncias veiculadas pela imprensa, o deputado Roberto Jefferson, do PTB, denunciou um esquema de compra de votos de alguns deputados no Congresso, esquema que ficou conhecido como *mensalão*. As denúncias se multiplicaram, atingindo os mais altos escalões do governo e do partido.

No entanto, as acusações não atingiram o presidente. As pesquisas eleitorais de 2006 mostravam que o prestígio de Lula com o eleitorado permanecia alto. Outros aspectos do governo pareciam pesar mais no cálculo político dos eleitores: a ampliação do alcance do Programa Bolsa Família, o aumento nos índices de emprego e a redução da pobreza no país foram determinantes na escolha do eleitor em 2006.

Diante desse cenário amplamente favorável, nas eleições de 2006, Lula derrotou no segundo turno o ex-governador de São Paulo, Geraldo Alckmin, do PSDB, e reelegeu-se presidente. No pleito, Lula recebeu pouco mais de 58 milhões de votos, cerca de 60% do total de votos válidos.

Luiz Inácio Lula da Silva recebe a faixa presidencial de Fernando Henrique Cardoso, durante a cerimônia de posse. Brasília, 1º de janeiro de 2003.

O segundo mandato de Lula

Em seu segundo mandato, Lula confirmou e ampliou as políticas implementadas em seu primeiro governo, centradas na estabilização econômica, na ampliação do emprego e no combate à pobreza. Assim, apesar da crise que afetou a economia mundial, o país seguiu registrando razoáveis índices de crescimento econômico e de mobilidade social, resultando num imenso prestígio pessoal de Lula. Isso foi atestado pelos elevados índices de aprovação do seu governo, que chegaram a 80% no final do seu mandato.

Diante desse quadro de aprovação, Lula lançou a candidatura de Dilma Rousseff à presidência da república. Apesar de desconhecida pela maioria do eleitorado, a então ministra da Casa Civil despontou como favorita à sucessão presidencial. No final de 2010, Dilma se tornou a primeira mulher eleita presidente da república no Brasil ao vencer o candidato José Serra, do PSDB, no segundo turno das eleições, com cerca de 55 milhões de votos, ou 56% do total de votos válidos.

GLOSSÁRIO

Moratória: dispositivo legal que prevê a suspensão do pagamento dos juros da dívida externa quando um país se encontra em circunstâncias excepcionais, como guerra, grande calamidade ou grave crise econômica.

O governo Dilma Rousseff

Em janeiro de 2011, Dilma Vana Rousseff tomou posse na presidência da república prometendo dar continuidade aos programas sociais desenvolvidos por seu antecessor, bem como prosseguir com a política de estabilidade econômica e de fortalecimento do mercado interno.

Vários pontos positivos podem ser destacados durante o governo Dilma. A política econômica centrou-se no estímulo ao emprego e ao desenvolvimento por meio de investimentos públicos, sobretudo os destinados ao Programa Minha Casa Minha Vida. A taxa média de inflação, em torno de 6%, subiu um pouco em relação ao governo Lula, 5,8%, mas continuou inferior à do governo FHC, que foi de 9%. Por esse motivo, os indicadores sociais no Brasil continuaram melhorando.

Podemos destacar, também, a criação, em 2012, da **Comissão Nacional da Verdade**, encarregada de investigar as violações de direitos humanos cometidas por agentes do Estado brasileiro entre 1946 e 1988. Composta de sete membros, a comissão deverá produzir, ao final de seus trabalhos, um relatório contendo os principais fatos levantados.

Apesar dos pontos positivos, alguns dos velhos problemas do país continuaram existindo, principalmente os relacionados à corrupção. Denúncias envolvendo ministros do governo abalaram o primeiro ano do governo Dilma, sendo sete deles substituídos nos treze primeiros meses.

Além disso, uma série de manifestações ocorridas em 2013 abalou a imagem do governo. Iniciadas em São Paulo em protesto contra o aumento do preço da passagem dos transportes públicos, as **Jornadas de Junho**, como ficaram conhecidas, se espalharam por todo o país.

A maioria dos protestos condenava os gastos do governo com a realização de grandes eventos, como a Copa do Mundo de 2014 e os Jogos Olímpicos de 2016. Os manifestantes alegavam que, enquanto o governo gastava bilhões de reais em obras voltadas a esses eventos, muitas delas sem trazer benefícios permanentes, como os estádios, a população brasileira continuava sofrendo com um transporte público de baixa qualidade, que encarece ano após ano.

Dilma Rousseff, no dia de sua posse. Brasília, DF, 2011. Ativista política durante o regime militar (1964-1985), Dilma foi a primeira mulher a assumir a presidência do Brasil.

Milhares de pessoas participam de manifestação na Av. Conde Boa Vista, em Recife, Pernambuco, 20 de junho de 2013. O ato fez parte da onda de manifestações ocorridas no país nas Jornadas de Junho de 2013.

TEMA 5

Um balanço do Brasil contemporâneo

Quais são os principais desafios a serem superados pelo Brasil no século XXI?

Distribuição de renda

A crise econômica que assombrou o mundo em 2008 afetou mercados e bolsas de valores em todos os países integrados à economia global, mas as ações tomadas pelo Banco Central e pelo Ministério da Fazenda no Brasil minimizaram os efeitos dessa crise no país. Medidas como o incentivo ao crédito, a redução ou a isenção total de IPI na compra de bens de consumo e o estímulo à construção civil possibilitaram que o mercado interno permanecesse aquecido, compensando, assim, a retração das exportações.

No entanto, mesmo com a economia nacional atravessando um bom momento e com a diminuição significativa dos índices de pobreza, o Brasil permanece um país extremamente desigual. Em 2013, ainda havia cerca de 20 milhões de pessoas vivendo na pobreza extrema no nosso país. Erradicar a pobreza é um dos desafios assumidos pelo Brasil, que se dispôs a cumprir esse compromisso até 2015, conforme preveem as Metas do Milênio estabelecidas pela ONU.

Desemprego

As mudanças advindas da inserção do Brasil na economia globalizada trouxeram custos sociais elevados. O desemprego tornou-se um sério problema nas cidades, atingindo principalmente os tradicionais centros industriais. A economia informal cresceu e muitos sindicatos perderam sua força, sobretudo pelo medo de demissões, pela queda da oferta de empregos ou pela extinção de muitas funções, como no setor bancário, em virtude da grande automação.

Segundo dados do IBGE, a População Economicamente Ativa (PEA) nas seis principais regiões metropolitanas do país era, em fevereiro de 2014, estimada em 24,2 milhões de pessoas. Dessas, cerca de 1,2 milhão de pessoas, ou 5,1%, encontravam-se desempregadas, um dos menores índices já registrados sobre o desemprego. A mesma pesquisa divulgou que o rendimento médio dos ocupados também vem apresentando leves altas, próximas a 1%.

Pessoas em busca de emprego aguardam atendimento na "Feira do Trabalho 2013", na capital paulista, promovida pela Secretaria Municipal do Desenvolvimento, oferecendo cerca de 5 mil empregos em diversas áreas. São Paulo, SP, 2013.

Alunos em sala de aula da Escola Municipal Vicência Castelo. Tibau do Sul, Rio Grande do Norte, 2013.

Comunidade do Coque no bairro Joana Bezerra, em Recife (PE), 2013. O esgoto correndo a céu aberto revela o descaso do poder público com a qualidade de vida da população. Segundo estudos realizados, para cada real investido em saneamento básico, o governo economiza 4 reais na área da saúde.

Educação

As melhorias também foram significativas na educação. Segundo dados da Pesquisa Nacional por Amostra de Domicílios (Pnad), a taxa de escolarização dos brasileiros de 6 a 14 anos era, em 2012, de 98,2%, um aumento de 3% em relação a 1999. Porém, se a escolarização das crianças brasileiras praticamente se universalizou, o mesmo não ocorre com a juventude. A presença na escola de jovens entre 15 e 17 anos, idade em que geralmente cursam o ensino médio, caía de 98,2% para 84,2%, ou seja, 14% dos jovens brasileiros interrompiam os estudos antes de finalizarem o ensino médio. Os dados nos levam a concluir que manter os jovens na escola a partir dos 15 anos é o grande desafio da educação brasileira.

O programa **Todos pela Educação**, do Ministério da Educação, estipulou 5 metas para 2022: 98% dos indivíduos em idade escolar deverão estar frequentando a escola; 100% deverão saber satisfatoriamente ler, escrever e calcular no ensino fundamental; 70% terão aprendido o conteúdo referente ao seu ano; 95% dos jovens de 16 anos terão completado o ensino fundamental, e 90% dos de 19 anos terão completado o ensino médio; e o investimento público em educação básica será de 5% do PIB brasileiro.

Saneamento básico

Em 2011, em um levantamento feito com 200 países a respeito da cobertura de saneamento básico, o Brasil ocupava a 112ª posição. Apesar da ampliação da rede de saneamento das últimas décadas, aproximadamente 52% da população brasileira não tinha coleta de esgoto e 18% ainda não tinha acesso à água tratada. Além disso, menos da metade do esgoto coletado era devidamente tratado, fato diretamente relacionado a doenças gastrointestinais.

A precariedade do saneamento se reflete em outros indicadores sociais, como o da mortalidade infantil. Em 2011, essa taxa era de 12,9 mortes a cada mil nascimentos, índice maior do que o de outros países latino-americanos, como Cuba (4,3) e Chile (7,8).

Os indígenas no Brasil atual

Segundo dados do Censo 2010, 817 mil pessoas se autodeclararam indígenas no Brasil. Esse número representa um aumento de 11,4% em relação ao Censo 2000. Dois fatores ajudam a explicar o crescimento da população indígena no país: as altas taxas de fecundidade e o processo conhecido como etnogênese ou reetinização, que ocorre quando se assume a identidade e as tradições de uma etnia.

Acredita-se que a reetinização de muitos povos indígenas é favorecida pela existência de políticas públicas como programas sociais de transferência de renda para a população mais pobre, incluindo os índios, e a mobilização dos próprios indígenas, que se tornaram importantes interlocutores em debates sobre temas como direitos indígenas, conservação ambiental, desenvolvimento sustentável e demarcação de terras.

A demarcação das terras indígenas

A terra não representa apenas o meio de subsistência para as populações indígenas. Ela está ligada às crenças, aos costumes, aos hábitos e às trocas sociais dos povos indígenas. Por essas razões, para preservar o modo de vida tradicional desses povos, os sucessivos governos brasileiros têm trabalhado para demarcar as terras tradicionalmente ocupadas por esses grupos.

A demarcação é um recurso que garante a posse e o uso da terra pelas populações indígenas, protegendo, assim, sua cultura e sua identidade. Esse instrumento legal é também um reconhecimento público de nossa dívida histórica com os povos indígenas, que ao longo de 500 anos foram sendo sistematicamente expulsos de suas terras e confinados em pequenos territórios.

Segundo dados do Instituto Socioambiental, até 2012, cerca de 100 milhões de hectares já haviam sido demarcados na Amazônia Legal, o que corresponde a cerca de 21,73% de sua extensão. Porém, apesar das garantias legais, o direito dos povos indígenas à terra é constantemente ameaçado: agricultores, pecuaristas, madeireiras e mineradoras desrespeitam os limites das terras indígenas, muitas vezes de forma violenta, e infringem um importante direito dessas populações.

Para superar esses problemas, muitos movimentos indígenas vêm apresentando propostas concretas de mudanças, como a transformação das Terras Indígenas em Distritos Especiais Indígenas, com autonomia orçamentária e administrativa. Os indígenas também reivindicam capacitação política e técnica para lidar com os desafios que a gestão de suas terras pode trazer, como conciliar os interesses de diferentes povos e estabelecer relações produtivas e justas com os não indígenas.

Indígenas Kalapalo praticam a dança Angene, tocando flautas, na cerimônia funerária Kuarup, no Parque Indígena do Xingu. Mato Grosso, 2011.

O Kuarup

O Kuarup é uma cerimônia funerária que ocorre na região do Alto Xingu e reúne integrantes de diferentes etnias indígenas. É realizado entre os meses de julho e setembro e tem duração de alguns dias. Durante os festejos, os convidados choram e lamentam a morte do homenageado, que é representado por um tronco de árvore decorado. A festa termina com a prática do *huka-huka*, uma luta ritual, e com a despedida dos convidados. O Kuarup é um evento que permite aos povos do Alto Xingu reafirmar seus laços de amizade, além de ser uma das tradições mais importantes do Parque Indígena do Xingu. O parque é a maior terra indígena do Mato Grosso: ocupa uma área de 2,8 milhões de hectares e abriga povos indígenas de 16 etnias.

> **Pense e responda**
>
> - Em 2012 a *Lei de Cotas* foi aprovada no Brasil. Essa lei estabeleceu a reserva de 50% das vagas das instituições de ensino superior aos candidatos que cursaram todo o ensino médio em escolas públicas, com prioridade para os autodeclarados pretos, pardos ou indígenas. O que você pensa sobre esse tipo de ação afirmativa? Você acredita que ela seja adequada ao nosso país? Os dois manifestos, um contrário e outro favorável à Lei de Cotas, apresentados no *Aprenda a fazer - Um texto argumentativo,* no início do livro, podem contribuir para a sua reflexão.

O que são políticas afirmativas?

Você já ouviu falar em ações ou políticas afirmativas? Quais tipos você conhece? As ações afirmativas são políticas públicas ou privadas que visam combater diferentes formas de discriminação, que podem ser de raça, gênero, idade, condição social, origem étnica ou por deficiência. Com essas ações, o objetivo é garantir a igualdade entre os brasileiros no acesso à educação, ao emprego, à saúde e aos bens culturais. Aqui vamos tratar de dois casos de ações afirmativas: uma voltada para a população afrodescendente e outra para os idosos.

O sistema de cotas

O Brasil foi o último país do Ocidente a abolir a escravidão de africanos e afrodescendentes. Os efeitos de uma prática racista e excludente de longa duração não desaparecem da sociedade apenas com a criação de leis. Por isso, até os nossos dias, apesar de toda a luta dos afrodescendentes, a desigualdade racial ainda persiste no país.

Dados publicados na Síntese dos Indicadores Sociais 2010 revelaram grandes diferenças entre brancos e negros no que se refere às taxas de analfabetismo, acesso à educação e salários. Segundo a síntese, 26,7% da população afrodescendente era analfabeta naquele ano, contra 5,9% dos brancos. Além disso, a pesquisa mostrou que pretos e pardos recebiam um salário 40% menor que o dos brancos.

Entendendo que a educação pode transformar a condição social do cidadão, os movimentos sociais passaram a reivindicar a criação de uma reserva de vagas nas universidades públicas para alunos afrodescendentes, de acordo com as condições e os critérios estabelecidos por cada instituição.

Estudos realizados desde que o sistema de cotas começou a ser adotado, em 2000, têm mostrado que os alunos que ingressaram nas universidades por meio desse sistema apresentam, em média, rendimento igual ou superior ao dos demais alunos. Esses resultados mostram que as ações afirmativas podem ajudar a garantir a igualdade de oportunidades e combater as desigualdades geradas pelo passado escravocrata do nosso país.

O idoso no Brasil

A população brasileira está "envelhecendo". Segundo o IBGE, o Brasil possuía, em 2013, 20,6 milhões de pessoas com mais de 60 anos de idade e, em 2060, esse número saltará para 58 milhões de pessoas.

O aumento do número de idosos se deve a dois fatores principais: o aumento da expectativa de vida do brasileiro, que em 2013 era de 75 anos, e a queda da taxa de fecundidade no país, que nos últimos 50 anos passou de 6,2 filhos por mulher para 1,7 filho.

Com o aumento da população idosa no país, o governo vem adotando ações afirmativas visando garantir a inclusão social do idoso e melhorar sua qualidade de vida. Uma delas foi a aprovação, em 2003, do **Estatuto do Idoso**, que ampliou os direitos dos cidadãos com mais de 60 anos. Entre outras medidas, o Estatuto garante aos idosos o transporte público gratuito e a reserva de 10% dos assentos, o direito à meia entrada em atividades de cultura, esporte e lazer e a proibição, por parte dos planos de saúde, de estabelecer reajustes em suas mensalidades a partir de critérios de idade.

Cartaz da campanha de vacinação dos idosos contra a gripe, organizada em 2012 pelo Ministério da Saúde.

REVISANDO

O FIM DA UNIÃO SOVIÉTICA E DO SOCIALISMO NO LESTE EUROPEU

1. Em 1985, **Mikhail Gorbachev** assumiu o poder na União Soviética e iniciou um programa de reformas com o objetivo de **modernizar o Estado soviético** e salvar o regime socialista.

2. O impacto dessas reformas no conjunto do bloco soviético, somado à **crise econômica da década de 1980**, desencadeou uma série de **manifestações populares** que **derrubaram** os **regimes socialistas** nos países do **Leste Europeu**.

INOVAÇÕES E DESAFIOS DO MUNDO GLOBALIZADO

1. **Globalização** é o processo econômico, social, político e cultural de **intercâmbio** de produtos, informações, serviços e capitais em todo o mundo, possibilitado pelos **avanços nas tecnologias** de comunicação e de informação.

2. **Questões ambientais**, como o aquecimento global, a escassez de água e o descarte do lixo, ameaçam a qualidade de vida das atuais e das futuras gerações.

OS ESTADOS UNIDOS NO MUNDO CONTEMPORÂNEO

1. A extinção da União Soviética marcou o **fim da Guerra Fria** e a emergência de uma **nova ordem mundial**.

2. Os atentados de **11 de setembro de 2001** são um **símbolo** da nova ordem mundial, fortemente marcada pelas ações de **grupos fundamentalistas islâmicos**.

3. Após o fim da Guerra Fria, os **Estados Unidos** se envolveram em muitos **conflitos**, entre eles, as duas guerras contra o **Iraque** e a invasão ao **Afeganistão**.

O BRASIL NA NOVA ORDEM MUNDIAL

1. **Fernando Collor de Mello**, primeiro presidente eleito pelo **voto direto** no Brasil em 29 anos, renunciou ao cargo antes que seu processo de *impeachment* fosse votado no Senado.

2. Considerado o criador do Plano Real, **Fernando Henrique Cardoso** foi eleito **presidente da república em 1994** ainda no primeiro turno e foi reeleito quatro anos depois.

3. **Luiz Inácio Lula da Silva** foi o primeiro **operário** que chegou à **presidência no Brasil**, e **Dilma Rousseff**, a primeira **mulher**.

UM BALANÇO DO BRASIL CONTEMPORÂNEO

1. Nos **últimos anos**, uma série de **indicadores sociais** vem **melhorando** continuamente. Entre eles, destacam-se os índices de escolaridade e o aumento da expectativa de vida.

2. As **cotas raciais** e o **Estatuto do Idoso** são **políticas públicas afirmativas** voltadas à inclusão social dos afrodescendentes e dos idosos, respectivamente.

PARA NAVEGAR

▶ **Instituto Socioambiental – ISA**

www.socioambiental.org

O Instituto Socioambiental é uma organização sem fins lucrativos que tem como objetivo propor soluções para questões sociais e ambientais. Nesse *site*, você poderá conhecer o modo de vida de muitos povos indígenas que existem em nosso país, entender a polêmica por trás da construção da Hidrelétrica de Belo Monte, no Pará, e saber um pouco mais sobre os programas de preservação ambiental promovidos pelo ISA.

Página inicial do *site* do Instituto Socioambiental.

ATIVIDADES

ORGANIZAR O CONHECIMENTO

1. Sintetize o contexto socioeconômico e político que levou ao fim da União Soviética.

2. Qual foi o significado, para o mundo, da queda do Muro de Berlim em 1989?

3. Cite alguns alguns pontos positivos e negativos da expansão das redes sociais na internet.

4. Leia as afirmativas a seguir e as associe aos presidentes do quadro abaixo.
   a) Sua eleição foi beneficiada pelo êxito do Plano Real.
   b) Rompeu com o patriarcalismo e o conservadorismo no Brasil ao tornar-se presidente.
   c) Primeiro presidente de origem operária no Brasil.
   d) Confisco dos depósitos bancários.
   e) Primeiro presidente a governar por dois mandatos consecutivos.
   f) Lançou o programa Bolsa Família.
   g) Primeiro presidente eleito democraticamente desde o início do regime militar.

Fernando Collor	Fernando Henrique	Lula	Dilma

APLICAR

5. No texto a seguir, o jornalista Luis Nassif expõe sua visão a respeito das mudanças que o processo de globalização tem gerado na relação entre os torcedores brasileiros e a seleção de futebol do país. Leia-o para responder às questões a seguir.

   "[...] Há duas etapas de Copa do Mundo, explica [Ronaldo Helal, da Universidade Estadual do Rio de Janeiro (Uerj)], a etapa pré-globalização, que vai até o final dos anos 80, e a fase pós-globalização.

   A ideia da 'pátria de chuteiras' – consagrada por Nelson Rodrigues – é exclusiva da fase pré-globalização, na qual cada Copa do Mundo era uma guerra nacional, um momento de autoafirmação nacional.

   Tenho para mim que a cena de Didi na final da Copa de 58, pegando a bola no fundo das redes, no primeiro gol da Suécia, e levando-a até o meio campo, acalmando os companheiros, como o maior símbolo desse período. [...]

   Depois dos anos 80, tornou-se um torneio importante, comemorado, mas sem a dramaticidade dos anos anteriores. E, muitas vezes, menos emocionante para os torcedores do que os próprios torneios nacionais com seus times bem classificados.

   No meu caso, a última Copa em que o coração quase saiu pela boca foi a de 1982, da grande seleção de Telê Santana. Vibrei com 1994, com lances de Romário, [...] mas sem a emoção anterior. E, nas Copas seguintes, sem tratar as derrotas como tragédia nacional. [...]

   Há um conjunto de explicações para isso.

   Uma delas é a internacionalização dos jogadores brasileiros, dificultando a criação de afinidades com a torcida. Outra, o próprio amadurecimento do país que não precisa mais do futebol para firmar a autoestima nacional. Neymar manteve-se ídolo devido à temporada no Santos. A partir de agora, é cidadão do mundo – e do Barcelona. [...]

   A má comunicação do governo e o terrorismo criado pela mídia foram outros fatores relevantes. Antes da Copa, uma das seleções convidadas mostrou-se temerosa de que a arena do Corinthians pudesse desabar, tal a quantidade de notícias terroristas divulgadas.

   Essa intensa campanha negativa produziu o esperado efeito inverso: uma agradável surpresa da mídia internacional com a boa organização do torneio, com a qualidade dos estádios, com o aparato de segurança [...]

   Mais importante que tudo, foi a exposição mundial do modo de ser brasileiro, a hospitalidade, a afetividade exuberante. E os momentos de intensa emoção em alguns jogos que entraram para a história – como o da Holanda e Espanha. São esses momentos de emoção que alimentam o turismo nos anos seguintes.

   São os chamados ganhos intangíveis, de fixação da alma brasileira no mundo."

   NASSIF, Luis. A seleção não é mais a pátria de chuteiras. *Jornal GGN*, 18 jun. 2014. Disponível em http://jornalggn.com.br/noticia/a-selecao-nao-e-mais-a-patria-de-chuteiras. Acesso em 24 jun. 2014.

   a) No texto, o autor faz referência à expressão "pátria de chuteiras", criada pelo dramaturgo e escritor brasileiro Nelson Rodrigues nos anos 1950-1970. Que tipo de sentimento essa expressão revela a respeito da relação entre o brasileiro e a chamada seleção canarinho?

   b) Que mudança o autor destaca na relação do torcedor brasileiro com a seleção de futebol do país nos últimos vinte anos? De que maneira essa mudança estaria relacionada com o processo de globalização?

6. A tirinha a seguir faz uma leitura crítica dos valores e das relações humanas na sociedade contemporânea. Interprete essa crítica e exponha sua visão sobre o assunto.

Quadrinhos dos anos 10, tirinha do cartunista André Dahmer, 2012.

7. Ao longo deste ano, você leu, em seu livro de história, vários textos argumentativos e elaborou também argumentações ao responder às questões propostas ao longo do estudo. Agora, você produzirá um texto sobre um dos temas a seguir, tomando como exemplo os manifestos apresentados na seção *Aprenda a fazer – um texto argumentativo*, no início deste livro. Retome o roteiro sugerido naquela seção para elaborar seu texto. Se sentir dificuldade, não desista. Releia o roteiro e verifique se os argumentos apresentados são coerentes e objetivos.

Temas: Globalização – Cotas raciais no Brasil – A internet.

Arte

Arte urbana

Conhecido por suas cores vibrantes e temas de questionamento social, o grafite é um dos principais expoentes da chamada "arte de rua". Por muito tempo foi visto como ato de vandalismo, por ser feito em muros públicos, sem autorização. Atualmente, com o reconhecimento de grafiteiros brasileiros no exterior, o grafite começou a ser respeitado no país, embora ainda seja considerado uma arte marginal.

8. Em sua opinião, por que os grafiteiros escolhem os espaços públicos para fazer sua arte?

9. Considerando que esse grafite foi produzido durante os protestos que se espalharam pelo Brasil em 2013-2014, às vésperas da Copa do Mundo de Futebol, qual seria a mensagem principal transmitida nessa obra? Por que que Paulo Ito teria escolhido grafitar uma criança negra na cena?

Grafite de Paulo Ito em portão da Escola Municipal de Educação Infantil Santos Dumont, na cidade de São Paulo (SP), em foto de maio de 2014.

COMPREENDER UM TEXTO ARGUMENTATIVO

A exaltação do tempo presente, da produtividade e da juventude, tão forte na sociedade ocidental contemporânea, apresenta sua face mais perversa na desvalorização da figura do idoso e no desprezo pelas experiências e objetos do passado. Quais seriam, nesse cenário, os desafios enfrentados pelos idosos nessa sociedade? O que é preciso fazer para garantir a plena inclusão social dessa parcela cada mais expressiva do nosso país, de forma que haja um aprendizado recíproco entre as antigas e as novas gerações?

O desafio de ser idoso

"A sociedade brasileira ainda não equacionou satisfatoriamente a situação social do idoso [...]. Percebe-se que nesta realidade grande parte da população idosa sofre com estereótipos da velhice e problemas sociais. [...]

O envelhecimento populacional constitui uma das maiores conquistas do presente século. Poder chegar a uma idade avançada já não é mais privilégio de poucas pessoas. Em contraposição, muitas sociedades não são consequentes com essas mudanças demográficas, pois as mesmas atribuem valores relacionados à competitividade para seus grupos, valorizam a capacidade para o trabalho, para a independência e para a autonomia funcional [...].

Numa sociedade que é caracterizada pelo poder, a qual busca desenfreadamente o lucro, o idoso muitas vezes aparece como uma trava no desenvolvimento, desconsiderando toda a contribuição social que estes deram e ainda dão à produção de bens, serviços e conhecimentos. [...]

Na sociedade, percebe-se que a dificuldade de enfrentar os paradigmas da velhice se sobrepõe às considerações culturalmente postas. Rejeitar a velhice desvela-se como um preconceito que há vários anos impera na sociedade brasileira. [...]

O aposentado é considerado [...] um sujeito que não tem mais capacidade de contribuir para a sociedade, pois não trabalha e não produz algo útil ou novo. Este posicionamento pejorativo confirma a ausência de um papel social, pois o trabalhador torna-se um inativo, e este não tem mais representatividade. [...]

A velhice é um problema social, o qual não é atual, mas demanda ações emergenciais. A população idosa está crescendo rapidamente e este fato implica a demanda de mais recursos para este segmento, além de uma organização social que permita que a aceitação do idoso ocorra, pois o envelhecimento é inevitável, ao menos que ocorra uma morte prematura. [...]

Como a população está envelhecendo, a relação entre contribuinte e beneficiário torna-se cada vez mais delicada, pois a população ativa tende a diminuir, porém a população aposentada está aumentando, e esta questão interfere diretamente sobre a percepção da velhice.

A aposentadoria é um marco social que caracteriza o início da terceira idade, porém, ao mesmo tempo em que está assegurando um direito, associa-se a ideia de incapacidade. [...]

A cultura de incapacidade do idoso compromete a situação social da velhice, impondo que toda pessoa que atinge os 60 anos torna-se incapaz, principalmente se esta for proveniente de uma classe social mais baixa. O idoso vivencia duas das piores situações impostas pela sociedade: ser pobre e velho, numa sociedade que só glorifica quem tem posses e valoriza quem é suficientemente jovem para produzir e consumir de acordo com os interesses dos detentores dos meios de produção [...]."

SCORTEGAGNA, Paola Andressa; OLIVEIRA, Rita de Cássia da Silva. Idoso: um novo ator social. *Seminário de pesquisa em educação da região sul* – IX ANPED Sul, 2012. Disponível em www.ucs.br/etc/conferencias/index.php/anpedsul/9anpedsul/paper/viewFile/1886/73. Acesso em 23 maio 2014.

O senhor Mario Ferreira da Silva vende objetos artesanais, produzido com plantas do cerrado, em uma feira na cidade de Brasília, Distrito Federal, 2009. Grande parte dos idosos brasileiros continua no mercado de trabalho mesmo após a aposentadoria.

Atividades

EXPLORAR O TEXTO

1. Por que, segundo o texto, o envelhecimento da população é uma das maiores conquistas do nosso século?

2. Quais características da nossa sociedade levam os idosos a serem alvos de preconceito, como se representassem uma trava ao desenvolvimento?

3. O envelhecimento da população brasileira e o consequente aumento do número de aposentados geram preocupações sobre como será a proporção entre contribuintes e beneficiários no Brasil futuramente. Explique qual seria o motivo dessa preocupação e responda: É possível "equilibrar essa balança"? Como?

4. As autoras do texto se posicionam em relação ao tema do envelhecimento da população brasileira? Qual ponto de vista elas defendem? Quais argumentos elas apresentam para defendê-lo?

RELACIONAR

5. O descaso da sociedade contemporânea em relação aos idosos tem parentesco, de certa forma, com o culto ao novo e às novidades. É a cultura do descarte. Você concorda com essa comparação? Justifique.

6. Imagine que você seja um idoso, não tenha carro e precise se locomover sozinho usando transporte público para a casa de parentes que moram na rua da sua escola. Pensando nessa situação, responda.

    a) Que dificuldades você enfrentaria? Descreva em seu caderno o trajeto que teria de fazer, destacando os pontos de maior dificuldade.

    b) Como os idosos são tratados no seu bairro ou na sua cidade? O que é preciso fazer para melhorar a sua qualidade de vida? Reflita sobre essas questões e faça um debate com a classe, buscando apresentar soluções para os eventuais problemas apontados. Lembre-se de **controlar** sua impulsividade durante o debate e de **escutar** os colegas com atenção.

PREPARANDO-SE PARA O ENEM

As questões a seguir foram extraídas de provas do Enem (Exame Nacional do Ensino Médio). Para resolvê-las, siga o roteiro:

▶ **Leia** com atenção a questão inteira: os materiais que ela apresenta para sua reflexão (textos, mapas, gráficos, figuras etc.), o enunciado e todas as alternativas.

▶ Identifique o **tema** (assunto) abordado e o **problema** que você precisa resolver.

▶ Examine com atenção cada uma das **alternativas** antes de escolher a que você considera correta.

▶ Note que, ao seguir esses passos, você estabelece um **diálogo** entre os **elementos da questão** e os **conhecimentos que você adquiriu** em seus estudos.

▶ Deixe para **consultar** os conteúdos do seu livro ou **pedir ajuda** somente se você não acertar o resultado.

---

1. **(Enem-MEC/2009)** A primeira metade do século XX foi marcada por conflitos e processos que a inscreveram como um dos mais violentos períodos da história humana. Entre os principais fatores que estiveram na origem dos conflitos ocorridos durante a primeira metade do século XX estão:

   a) a crise do colonialismo, a ascensão do nacionalismo e do totalitarismo.
   b) o enfraquecimento do Império Britânico, a Grande Depressão e a corrida nuclear.
   c) o declínio britânico, o fracasso da Liga das Nações e a Revolução Cubana.
   d) a corrida armamentista, o terceiro-mundismo e o expansionismo soviético.
   e) a Revolução Bolchevique, o imperialismo e a unificação da Alemanha.

   ### Orientações para a resposta

   A questão aborda a história da primeira metade do século XX, época em que ocorreram a Primeira (1914-1918) e a Segunda Guerra Mundial (1939-1945). Para escolher a alternativa correta, você deverá recuperar os acontecimentos e processos históricos que levaram a esses grandes conflitos. A resolução exige, também, boas noções de cronologia, ou seja, a época aproximada dos acontecimentos indicados em cada alternativa.

2. **(Enem-MEC/2009 – simulado oficial)**

   "A figura do coronel era muito comum durante os anos iniciais da república, principalmente nas regiões do interior do Brasil. Normalmente, tratava-se de grandes fazendeiros que utilizavam seu poder para formar uma rede de clientes políticos e garantir resultados nas eleições. Era usado o voto de cabresto, por meio do qual o coronel obrigava os eleitores de seu "curral eleitoral" a votarem nos candidatos apoiados por ele. Como o voto era aberto, os eleitores eram pressionados e fiscalizados por capangas, para que votassem de acordo com os interesses do coronel. Mas recorria-se também a outras estratégias, como a compra de votos, eleitores-fantasma, fraudes na apuração dos escrutínios e violência."

   Disponível em http://historiadobrasil.net/republica. Acesso em 12 dez. 2008. (adaptado)

   Com relação ao processo democrático do período registrado no texto, é possível afirmar que:

   a) o coronel se servia de todo o tipo de recursos para atingir seus objetivos políticos.
   b) o eleitor não podia eleger o presidente da república.
   c) o coronel aprimorou o processo democrático ao instituir o voto secreto.
   d) o eleitor era soberano em sua relação com o coronel.
   e) os coronéis tinham influência maior nos centros urbanos.

Orientações para a resposta

Nesta questão, que trata da vida política brasileira no início da república, a leitura atenta do texto introdutório é fundamental para encontrar a resposta correta. Seu tema é a figura do "coronel", o chefe político local que possuía grande liderança política graças às estratégias descritas no texto. O coronelismo teve suas origens nos tempos do império e deixou marcas na sociedade e na vida política do país por boa parte do século XX.

3. (Enem-MEC/2013)

PSD - PTB - UDN
PSP - PDC - MTR
PTN - PST - PSB
PRP - PR - PL - PRT

FINADOS

FORTUNA - FUNDAÇÃO BIBLIOTECA NACIONAL, RIO DE JANEIRO

FORTUNA. *Correio da Manhã*, ano 65, n. 22 264, 2 nov. 1965.

A imagem foi publicada no jornal *Correio da Manhã*, no dia de Finados, em 1965. Sua relação com os direitos políticos existentes no período revela a:

a) extinção dos partidos nanicos.
b) retomada dos partidos estaduais.
c) adoção do bipartidarismo regulado.
d) superação do fisiologismo tradicional.
e) valorização da representação parlamentar.

Orientações para a resposta

Essa questão aborda uma das medidas empreendidas pela ditadura militar que se iniciou no Brasil com o golpe de 1964 e se estendeu até 1985. A partir do dia 1º de abril daquele ano, os militares passaram a reprimir aqueles que manifestassem, de forma individual ou coletiva, oposição ao regime. Desde então, o Brasil foi governado por meio de decretos, os chamados Atos Institucionais. Para responder à questão proposta, você deve verificar a situação político-partidária do país após as eleições de outubro de 1965 e a postura dos militares diante do resultado das urnas. É necessário, ainda, utilizar a publicação presente no *Correio da Manhã* como um documento histórico que, de maneira oportuna, relacionou o dia de Finados à situação dos partidos políticos brasileiros naquele momento.

4. (Enem-MEC/2011)

"No mundo árabe, países governados há décadas por regimes políticos centralizadores contabilizam metade da população com menos de 30 anos; desses, 56% têm acesso à internet. Sentindo-se sem perspectivas de futuro e diante da estagnação da economia, esses jovens incubam vírus sedentos por modernidade e democracia. Em meados de dezembro, um tunisiano de 26 anos, vendedor de frutas, põe fogo no próprio corpo em protesto por trabalho, justiça e liberdade. Uma série de manifestações eclode na Tunísia e, como uma epidemia, o vírus libertário começa a se espalhar pelos países vizinhos, derrubando em seguida o presidente do Egito, Hosni Mubarak. *Sites* e redes sociais – como o *Facebook* e o *Twitter* – ajudaram a mobilizar manifestantes do norte da África a ilhas do Golfo Pérsico."

SEQUEIRA, C. D.; VILLAMÉA, L. A epidemia da liberdade. *Istoé Internacional*, 2 mar. 2011. (adaptado)

Considerando os movimentos políticos mencionados no texto, o acesso à internet permitiu aos jovens árabes:

a) reforçar a atuação dos regimes políticos existentes.
b) tomar conhecimento dos fatos sem se envolver.
c) manter o distanciamento necessário à sua segurança.
d) disseminar vírus capazes de destruir programas dos computadores.
e) difundir ideias revolucionárias que mobilizaram a população.

Orientações para a resposta

Desde o final de 2011, uma série de revoltas populares eclodiu em países do norte da África e do Oriente Médio, conhecidas como "Primavera Árabe". Elas levaram à queda de governos autoritários na Tunísia, no Egito, na Líbia e no Iêmen. Resultaram também na realização de reformas em outros países da região, pois seus governantes ficaram temerosos diante da expansão dos protestos. Ocorreram confrontos violentos em vários países e uma prolongada guerra civil na Síria. Para resolver o problema proposto no enunciado, você deve relacionar o tema, Primavera Árabe, ao desenvolvimento das novas tecnologias de informação e de comunicação.

REFERÊNCIAS BIBLIOGRÁFICAS

ALBUQUERQUE, Roberto Chacon de. A Lei de Prevenção de Doenças Hereditárias e o programa de eutanásia durante a Segunda Guerra Mundial. *Revista CEJ*. Brasília, ano XII, n. 40, jan./mar. 2008. Disponível em www2.cjf.jus.br/ojs2/index.php/revcej/article/viewFile/961/1132.

ALENCASTRO, Luis Filipe. *O trato dos viventes*. São Paulo: Companhia das Letras, 2000.

ALEXANDRE, Valentim; DIAS, Jill. *Nova história da expansão portuguesa*. Lisboa: Estampa, 1998.

ALMEIDA, Ângela Mendes de. *A República de Weimar e a ascensão do nazismo*. 3. ed. São Paulo: Brasiliense, 1999. (Coleção Tudo é história)

ALVES FILHO, Ivan. *Brasil, 500 anos em documentos*. Rio de Janeiro: Mauad, 1999.

ANDRADE, Carlos Drummond de. *A rosa do povo*. Rio de Janeiro: Record, 2000.

_____. No meio do caminho. In: MORICONI, I. (Org.). *Os cem melhores poemas brasileiros do século*. Rio de Janeiro: Objetiva, 2001.

ANDRADE, Mário de (Coord.). *Obras escolhidas de Amílcar Cabral*: unidade e luta. Lisboa: Seara Nova, 1976.

ARAÚJO, Rita de Cássia Barbosa de. O voto de saias: a Constituinte de 1934 e a participação das mulheres na política. *Revista de Estudos Avançados*, v. 17, n. 49, set./dez. 2003. Disponível em www.revistas.usp.br/eav/article/view/9949/11521.

ARENDT, Hannah. *Origens do totalitarismo*: antissemitismo, imperialismo, totalitarismo. São Paulo: Companhia das Letras, 1989.

ARNAUT, Luiz. *A Segunda Grande Guerra*: do nazifascismo à Guerra Fria. São Paulo: Atual, 1994. (Coleção História geral em documentos)

BATALHA, Claudio. *O movimento operário na Primeira República*. Rio de Janeiro: Zahar, 2000.

BEER, Max. *História do socialismo e das lutas sociais*. Rio de Janeiro: Laemmert, 1968.

BELLUCCI, Beluce (Coord.). *Introdução à história da África e da cultura afro-brasileira*. Rio de Janeiro: UCM/CCBB, 2003.

BENEVIDES, Maria Vitória de Mesquita. *O governo Jânio Quadros*. 6. ed. São Paulo: Brasiliense, 1999. (Coleção Tudo é história)

BENJAMIN, Walter. *Magia e técnica, arte e política*: ensaios sobre literatura e história da cultura. 8. ed. São Paulo: Brasiliense, 2012.

BENOT, Yves. *Ideologias das independências africanas*: Terceiro Mundo. Lisboa: Sá da Costa, 1981. v. 1 e v. 2.

BERCITO, S. R. *Nos tempos de Getúlio*: da Revolução de 30 ao fim do Estado Novo. São Paulo: Atual, 1990.

BITTENCOURT, Marcelo. *Estamos juntos*: o MPLA e a luta anticolonial (1961-1974). Luanda: Kilombelombe, 2008. v. 1 e v. 2.

BIVAR, Antonio e outros. *Alma beat*. Porto Alegre: L&PM, 1984.

BLANES, Ruy Llera. O Messias entretanto já chegou. Relendo Balandier e o profetismo africano na pós-colônia. *Campos – Revista de Antropologia Social*, v. 10, n. 2, 2009. Disponível em http://ojs.c3sl.ufpr.br/ojs/index.php/campos/article/view/17937.

BOAHEN, Albert Adu (Ed.). *História geral da África*: África sob dominação colonial, 1880-1935. 3. ed. São Paulo: Cortez; Brasília: Unesco, 2011. v. 7. (Coleção História geral da África)

BOYNE, John. *O menino do pijama listrado*. São Paulo: Companhia das Letras, 2007.

BRESCIANI, Maria Stella Martins. *Londres e Paris no século XIX*: o espetáculo da pobreza. 7. ed. São Paulo: Brasiliense, 1992. (Coleção Tudo é história)

BRETON, André. *Por uma arte revolucionária independente*. São Paulo: Paz e Terra/Cemap, 1985.

BRUIT, Héctor H. *O imperialismo*. São Paulo: Atual; Campinas: Editora da Unicamp, 1986. (Coleção Discutindo a história)

BURITY, Joanildo A. (Org.). *Cultura e identidade*: perspectivas interdisciplinares. Rio de Janeiro: DP&A, 2002.

CAIAFA, Janice. *Movimento punk na cidade*. Rio de Janeiro: Zahar, 1985.

CALABRE, Lia. *A era do rádio*. Rio de Janeiro: Zahar, 2004.

CÂMARA dos Deputados. *Mapa do pré-sal*. Disponível em www2.camara.leg.br/english/chamber-of-deputies-news-agency/imagens/mapa-pre-sal-petrobras.jpg/image_view_fullscreen.

CAPELATO, Maria Helena R. *Multidões em cena*: propaganda política no varguismo e no peronismo. Campinas: Papirus, 1998.

_____. *O movimento de 32*: a causa paulista. São Paulo: Brasiliense, 1981. v. 15. (Coleção Tudo é história)

_____. *Os arautos do liberalismo*: imprensa paulista (1920-1945). São Paulo: Brasiliense, 1989.

CARDOSO, Heloisa Helena Pacheco. Narrativas de um candango em Brasília. *Revista Brasileira de História*, n. 47, 2004. Disponível em www.scielo.br/scielo.php?script=sci_arttext&pid=S0102-01882004000100007.

CARVALHO, José Murilo de. *Cidadania no Brasil*: o longo caminho. Rio de Janeiro: Civilização Brasileira, 2007.

_____. *Os bestializados*: o Rio de Janeiro e a república que não foi. São Paulo: Companhia das Letras, 1987.

_____. Os três povos da república. *Revista USP*, n. 59, set./nov. 2003. Disponível em www.usp.br/revistausp/59/09-josemurilo.pdf.

CARVALHO, Luiz Maklouf. *Mulheres que foram à luta armada*. São Paulo: Globo, 1998.

CÉSAIRE, Aimé; MOORE, Carlos (Org.). *Discurso sobre a negritude*. Belo Horizonte: Nandyala, 2010.

CHALIAND, Gérard; RAGEAU, Jean-Pierre. *Atlas politique du XXe siècle*. Paris: Seuil, 1988.

_____. *Atlas stratégique*. Paris: Complexe, 1988.

CHIAVENATO, Júlio José. *O golpe de 64 e a ditadura militar*. 2. ed. São Paulo: Moderna, 2004.

CHOMSKY, Noam. *O Império Americano*: hegemonia ou sobrevivência. Rio de Janeiro: Elsevier, 2004.

CHURCHILL, Winston. *Memórias da Segunda Guerra Mundial*. Rio de Janeiro: Nova Fronteira, 1995.

COLEÇÃO Nosso Século. *1930/1945*: a era de Vargas. São Paulo: Abril Cultural, 1980. v. 3.

_____. *Brasil*. São Paulo: Abril Cultural, 1985. v. 8, 9 e 10.

CONSTITUIÇÃO da República Federativa do Brasil, 5 de outubro de 1988. Disponível em www.planalto.gov.br/ccivil_03/constituicao/constituicaocompilado.htm.

COSTA, Emília Viotti da. *Da monarquia à república*: momentos decisivos. São Paulo: Editora Unesp, 1999.

CUNHA, Euclides da. *Os sertões*. Belém: Unama, s/d. Disponível em www.dominiopublico.gov.br/download/texto/ua00091a.pdf.

D'ARAUJO, Maria Celina. *A era Vargas*. 2. ed. São Paulo: Moderna, 2004. (Coleção Polêmica)

REFERÊNCIAS BIBLIOGRÁFICAS

DAVIDSON, Basil. *A descoberta do passado de África*. Lisboa: Sá da Costa, 1991.

DECCA, Edgar de. *1930*: o silêncio dos vencidos. São Paulo: Brasiliense, 1984.

DECCA, Maria Auxiliadora Guzzo de. *Indústria, trabalho e cotidiano*. Brasil: 1889-1930. São Paulo: Atual, 1991.

DEL PRIORI, Mary; NEVES, Maria de Fátima das; ALAMBERT, Francisco. *Documentos de história do Brasil*: de Cabral aos anos 90. São Paulo: Scipione, 1997.

DIAS JÚNIOR, José Augusto; ROUBICEK, Rafael. *Guerra Fria*: a era do medo. São Paulo: Ática, 1996. (Coleção História em movimento)

DICK, Philip. K. *O caçador de androides*. 4. ed. Rio de Janeiro: Francisco Alves, 1989.

DIETRICH, Theo. *La pédagogie socialiste*. Paris: Maspero, 1973. In: OYAMA, Edison Riuitiro. A perspectiva da educação socialista em Lênin e Krupskaia. *Marx e o Marxismo*, n. 2, v. 2, jan./jul. 2014. Disponível em www.marxeomarxismo.uff.br/index.php/MM/article/view/36/29.

DÖPCKE, Wolfgang. A vida longa das linhas retas: cinco mitos sobre as fronteiras na África negra. *Revista Brasileira de Política Internacional*, n. 1, v. 42, jan./jun. 1999.

DUBY, Georges. *Atlas historique mondial*. Paris: Larousse, 2003.

FABRIS, Annateresa. *Portinari, pintor social*. São Paulo: Perspectiva, 1990.

FARTHING, Stephen. *Tudo sobre arte*. Rio de Janeiro: Sextante, 2011.

FAUSTO, Boris. *História do Brasil*. São Paulo: Edusp/FDE, 1995.

_____. *Trabalho urbano e conflito social*. São Paulo: Difel, 1983.

FERREIRA, Graça Maria Lemos. *Atlas geográfico*: espaço mundial 4. ed. São Paulo: Moderna, 2013.

FERREIRA, Jorge. *Trabalhadores do Brasil*: o imaginário popular. Rio de Janeiro: FGV, 1997.

_____. DELGADO, Lucília (Orgs.). *O tempo do nacional-estatismo*: do início da década de 1930 ao apogeu do Estado Novo. 4. ed. Rio de Janeiro: Civilização Brasileira, 2011. v. 2.

FERREIRA, Marieta de Moraes. *Cem anos de JK*. FGV/CPDOC. Disponível em http://cpdoc.fgv.br/producao/dossies/JK/apresentacao.

FERRO, Marc. *A Revolução Russa de 1917*. São Paulo: Perspectiva, 1994.

_____. *História da Segunda Guerra Mundial*: século XX. São Paulo: Ática, 1997. (Série Século XX)

FORACCHI, Marialice. *A juventude na sociedade moderna*. São Paulo: Pioneira, 1972.

FRIEDLANDER, Paul. *Rock and Roll*: uma história social. Rio de Janeiro: Record, 2003.

GASPARI, Elio. *A ditadura derrotada*. São Paulo: Companhia das Letras, 2003.

_____. *A ditadura encurralada*. São Paulo: Companhia das Letras, 2004.

GAZIER, Bernard. *A crise de 1929*. Porto Alegre: L&PM, 2010.

GILMORE, Mikal. *Ponto final*: crônicas sobre os anos 1960 e suas desilusões. São Paulo: Companhia das Letras, 2010.

GOFFMAN, Ken; JOY, Dan. *Contracultura através dos tempos*: do mito de Prometeu à cultura digital. Rio de Janeiro: Ediouro, 2007.

GRUNSPAN-JASMIN, Élise. *Lampião, senhor do sertão*: vidas e mortes de um cangaceiro. São Paulo: Edusp, 2006.

HALL, Stuart. *Da diáspora*: identidades e mediações culturais. Belo Horizonte: Editora da UFMG, 2003.

HASTING, Max. *O mundo em guerra (1939-1945)*. Rio de Janeiro: Intrínseca, 2012.

HERNANDEZ, Leila Leite. *A África na sala de aula*: visita à história contemporânea. 2. ed. São Paulo: Selo Negro, 2008.

HILGEMANN, Werner; KINDER, Hermann. *Atlas historique*. Paris: Perrin, 1992.

HOBSBAWM, Eric J. *Era dos extremos*: o breve século XX (1914-1991). São Paulo: Companhia das Letras, 1996.

_____. *A era dos impérios*: 1875-1914. 7. ed. Rio de Janeiro: Paz e Terra, 1988.

_____. *Tempos interessantes*: uma vida no século XX. São Paulo: Companhia das Letras, 2002.

HOLLANDA, Heloísa Buarque de. *Impressões de viagem*: CPC, vanguarda e desbunde (1960/1970). Rio de Janeiro: Rocco, 1992.

_____; GONÇALVES, Marcos Augusto. *Cultura e participação nos anos 60*. 8. ed. São Paulo: Brasiliense, 1990. (Coleção Tudo é história)

INSTITUTO Brasileiro de Geografia e Estatística (IBGE). *Estatísticas históricas do Brasil*: séries econômicas, demográficas e sociais de 1550 a 1988. 2. ed. 1990. Disponível em http://biblioteca.ibge.gov.br/visualizacao/livros/liv17983_v3.pdf.

_____. *Anuário estatístico do Brasil, 1997*. v. 57. Disponível em http://biblioteca.ibge.gov.br/visualizacao/periodicos/20/aeb_1997.pdf.

JOFFILY, Mariana. A diferença na igualdade: gênero e repressão política nas ditaduras militares do Brasil e da Argentina. Dossiê gênero, feminismo e ditaduras. *Revista Espaço Plural*. Disponível em http://e-revista.unioeste.br/index.php/espacoplural/article/view/3554/2824.

JUNIOR, Freire; MARA, J. *Você já foi à Bahia?* Rio de Janeiro: SBAT, 1941.

KALY, Alain Pascal. O inesquecível século XX: as lutas dos negros africanos pela sua humanidade. In: SILVA, Josué Pereira da (Org.). *Por uma sociologia do século XX*. São Paulo: Annablume, 2007.

KARNAL, Leandro e outros. *História dos Estados Unidos*: das origens ao século XXI. São Paulo: Contexto, 2008.

KEESE, Alexander. Dos abusos às revoltas? Trabalho forçado, reformas portuguesas, política "tradicional" e religião na Baixa de Cassange e no distrito do Congo (Angola), 1957 a 1961. *Africana Studia*, n. 7, 2004. Porto: Editora da Universidade do Porto. Disponível em www.africanos.eu/ceaup/uploads/AS07_247.pdf.

KEROUAC, Jack. *On the Road – Pé na estrada*. São Paulo: L&PM, 2004.

KING, Martin Luther. *Trechos do discurso em Washington, 28 de agosto de 1963*. Disponível em www.palmares.gov.br/sites/000/2/download/discursodemartinlutherking.pdf.

KITCHEN, Martin. *Um mundo em chamas*: uma breve história da Segunda Guerra Mundial na Europa e na Ásia, 1939-1945. Rio de Janeiro: Zahar, 1993.

LEAL, Victor Nunes. *Coronelismo, enxada e voto. O município e o regime representativo no Brasil*. São Paulo: Alfa-Omega, 1993.

MACAGNO, Lorenzo Gustavo; RIBEIRO, Fernando Rosa; SCHERMANN, Patrícia Santos. *Histórias conectadas e dinâmicas pós-coloniais*. Curitiba: Fundação Araucária, 2008.

MACIEL, Luiz Carlos. *Geração em transe*: memórias do tempo do tropicalismo. Rio de Janeiro: Nova Fronteira, 1996.

MANIFESTO Republicano de 1870. *Stoa-USP*. Disponível em http://disciplinas.stoa.usp.br/pluginfile.php/127547/mod_resource/content/1/manifesto%20republicano%201870.pdf.

MARQUES, Adhemar; BERUTTI, Flávio; FARIA, Ricardo. *História contemporânea através de textos*. 11. ed. São Paulo: Contexto, 2003. (Coleção Textos e documentos)

MARTIN, Andre Roberto. *Fronteiras e nações*. São Paulo: Contexto, 1998.

M'BOKOLO, Elikia. *História e civilização da África negra*. Lisboa: Colibri, 2004.

REFERÊNCIAS BIBLIOGRÁFICAS

MCCARTHY, David. *Arte pop*. São Paulo: Cosac & Naify, 2002.

MCCARTHY, Joseph. *Discurso em Wheeling, Virginia Ocidental, 20 de fevereiro de 1950*. Disponível em http://college.cengage.com/history/ayers_primary_sources/mccarthy_wheeling_1950.htm. (tradução nossa)

MINISTÉRIO da Agricultura, Indústria e Comércio. *Recenseamento Geral do Brasil 1920*. Rio de Janeiro: Typ. de Estatística, 1925. vol. I e II.

MISHRA, Pankaj. *Tentações do Ocidente*: a modernidade na Índia, no Paquistão e mais além. São Paulo: Globo, 2007.

MOREL, Edmar. *A Revolta da Chibata*. Rio de Janeiro: Graal, 1979.

MOURA, Paulo. *Lampião, a trajetória de um rei sem castelo*. São Paulo: Espaço Idea; Recife: Asnai, 2008.

MUGGIATI, Roberto. *Rock*: o grito e o mito. Petrópolis: Vozes, 1981.

_____. *Rock*: da utopia à incerteza (1967-1984). São Paulo: Brasiliense, 1985.

NAPOLITANO, Marcos. *O regime militar brasileiro*: 1964-1985. São Paulo: Atual, 1998. (Coleção Discutindo a história do Brasil)

PARIS, Robert. *As origens do fascismo*. São Paulo: Perspectiva, 1996. (Khronos, 7)

PARKER, Geoffrey. *Atlas Verbo de história universal*. Lisboa: Verbo, 1997.

PEDRO, Antônio. *A Segunda Guerra Mundial*. São Paulo: Atual, 1987. (Coleção Discutindo a história)

PEPETELA. *Mayombe*. 5. ed. Lisboa: Dom Quixote, 1993.

PEREIRA, Carlos Alberto M. *O que é contracultura*. São Paulo: Brasiliense, 1988. (Coleção Primeiros passos)

PERROT, Michelle (Org.). *História da vida privada*: da Revolução Francesa à Primeira Guerra. São Paulo: Companhia das Letras, 1991. v. 4.

POE, Edgar Allan. O homem na multidão. *Bestiário – Revista de Contos*. Disponível em www.bestiario.com.br/12_arquivos/O%20Homem%20da%20Multidao.html.

PROST, Antoine; VINCENT, Gérard (Orgs.). *História da vida privada*: da Primeira Guerra a nossos dias. São Paulo: Companhia das Letras, 1995. v. 5.

REIS FILHO, Daniel Aarão. *Rússia (1917-1921)*: anos vermelhos. 3. ed. São Paulo: Brasiliense, 1987. (Coleção Tudo é história)

_____. *As revoluções russas e o socialismo soviético*. São Paulo: Editora Unesp, 2003. (Coleção Revoluções do século XX)

RIBEIRO, Fábio Viana. A morte de uma cidade. *Blog da Revista Espaço Acadêmico*. Disponível em http://espacoacademico.wordpress.com/2011/12/07/a-morte-de-uma-cidade.

RIDENTI, Marcelo. *O fantasma da revolução brasileira*. São Paulo: Editora Unesp/Fapesp, 1993.

RODRIGUES, Luiz César B. *A Primeira Guerra Mundial*. 3. ed. São Paulo: Atual; Campinas: Editora da Unicamp, 1986. (Coleção Discutindo a história)

RODRIGUES, Marly. *A década de 80 – Brasil*: quando a multidão voltou às praças. São Paulo: Ática, 1992.

ROSZAK, Theodore. *A contracultura*. Petrópolis: Vozes, 1972.

ROUQUIÉ, Alain. *O Estado militar na América Latina*. São Paulo: Alfa-Omega, 1984.

SADER, Emir. *A Revolução Cubana*. São Paulo: Moderna, 1995.

SALOMONI, Antonella. *Lênin e a Revolução Russa*. São Paulo: Ática, 1995.

SANTOS, Luiz Antonio de Castro. Um século de cólera: itinerário do medo. *PHYSIS – Revista de Saúde Coletiva*, v. 4, n. 1, 1994.

SCHMIEDECKE, Natália Ayo. As diferentes faces da Nova Canção Chilena: folclore e política nos discos *Inti-Illimani* e *Canto al programa* (1970). *X Encontro Internacional da ANPHLAC*. São Paulo, 2012. Disponível em http://anphlac.fflch.usp.br/sites/anphlac.fflch.usp.br/files/natalia_schmiedecke2012.pdf.

SCHWARCZ, Lilia. *História da vida privada no Brasil*: contrastes da intimidade contemporânea. São Paulo: Companhia das Letras, 1998. v. 4.

SCORTEGAGNA, Paola Andressa; OLIVEIRA, Rita de Cássia da Silva. Idoso: um novo ator social. *Seminário de pesquisa em educação da região sul* – IX Anped Sul, 2012. Disponível em www.ucs.br/etc/conferencias/index.php/anpedsul/9anpedsul/paper/viewFile/1886/73.

SERGE, Victor. *O ano I da Revolução Russa*. São Paulo: Ensaio, 1993.

SEVCENKO, Nicolau. *A Revolta da Vacina*: mentes insanas em corpos rebeldes. São Paulo: Brasiliense, 1984.

_____. *Orfeu extático na metrópole*: São Paulo, sociedade e cultura nos frementes anos 20. São Paulo: Companhia das Letras, 1998.

SHELLEY, Mary. *Frankenstein*. Rio de Janeiro: Ediouro; São Paulo: Publifolha, 1998.

SHIRER, William L. *Ascensão e queda do Terceiro Reich*. Rio de Janeiro: Civilização Brasileira, 1964. v. 3.

SILVA, Alberto da Costa e. *A África explicada aos meus filhos*. Rio de Janeiro: Agir, 2008.

SILVA, Sérgio. *Expansão cafeeira e origens da indústria no Brasil*. São Paulo: Alfa-Omega, 1976.

STECKEL, Richard H.; FLOUD, Roderick (Eds.). *Health and Welfare During Industrialization*. Chicago: University of Chicago Press, 1997.

TELES, Gilberto Mendonça. *Vanguarda europeia e modernismo brasileiro*. Petrópolis: Vozes, 1983.

TOLEDO, Caio Navarro. *O governo Goulart e o golpe de 64*. 12. ed. São Paulo: Brasiliense, 1993. (Coleção Tudo é história)

TRAD, Ayana. Setenta anos de CLT. *Revista Desafios do Desenvolvimento*, n. 78, 2013. Disponível em www.ipea.gov.br/desafios/index.php?option=com_content&view=article&id=2968:catid=28&Itemid=23.

TRAGTENBERG, Maurício. *A Revolução Russa*. São Paulo: Editora Unesp, 2007.

VENEZIANO, Neyde. *Não adianta chorar*: teatro de revista brasileiro... oba! Campinas: Editora da Unicamp, 1996.

VIEIRA, Liszt. *Cidadania e globalização*. 8. ed. Rio de Janeiro: Record, 1997.

WALLIS, Sarah; PALMER, Svetlana. *Éramos jovens na guerra*: cartas e diários de adolescentes que viveram a Segunda Guerra Mundial. Rio de Janeiro: Objetiva, 2013.

WILSON, T. P. C. Depoimento do capitão T. P. C. Wilson, 1916. In: *História do século XX*. 1914-1919. São Paulo: Abril Cultural, 1968.

WILLMOTT, H. P. e outros. *Segunda Guerra Mundial*. Rio de Janeiro: Nova Fronteira, 2008.

WIRTH, John D. *A política do desenvolvimento da era Vargas*. Rio de Janeiro: Fundação Getúlio Vargas, 1973.

ZIRALDO. *20 anos de prontidão*. Rio de Janeiro: Record, 1984.

MAPA – PLANISFÉRIO

PLANISFÉRIO POLÍTICO (2013)

- POLO MAGNÉTICO DO NORTE
- GROENLÂNDIA (DIN)
- TERRA DE BAFFIN
- CÍRCULO POLAR ÁRTICO
- ALASCA (EUA)
- CANADÁ
- ISLÂNDIA
- Ilhas Aleutas
- Grandes Lagos
- ESTADOS UNIDOS
- Is. dos Açores (POR)
- Is. Canárias (ESP)
- TRÓPICO DE CÂNCER
- MÉXICO
- BAHAMAS
- HAVAÍ (EUA)
- CUBA
- REP. DOMINICANA
- BELIZE
- HAITI
- PORTO RICO (EUA)
- CABO VERDE
- SAARA OCIDENTAL
- GUATEMALA
- HONDURAS
- JAMAICA
- PEQUENAS ANTILHAS
- MAUR.
- EL SALVADOR
- NICARÁGUA
- SENEGAL
- COSTA RICA
- TRINIDAD E TOBAGO
- GÂMBIA
- PANAMÁ
- VENEZUELA
- GUIANA
- GUINÉ BISSAU
- COLÔMBIA
- SURINAME
- SERRA LEOA
- Is. Galápagos (EQU)
- GUIANA FRANCESA (FRA)
- LIBÉR.
- EQUADOR
- 0° EQUADOR
- POLINÉSIA FRANCESA (FRA)
- OCEANO PACÍFICO
- PERU
- BRASIL
- BOLÍVIA
- TRÓPICO DE CAPRICÓRNIO
- PARAGUAI
- I. de Páscoa (CHI)
- CHILE
- URUGUAI
- ARGENTINA
- Is. Falkland (RUN)
- Is. Geórgia do Sul (RUN)
- TERRA DO FOGO
- CÍRCULO POLAR ANTÁRTICO
- TERRA DE GRAHAM
- TERRA MARIE BYRD
- ANTÁR...

Mapa-múndi político (parte leste)

Oceano Glacial Ártico

Ilhas: Terra do Norte, Nova Zembla, Nova Sibéria

Países e territórios

- FINLÂNDIA
- ESTÔNIA, LETÔNIA, LITUÂNIA, BELARUS
- UCRÂNIA, MOLDÁVIA, ROMÊNIA, BULGÁRIA, GRÉCIA
- FED. RUSSA
- CAZAQUISTÃO, MONGÓLIA
- GEÓRGIA, AZERBAIJÃO, UZBEQUISTÃO, QUIRGUISTÃO
- TURQUIA, ARMÊNIA, TURCOMENISTÃO, TADJIQUISTÃO
- CHIPRE, SÍRIA, LÍBANO, ISRAEL, IRAQUE, IRÃ, AFEGANISTÃO
- JORDÂNIA, KUWAIT, PAQUISTÃO
- COREIA DO NORTE, COREIA DO SUL, JAPÃO
- EGITO, ARÁBIA SAUDITA, BAREIN, CATAR, EMIRADOS ÁRABES UNIDOS, OMÃ
- NEPAL, BUTÃO, ÍNDIA, BANGLADESH, TAIWAN
- SUDÃO DO NORTE, ERITREIA, IÊMEN, DJIBUTI
- REP. CENTRO AFRICANA, SUDÃO DO SUL, ETIÓPIA, SOMÁLIA
- MIANMA, LAOS, VIETNÃ, TAILÂNDIA, CAMBOJA, FILIPINAS
- ILHAS MARIANAS DO NORTE (EUA), IS. MARSHAL
- CONGO, UGANDA, QUÊNIA, SRI LANKA, MALDIVAS
- REPÚBLICA DEMOCRÁTICA DO CONGO (ZAIRE), RUANDA, BURUNDI, TANZÂNIA
- BRUNEI, MALÁSIA, CINGAPURA, PALAU, FEDERAÇÃO DOS ESTADOS DA MICRONÉSIA, NAURU
- SEYCHELLES, COMORES
- MALAUÍ, ZÂMBIA, MOÇAMBIQUE, ZIMBÁBUE, BOTSUANA, MADAGASCAR, MAURÍCIO
- INDONÉSIA, TIMOR LESTE, PAPUA NOVA GUINÉ
- ILHAS SALOMÃO, KIRIBATI, VANUATU, TUVALU, FIJI, SAMOA, TONGA
- SUAZILÂNDIA, LESOTO, ÁFRICA DO SUL
- AUSTRÁLIA
- NOVA CALEDÔNIA (FRA)
- NOVA ZELÂNDIA
- Is. Kerguelas (FRA)
- TERRA VITÓRIA

Oceanos e mares: Mar Báltico, Mar Negro, Mar Cáspio, Mar Mediterrâneo, Mar Vermelho, Mar Arábico, Mar de Bering, Mar do Leste, Mar da China Meridional, OCEANO PACÍFICO, OCEANO ÍNDICO

Legenda

— Fronteira entre Sudão do Norte e Sudão do Sul, a partir de julho de 2011

1. REPÚBLICA TCHECA
2. ESLOVÁQUIA
3. ESLOVÊNIA
4. CROÁCIA
5. BÓSNIA-HERZEGOVINA
6. SÉRVIA
7. MONTENEGRO
8. KOSOVO
9. MACEDÔNIA

Escala: 1.040 km

Fonte: FERREIRA, Graça Maria Lemos. *Atlas geográfico*: espaço mundial. 4. ed. São Paulo: Moderna, 2013. p. 10-11.

MAPA – ÁFRICA

ÁFRICA POLÍTICO (2013)

Fonte: FERREIRA, Graça Maria Lemos. *Atlas geográfico*: espaço mundial. 4. ed. São Paulo: Moderna, 2013. p. 81.

Hábitos da mente

MODERNA

Como você reage diante de uma situação nova? Como participa dos trabalhos desenvolvidos pelo seu grupo? Como se comporta à medida que o dia da avaliação se aproxima?

Há algumas atitudes que nos ajudam a lidar com as tarefas cotidianas, desde as mais simples até as mais complexas. São atitudes que identificamos nas pessoas que resolvem problemas de maneira eficiente, fazem as perguntas certas ao buscar soluções, tomam decisões conscientes, relacionam-se bem com os outros e pensam de forma criativa e inovadora.

Os Hábitos da mente de que vamos tratar a seguir irão auxiliá-lo em seus estudos e na realização das atividades deste livro. Mais do que isso, serão uma ferramenta importante para ajudá-lo a enfrentar as situações desafiadoras do seu dia a dia, na escola, nas relações com a família e com os amigos, enfim, na vida. Aproveite!

CONTROLAR A IMPULSIVIDADE

Quantas vezes você já se pegou dizendo a primeira coisa que lhe veio à cabeça ao ser questionado? E quantas vezes essa atitude precipitada trouxe resultados pouco satisfatórios ou até desastrosos para você?

Para diminuir a chance de erro e de frustração, reflita antes de agir. Considere as alternativas e as consequências dos vários caminhos que você pode tomar para chegar a uma solução. Analise bem todas as indicações ou instruções que foram fornecidas, busque mais informações sobre o assunto, reflita sobre a resposta que quer dar para a questão.

Ao contribuir para que você forme uma ideia do todo antes de partir para a resolução do problema, essas atitudes reduzem a possibilidade de se deparar com resultados inesperados e frustrações no caminho, além de ajudá-lo a controlar o impulso de desistir ou de adiar o enfrentamento da tarefa.

PERSISTIR

O que você faz quando um problema se torna difícil demais para resolver? Você desiste, tenta mais uma vez, e mais uma vez, ou tenta de novo, mas de forma diferente?

É comum as pessoas confundirem persistência com insistência, que significa ficar tentando, e tentando, e tentando, sempre da mesma forma. Mas a persistência não é isso! Persistir significa buscar estratégias diferentes para alcançar seu objetivo.

Em vez de desistir por achar que não dá para completar a tarefa, tente uma alternativa. Se determinada forma de fazer algo não funciona, busque outro caminho. Desenvolver estratégias distintas para resolver um problema vai ajudá-lo a atingir seus objetivos.

PENSAR COM FLEXIBILIDADE

Como você enfrenta uma situação nova e inesperada? E como lida com pontos de vista diferentes?

Quanto maior for sua capacidade de ajustar o pensamento e mudar de opinião à medida que for recebendo novas informações, mais facilidade terá para se adequar a situações inesperadas ou enfrentar problemas que podem parecer difíceis de resolver.

Pensar com flexibilidade significa perceber que existem diferentes formas de abordar uma questão. Significa ser capaz de se adaptar ao novo ou ao inusitado e de agir mesmo quando não se consegue enxergar cada detalhe ao longo do caminho.

ESCUTAR OS OUTROS COM ATENÇÃO E EMPATIA

Você costuma prestar atenção ao que as pessoas dizem? Mas atenção de verdade — e não ficar ensaiando mentalmente o que vai dizer assim que elas terminarem de falar.

Escutar com atenção significa manter-se atento ao que o outro está dizendo, procurando entender o ponto de vista dele. Escutar com empatia significa perceber a outra pessoa, colocar-se no lugar dela, buscando compreender seu raciocínio e suas motivações.

Para se relacionar bem com as pessoas é preciso prestar atenção aos sentimentos delas e às suas percepções sobre as questões que lhes são importantes. É impressionante quanto podemos aprender quando realmente escutamos alguém!

Hábitos da mente

ESFORÇAR-SE POR EXATIDÃO E PRECISÃO

Informação existe em abundância no mundo e é acessível a qualquer pessoa em qualquer lugar, basta que se tenha conexão à internet. Mas o que você faz com a informação que busca e que recebe todos os dias?

Esforçar-se por exatidão e precisão no seu trabalho demonstra compromisso com a qualidade do conteúdo e da apresentação do que produz.

Esse Hábito da mente revela a busca por aperfeiçoamento constante. Significa a disposição de se preparar para a tarefa, procurando conhecer muito bem os critérios a ser seguidos e esforçando-se por coletar os dados mais relevantes para a realização da atividade proposta. Também inclui revisões cuidadosas do que foi produzido e atenção especial à apresentação (aparência) do trabalho final.

QUESTIONAR E LEVANTAR PROBLEMAS

As pequenas conquistas que resultaram em grandes avanços para a humanidade foram — e continuam sendo — feitas por pessoas de todas as épocas, de todos os lugares, de todas as crenças, gêneros, cores e culturas. Pessoas que se dispuseram a "observar" uma situação, sem ideias preconcebidas, prestaram atenção em algo ou em alguém, perceberam um padrão ou uma incongruência em algum fenômeno e fizeram perguntas do tipo "Por que será?" ou "E se fosse diferente?".

Por que o céu é azul? O que acontece com um peixe de água salgada em um aquário de água doce? De onde vem o ser humano? E se a Terra não fosse o centro do Universo? Por que as mulheres não podem votar? Como será a Lua? Será que existem fontes de energia alternativas ao petróleo? E se as pessoas pudessem voar?

Não são as respostas que movem o mundo, são as perguntas.

E se...? (Aproveite este momento para questionar o mundo ao seu redor!)

ASSUMIR RISCOS COM RESPONSABILIDADE

Como você se sente quando precisa tomar uma decisão e não sabe que caminho escolher? Você se joga sem pensar duas vezes ou se bloqueia e não sai do lugar?

Nem oito nem oitenta! Tentar algo diferente pode ser muito enriquecedor e gratificante quando agimos com responsabilidade. A parte responsável do risco corresponde à informação que buscamos antes de nos lançarmos a um desafio.

Avaliar as diferentes possibilidades levantadas e refletir sobre as consequências de uma escolha são atitudes que reduzem a chance do "inesperado" e proporcionam mais segurança e confiança para fazer algo novo e, assim, explorar todas as nossas capacidades.

PENSAR E COMUNICAR-SE COM CLAREZA

Você já percebeu como sua comunicação é mais eficaz quando o tema está bem organizado na sua mente? Ou quando explica uma ideia com exemplos para facilitar a compreensão do outro?

Pensamento e comunicação são inseparáveis. Por isso, é importante empregar os termos corretos e mais adequados sobre o assunto, evitando generalizações, omissões ou distorções de informação, e reforçar suas afirmações com explicações, comparações, analogias e evidências.

A preocupação com a comunicação clara, que começa no pensamento, melhora sua habilidade de fazer críticas tanto sobre o que lê, vê ou ouve quanto em relação às falhas de compreensão, podendo, assim, corrigi-las. Esse conhecimento é a base para uma ação segura e consciente.

APLICAR CONHECIMENTOS PRÉVIOS A NOVAS SITUAÇÕES

Todos nós aprendemos com a experiência, mas nem todos percebemos isso com tanta facilidade. Ser capaz de aplicar o que sabemos em diferentes situações é a grande função do estudo e da aprendizagem. E isso não depende apenas do seu livro, da sua escola ou do seu professor; depende da sua atitude também!

Aplicar conhecimentos prévios a novas situações significa transformar informação em conhecimento, e conhecimento em ação. Significa dar sentido prático à sua aprendizagem e às suas experiências.

Use os conhecimentos e as experiências adquiridos dentro e fora da escola como fonte de dados para apoiar suas ideias, para prever, entender e explicar teorias ou processos para resolver cada novo desafio.

Estes são 9 dos 16 Hábitos da mente descritos pelos autores Arthur L. Costa e Bena Kallick em seu livro Learning and leading with habits of mind: 16 characteristics for success.

CHECKLIST PARA MONITORAR SEU DESEMPENHO

Reproduza o quadro abaixo em seu caderno, um para cada mês do ano letivo. Preencha-o, ao final de cada mês, avaliando seu desempenho na aplicação dos Hábitos da mente na realização de suas tarefas nesta disciplina.

Classifique seu desempenho de 1 a 10, sendo 1 o nível mais fraco e 10 a sua máxima satisfação em relação ao uso do Hábito da mente.

Use a coluna *Observações pessoais* para anotar sugestões de atitudes a tomar no mês seguinte ou para registrar a aplicação do Hábito da mente em outros momentos do seu cotidiano.

Hábitos da mente	Neste mês eu...	Desempenho	Observações pessoais
Controlar a impulsividade	Pensei antes de agir. Investi parte do meu tempo em entender as orientações das tarefas.		
Persistir	Não desisti com facilidade. Tentei diferentes estratégias para resolver problemas difíceis.		
Pensar com flexibilidade	Busquei ou aceitei alternativas diferentes e considerei opções para solucionar questões.		
Escutar os outros com atenção e empatia	Escutei as ideias dos outros. Guardei as minhas opiniões para entender o ponto de vista e as emoções do outro.		
Esforçar-se por exatidão e precisão	Revisei meus trabalhos. Busquei exatidão, precisão e maestria em tudo o que fiz.		
Questionar e levantar problemas	Busquei conhecer os dados necessários para resolver as questões. Fiz bons questionamentos e levantei problemas para resolver.		
Assumir riscos com responsabilidade	Informei-me sobre as consequências possíveis de uma decisão e lancei-me então aos desafios.		
Pensar e comunicar-se com clareza	Organizei as ideias na minha mente. Consegui me comunicar de forma clara, evitando generalizações, distorções e omissões de dados.		
Aplicar conhecimentos prévios a novas situações	Coloquei o que aprendi em prática em situações diferentes.		